성령을 소멸하는 자들

카리스마적 논쟁 넘어 있는
성령의 기름 부으심을 발견하라
수세기에 걸쳐 성령의 역사를
반대하는 자들(바리새인들)의 속성 연구

윌리엄 데알테가 지음
예 영 수 옮김

성령을 소멸하는 자들

- 저　자　윌리엄 데알테가
- 역　자　예영수

1판 1쇄 발행일　2003년 9월 15일
1판 5쇄 발행일　2010년 3월 5일

- 발 행 처　도서출판 예루살렘
- 발 행 인　조현숙
- 등록번호　제16-75호
- 등록일자　1980. 5. 24
- 주　　소　서울 강남구 논현동 107-38 남광빌딩
- 대표전화　(02)545-0040, 546-8332, 514-5978(영업부)
- 팩　　스　(02)545-8493
- 홈페이지　www.jerusalempub.com
- E-mail　jerubook@naver.com

- 기　획　정용한
- 편　집　김대훈
- 영　업　오승한

값 16,000원
ISBN 978-89-7210-379-0　03230

Quenching the Spirit

*Discover the REAL Spirit Behind
the Charismatic Controversy*

William DeArteaga

Originally Published by Creation House
as Quenching the Spirit by William DeArteaga
© 1992, 1996 by William DeArteaga
Translated by Permission of Creation House
Strang Communications Company
600 Rinehart Road Lake Mary, 32746

Korea Edition
© 2003 by Jerusalem Publishing
107-38 NamKwang Bd NonhyunDong
KangNamKu Seoul, Korea

이 책을 읽은 유명인사들의 반응

"예수 그리스도는 어제나 오늘이나 영원토록 동일하시니라"고 하셨는데, 데알테가는 바리새인들도 또한 그러하다는 것을 보여주고 있다. 〈성령을 소멸하는 자들〉은 성령의 새롭고 특이한 역사에 반대하는 그림을 칼빈에서 헌트에 이르기까지 보여줌으로써 우리가 오늘날에도 남아있는 긴장을 이해하는 데 도움을 주고 있다.

피터 와그너(Peter Wagner)
풀러 신학대학

황홀케 하는 책이다! 〈성령을 소멸하는 자들〉은 오늘날 일어나고 있는 성령의 역사와 초기 미국 부흥운동에서 일어난 성령의 역사 사이의 비교는 우리를 압도한다. 성령을 소멸하기 위해 오늘날 사용하고 있는 바리새적인 논쟁은 대각성운동을 소멸하기 위해 사용한 논쟁과 똑같은 것이다. 우리는 역사를 통해서 바리새적인 비판의 와중에서도 어떻게 굳세게 서야 하는가를 배워야 한다.

프란시스 맥너트
플로리다 잭슨빌 / 기독교 치유 목회

우리 기독교인들의 내분은 사탄의 장난 때문이다. 사탄은 우리끼리 싸움을 붙여 바쁘게 돌아가게 해 놓고, 우리가 함께 뭉쳐 진짜 원수의 악마적인 힘에 대항하지 못하도록 하고 있다. 〈성령을 소멸하는 자들〉은 사실무근한 소문과 언론을 통해 계속 공격당해 온 사람들을 대신하여 필요한 진실을 밝혀 주려는 책이다. 진리가 우리를 자유케 함으로써, 우리가 서로를 용서하고 사랑하기를 바란다.

리타 베넷(Rita M. Bennett)
기독교 갱신운동 연합회 회장 / 워싱턴주 에드먼드

윌리엄 데알테가의 책은 성령 받은 신자들을 위한 책이며, 또한 정통주의자들로부터 오늘날에는 은사와 기적은 더 이상 없다고 배운 형제들을 위한 책이다. 이 정통이란 자들은 자신들로부터는 물론이고 다른 사람들로부터 하나님이 주신 특권을 박탈해 왔다. 〈성령을 소멸하는 자들〉은 지금 예수 그리스도의 교회가 절실하게 들어야 할 책이다.

찰스 E. 브레이크(Charles E. Blake), 감독
웨스트 엔젤레스 하나님의 교회 주교 / 캘리포니아주 로스앤젤레스

〈성령을 소멸하는 자들〉을 읽으면, 우리가 하나님의 계시에 반응하는 방법을 바꾸려 할 때 마음속에 깊게 되는 공포심을 완화시켜 준다. 너무 늦은 감은 있지만, 이 책은 카리스마적인 예배 방법을—편견 없이—재평가하고, 그리스도인들의 예배 순서가 똑같아야 한다고 주장하지 않고 재검토하도록 우리에게 도전하고 있다.

저드손 콘월(Judson Cornwall), 작가
아리조나주 피닉스

복음은 말씀뿐 아니라 능력을 의미한다. 그래서 복음은 시작부터 증거하도록 되어 있다. 하나님은 단지 말씀만 하신 것이 아니라 실천하셨으며, 예수님께서도 설교하시고 가르치시고 또 치유하셨으며, 그의 제자들에게도 이와 같이 하라고 명령하셨다. 〈성령을 소멸하는 자들〉은 상처받은 자들을 불쌍히 여기시어 기적을 행하신 예수님을 높이 찬양하고 있다. 하나님을 찬양할지어다.

빌리 조 도허티(Billy Joe Daugherty)
오클라호마주 털사 / 승리 기독교 센터, 목사

하나님께서 역사 하시는 동안, 사탄은 "종교의 영"으로 위장하기 때문에 그 속임수 또한 기묘하고도 강력하게 작용한다. 사탄은 하나님께서 지금까지 하신 일을 찬양하는 체 하면서 자신을 위장하는 반면에 하나님께서 현재 하시는 일을 반대한다. 데알테가는 이러한 바리새적인 종교의 본거지를 철저하게 폭로하고 있다.

프랜시스 프랜지패인(Francis Frangipane)
아이오와주 세다 래피즈 / 생명의 강 목사회, 목사

우리가 극단적인 방법으로 공격을 받게 될 때, 우리의 신앙도 극단적인 입장을 취하도록 강요당한다. 데알테가는 "성령 충만한 삶"을 누리는 그리스도인들에게 큰 일을 했다. 그는 하나님의 기름 부으심을 체험했으며, 그 체험의 학문적인 결실을 이 책에 담고 있다. 정말 위대한 체험과 학문의 조화이다!

찰즈 그린(Charles Green)
루이지애나주 뉴올리언즈 / 믿음의 교회, 목사

몇몇 명성이 높다고 하는 사람들이 카리스마(은사) 운동에 대한 전면적인 공격을 소리높이 외치고 있는 와중에도, 여기에 단련되고, 정직하고, 분석적이며, 역사적이고, 신학적인 반응이 나타났다. 카리스마 운동을 반대하는 불행한 비판의 소리는 이제 그 소리를 잠잠하게 할 상대를 갖게 된 것이다. 〈성령을 소멸하는 자들〉은 반드시 읽어야 할 책이다.

론 하우스(Ron Haus)
캘리포니아주 콩코드 / 기독교 연합 방송국, 회장

카리스마적인 교인들은 여러 해 동안 교회가 방치해온 일련의 진리를 옹호하여 왔기 때문에 슬프게도 많은 신자들로부터 험한 욕을 듣게 되었다.
그러나 어느 누구도 모든 진리를 다 가졌다고 말할 수 없기 때문에, 우리 모두는 내가 먼저 돌을 던지는 사람이 되지 않도록 조심해야 한다. 나는 그 열매로 판단하라는 성경의 방법을 믿고 있다. 〈성령을 소멸하는 자들〉이 기독교인들 사이에 균형을 가져오게 되고, 어떤 단절을 희망적으로 회복할 수 있기를 기도한다.

레이 매콜리(Ray McCauley)
남아프리카 / 레마 선교회, 창설자, 목사

카리스마 운동에 관해 들려오는 부정적인 말에 누군가가 대응해야 할 필요가 있었다. 〈성령을 소멸하는 자들〉은 훌륭한 자격을 갖춘 분이 훌륭한 정신으로 쓴 책이다.

폴 파이노(Paul Paino)
인디애나주 포트 웨인 / 갈보리 교회, 창설자

나는 윌리엄 데알테가의 훌륭한 책을 출판해 준 크리에이션 하우스 출판사에 개인적으로 감사를 드린다.

〈성령을 소멸하는 자들〉에 대한 나의 반응은 열성적이다. 이 책이야말로 절실한 요구에 대처하는 책이며, 또한 비성경적이고 편견이 가득한 모래 늪에 수많은 사람들이 빠지지 않도록 구원해 줄 수 있는 책이다.

오순절적 카리스마적 성령이 역사 하심으로, 예수님이 얼마나 실제적인 인물로 다가오시는가를 모두가 마음속에 보게 되기를 기도한다.

오랄 로버츠(Oral Roberts)
오클라호마주 털사 / 오랄 로버츠 대학교

카리스마적 갱신 운동의 선구자 가문의 일원으로서, 흔히 균형 잃은 불건전한 비판에 대해 학문적이고 균형 있는 대응을 보게 되어 기쁘다. 윌리엄 데알테가는 진정한 문제점을 정확하게 규명해 놓음으로써, 이 논쟁을 역사적으로 또 성서적으로 탄탄한 기반 위에 올려놓았다.

R. 로렌 샌포드(R. Loren Sandford)
콜로라도주 손톤 / 새노래 펠로쉽 교회, 목사

우리가 성경의 초자연성을 옹호해 줄 수 있는 누군가를 만났다는 것은 정말 다행스러운 일이라고 생각한다. 우리에게는 말씀을 증거 할 표적과 기사가 필요하다!

칼 D 스트래이더(Karl D. Strader)
플로리다주 레이크랜드 / 목수의집 교회, 목사

기독교의 가장 큰 장애가 되는 문제 중 하나는 기독교인들이 그들의 첫 계명에 너무 얽매여 있다는 것이다. 그들은 하나님이 계시하시는 새로운 진리를 수용하는 것이 불가능한 일이라고 알고 있다. 이러한 현상은 신약성경에서 예수님과 바리새인들 사이에 일어난 일을 통해서도 발견할 수 있다. 〈성령을 소멸하는 자들〉이란 책이 그리스도의 몸된 교회 내에서 이러한 비판적인 상황에 정면으로 맞선 것을 나는 감사하게 여긴다. 많은 사람들이 전통주의로부터 자유함을 누릴 수 있는 진리를 알게 되기를 바란다.

레스터 섬롤(Lester Sumrall)
인디애나주 사우스 밴드 / 레스터 섬롤 복음주의 연합회

〈성령을 소멸하는 자들〉에서 윌리엄 데알테가는 영적 갱신 운동에 반대하는 20세기에 걸친 비판을 요약하고 그것에 대하여 대답하고 있다. 이 책은 옛날 바리새인들에서부터 벤자민 워필드를 거쳐 데이브 헌트에 이르기까지 신랄한 비난으로부터 오순절과 카리스마적 교회를 방어하는 새로운 길을 제시하고 있다. 명쾌한 답을 원하는 사람을 위한 필독서이다.

빈슨 사이난(Vinson Synan)
버지니아주 버지니아 비치 / 리전트 대학교 신학대학, 학장

〈성령을 소멸하는 자들〉은 진정으로 진실을 추구하고 있는 모든 신자들이 읽어야 할 책이다. 교회는 누가 진리를 말하고 있느냐에서부터 누가 진리이냐로 그 초점을 다시 맞춰야 한다. 예수님을 진리로 보게 되면 서로가 서로를 판단하고 논쟁하는 것을 제거할 수 있다.

진리를 모르기 때문에 초래되는 공포심은 때때로 우리로 하여금 중요한 것을 그만두게 하고, 중요하지 않는 것에 집중하도록 만든다. 〈성령을 소멸하는 자들〉은 우리로 하여금 거룩한 것과 세속적인 것을 진실로 구별할 수 있도록 해준다. 데알테가는 걸작품을 썼다―꼭 읽으시길!

아이베르나 톰킨스(Iverna Tompkins)
아리조나주 피닉스 / 아이베르나 톰킨스 선교회

역자의 머리말

　존 윔버 목사의 빈야드 운동, 존 아놋트 목사의 토론토 축복, 존 킬페트릭 목사의 펜사콜라 브라운스빌 교회 등에서의 부흥(갱신)집회에서 성령의 폭발적인 역사가 세계의 관심을 끌게 되고, 수십 수백만의 사람들이 그 곳들의 집회에 참석하였다. 미국은 물론 세계 기독교 언론 매체들은 그 집회에서 나타나는 현상들(쓰러짐, 황홀경, 치유, 방언, 회개, 회심 등)을 크게 보도하였으며, 풀러 신학대학의 피터 와그너 박사는 이것을 제3의 성령의 물결이라고 했다.

　불행하게도, 한국의 많은 교단들이 제3의 성령의 물결에 대해 부정적인 시각으로 거부감을 나타내었으며, 몇몇 주요 교단에서는 제3의 물결 운동에 참여하지 말 것을 결의하기도 했다.

　역자도 직접 미국 집회에 참석하여 여러 가지로 연구할 기회를 가졌다. 존 윔버, 개리 베스트, 랜디 클라크, 존 아놋트 등 여러 지도자들과 만나 대화도 나누었으며, 영적 집회를 전문적으로 연구하는 사회학이나 심리학 전공의 교수들도 만나서 진지한 대화를 나누었다.

　제1,2대각성운동 때와 제1,2성령의 물결 때와 마찬가지로, 제3성령의 물결을 주도하는 분들도 오류를 범하는 것을 보았고, 또한 일부 목회자들은 나타나는 현상(manifestation)을 지나치게 강조한 나머지 성령 운동에 저해가 되는 경우도 보았다. 무엇보다도 제3의 물결을 반대하는 그룹은 기적종료주의의 입장에서 성령운동의 잘못된 점들만을 왜곡 과장하여 부각시킴으로써 성령을 소멸하려는 지경까지 반대운동을 펼치는 것을 보았다. 이와 같이 제3의 물결에 대한 몇 가지 다른 반응은 한국교계에서도 마찬가지였다.

그래서 필자가 제1,2대각성운동과 제1,2,3 성령의 물결에 대한 정확한 내용을 한국 교계에 알리기 위해 교회사적 입장에서의 저서를 계획하고 수많은 자료를 수집하고 읽고 있었다. 그 과정에서, 미국 책방에서 베스트 셀러 리스트에 오른 윌리엄 데알테가(William DeArteaga)의 〈Quenching the Spirit〉이란 책을 접하게 되고, 이 책이 필자가 쓰기로 작정했던 내용과 유사함을 발견했다. 이 책을 〈성령을 소멸하는 자들〉이란 이름으로 출판하게 되었다. 이 책으로 인해 성령운동에 관한 올바른 교회사적 이해가 이루지기를 바라는 마음 간절하다.

이 책을 번역하는데 특별히 도움을 준 김용선 선생과 출판하는데 함께 힘이 되어준 예루살렘 출판사의 윤희구 사장, 그리고 오랜 세월 동안 옆에서 지켜보면서 여러 가지 힘이 되어준 아내 배선애 권사에게 감사를 드린다.

시애틀 워싱턴대학에서
예 영 수

목 차

역자의 머리말 / 10
제리 호너 박사의 추천의 말 / 14
저자의 머리말 / 17
시작하는 말 / 20

1. 영원한 이단으로서의 바리새주의 / 23

제1부 대각성 운동: "어수선한" 부흥 운동

2. 대각성운동과 성령의 역사 / 40
3. 대각성운동은 소멸당하다 / 65

제2부 능력을 빼앗긴 교회

4. 초기 교회에 나타난 성령의 은사 / 90
5. 카톨릭 교회의 치유 사역의 허와 실 / 103
6. 카톨릭의 과오에 대한 개혁주의자들의 과잉 반응 / 123
7. 유럽 기독교의 전락 / 133
8. 세대주의의 대두 / 149

제3부 바리새인들과 빅토리아 미국의 치유 사역

9. 1800년대의 복음주의적인 치유자들 / 161
10. 치유 부흥 운동을 파괴하는 빅토리아 바리새인들 / 193

제4부 양자 물리학과 믿음(양자물리학에서 믿음에 이르기까지)

11. 물질주의와 실제 세계 / 216
12. 양자 물리학의 영적인 측면 / 226
13. 이단이 진리에 대해서 무엇을 아는가? / 238
14. 신사상과 뉴에이지에 대한 비평 / 246
15. 번영의 가르침과 부흥 운동 / 263
16. 연적 법칙의 부활 / 280
17. 환시와 기독교인 / 299
18. E. W. 켄욘과 그의 신앙 신학 / 315

제5부 비난과 바리새주의(비난에서 바리새주의에 이르기까지)

19. 카리스마적 부흥 운동에 대한 비난 : 찰즈 파라 2세 / 334
20. 잘못된 비판 : D. R. 멕코넬의 글 / 346
21. 카리스마적 부흥 운동에 대한 바리새인의 공격 : 데이브 헌트 / 367
22. 헹크 헤네그라프의 비극과 CRI / 392

제6부 결론

23. "어수선한" 부흥 운동으로서의 성령의 거듭남 / 422
24. 현대 바리새주의의 평가 / 434

용어 해설 / 448
후주 / 456

제리 호너 박사의 추천의 말

　이상하게 보이겠지만 기독교 역사에서 비극적인 사실은 하나님의 은총이 오히려 교회의 분열과 불화를 불러오곤 했다는 것이다. 만일 우리가 악마가 장난을 치도록 허락한다면, 악마는 믿는 자들을 분열시키기 위해 어떠한 신의 계시라도 이용할 것이다. 예를 들어, 주님의 최후의 만찬에 관한 논쟁이나, 주님의 재림에 관한 의문이나, 혹은 하나님의 주권적인 은총의 교리에 의해 야기되는 문제들에 관한 지난날의 격론들을 살펴 보라. 최근 몇 년 동안 성령의 역사에 관한 논쟁이 계속되었는데, 그 중에서도 가장 눈에 띄게 의견을 달리하는 것이 성령의 은사에 관한 문제였다.
　수백만 기독교인들은 성령 세례라고 알려진 체험을 통해 보다 깊은 영적 생활을 찾을 수 있었다고 증언해 왔다. 그들의 증언은 예수 그리스도와 보다 가까운 친교를 갖게 된 사실에 관한 진술뿐 아니라, 성령의 은사가 외형적으로 나타난 것과 기적이 일어난 사실에 대한 주장도 포함하고 있다. 하지만—이러한 현상이 하나님의 역사라고 믿는 자의 진실성과, 그들의 열정적인 증언과, 그들의 체험을 뒷받침해 주는 성서적인 증거를 가지고 있음에도 불구하고—그러한 현상이 모두 진정 하나님의 활동의 산물이라고 인정하는 것은 아니다. 결과적으로, 신랄한 비판의 소리가 소위 부흥 운동에 참가한 사람들을 향해 이루어졌는데, 이 부흥 운동에 반대하는 대부분의 목소리는 성경을 믿는다고 고백하는 보수적인 복음주의 기독교인들로부터 쏟아져 나왔다.

성도들이 서로를 비난하기에 너무 바빠서 그들 공동의 적인 사탄에 주의를 기울일 수 없게 된 이 터무니없는 싸움을 어떻게 설명할 수 있겠는가? 이 책에서 저자인 윌리엄 데알테가는 그 책임의 대부분을 그리스도의 성령을 외면하는 바리새적인 편협성을 갖고 있는 비판자들에게 돌리고 있다. 교회사에서 중요한 영적 각성 운동을 연구하면서, 데알테가는 정통이라는 이름으로 성령의 역사를 소멸하려 함으로써 성경의 바리새인들과 같은 실수를 되풀이해온 비난자들의 태도와 전략이 어떠한 것인가를 밝히고 있다.

데알테가는 그러한 반대의 기본적인 근거는 은사(기적)종료주의자들의 주장이라고 비난한다. 은사종료주의자들은 성령의 은사와 보통 일어나는 기적을 단지 사도 시대에만 국한된 것으로 분류하고, 그러한 현상을 교회가 순조롭게 시작하는 것을 막는 일종의 이중적인 부담을 주는 요소로 간주한다. 만일 이 책이 기적과 성령의 은사가 끝난 것이라고 믿는 은사종료주의자들을 설득하여, 성서적이고 역사적인 증거에 비추어 자신들의 위치를 정직하게 평가하도록 하는 데 성공한다면, 작가의 노력은 보람찬 결실을 맺는 것이 될 것이다.

주일 학교에서부터 신학교까지 다니는 동안 내게 깊이 배어든 전통적인 편견을 없애려는 진지한 노력과 동시에 자기 성찰의 결과 몇 년 전에 나의 입장에 큰 변화를 가져왔다. 현대의 바리새적인 남의 흠만 잡는 사람들이 제1세기의 신앙의 열정을 가라앉히려 했던 것은, 그 때의 열정과 비교해서 그들 자신의 창백한 종교적 신앙심이 따분할 정도로 한심스럽게 보이기 때문이었을까? 아니면, 하나님은 너무나 지혜롭지 못한 분이어서 원래 성취할 의도가 전연 없었던 고도의 희망과 기대감을 올림으로써 어떤 일을 시작하려는 것일까?

　이 책의 역사적인 연구 결과는 일상적인 것에서 벗어난 것은 어떤 것이든지 얼마나 딱딱하고 경직된 정통파의 인습적인 기준을 불안하게 하는가를 보여주고 있다. 정통파는 기적의 시대는 지나갔다는 케케묵은 결론으로 성령의 능력을 초기 교회에만 국한시킴으로써 자신의 무기력한 상태를 변명하고 있다. 사실은, 기적의 시대가 끝난 것이 아니고, 많은 사람들에게 기적이 일어난다는 믿음의 시대가 지나갔을 뿐이다.

　슬픈 이야기지만, 오순절이 교회의 달력에는 있어도, 교회에서는 지켜지지는 않는다. 따라서 많은 교회는 오순절을 기억만 할 뿐이다. 하나님께서는, 말씀만 엄격하게 읊조리면서 실제로 말씀을 믿지 않는 무력한 정통파보다는 어느 정도 절제를 시켜야만 하는 열광적인 믿음을 더 좋아하시리라 나는 생각한다. 열광적인 신자를 제지하는 것이 시체를 소생시키는 것보다 틀림없이 쉬울 것이다.

1996년 4월
신학 박사 제리 호너(Jerry Horner, Th. D.)
신약학 교수 / 오랄 로버츠 대학교

저자의 머리말

나는 〈성령을 소멸하는 자들〉이 어떻게 기획되고 집필되어졌는지를 설명함으로써 나의 배경에 대하여 기술하고자 한다.

1985년, 나는 카리스마적 갱신운동과 내적 치유에 대한 책을 준비하고 있었다. 그 해 8월, 데이브 헌트(Dave Hunt)의 〈기독교의 유혹〉(The Seduction of Christianity)이라는 책이 나왔다. 나를 비롯하여 갱신 운동과 관련이 있는 많은 사람들은 그의 카리스마적 갱신 운동에 대한 부정확하고 편파적인 공격 때문에 괴로워했다. 나는 즉시 그 책을 기독교 바리새주의의 한 예로 보았다. 갱신 운동에 대한 그의 공격은 예수님께서 1세기의 바리새인들로부터 받았던 저항과 같은 형태의 것임을 예증으로 보여 준 것이다. 바리새인들은 자신들의 전통적인 신학 이론과 실천을 보호하려고 노력했다.

내가 20년 전 포드햄 대학교의 학부 학생이었을 때 바리새인의 현상에 대해 처음으로 알게 되었다. 내가 읽은 책들은 카톨릭 신학자들이 쓴 책으로서, 이들 신학자들은 기독교 바리새인들을 무자비하게 엄격한 도덕심을 보이는 율법주의자라고 묘사했다. 내가 카리스마적 기독교인이 되었을 때, 나는 기독교 바리새인들 중에도 성령의 역사를 반대하는 보다 강한 그룹도 있다는 것을 이해하게 되었다.

〈기독교의 유혹〉(The Seduction of Christianity)이 나온 지 1년이 못 되어 나는 헌트의 책에 답하는 글을 썼다. 그 글의 일부는 〈분열된 교회〉(The Church Divided) 라는 선집에 출판되었다(South Plainfield, N.J.: Bridge Publishing, 1986).

그리고 나서 1988년에 맥코넬(D. R. McConnell)의 〈다른 복음〉(A Different Gospel)이 출판되었다. 맥코넬의 책은 〈기독교의 유혹〉만큼 그리 대단한 베스트셀러는 아니었다. 그것은 온건한 논조의 학자풍의 〈목회자 지침서〉 같은 책이었지만, 카리스마적 갱신 운동의 성실함에 무서운 도전을 해 왔다. 특히, 맥코넬은 말씀—신앙(Word-Faith) 운동의 많은 개념들이 1800년대 말 미국의 두 사교 단체인 신사고(New Thought)와 크리스천 사이언스에 여러 모양으로 관여한 선생들로부터 영향을 받았다는 것을 보여 주었다. 맥코넬의 논문은 헹크 헤네그라프(Hank Hannegraff)의 베스트 셀러인 〈위기에 처한 기독교〉(Christianity in Crisis)란 책에 보충되어 나타났다. 멕코넬과 헤네그라프는 모두 미국 기독교 역사를 잘못 이해하고 있는 사람들이었다. 왜냐 하면 그들은 정통 신앙—치유(Faith-Cure) 운동의 영향을 고려해 보지 않았기 때문이다. 나는 이 운동을 설명하고자 한다.

나는 내 자신의 영적인 생활 때문에 유일하게 이 도전에 응할 준비가 되어 있었다. 1974년부터 대략 1980년까지 하나님을 찾는 동안, 나는 많은 형이상학적인 문학 작품들을 연구하였다. 하나님의 은총은 나를 그러한 문학적인 환경으로부터 인도해 내서서, 비록 그러한 문학에도 진리의 요소는 존재하지만, 그 요소들은 영지주의적인 이단에 둘러싸여 있던지 그것에 깊이 바탕을 두고 있다는 것을 나로 하여금 볼 수 있게 했다. 나는 그 당시 내가 쓴 글이 널리 읽혀지지 않은 것을 감사하고 있다. 어떤 기독교인들은 내가 특이한 방법으로 성서적인 믿음과 기독교 학문에 접근한 것을 보고 놀랄 것이다. 그러나 그 길을 걸어왔기 때문에 나는 이 책의 주제가 되는 영적 체험에 대한 분별력이 필요하다는 것을 알게 되었다.

역사를 연구해 보면 주님은 그의 자녀들을 하나님 나라로 인도하시기 위해 많은 다른 방법들을 사용하신다. 복음주의자들은 마틴 루터가 만들어 놓은 양식을 금방 쉽게 인식한다. 갑작스레 번쩍하는 은총과 깨달음의 순간에, 루터는 구원을 얻으려는 자신의 노력을 포기하고, 은총에 확실하게 기반을 둔 기독교인의 삶을 추구하였다. 반면에, 어거스틴은 신앙심이 깊은 가정에서 자라났으나, 기독교로 돌아오기 전 다양한 이교도 철학과 종교 의식을 경험하였다.

당연히, 어거스틴의 글에서는 이단의 위험성을 노련하게 다루고 있다. 그가 신학적인 혼란 속에서 그렇게 여러 해를 낭비하는 동안, 하나님께서는 그에게 이단을 꿰뚫어 보는 통찰력을 주셨고, 그것으로 그는 교회에 중요한 공헌을 할 수 있었던 것이다. 마찬가지로, 나는 주님께서 나의 연구와 저술을 이용하여 그리스도의 몸 된 교회에서 사람들이 진실과 잘못을 분별하도록 도와주시고, 그리고 그들이 거짓된 것을 거부하고 선한 것과 하나님으로부터 온 것을 계속 견지할 수 있도록 해 주시길 바라는 마음이 간절하다.

1996년 4월
조지아주 스미르나에서
윌리엄 데알테가

시작하는 말

"항상 기뻐하라. 쉬지 말고 기도하라. 범사에 감사하라.
이는 그리스도 예수 안에서 너희를 향하신 하나님의 뜻이니라.
성령을 소멸치 말며 예언을 멸시치 말고
범사에 헤아려 좋은 것을 취하고
악은 모든 모양이라도 버리라."

데살로니가전서 5:16-22

불행하게도, 20세기 초 대다수의 기독교인들은 단지 1세기 교회만이 성령의 은사로 능력을 부여받았다고 믿었다. 따라서 대다수의 사람들은 그러한 성령의 능력이 예수님의 12사도가 죽은 이후에는 사라졌다고 가정했기 때문에 초기 교회는 오늘날의 교인들에게 참다운 모델이 될 수 없다고 생각하였다. 이러한 가정은 여러 세기를 거치는 동안 교회의 전통적인 신학의 틀로 형성되었다. 그래서 치유 사역을 하거나 성령의 은사를 나타내는 소수의 기독교인들은 이단이라고 비난을 받거나 마술을 행하는 것으로 치부되기도 하였다.

하나님은 교회를 너무나 사랑하시기 때문에, 아무리 대다수의 기독교인들이 그들의 신학이론이나 전통적인(형식적인) 종교에 만족하여 안주하고 있다고 하더라도, 이러한 오류 속에 교회가 계속 빠져 있는 것을 허용하지 않으실 것이다. 성령은 교회 위에 계속 역사하고 계셨으며, 그리고 성령은 교회를 밀고 당기고 고통을 느끼게 함으로써, 교회로 하여금 예수님께서 주신 위대한 위탁의 말씀 즉 성령이 오셔서 모든 것을 가르치시고 믿는 자들에게 성령의 능력을 덧입혀 주실 것이라는 말씀을 기억나게 하셨다(요 14:26, 막 16:17-18).

지난 150년 동안 교회는 초창기 몇 세기이래 처음으로 그 사역 능력과 선교 효과의 팽창을 경험하게 되었다. 그 결과 기독교인들은 사도행전이 살아 움직이는 교회의 실제적인 모델인 것처럼 행동하기 시작했다. 이러한 과정에서 은사를 받은 몇몇 사람들은 자신들의 기존 신학을 조정하였고, 오랫동안 억눌려 왔던 성령의 은사들을 해방시키는 몇 가지 변화를 가져오게 되었다. 몇몇 학자들은 예견하기를, 미래에는 세계 기독교인의 대다수가 성령의 은사를 기독교인의 삶에 정상적인 것으로 받아들이고 실행하는 교회에 다닐 것이라고 했다.

그러나 이러한 변화가 아무런 대가나 반대 없이 이루어진 것은 아니었다. 성령의 은사에 대한 신학과 실천에 대한 최근의 공격은 데이브 헌트(Dave Hunt)의 〈기독교의 유혹〉(The Seduction of Christianity)과 그리고 행크 해내그라프(Hank Hanegraaff)의 〈위기에 처한 기독교〉(Christianity in Crisis)라는 책에 잘 나타나 있다. 이 책들은 복음주의적이고 카리스마적인 교계에 커다란 물의를 일으켰다. 성령이 새롭게 부어질 때마다 일정한 사람들은 그 운동을 불신하고 음해 하려고 전열을 가다듬었다. 새로운 부흥 운동이 일어날 때마다 반대하는 비판자들이 있게 마련이다.

필자가 쓴 이 책은 예기치 않았던, 때로는 환영받지 못했던, 성령의 운행하심에 저항하는 세력의 자료를 제시하는 즐겁지 못한 과제를 수행하고 있다. 또한 본인은 보다 성서적으로 정확하고 성령 충만한 역사와 동시에 그 결과로서 형성된 신학에 대해 반대하는 입장을 검토하고 있다. 어이없는 일은, 영향력 있는 목회자들이 자신들이야말로 정통 신앙을 보호하고 있다고 진지하게 생각하며 이러한 저항을 주도하고 있다는 사실이다.

그렇다고 해서 신학적인 변화에 저항하는 것이 항상 잘못된 것이라고 말하는 것은 아니다. 사실 성경은 믿는 자들에게 "모든 경향의 교리"와 잘못된 가르침에 대해 항상 경계하라고 경고하고 있다. 문제는 사기꾼과 선지자를 분별해내고, 한때의 지나가는 유행과 진정한 성서적인 통찰력을 분별해 낼 수 있느냐는 것이다.

분별을 잘못하면 기독교 공동체에 심각한 악영향을 초래할 수 있다. 예를 들면, 최근에 대부분의 주류 교회는 동성 연애가 죄가 아니라 하나님이 주신 본능이라는 개념을 받아들이고 있다. 그러나 그러한 입장은 성경에 크게 위배되는 것이며, 전체 기독교의 권위와 영적인 능력을 약화시키고 있다. 이런 경우에 교회의 지도부는 잘못된 결정에 대하여 충분히 저항하지 못하고 있다.

이와 반대로, 목회자들이 성령의 역사에 저항하면 또 다른 불행한 결과가 발생한다. 그 공동체는 결국 하나님의 목적에서 벗어나 어떤 사이비 종교 형태나 율법주의 형태의 희생물이 되고 만다. 이러한 모양의 저항 세력을 우리는 성서적인 이름을 붙여 바리새주의라 부른다. 이 책의 주요 부분은 성서가 말하는 바리새주의가 무엇이며 그리고 현대 교회에서 나타내는 바리새주의 행동이 무엇인가를 다루고 있다. 우리는 역사를 훑어가며 바리새주의가 어떻게 성령을 소멸하려고 했으며, 성서적이고 영적인 진리를 되찾는 길을 주도한 사람들을 어떻게 이단이라고 매도했는지를 보게 될 것이다.

제1장
영원한 이단으로서의 바리새주의
— 바리새인들의 영속성 —

바리새인이란 철저히 종교적인 사람으로 무엇보다도 전통과 질서와 합의된 정통의 입장에서 현상 유지를 철두철미하게 주장하고 옹호한다. 필자가 이 책 전체를 통해서 "합의된 정통"(consensus orthodoxy)이란 용어를 사용하는 것은 당대의 대다수의 종교적인 사람들로 인해 수용된 신학적 해석과 관계가 있다.

흔히 대부분의 바리새인들은 율법주의의 경지에 이르기까지 종교적인 것을 세심하게 실천하고 있지만, 그러나 이것이 영성문제에 가장 중대한 잘못은 아니다. 오히려 바리새인들의 잘못은 성령의 새로운 역사에 반대하기 위해서 전통과 합의된 정통의 진리를 과장하는 데 있다. 궁극적으로 바리새인은 교회 안에서부터 하나님의 역사를 반대한다. 따라서 성경은 바리새주의를 이단으로 규정하고 있다.

성경에서 이단은 히브리어로 "하이레시스"(hairesis)라고 하는데, 그것은 단지 종파를 뜻할 뿐이다. 신약의 사도의 서신에 쓰인 "하이레시스"라는 말을 살펴보면, 어떤 종파들은 신학적으로 잘못되었을 뿐 아니라 치명적으로 파괴적인 영성의 신앙과 방식을 지니고 있다는 것을 발견할 수 있다. 베드로후서에서는 이러한 집단을 "멸망케 할 이단"(벧후 2:1)이라고 부르고 있다. 이들 멸망케 할 이단들은 사람들이 그리스도의 몸된 교회와 영적인 교제를 하지 못하게 막고 있다.

  신약 성경에서는 영적으로 치명적인 두 종파를 지적하고 있다. 이들 종파들은 성경에 나오는 진짜 이단의 형태이며 전형적인 이단으로 간주되는데, 그 중 하나는 바울이 세운 교회를 괴롭힌 영지주의이며, 다른 하나는 바리새주의이다.

  초기 영지주의자들은 무엇보다도 창조된 세계는 악하고 영의 세계와 대립되는 것이라 믿었으며, 영의 세계만이 선하다고 하였다. 결과적으로 영성에 대한 영지주의적 태도는 환상, 예언, 영적인 체험을 무제한적으로 받아들인다. 실제로, 영지주의자들은 저질이고 사악한 영들의 활동과 성령의 영감을 분별하지 않는다.

  바리새주의는 영지주의와는 완전히 반대로 영적인 체험을 다루고 있다. 영지주의자들과는 달리, 바리새인들은 종교가 순전히 지적이고 신학적인 실천이 될 때까지 영적인 체험의 흐름을 엄격히 제한한다. 그래서 성령이 소멸되는 것이다.

  영지주의는 전체 교회사를 통해 되풀이되는 이단이었으며, 프랑스 리용의 주교 이레니우스(Irenaeus, A.D. 130-200)*의 시대부터 영지주의는 대단히 학구적인 형태의 거짓 영성으로 나타났다. 바리새주의는 최근에 와서야 비로소 광범위하게 연구되고 있다. (비록 사도행전 15:5과 골로새서 2:18-23에서는 바리새주의가 예루살렘 교회와 바울이 세운 교회들에서 계속 문제가 되었다고 명백히 나타나 있는데도 불구하고).

---

* [이레니우스는 영지주의를 거부하고 정죄하는 〈이단에 반대하여〉 (Against Heresies)란 책을 썼다.] 영적인 것은 선하고 물질적인 것은 악하다는 영지주의의 이원론에 반대하였으며, 하나님은 창조주이시며 예수 그리스도의 아버지가 되신다고 했다. 하나님의 창조는 선하시며 악하지 않다고 말하고 육신은 다시 부활한다고 주장했다.

성경의 맥락에서 본 바리새주의

마태복음 23장에는 예수님께서 바리새인들을 최고로 강하게 비난하는 내용이 나온다. 여기서 예수님은 악을 꾸짖기 위해 하나님으로부터 보냄을 받은 선지자의 역할을 하고 있다. 예수님은 바리새인들과 관계되는 모든 특성들―위선, 율법주의, 성서의 해석을 사사건건이 흠잡는 일 등을 신랄한 말로 폭로하셨다.

예수님께서 비난하신 여러 가지 특성들은 신학적이고 영적인 과정의 결과일 뿐이다. 성경을 자세히 살펴보면 바리새인들이 어떻게 해서 이렇게 비참한 영적인 삶에 이르게 되었는지를 이해할 수 있다. 다시 말해서 우리는 바리새인들이 자신들에 대한 어떤 주제넘은 억측을 가지고 예수님과 근본적으로 대립하게 되었는지를 이해할 수 있는 것이다.

흔히 이단은 진리와 대립되는 신앙 체계로 이해된다. 그런데 바리새주의는 신학적으로 틀림이 없는데도 불구하고 이단적이다. 예수님께서는 마태복음 23장 초두에 "바리새인들이 모세의 자리에 앉았으니"(2절)라고 말씀하심으로써 이런 점을 분명히 하셨다. 이것은 대학에서 어떤 학자의 학문이 다음 학자에게 이어지듯이 바리새인들이 모세의 학문을 이어받았음을 뜻한다. 바꾸어 말하면, 바리새인들이 하나님 나라를 파괴한 원인이 그들의 독특한 신학 때문이 아니라는 것이다.

바리새인들의 실제 문제는 두 가지 근원에서 야기된 것이다. 첫째, 그들은 영적인 삶에서 신학의 역할을 지나치게 과대 평가하여, 신학적인 정확성(정통성)을 제일 주된 종교상의 덕목으로 만들어 버렸다. 그 과정에서 하나님과 인간을 사랑하라는 일차적인 계명이 정통 신학에 종속되어버린 것이다. 둘째, 그들은 자신들이 세운 신학적인 전통이 성경을 완벽하게 해석할 것이라는 자신감에 차 있었다. 그들은 장로들의 전통으로 간주하는 자신들의 신학을 성경과 동일한 수준으로 생각하는 오류를 범했다.

예를 들면, 바리새인들은 예수님과 그의 제자들이 식사하기 전에 손을 씻지 않는 것에 대해 심하게 화를 냈다(마 15:2-6). 손 씻는 것이 좋은 생각이기는 하지만, 이것이 모세의 율법은 아니었다. 그러나 바리새인들은 그들의 전통에 너무나 얽매여 그것(손 씻는 것)을 예수님에 대한 공격의 빌미로 삼았던 것이다. 즉, 그들은 성경을 이해하기 위한 도구를 성경 그 자체로 오인했던 것이다.

그리스도 이후 200년이 지난 뒤에 복음서에 나타난 장로들의 전통은 공식적인 성경의 주석서인 유대교 탈무드에 편입되었다. 예수님과 바리새인들의 논쟁의 주요 핵심은 바로 토라(구약의 첫 5책)와 탈무드(바리새인들의 신학적인 주석서)에 대한 것이었다. 넓은 의미로, 토라가 하나님의 영감으로 된 말씀이라면, 탈무드는 신학적인 주석서를 뜻한다.

바리새인들은 일상 생활에서 탈무드를 토라만큼 중요하게 여겼다. 그러나 예수님께서는 그러한 혼동을 인정하지 않으셨다. 토라는 영원한 하나님의 말씀이었던 반면 탈무드는 영원한 말씀에 비추어 끊임없이 재평가되어야 할 인간의 해석서였기 때문이다.

비록 예수님은 모세의 율법(토라)을 완전하게 지켰지만* 마치 예수님이 항상 장로들의 전통을 일상적으로 깨뜨리는 것같이 보였다.

예수님은 토라의 진정한 의미에 대한 새로운 이해와 계시를 보여주었지만, 바리새인들은 합의된 정통만을 고집하여 성령의 역사에 반대하는 입장을 취하게 되었다.

---

* [한 가지 예외는 예수께서 모든 식물은 깨끗하다고 선언하심으로써 모세의 음식물 금기법(돼지고기를 먹지 않는 따위)을 부정하신 것이다(막 7:19).]

출신으로 판단하기

토라와 탈무드에 대한 바리새인들의 이러한 혼동과 그리고 바리새인들이 율법주의적인 논쟁을 즐기는 성향 때문에, 믿음은 지성적인 것으로 되어버렸다. 믿음이란, 구약의 족장들에 의해서 하나님에 대한 신뢰와 하나님의 돌보심에 대한 기대라고 정의 내려졌으나, 이것이 점차로 신학적이고 의례적인 입장을 고수하는(즉 탈무드를 수용하는) 것으로 이해되기 시작했다. 믿음의 중심이 가슴(感性)에서 머리(知性)로 이동했다. 이러한 사실은 바리새인들이 예수님께 신학적인 질문을 퍼붓는 태도에서 나타났다.

바리새인들이 지성화되는 자연적인 결과로, 바리새인들은 또한 여러 파벌로 나누어졌다. 지성이 영성의 척도로 자리 잡게 될 때는 항상 분열이 생기기 마련이다. 그 이유는, 많은 사람들이 뒤집어씌우는 것처럼, 영적인 은사가 나타나기 때문은 아니다. 가장 핵심적인 파당은 힐렐(Hillel)학파와 샤마이(Shammai)학파였다. 사도행전에 두 번 언급되는 가말리엘(Gamaliel)은 힐렐의 제자로 그 자신 훌륭한 스승이었다(행 5:34-40, 22:3).

학문과 지성에 대한 오만 때문에 바리새인들은 모든 영적인 문제가 오로지 신학적인 수단(탈무드에 대한 지식)에 의해 평가되어야 한다고 생각하게 되었다. 그렇지만, 진정한 분별력이란 지적이고 신학적인 개념에 더하여, 인간 가운데 내주하시는 성령의 활동으로 이루어진다.

바리새인들은 종교적인 질문이나 영적인 현상을 영적인 분별력보다는 권위적인 의견에 근거하여 평가했다. 그 결과 성경은 전통적인 의견(탈무드)으로 혼동하게 되었다. 바리새인들의 중요한 판단 기준은 다음과 같은 질문 위에서 이루어졌다. 그 사람의 출신과 계보는 어디인가? 다시 말하면, 치유나 축사와 같은 영적인 능력을 나타내는 사람이 훌륭한 랍비 학교(유대의 율법학자 양성을 위한)에 다녀서 적절한 교육을 받아 그러한 능력을 행사할 자격을 갖게 되었는가?

예를 들어, 예수님께서 성전을 정화하실 때 주된 관심은 그 행위 자체의 정당성이 아니라, 그 행동을 하는 예수님의 권세였다. 성전에 있는 잡상인들을 쫓을 필요가 있었지만 예수님께서 그렇게 할 만한 랍비라는 신분증명서를 갖고 있었던 것 같지는 않았다(막 11:27-33).

결국 영적인 현상에 대한 바리새인들의 의심이 너무 강하게 되어 모든 알려지지 않는 영적 현상은 위험하다고 생각하기 시작한 것이다. 예를 들어, 앉은뱅이를 치유한 후 베드로와 요한에게 무슨 일이 일어났는지 생각해보자(행 4:1-22). 그들은 산헤드린(71명으로 구성된 고대 예루살렘의 최고 평의회 겸 최고 재판소) 앞에 끌려 나와 고소당하였으며, 그들이 신문 받은 내용은 "너희가 무슨 권세와 뉘 이름으로 이 일을 행하였느냐"(행 4:7)라는 것이었다. 베드로는 이와 같은 바리새인들의 도전에 대해서 대단한 지혜와 용기를 가지고 자신의 권세는 예수님을 통해서 왔다고 선포했다.

산헤드린의 의원들은 이들 사도들을 "학문이 없는 범인으로" 알았다가 그들의 지혜와 용기에 깜짝 놀랐다(행 4:13). 다른 말로 말하자면, 베드로와 요한은 랍비 학교에 다닌 적이 없는 사람들이었다. 산헤드린의 의원들은, 그들의 학교에서 교육받은 사람들만이 성경을 정확하게 해석하거나 하나님으로부터 직통적인 권능과 계시를 받을 수 있다고 생각하였다.

이런 맥락에서 우리는 바리새인들에게 세례 요한이라는 인물이 곤란한 존재였다는 것을 이해할 수 있다. 일반 백성들은 그를 선지자로 보았으나, 그는 바리새인이 아니었던 것이다. 대체 그는 누구이며 무엇이었나? 바리새인들이 예수님의 권세에 대한 질문을 했을 때 예수님의 대답은 바리새인들을 혼돈하게 만들었다(마 21:23-27).

아이러닉하게도, 바리새인들은 주전 1, 2세기에 있었던 이교적인 희랍 통치하에서 배교나 이교사상에 반대하는 데 가장 앞장섰던 유대교도였다. 그들은 희랍의 이교사상에 대항하는 데 분별력으로 사용했던 자신들의 신학적인 전통이 자신들을 과거의 위대한 선지자들과 같은 영적인 후예의 위치에 올려놓았다고 생각했다. 또한 그들은 유대교가 이미 그들이 계획해놓은 대로 발전하고 번영하기를 기대하였다. 그리하여 메시야는 초인적인 바리새인으로서 그의 명석한 해석으로 자신들의 모든 논쟁을 해결하리라 기대하였다.

바리새인들의 잘못된 분별 체계

진정한 메시야는 바리새인들의 기대와 예측을 확신시켜 준 게 아니라 오히려 그가 성전의 환전상들에게 행하신 것과 똑같은 확고함으로 그들을 뒤집어엎어 놓았다. 바리새인들은 예수님의 영적인 책무, 분별, 평가에 대한 이해 때문에 무척 화가 났다. 예수님은 바리새인들의 신학적인 논쟁, 랍비의 권위, 적법한 출신과 계보 등 탈무드의 체계를 완전히 무효로 만들어 놓았다. 그러면서 예수님은 영적인 문제는 그 열매로 평가되어야 한다고 선언했다(마 7:15-18).

예수님이 탈무드를 거부한 것은 성경을 무시하라는 의미는 아니었다. 오히려 그는 인간이 하나님의 말씀을 해석할 때에 범할 수 있는 잘못을 지적하셨다. 바리새인들은 성경 중에서 명쾌한 설명이 없는 상황에 대한 규칙을 마련하기 위해 탈무드를 발전시켰다. 이런 행동은 "울타리 치기"라고 알려진 것인데, 이것은 사람들을 죄지을 가능성으로부터 멀리 떼어놓기 위해 만드는 아주 제한적인 규칙들을 의미한다. 유대인 전통에서 발전된 가장 극단적인 울타리 치기의 형태는 모세의 법전을 능가하는 음식물의 정결 규칙인데, 예를 들어, 우유(버터·치즈 등 낙농)류와 고기류의 음식을 담기 위해 다른 접시를 사용하는 것이다.

반면에, 예수님은 그러한 "울타리 치기"는 인간이 만든 것이기에 조정이 가능한 것으로 알았다. 예수님은 성경에 상세히 설명하지 않은 영적 체험이나 실생활 영역에서의 행위에 대해 분별하는 것은 전통(탈무드)으로가 아니라 열매로 해야 한다고 확언하셨다. 세례 요한은 세례 받으러 오는 바리새인들에 대해서 이미 열매 문제를 제기하였다(마 3:8-10). 예수님은 그의 제자들에게 열매 문제를 참된 분별의 기준으로 삼으셨다. 예수님은 제자들에게 "거짓 선지자들을 삼가라 양의 옷을 입고 너희들에게 나아오나 속에는 노략질하는 이리라 그의 열매로 그들을 알지니 가시나무에서 포도를, 또는 엉겅퀴에서 무화과를 따겠느냐"(마 7:15-16)고 가르치셨다.

영적인 책무와 분별에 대한 기독교인의 견해(열매)와 이에 대한 바리새인의 견해(출신)와의 차이는 날 때부터 소경된 자가 치유 받은 사건에서 극적으로 요약되어 있다(요 9장). 바리새인들이 소경되었던 사람과 그의 부모에게 질문을 했을 때, 그들은 그 사건의 열매 즉, 그 사람이 눈을 뜨게 된 일에는 관심이 없었고, 오히려 치료자의 출신과 계보에 관심이 있었다. 그들은 단지 예수님이 어느 랍비 학교 출신이며 그 학교가 예수님에게 영적인 사역을 하도록 권한을 부여했는지를 알고자 했던 것이다. 바리새인들은 "우리는 모세의 제자라 하나님이 모세에게는 말씀하신 줄을 우리가 알거니와 이 사람은 어디서 왔는지 알지 못하노라"라고 말함으로써 사건의 열매보다는 권위를 중시 여겼다(요 9:28-29).

영적인 현상의 열매로 판단하라는 예수님의 명령은 바울 서신에서 말하는 성령과 연결된다. 바울 서신은 영적인 현상이 하나님으로부터 온 것인지 아니면 다른 근원에서 온 것인지를 분별을 시험하는 개념을 발전시켰다. 바울은 "내가 기도하노라 너희 사랑을 지식과 모든 총명으로 점점 더 풍성하게 하사 너희로 지극히 선한 것을 분별하며 또 진실하여 허물없이 그리스도의 날까지 이르고"(빌 1:9-10)라고 말하였다.

바울은 분별에 대해 말한 것이지 영들의 분별에 대한 것이 아니었다. 이 성경 구절에 나오는 분별이란 지식과 관계되는 것이며, 그 분별의 목적은 지극히 선한 것을 시험하여 취하는 것이었다. 이것은 데살로니가 전서에서도 반복되어 말씀하고 있다: "성령을 소멸치 말며 예언을 멸시치 말고 범사에 헤아려 좋은 것을 취하고 악은 모든 모양이라도 버리라"(살전 5:19-22). 바울은 사람들에게 열매를 봄으로써 새로운 것을 시험해보라고 가르쳤는데, 이것이 바로 예수님의 견해였다(갈 5:19-23 참조).

바울은 하나님께로부터 온 영적인 현상은 어떤 특성을 갖는다고 말함으로써 열매로 시험해 본다는 개념을 명확하게 했는데, 그 특성이란 "성령의 열매"라고 불렀다. "성령의 열매는 사랑과 희락과 화평과 오래 참음과 자비와 양선과 충성과 온유와 절제니 이 같은 것을 금지할 법이 없느니라"(갈 5:22-23). 이러한 모든 것은 바리새인들의 이해와 상반되는 것이었는데, 바리새인들은 모든 현상은 자신들의 엄격한 전통(출신)을 준수하느냐 하는 것과 합의된 해석(탈무드)을 고수하느냐 하는 것에 의해 판단되어져야 한다고 생각했던 것이다.

비록 분별을 시험하는 개념이 반드시 인식되어 온 것은 아니지만, 그것은 성경의 주된 요소 중 하나였다. 2000년 기독교 역사에서 교회가 성경에는 직접적으로 언급되지는 않았지만 하나님께로부터 온 문제들에 직면하여 그 해결책을 발전시킬 것이라는 것을 성령은 알았다. 예를 들어, 18세기에 주일 학교 제도가 시작되었는데, 이것에 대한 많은 논쟁을 거치고 그 열매를 시험해 본 이후에, 교회는 그 제도가 뛰어나다는 것을 알고 그것을 채택하였던 것이다.

그와 유사하게, "제단으로의 부름"은 19세기 부흥 운동에서 발전된 복음주의적인 의식인데, 이것은 초신자들을 강단 앞으로 나오라고 부르는 것으로서 많은 논쟁을 불러 일으켰다. 어떤 사람들은, 예수님을 영접하는 결단을 하도록 하기 위해 강단 앞으로 불러 나오게 하는 일은 구원을 하시거나 멸망하게 하시는 하나님의 주권적 권리를 침해하는 것이라고 주장하였다. 그러나 결단에로의 부름은 이제 모두에게 익숙한 것이 되었다.

그렇지만, 열매로 판단하는 기준은 성경적으로 정당성을 증명할 수 있는 범위 안에 있는 문제들을 시험하기 위해 사용되어져야 한다. 명백히 성서에 반하는 일은 그 열매로 시험될 수는 없는 것이다. 예를 들어, 간통을 저지르고 부당한 이혼을 한 사람이 결과적으로 새로운 행복한 가정의 좋은 열매를 맺었다고 해서 죄지은 것이 아니라고 인정할 수는 없다. 그것은 착각이다. 원초적으로 간통은 나중에 어떻게 느끼든지 제아무리 새로운 자녀들을 얻게되든지 상관없이 죄임이 분명하기 때문이다. 마찬가지로 어떤 심령술사들이 악령을 불러 치료를 할 수 있다하더라도 그것은 치유라는 훌륭한 열매에 마술을 사용해서는 안 된다는 하나님의 명령을 어긴 대가로 이루어진 것이다. 그러므로 그것은 사탄의 노예가 될 뿐이며, 기껏해야 일시적인 것일 뿐이다.

바리새인들의 왜곡된 믿음

예수님은 바리새인들의 왜곡된 믿음의 정의를 공격하고 꾸짖었다. 예수님은, 말씀으로나 행동으로, 들을 수 있는 모든 사람들에게 믿음의 원뜻은 하나님과의 신뢰와 기대의 관계임을 상기시켰다. 하나님은 믿는 자의 필요를 채워주시고, 사탄의 왕국에서 고통 당하는 자를 구원해 내시고, 위대하고 강한 능력의 사역을 하시는 것이다. 예수님은 믿음이란 랍비 학교에서 배우게 된 신학이나 의식보다는 하나님과의 직접적인 관계에서 오는 것이라고 강조하였다.

그렇다고 예수님께서 신학적 지식이나 교리를 무시한 것은 아니었다. 오히려, 그가 제자들에게 가르친 온전한 믿음에 관한 말씀 가운데, 믿음의 확신과 하나님에 대한 신뢰가 제일 중요하고, 탈무드의 교리(신학적 주석서)는 그 다음으로 중요하다고 가르쳤다.

성경은 교리보다 믿음이 중요하다는 것을 두 가지 사건에서 증언하고 있다. 가나안 여인의 딸에게서 귀신을 쫓아내신 것(마 15:21-28)과 백부장의 하인을 고치신 것(마 8:5-13)이 그것이다. 각 사건에서 치유나 축사(축사)는 환자를 치유해 달라고 요구하는 사람들의 대리 믿음을 통하여 먼 거리에서 이루어졌다. 두 경우에 있어서, 종교 지도자들에 의하면, 환자를 치유해 달라고 요구하는 사람들은 잘못된 신학을 갖고 있었다. 그러나 그들의 이교도적인 신앙에도 불구하고, 그들은 둘 다 하나님께서 자신들의 요구를 예수님을 통하여 응답해주실 것이라는 놀라운 믿음의 기대를 갖고 있었다.

우리는 예수님께서 침묵하셨다고 해서 그들의 이교도적 교리를 인정했다고 결론을 내릴 수는 없다. 그것보다는 오히려 예수님은 그들의 믿음의 기대를 다른 사람들을 위한 영적인 덕목이요 본이 된다고 칭찬하시고 긍정적으로 받아 들이셨다. 올바른 신학은 그 이후에 그들과 하나님과의 관계를 통해 갖게 될 것이기 때문이다.

지옥 같은 영적 상속

바리새인들은 스스로 평가하기를 자신들은 하나님께서 이스라엘을 위해 일하시는 최중심에 있다는 것이다. 그러나 예수님의 그들에 대한 판단은 상당히 달랐다.

"화 있을찐저 외식하는 서기관들과 바리새인들이여 너희는 선지자들의 무덤을 쌓고 의인들의 비석을 꾸미며 가로되 만일 우리가 조상 때에 있었더면 우리는 저희가 선지자의 피를 흘리는데 참예하지 아니하였으리라 하니 그러면 너희가 선지자를 죽인 자손 됨을 스스로 증거 함이로다 너희가 너희 조상의 양을 채우라 뱀들아 독사의 새끼들아 너희가 어떻게 지옥의 판결을 피하겠느냐"(마 23:29-33).

예수님의 논법은 설명이 좀 필요하다. 그는 신학에서 자주 토론되지 않았던 개념인 유전(遺傳)된 영적 유산에 대해 말씀하고 있었다. 예수님의 말씀은 바리새인들이 그 세대에 나타난 성령(즉, 예수님의 인격과 가르침에 나타난 성령)을 반대했기 때문에, 그들은 그 전 세대에 선지자들(그리고 선지자들 안에 성령)을 반대했던 사람들과 동류의 사람들이 되었다는 것이다. 비록 바리새인들 자신은 정통의 수호자라고 믿었지만, 그들은 정말로 성령을 반대하는 자들이었다.

영적 유산에 대한 예수님의 말씀은 모든 시대의 사람들에게 경고하는 말씀으로써, 현재 성령의 역사를 반대하는 태도를 취하면 그 사람은 선지자를 죽인 살인자들의 지옥과 같은 흉악한 영적 유산을 계승하는 것이라고 경고하고 있다. 믿는 사람들은 반드시 자기가 사는 시대의 성령의 역사를 잘 분별할 줄 알아야 할 뿐 아니라 분별할 의지도 있어야 한다.

스데반은, 성령의 권능 아래 말씀을 전하면서, 산헤드린 앞에서 자신을 변호하는 말을 끝마치면서 이와 똑같은 내용을 반복했다. 산헤드린의 법정은 바리새인들과 사두개인들로 나뉘어져 있었다. 사두개인들은 사후세계나 천사들의 영적 세계를 믿지 않는 철학자들이었다. 그 반면에 바리새인들은 이러한 것들을 믿었다. 그러나 두 그룹이 모두 성령과 예수님의 사역에 대해서는 심하게 반대하는 입장을 취했다. 스데반은 말했다.

"목이 곧고 마음과 귀에 할례를 받지 못한 사람들아 너희가 항상 성령을 거스려 너희 조상과 같이 너희도 하는도다 너희 조상들은 선지자 중에 누구를 핍박지 아니하였느냐 의인이 오시리라 예고한 자들을 저희가 죽였고 이제 너희는 그 의인을 잡아준 자요 살인한 자가 되나니 너희가 천사의 전한 율법을 받고도 지키지 아니하였도다 하니라" (행 7:51-53)(또한 유 11 참조).

성령을 거역하는 죄

바리새인들은 예수님의 사역에 반대하고 예수님께서 그들이 영적으로 죽은 상태라고 경고한 것에 대응하여 예수님을 마술사라고 비난했다. 그리고 그 비난은 그들의 확신에 따른 당연한 논리였다. 예수님께서 여러 가지 기적을 행하셨지만, 예수님이나 그의 제자들은 전통 있는 랍비 학교 출신은 아니었다.

결국, 그들은 예수님이 바알세불(사탄의 별명)의 힘으로 귀신을 쫓아냈다고 노골적으로 비난했다(마 12:24). 예수님께서는 귀신의 왕국이 스스로를 쫓아내지는 않는다고 지적하시고 그가 귀신을 쫓아낸 좋은 열매는 그의 사역이 하나님께로부터 온 것임을 나타내는 표적이라고 말씀하셨다(마 12:25-29). 의미심장하게도, 자신이 마술을 이용했다는 허위 송사(訟事)를 들으시고, 예수님께서는 성령을 거스르는 용서받지 못할 죄에 대한 정의를 내리신다.

"또 누구든지 말로 인자를 거역하면 사하심을 얻되 누구든지 말로 성령을 거역하면 이 세상과 오는 세상에도 사하심을 얻지 못하리라" (마 12:32).

중대한 문제가 여기에 있다. 확실히 마술이나 주술은 심각한 죄로서 발각되기만 하면 규탄 받아야만 한다. 어떤 주술 행위는, 예를 들어 강신술에서와 같이, 저급한 영들의 활동을 마치 성령의 역사의 일부인 것 것처럼 보이게 한다. 이런 의미에서, 강신술은 분별을 하지 못하여 생긴 죄이며, 반드시 회개하고 용서함을 받아야 하는 심각한 죄이다.

그렇지만, 이와 반대로 분별을 하고 범하는 죄가 있다. 성령의 역사를 실제로 악마적인 활동의 소산이라고 주장하는 일, 즉 성령의 역사가 사실은 하나님께로부터 온 것임에도 불구하고 어떤 마술적인 것이라고 주장하는 것은 심각한 죄 이상의 것이다. 그것은 용서받지 못하는 죄이다. 용서받지 못하는 죄를 어떻게 해석하든지 상관없이, 용서받지 못하는 죄이기 때문에, 알지 못하는 특이한 영적 현상을 마술이라고 비난하려면, 기독교인은 많은 연구와 분별을 위한 많은 기도를 한 후에라야만 그것도 마지못해 해야만 할 것이다. 치유나 축귀사역을 어떤 것이든 마귀의 역사로 판단하는 것은 특별히 조심해야 한다.

결국, 바리새인들은 대제사장들과 사두개인들과 연합하여 예수님에 대해 거짓 증인들을 세움으로써 "마술사" 예수를 제거할 음모를 꾸몄다. 여기서 우리는 다시 그들의 생각을 살펴봄으로써 그들의 행동 논리를 이해할 수 있을 것이다. 예수님께서 나사로를 죽음으로부터 살리셨을 때 그들이 어떤 생각을 했나를 주의 깊게 관찰해 보자. 나사로를 살리심은 가장 강력하고 공개적인 기적 중에 하나였다(요 11:45-53). 이 사실을 부정할 수는 없었다. 그러나 그들은 예수님이 나사로를 살린 기적도, 그의 다른 기적들과 마찬가지로, 마술을 행했다고 확신했다. 그리고 그들은 사람들이 현혹되어 자신들과 로마인들에 반역하고 예수님을 따를 것을 두려워했다. 그렇게 되면 제한된 이스라엘의 독립이지만 파괴하는 결과를 초래할 수도 있을 것이다.

따라서 거짓 증언(제8계명을 직접 범하는 죄)을 포함하여 어떤 수단으로라도 예수님을 저지하는 것이 그 당시의 여러 가지 위험을 생각하면 정치적으로도 상책이었으며 영적으로도 용납할 수 있는 것이었다. 예수님을 재판할 때 바리새인들의 사주를 받아 거짓 증언을 하도록 된

무리들은 예수님에게 거짓되고 불리한 증언을 했다(막 14:56). 이렇게 모든 계명과 율법의 법전을 존중하기 위해 온갖 방법을 동원하여 자신의 정력과 역사적인 개발을 다 이용했던 바리새파는 결국 그것들을 가장 조잡한 방법으로 파괴시키는 처지가 되고 말았다.

신약 교회에서의 기독교 바리새주의

대다수의 기독교인들은 바리새주의가 예루살렘의 유대-기독교 교회에서 계속 문제가 되었다는 사실을 모르고 있다. 사도행전에서 한 때 바리새인이었던 기독교인들은 바울이 이방인 개종자들에게 할례를 면해 주고 유대교의 율법 의식을 면해 주자는 것에 대해 반대했다(행 15:5). 비록 그들의 입장이 채택되지는 않았으나, 이런 태도는 바울이 베드로를 만났을 때 다시 나타났는데, 베드로는 야고보가 보낸 사람들(즉, 예루살렘에서 온 기독교인들)의 환심을 사려고 이방인 기독교인들과 함께 먹는 것을 거부했다(갈 2:11-14).

이러한 유대-기독교 바리새인들의 신학은 3세기 에비온파(Ebonite)까지* 계속되었다. 이 유대-기독교인 집단은 예수님이 메시야라는 것은 믿었지만 예수님의 처녀 탄생과 신성을 거부하고 바울 서신도 거부했다.

비록 예루살렘의 교회가 기독교 바리새인들 때문에 분명히 괴로움을 당했지만, 바울이 세운 교회들 안에 있는 바리새인들은 바리새주의가 교회 내에서 계속되는 이단이라는 것을 이해할 수 있도록 하는데 중요한 공헌을 했다. 고린도전후서와 갈라디아서를 자세히 살펴보면 그 시

---

* [희랍어 "에비온"(ebion)은 가난한(갈 2:10)이란 뜻으로 이들은 자신들을 "가난한 사람들"이라고 불렀다. 이들은 초기교회(2세기~4세기)로부터 분리된 주로 바리새파와 에세네파로 구성된 이단 종파이다.]

대에 그들 공동체 안에서 약간의 기독교인들이 바울이 격렬하게 비난했던 바리새주의의 형태로 자발적으로 이동해 갔음을 확인할 수 있다.

예를 들어, 고린도 교회는 초기 기독교 지도자인 바울, 아볼로, 게바의 가르침에 대한 신학적인 분쟁에 벌써 휘말리게 되었다(고전 1:10-18). 확실히 고린도 교인들은 파벌에 따른 신학적인 관점의 바탕 위에서 서로를 판단했다. 원시적인 "기독교 탈무드"는 교회 시작 10년 안에 그 형태를 갖추게 되었다!

바울은 이러한 고린도 교인들을 꾸짖으며, 기독교인들은 모든 인간의 생각으로 된 판단으로부터 해방되어 성경("기록된 말씀")에 충실해야 한다고 역설한다.

> 그러므로 때가 이르기 전 곧 주께서 오시기까지 아무 것도 판단치 말라. 그가 어두움에 감추인 것들을 드러내고 마음의 뜻을 나타내시리니 그 때에 각 사람에게 하나님께로부터 칭찬이 있으리라 형제들아 내가 너희를 위하여 이 일에 나와 아볼로를 가지고 본을 보였으니 이는 너희로 하여금 기록한 말씀밖에 넘어가지 말라 한 것을 우리에게서 배우고 서로 대적하여 교만한 마음을 먹지 말게 하려 함이라(고전 4:5-6).

바울이 제시한 다음 항목은 부도덕한 의붓자식(아비의 아내를 취하여 음행한 자식)을 판단하여 출교시켜야 한다는 것이다(고전 5:1). 이러한 판단은 앞의 판단하지 말라는 말과는 모순인 것처럼 보이지만, 이것은 도덕적인 율법(토라)은 영원한 효력이 있으나 인간의 주석서(탈무드)는 판단의 근거가 되지도 못하고 될 수도 없다는 예수님의 기본적인 인식을 재확인 해 주는 것이다.

이 책의 제1부에서는 18세기에 대각성운동이라 널리 알려진 부흥운동 가운데 있었던 토라와 탈무드 간의 분쟁을 자세히 검토할 것이다.

성·령·을·소·멸·하·는·자·들
Quenching the Spirit

제1부
대각성운동 : "어수선한" 부흥운동

제2장
대각성운동과 성령의 역사

1741년 10월 3일에 예일대학의 학장 대행인 사무엘 존슨(Samuel Johnson) 목사가 영국에 있는 친구에게 걱정스러운 편지를 한 통 보냈다. 존슨 목사는 당시 뉴잉글랜드 지방(미국 동북부의 6개 주)을 휩쓸던 순회 부흥사 죠지 휫필드(George Whitefield)가 인도하는 부흥 운동에 대한 회의적인 생각을 다음과 같이 말했다.

> 온 나라를 다니며 휫필드 목사가 행한 설교와 그의 추종자들의 영향으로 나타난 이 새로운 열정은 예일대학에 굉장한 발판을 갖고 있습니다.…많은 학자들이 그 운동에 빠져 있으며, 그리고 올해 학위를 받을 예정이었던 사람들 중 두 명은 그들의 운동을 널리 선전하려고 무분별하게 들떠 설치는 바람에 학위가 거부되었습니다…우리는 지금 아마도 어느 시대 어느 나라에 있었던 것보다 훨씬 이상하고 말로 형언할 수 없는 열정에 빠져 있습니다. 왜냐하면, 순회 부흥사의 소름끼치는 부르짖음을 듣자 많은 사람들이 놀라운 비탄으로 충격을 받을 뿐 아니라, 그들의 몸도 때때로 아주 이상한 진동과 본의 아닌 동요와 갑작스런 경련을 순간적으로 일으키곤 합니다. 이러한 현상은 때때로 단지 구경만 하는 사람들에게도 일어납니다….[1]

존슨 목사가 이렇게 부정적으로 묘사했던 집회는 대각성운동의 일부분으로서, 미국 역사상 첫 번째로 이루어졌던 가장 중요한 부흥 집회였다. 대각성운동은(1740-1744) 미국 역사의 흐름을 바꾸어 놓은 영원한 축복이었다. 그 운동은 아직 미약하고 종속된 식민지에 있던 신교 교회에 영향을 끼쳐, 새로운 기운을 불어넣어 주며, 교회를 활성화시켰다. 이 대각성운동과 함께 평신도 목회와 평신도 기도운동 또한 새로운 활기를 띠게 되었다. 한 세대 동안이나 줄어들기만 했던 교인의 수가 증가하기 시작했으며, 수천 수만 명의 회심자들이 교회로 들어오기 시작했다.

무엇보다 중요한 것은 이 대각성운동이 미국 기독교의 상징이 된 대규모 복음전도운동에 새롭고 혁명적인 패턴(양상)을 확립했다는 것이다. 이 양상은 설교자로 하여금 숨막히는 요구 사항이 된 형식적이고 신학적인 설교에서 벗어나 분명한 회개와 회심의 메시지를 선포할 수 있도록 했다. 대각성운동의 혁신이 일어나지 않았다면 빌리 선데이(Billy Sunday)나 빌리 그래함(Billy Graham)과 같은 설교자도 그들의 사역을 수행할 수는 없었을 것이다.

대각성운동의 열매는 기도와 설교에만 국한되지 않았다. 이 운동에 영향을 받은 교회는 새로운 미전도 지역과 선교 활동을 활발히 발전시켜나갔다. 예를 들어, 각성운동의 설교자들은 미국의 흑인들에게도 복음을 전하기 위해 식민지에서 처음으로 조직적인 활동을 시도했다. 이것 역시 그 당시에는 혁명적이었기 때문에 뉴욕 지방의 식민지에서 많은 논쟁을 불러일으켰다.

그러나 불행하게도, 이 대각성운동은 "큰 반대운동"이 뒤따랐다. 초창기에는 선의로 지지를 했었지만, 대부분의 목사들이 이 운동을 건전한 교리에 위배되는 위험한 운동이라고 등을 돌렸다. 몇 년 동안 가장 위대한 성공을 거둔 후에, 이 부흥 운동은 단지 감정주의에 불과한 것으로 불신을 받게되었으며 위험한 운동으로 억압받게 되었다.

여기서 흥미로운 점은, 현대의 부흥운동과 최초의 미국의 각성운동과는 유사점이 많다는 것이다. 두 부흥운동은 모두 황홀경(비몽사몽간)에 몰입하는 영적인 체험과 성령의 권능에 특이한 육체적인 반응을 나타내는 특징이 있었다. 오늘날 카리스마적 교인들이 소위 말하는 "성령 안에서 죽임 당한다"라는 것은 대각성운동 당시에는 아주 보편적인 일이었다. 또한 두 부흥 운동에 참가한 사람들은 그들이 환상을 보았으며 하나님께서 실제로 그들에게 말씀하신 것을 느꼈다고 말했다. 그렇지만 대각성운동이나 카리스마적 부흥운동 기간에 많은 수의 목회자들이 그러한 주장들을 경멸하여 무시해 버렸다.

부정적인 측면으로 본다면, 이 두 부흥운동은 도를 지나치는 일들이 많았고 일반적으로 지혜와 분별력이 부족했다. 영적 각성의 자발성 때문에 전통적인 예배 질서가 무너지면서, 독선, 분열, 기성 교회와 지도자들에 대한 비판이 두 부흥운동에서 나타났다.

대각성운동의 선구자들

대각성운동은 각기 다른 나라에서 각기 다른 신학을 가지고 일어난 세 가지 주된 부흥운동에서 나타난 위대한 성령의 역사 중 일부였다. 미국 식민지에서의 주된 부흥운동 목사들은 모두 칼빈주의자들이었다. 그러나 독일에서의 부흥운동은, 루터교 신학에서와 마찬가지로, 보다 개인적인 종교 체험에 초점을 맞춘 경건주의 신학으로 이루어졌다. 영국에서의 부흥운동은 강한 칼빈주의적 요소에 더하여 후에 감리교가 된 새로운 웨슬리 신학이 합쳐진 형태로 일어났다. 웨슬리의 신학은 칼빈주의의 예정론과 전적으로 모순되었다.

일찍이 1720년부터 1726년까지 미국 뉴저지 주에 있는 네덜란드 개혁파 교회들(칼빈주의자) 중에서 부흥운동이 일어났다. 이 부흥운동의 지도자는 데어도어 프레링하이젠(Theodore Frelinghuysen)이었다. 그는 네덜란드에서 태어나 칼빈주의 교육을 받았지만 독일에서 1년을 지내는 동안 독일 경건주의를 배웠다. 경건주의는 독일 루터파 교회 내에서 평신도 개혁 운동으로 시작되었다. 이 경건 운동은 개인적인 헌신과 도덕성에 강조를 두었기 때문에 그 당시 교리와 스콜라철학에 초점을 맞추었던 흐름에 도전을 하게 되었다. 뉴저지에 있는 네덜란드 개혁파 교회에 부름을 받은 프레링하이젠은 경건주의의 혁신적인 개인 기도회(그 당시 가정 모임이라 불림)와 함께 목사의 사역을 도와주는 평신도 조력자들을 함께 데리고 왔다.

프레링하이젠은 회개와 구원이라는 단순한 설교를 했다. 이런 점 때문에 그는 설교란 좀더 신학적인 바탕이 있어야 한다고 믿는 "품위 있는" 목사들로부터 많은 비난을 받았다. 그러나 결국에는 그의 설교와 지도력이 열매를 맺어, 그 지역의 교회들이 전반적으로 부흥하게 되었다. 그리고 그가 소개한 경건주의 실천운동은 식민지의 모든 교파의 부흥운동 목사들에게 표준이 되었다.

한편, 펜실베니아주의 장로교 목사인 윌리엄 텐넌트(William Tennent)는 개척지와 미개척지와의 경계 지방인 변경 지대에 통나무 대학(Log College)을 세워, 그 대학에서 젊은이들이 복음 전도와 개인적인 경건 훈련을 배울 수 있도록 했다. 그의 아들 길버트(Gilbert)는 이 학교의 가장 유명한 졸업생이었다. 그 대학은 1726년부터 1746년까지 운영되었는데, 그 졸업생들은 곧 다가오는 대각성운동의 중요한 순회 복음 전도자들이 되었다.

또한 1734년부터 1736년까지 매사추세츠주 노샘프톤(Northamp-ton: 조나단 에드워즈의 부흥 운동의 본거지로 유명함)을 중심으로 한 코네티컷 리버 밸리의 청교도(역시 칼빈주의자) 교회들에서도 지역적인 부

홍 운동이 있었다. 이 부흥 운동은 철학적인 성향을 지닌 젊은 목사 조나단 에드워즈(Jonathan Edwards)의 설교로 인해 불이 붙기 시작했다.

　어쨌든 이렇게 다양한 부흥 운동의 불꽃들을 대각성운동으로 결속시킨 사람은 바로 성공회 복음 전도자인 조지 휫필드(George Whitefield)였다. 그는 각 지방의 부흥 운동 지도자들과 연합하여 그들로 하여금 그 부흥 운동을 널리 펼치도록 격려하였다. 휫필드는 옥스퍼드 대학의 학생 시절 웨슬리 형제들을 만나 그들의 헌신과 복음적 정신에 깊은 영향을 받았다. 1737년 그는 복음 전도자로 조지아 주에 잠시 들렀다. 휫필드 목사는 후에 예정론의 문제로 웨슬리 형제들과 결별하게 되었다. 그는 죽는 순간까지 확고한 칼빈주의자로 남아 있었다. 그러나 그는 항상 웨슬리 형제들을 사랑하고 존경했다.

　휫필드는 영국으로 돌아가서 스코틀랜드, 웨일즈, 잉글랜드 전 지방을 돌며 복음을 전했다. 웨슬리 형제들처럼 그도 품위 있는 교회서의 집회보다는 야외 집회에서의 설교가 훨씬 효과적이라는 것을 깨달았다. 그는 또한 감정적인 전달방식(소위 "열광주의"라고 불리는)을 사용하여 청중들에게 확신을 주려 했기 때문에 복음주의적인 과격파라는 명성을 얻기도 했다. 그의 설교는 예의 바르거나 품위 있는 것으로 생각되지는 않았다.

　1739년 휫필드는 두 번째 식민지 순회여행에 올랐다. 1739년부터 1741년까지 있었던 이 순회 기간 동안 가장 많은 사람들이 개종했으며, 바로 이것이 대각성운동의 기폭제가 되었다고 일반적으로 알려져 있다. 대각성운동은 1742년경에 가장 절정에 이르렀으나 그 이후에는 급격히 쇠퇴하였다. 조나단 에드워즈 목사가 1746년에, 지금은 고전이 된, 〈종교적 감정〉(Religious Affections)을 썼는데 그 책에서 각성 운동을 이미 과거의 사건으로 인용하였다.

대각성 운동의 신학적 배경

대각성 운동 때에 영국과 미국 식민지의 대다수의 교회들은 교육받은 목사들 사이에 유행한 이신론(理神論)의 영향으로 사기가 저하되고 무기력한 상태에 빠져 있었다. 이신론이란 하나님께서 만물을 창조하셨지만 멀리 계셔서 인간의 일상사에는 관여하지 않으신다는 믿음이었다. 이러한 사상은 비성서적이긴 했지만, 믿음이 충만하지 못하고, 기도의 응답도 받지 못하고, 영적 체험도 경험해 보지 못한 사람들에게는 자연스러운 입장이었다. 미국의 정치가요 과학자인 벤자민 프랭클린(1706-1790)이나, 프랑스의 철학자요 학자인 볼테르(Voltaire, 1694-1778)와 같은 계몽운동(18세기 유럽과 미국의 합리주의 운동)의 지도자들에게 이신론이란 잘 정의된 철학으로 받아들여졌다.

대부분의 다른 사람들에게 이신론은 기존의 신학들에 이론을 부착시킨 태도에 불과했다. 많은 신자들은 도덕적이고 경건한 생활을 했으며 전통적인 신학의 모든 신조를 따랐지만, 하나님의 은총에 대한 체험은 없었다. 이러한 형태의 신앙 생활은 일찍이 청교도 신학에서는 "불완전한 계약"으로 받아들여졌다. 이런 형태의 신앙은 청교도 설립자들의 자손들로 하여금 확실한 회심 체험 없이도 교인이(정치적 권리를 포함하여) 되게 했다.

아이러니하게도, 이신론의 영향을 받은 많은 사람들은 전통적인 신학(혹은 정통)을 강하게 고수하여, 그 신학을 하나님의 은총과 회심의 개인적인 체험의 대용으로 사용하였다. 그들은 관습적인 예배 절차와 교회 의식을 마치 중요한 교리 문제나 되는 듯이 새로운 형태의 설교와 예배 의식에 대항하여 지켜나갔다.

대각성운동 기간 동안 이신론은 인간의 자유 의지를 인정하는 아르미니안주의에 속하게 되었다. 신학적인 견지에서 볼 때 아르미니안주의는 이단이 아니라, 차라리 전통적인 칼빈주의에서 파생된 것이었다. 아르미니안적인 견해는 하나님의 구원의 은총을 받아드리는데서 인간 개인의 역할을 인정했다. 어쨌든, 대각성운동의 지도자들 중 대다수는 아르미니안주의란 칼빈의 예정론과 맞지 않기 때문에 진짜 그 시대의 큰 이단이라고 생각했으며, 때때로 그에 반대하는 설교를 했다. 역사적인 견지에서 볼 때 우리는 이것이 잘못된 논쟁임을 알 수 있다. 진짜 적은 아르미니안주의가 아니라 아르미니안주의 전통 내부에 있다고 주장하는 이신론적인 요소였다.

영국에서 있었던 웨슬리의 부흥 운동과 루터교의 경건주의 부흥 운동은 전통적인 칼빈주의 신학의 맥락에서 보면 아르미니안적이었다. 그러나 성령은 칼빈주의적인 식민지에서 역사하신 것처럼 위에서 말한 그런 신학적 환경에서도 똑같이 역사하셨다. 사실, 오늘날 대다수의 복음주의자들은 본래의 칼빈주의적인 맥락에서 비교해보면 아르미니안들일 것이다.

불행하게도, 순수한 칼빈주의 신학은 대각성운동에 동반하게 되는 영적 체험을 설명할 수 없었다. 그래서 이것을 설명하려는 고심 어린 노력의 결과 대각성운동의 유산 중 하나를 남기게 되었는데, 그것이 바로 미국의 가장 위대한 신학자인 조나단 에드워즈가 제공한 성령의 역사를 분별하도록 고안한 방법이다.

조나단 에드워즈 (1703-1758)

조나단 에드워즈는 독실한 기독교 가정에서 11명의 자녀들 중 유일한 아들로 태어났다(누나 4명과 여동생 6명). 그의 아버지는 코네티컷 주의 이스트 윈저라는 조그만 청교도 도시의 목사였으며, 그의 어머니는 뉴잉글랜드 지방에서 가장 유력하고 막강한 목사인 솔로몬 스토다드

(Solomon Stoddard)의 딸이었다. 에드워즈는 어릴 때 할아버지의 교회에서 두 번의 부흥집회를 보았다.

그는 성경 중심의 경건 교육을 받았으며 그 시대가 요구한 라틴어와 희랍어도 배웠다. 아주 어린 시절부터 자연의 법칙은 하나님의 영광의 반영이라는 청교도 신학에 영향을 받아 자연에 대한 경외심과 감사하는 마음을 갖게 되었다. 에드워즈는 1716년 집을 떠나 컬리지에이트 대학(후에 예일대학이라 불리게 됨)에 입학했다.

예일대학은 하버드 대학과 경쟁하기 위해 세워졌다. 왜냐하면 대다수의 독실한 청교도들은 그 당시 하버드 대학이 원래의 경건주의 신앙심을 잃어버리고 이신론에 기울게 되었다고 느꼈기 때문이다. (그들의 의심은 충분히 근거가 있는 것이었다. 하버드 대학은 이신론자가 되어 세기가 바뀌기 전에 완전히 유니테리언교도가 되었다. 유니테리언은 삼위일체를 인정하지 않는 일신론자이다.) 에드워즈는 예일대학에서 성서 언어, 희랍과 라틴어 문학, 논리학, 자연철학(과학), 당시대의 새로운 철학 등을 배웠다.

에드워즈는 존 락크를 읽게 되다

예일대학에서 에드워즈는 영국의 철학자 존 락크(John Locke)(1632 - 1704)의 저작들, 특히 그의 유명한 〈인간 이해에 관한 에세이〉(*Essay Concerning Human Understanding*)를 읽게 되었다. 에드워즈의 제자로 그의 전기를 집필한 사무엘 홉킨스(Samuel Hopkins)는 에드워즈의 락크에 대한 발견을 다음과 같이 밝히고 있다.

대학교 2학년 때, 그의 나이 13세 때, 그는 인간 이해에 관한 락크의 글을 읽고 크게 기뻐하였으며 얻은 바도 많았다. 사색과 깊은 통찰력으로 형성된 타고난 그의 비범한 천재성이 그 진가를 발휘하기 시작했던 것이다. 그는 임종을 앞두고 그 책을 손에 쥔 채 그와 함께 있던 몇몇 친한 친구들에게 말하기를, 그가 대학교에 다니던 젊은 시절에 그 책을 읽고 말로 다 표현할 수 없을 정도로 기쁘고 즐거웠다고 하고, 그 책을 공부할 때 즐거움과 만족감은 욕심 많은 수전노가 새로이 발견된 보물에서 금은보화를 모으는 것보다 더 큰 것이었다고 말했다.[2]

락크의 〈인간 이해에 관한 에세이〉는 어떻게 사상이 형성되며, 어떻게 마음이 복잡한 사상을 이해에 연결시키는가 하는 문제를 다루었다. 락크는 감정, 관념, 사상이 마음에서 상호 작용하여 의지에 영향을 끼친다고 보았다. 이것은 당시에 유행하던 "기능 심리학" 보다도 인간의 마음을 더 잘 이해할 수 있는 좀더 현대적이고 현실적인 방법이었다.

중세 시대에 카톨릭 신학자들은 마음(mind)과 인간의 정신(soul)과의 관계를 이해하는 기능 구조를 발달시켰다. 이것은 희랍 철학자 아리스토텔레스가 발전시킨 오래된 패턴을 수정한 것이었다. 기능 심리학은 몇 가지 종류로 나타났는데, 어떤 학자들은 육체란 생각하지 않고도 자동적으로 어떤 기능, 예를 들어, 소화나 호흡 같은 기능을 한다는 것을 참조하여, 마음을 생장 정신, 감성적 정신, 지성적 정신으로 나누었다.

기능 심리학의 여러 형태 중, 지성은 마음이나 정신의 다른 영역 위에 가장 높은 위치를 점유하고 있을 뿐 아니라 이들을 지휘하도록 되어있다. 지성적 정신에는 추론하는 능력, 의지의 능력, 양심의 능력을 포함시켰으며, 지성적 정신보다 아래에 있는 감성적 정신에는 상식, 기억, 상상의 능력을 포함시켰다.

이 구조 체계는 간접적이긴 하나 본의 아니게 상상력의 기능을 과소평가하여 창조적인 사고에서 그 역할을 이해하지 못하는 결과를 초래했다. 이러한 마음에 관한 기능 심리학 이론은 락크 이후와 또한 현대 심리학의 발달 이후엔 설득력을 잃게 되었다. 그렇지만, 그들의 가설은 어떤 형태로든 기독교 신학 가운데 깊이 자리잡은 채 남아 있게 되었다.

락크는 언어를 명확하게 하여, 인간들이 명백한 사상으로 사고하고 말할 수 있도록 함으로써, 모호함과 오해를 피하려고 했다. 그의 이상은 가능한 한 멀리 감정과 이성을 분리시켜 놓으려는 것이었다. 그 때는 카톨릭과 프로테스탄트가 맞붙어 싸웠던 30년 전쟁이 바로 끝난 직후였기 때문에 락크를 비롯한 많은 사람들이 이런 전쟁에 염증을 느끼고 있었다. 락크는 명백한 사고가 우세해지고 감정이 걸러지면 그러한 전쟁이 다시는 일어나지 않을 것이라고 생각했다.

에드워즈 목사가 락크의 철학을 발견하고 그 철학을 사용했던 사실의 아이러니는 에드워즈는 락크의 분석 방법을 사용하여 락크가 의도한 것과는 반대되는 것을 성취하려 했다는 것이다. 에드워즈는 성경에 중심을 두었기 때문에, 감정과 이성을 분리한다는 것은 불가능하며 바람직하지도 않다는 것을 알았다. (텔레비전에서 연속극 "스타트랙"을 본 사람이면 스파크(Spock)라는 인물에서 이러한 분리의 결과를 볼 수 있다. 이 불행한 합성 인물은 감정을 느낄 수 없어서 순전히 논리적인 근거에서 모든 결정을 내려야만 한다.)

기독교인의 마음(mind)은 성서적으로 정의된 심정(heart)으로 행동해야만 한다―말하자면, 은총 아래서 의지, 사상, 감정의 연합된 마음으로 행동해야만 한다. 에드워즈에게 락크는 인간의 마음이 작용하는 과정을 명확히 보여준 것이다. 분명히, 명확한 사고의 형성은 목표를 명확하게 하며 불합리한 것을 피하게 하는데 중요하지만, 에드워즈는 감정과 상상력이 발동하는 것 또한 정당한 것이며 억눌러서는 안 되는 것임을 정확하게 이해했다. 궁극적으로 에드워즈의 심리학은 락크의 심리학보다 훨씬 뛰어나며 현실적이었던 것이다.

에드워즈의 회심

에드워즈의 학문적인 천재성은 명백하였다. 그는 석사 학위를 받기 위해 예일대학에 남아있었다. 대학원 시절(1721) 그는 깊은 회심 체험을 하게 되었는데, 그 회심 체험이야말로 그의 삶을 재정립시킨 것이다. 그 체험에 대해 그는 다음과 같이 쓰고 있다.

> 내가 이 때까지 하나님 안에 살면서 하나님의 은총 가운데 내재된 감미로운 기쁨을 처음으로 느낀 때는 디모데전서 1장 17절을 읽을 때였다: "만세의 왕 곧 썩지 아니하고 보이지 아니하고 홀로 하나이신 하나님께 존귀와 영광이 세세토록 있어지이다 아멘." 이 말씀을 읽을 때 하나님의 영광의 느낌이 내 영혼 속으로 들어와서 발산되어지는 것 같았다. 이것은 내가 전에 전혀 체험해본 적이 없는 아주 새로운 느낌이었다. 성경의 어느 말씀도 이 말씀처럼 내게 절실하게 다가오는 것은 없었다…이 체험 이후에 나의 하나님의 은총에 대한 느낌은 점점 더 증가되었고 점점 더 생생해졌다. 하나님의 전능함, 지혜, 순전함, 사랑이 도처에서 느껴졌다. 태양, 달, 별에서도, 구름과 푸른 하늘에서도, 풀, 꽃, 나무에서도, 물에서도, 내 마음에 떠오르는 모든 자연에서도 느껴졌다. 그래서 나는 때때로 달을 보며 끊임없이 앉아 있기도 했고, 낮에는 하늘과 구름을 보면서 시간을 보내기도 했다. 나는 이런 모든 것에서 하나님의 영광을 보았던 것이다. 그 이후부터 나는 하나님과 그리스도를 향한 열렬한 사모의 영혼을 지니게 되었으며, 보다 성스러워지고자 하는 갈망으로 나의 가슴은 충만하여 터질 것만 같았다….[3]

그의 하나님과의 만남의 체험은 의미심장한 것이었다. 왜냐하면 그의 경험은 지성적인 청교도의 회심에 대한 이해와는 맞지 않았기 때문이다. 비록 그의 체험은 전적으로 기독교적인 것이었지만 그 때 당시에는 그를 상당히 당황하게 만들었다. 그렇지만, 그는 이러한 뜻밖의 체험으로 하나님께서 때때로 예기치 않게 역사하신다는 것을 이해할 수 있게 되었다.

설교단의 에드워즈

그의 첫번째 목회지는 목사와 신도들 간에 불화로 갈등을 겪고 있는 뉴욕의 어느 장로 교회였다. 에드워즈는 그 교회가 서로 화해할 수 있도록 도와주고 원래 목사가 돌아와서 다시 시무 하도록 만든 후에 그의 외할아버지인 유명한 솔로몬 스토다드 목사를 돕기 위해 메사추세츠 주 노샘프톤으로 갔다(1726). 그리고 2년 후 스토다드 목사가 죽음으로써, 젊은 에드워즈는 비교적 크고 영향력 있는 회중을 돌보는 목회를 담당하게 되었다.

노샘프톤에서 목회를 하는 동안 에드워즈는 많은 신도들이 진정한 회심을 경험하지 못했다는 것을 알게 되었다. 대다수의 신도들은 하나님과의 어중간한 언약에 만족한 채 그들 자신의 번영을 누리는 데만 중점을 두고 있었던 것이다. 이것을 목격한 에드워즈는 이러한 상황을 변화시키기로 마음먹고, 자신이 이해한 락크의 사상을 통해 회개와 회심을 설교하기 시작했다. 에드워즈의 설교는 지성을 발휘했을 뿐 아니라 상상력과 감정에 호소함으로써, 그의 신도들을 감동시켰으며 그들로 하여금 예수님의 구원의 지식을 갈망하도록 했다.

다음 설교의 발췌문을 살펴보기로 하자. 여기서 에드워즈는 청중들의 상상력을 자극하여 지옥에 대한 분명한 개념을 형성하게 함으로써 그들이 구원을 갈망하도록 했다. 그가 사용한 비유적 표현은 생생했지만, 그의 말투는 감정적이 아니었으며 거의 근엄한 것이었다.

여러분의 이해를 돕기 위해서 상상해 보십시오. 여러분들이 뜨겁게 불타는 화덕 속에 던져졌거나, 뜨거운 벽돌 가마나, 혹은 커다란 화덕 속에 던져졌다고 상상해 보십시오. 그 불구덩이에서 여러분은 우연히 석탄 불을 만졌을 때보다 훨씬 더 고통을 당하게 되었다고 상상해 보십시오. 또 온통 전후 좌우에 강하게 훨훨 타오르는 석탄 불 속에서 그것도 민감한 정신으로 15분 동안 누워 있어야 한다고 상상해 보십시오. 그런 화덕에 들어간다면 얼마나 무섭겠습니까! 그 15분이 얼마나 길게 느껴지겠습니까! 만약 유리를 그 불 속에 넣고 얼마나 견딜 수 있는가를 측정한다면 그 유리가 얼마나 오래 갈 것 같습니까! 만약 그렇게 뜨거운 불 속에서 1분을 견뎌 낸 여러분들에게 다시 14분을 더 참아야 한다고 누군가가 요구한다면 얼마나 두렵겠습니까!

그런데 여러분들이 24시간 동안 그 고통을 견디며 그곳에 누워 있어야 한다는 것을 아신다면 여러분들의 마음은 어떻겠습니까! 만약 여러분들이 일년 내내 그 불 속에서 견뎌야 한다면 그 고통은 얼마나 끔찍하겠습니까! 그리고 만약 여러분들이 1000년 동안 그 불을 참아야 한다면 그 고통은 어떨까요! 오! 그리고, 만약 여러분들이 그 고통을 아주 영원히 받아야만 한다면, 여러분들의 가슴은 얼마나 무겁게 가라앉을까요![4]

이러한 그의 설교는 그 시대의 설교와는 거리가 먼 과격한 설교였다. 그 시대의 설교는 기능 심리학의 영향으로 설교란 이미지를 창조하거나 감정을 자극하는 것이 아니라 청중에게 복음의 지식을 전달하는 것을 목표로 삼았기 때문이다.

노샘프톤의 부흥운동

1734년이 다 갈 무렵, 에드워즈가 목회를 하던 노샘프톤과 그 주변의 마을들에서 부흥운동이 시작되었는데, 이것은 다가올 대각성 운동의 예고였다. 약 2년 후 부흥운동이 잠잠해질 때에 약 300명이 회심했다. 에드워즈는 부흥 운동의 뉴스를 보스톤에 있는 한 목사에게 편지로 설명했으며, 여러 사람의 권유로 그 편지는 다시 손질되어 발표되었다. 이것이 바로 1737년 런던에서 발표한 『노샘프톤에서 수백 명이 회심하게 된 놀라우신 하나님의 역사에 대한 충실한 설명』이다.

여기서 에드워즈는 자신의 회중 가운데 일어난 회심 체험을 당시대의 칼빈주의적 청교도 지도자들에게 익숙한 용어로 묘사했다. 우선 사람들로 하여금 설교나, 이웃과의 토론, 혹은 지나가는 말에 자극을 받아 먼저 신념이 생기도록 한 다음, 성경을 보게 하고, 거기서 위로가 아니라 보다 깊은 확신감을 발견하게 한다. 그 다음으로 사람들은 기도나, 성경 읽기나, 종교활동 등과 같은 것은 구원을 확신시키는데 소용이 없다는 것을 깨닫게 되는 절망의 위기 상태로 이끌려가게 된다. 그후 마지막 확신은 구도자가 예수님의 속죄하는 피에 대한 확산을 갖게 될 때 오게 된다. (교회사의 이 시점에는 회심 과정을 확고히 하기 위해 강단 앞으로 나오게 하는 개념은 아직 개발되지 않았다. 그것은 찰스 피니(Charles Finney)와 다른 19세기 복음 전도자들이 행한 일이었다.)

〈노샘프톤에서…충실한 설명〉에는 여러 가지 회심에 관한 사례가 인용되어 있다. 그 중 하나의 사례로 소모성 질환으로 죽어 가는 아비가일 헛치슨이라는 여인에 관한 것을 소개하고자 한다. 그녀는 이름뿐인 청교도로서 미혼녀였다. 그녀의 오빠가 구원을 위한 회심의 필요성에 대해 이야기하는 것을 그녀가 듣고 성경을 연구하기 시작했다. 그리고 그녀는 확신과 절망의 단계를 지나 그리스도 안에서 최종적인 확신의 단계에 이르게 되었다.

그런데 아비가일의 회심은 새로운 정신 상태를 나타내었으며, 그 정신 상태는 어떤 특이한 육체적인 현상으로 나타났다.

그녀의 마음은 너무나 하나님의 진리와 완전함에 대한 영광의 감정으로 사로잡혀 있어서 그녀는 자신의 생명이 살아져 가는 것 같았다고 말했다. 이런 일이 있은 직후에 그녀는 사적인 신앙 집회에 참석했는데, 그녀의 마음은 내내 하나님의 영광에 대한 느낌과 생각으로 가득 차 있었다. 예배가 끝난 후 사람들이 그녀가 체험한 것을 말해달라고 했다. 그녀는 그녀의 체험을 설명하기 시작했다. 그런데, 그녀가 설명하고 있을 때 전과 같은 영광의 느낌이 되살아나서 그녀의 몸에 힘이 빠져버렸다. 그래서 사람들이 그녀를 데리고 가서 침대에 눕혀야만 했다.[5]

그 당시에는 아비가일이 바닥에 엎드려진 것은 감정적인 부담이 너무 크기 때문이라고 보여졌다. 카리스마적(은사 운동파) 신학자들의 최근 연구에 의하면, 이렇게 쓰러지는 현상은 성령이 역사 하시는 표적이라고 말한다. 이런 현상들은 "성령 안에서 죽임 당한다" 또는 "성령 안에서 휴식한다"라고도 일컬어진다.[6] 이러한 현상은 대각성운동 말기에는 아주 보통 있는 일이었다. 그러나 바로 이런 현상이 대각성운동을 비난하는 사람들 사이에서는 가장 비웃음을 자아내게 하는 대상이 되기도 했다. 〈노샘프톤에서…충실한 설명〉이란 글은 이렇게 독자들에게 부흥 운동에서 나타난 현상에서 회심의 순환 과정에 대한 친숙한 자료와 친숙치 못한 자료를 동시에 제시해 주고 있다.

노샘프톤 부흥 운동의 쇠퇴
에드워즈는 〈노샘프톤에서…충실한 설명〉을 신중을 기하라는 말로 끝을 맺었다. 노샘프톤의 부흥 운동은 존경받던 한 신사가 자살하면서 제동이 걸리기 시작했다. 그는 확신의 과정에 들어섰으나 1년이 지나도록 구원의 확신을 얻지 못하자, 절망에 빠지게 되었고, 결국 자살을 하게 되었던 것이다. 그의 자살은 추문과 실망을 불러일으켰다.

에드워즈는 공동체내에서 그가 믿었던 몇몇 사람들이 위험하고 극단적인 행동을 취함으로써 부흥운동에 제동이 걸리게 되었다고 말했다. 그 한 예로, 사우스 헤들리 근처 마을에서 온 한 남자는 "광적인 망상"에 사로잡힌 나머지, 평신도 다른 사람들에게 목사의 역할을 할 수 있다고 믿었다. 그는 우울증에 걸린 다른 사람을 상담했으며 실제로 그와 함께 기도했다. 그러나 그 당시에 이러한 사역은 안수 받은 목사가 적절한 교회의 절차를 밟아 성직에 임명된 사람들에게만 주어진 권한이었던 것이다. 그 사람은 더 나아가 다가오는 부흥운동에는 성령의 은사가 다시 한 번 나타나리라고 믿었다. 에드워즈 목사는 그 사람을 만나 상담을 함으로써 그가 자신의 "실수"를 알 수 있도록 도와주었다. 그러나 벌서 그의 이러한 행동으로 인한 많은 추문이 부흥운동에 악영향을 끼치고 말았다.

에드워즈는 자살한 사건과 열광주의 행동이 합쳐져서 성령을 슬프게 했다고 믿었다.

> 이러한 일들이 일어난 후 이 곳에서 회심의 사례가 전과 비교해서 현저하게 줄어들었다…그리고 얼마 되지 않아 하나님의 성령은 온 나라 도처에서 아주 눈에 띌 정도로 떠나가는 것처럼 보였다.[7]

1736년부터 1740년까지 에드워즈는 노샘프턴에서 부흥 운동의 불을 다시 지피려고 노력했으나 허사였다. 그는 신도들에게 그 영광의 날을 기억하게 했으며, 그가 옛날에 한 몇몇 설교를 해 보기도 했으나 아무 소용이 없었다. 회심했던 사람들은 여전히 기독교인의 생활을 계속했으나, 새로운 추수의 시기는 지나가고 말았다. 그러한 부흥 운동은 성공회 복음 전도자인 조지 휫필드가 오고 나서부터 다시 일어나기 시작했다.

뉴잉글랜드 지방의 대각성운동

1739년 9월 조지 횟필드 목사가 선교 여행차 미국 식민지에 왔다. 부흥운동가로서 그의 명성은 이미 미국에 퍼져 있었다. 많은 사람들은 부흥운동이 영국에서 이미 일어난 것처럼 미국 식민지에서도 일어나길 기대했으며, 바로 기대했던 그런 일들이 일어나게 되었다. 횟필드는 45일간 미국에 머물면서 사우스 캐롤라이나 주에서 메인 주까지 40개 도시에서 97번 설교를 했다. 그 당시의 여행 여건을 감안할 때 이것은 매우 놀라운 일이었다.

횟필드는 평신도들과 목사들 모두에게서 환영을 받았다. 그는 실제로 순회하는 모든 교회로부터 설교해 달라는 초청을 받았다. 때때로 제일 큰 교회들도 청중들을 다 수용할 수 없을 정도로 많은 인파가 모여들었다. 그래서 그는 그가 영국 웨일즈에서 그랬던 것처럼 야외에서의 설교를 감행했다. 이 방법으로 그는 한번에 수천 명에게 설교를 할 수 있었던 것이다. 그의 친구인 미국 혁명 당시 유명했던 (인쇄업자이기도 한) 벤자민 프랭클린(미국의 정치가, 과학자, 1706-1790)은 필라델피아에서 있었던 횟필드의 설교를 다음과 같이 묘사했다.

> 모든 종파, 모든 교파를 가리지 않고 수많은 군중들이 그의 설교를 듣기 위해서 몰려왔다. 나도 그 집회에 참가했던 사람중 한 사람이었는데, 거기서 나는 그의 웅변이 청중들에게 얼마나 특별하게 큰 영향을 끼치는지를 관찰했다. 그리고 그가 청중들을 향하여 그들은 천성으로 "반은 야수이고 반은 악마"라고 욕을 하는데도 불구하고, 그들이 얼마나 그를 존경하고 사랑하는지를 발견할 수 있었다. 우리 주민들의 태도가 급격하게 변하는 것을 보는 것은 놀라운 일이었다. 그들은 마치 종교에 대해선 아무런 생각도 관심도 없이 있다가, 마치 온 세상이 종교적으로 경건해진 것 같았다. 누구든지 저녁에 시내에 나가보면, 거리마다 각 가정에서 부르는 찬송가 소리

를 듣지 않고는 걸어다닐 수가 없는 것같이 보였다.[8]

휫필드는 에드워즈의 교회에서 설교해 달라는 초청을 수락해서 노샘프턴에서 3일간을 지내며 넘쳐나는 청중들에게 설교를 했다. 휫필드가 떠난 후 에드워즈는 노샘프턴에서 부흥운동을 계속 유지할 수 있었다. 그 때 넘치게 몰려온 회심자의 숫자는 일찍이 1734년부터 1736년까지의 노샘프턴에서 부흥운동 때보다 훨씬 많았다. 에드워즈는 프레링하이젠(Frelinghuysen) 목사의 뉴저지 부흥운동을 모방하여 사적인 집회를 조직하였다. 그는 또한 젊은이들을 위해 특별한 예배를 마련하였는데 그 결과가 아주 좋았다. 에드워즈는 그 부흥운동의 진전 과정을 보스톤에 있는 친구 목사에게 편지로 다음과 같이 알렸다.

이미 신앙을 고백한 [이미 회심한] 많은 젊은이와 어린이들은 하나님의 위대하심과 영광에 압도되어 있는 것처럼 보였다…그리고 동시에 많은 다른 사람들은 자신들의 죄에 짓눌려 비참한 상황에 처해 있음을 깨닫고 무척 고통스러워했다. 그래서 방안은 온통 울부짖음과 기절하는 것과 같은 현상으로 가득 차 있었다. 많은 사람들이 이 소식을 듣고 시내 곳곳에서 몰려왔으며, 그들은 그 곳에서 일어나는 일들을 직접 보고 큰 영향을 받았다. 그 결과 그들 중 대다수의 사람들도 앞의 사람들처럼 영적인 힘에 압도되었다. 이러한 상황은 여러 시간 동안 계속되었으며, 그 동안 사람들은 기도하며, 찬송을 부르며, 상담하며, 은혜로운 말을 주고받았다. 그러한 집회는 몇몇 특별한 개인들에게와 또한 도시 전역의 신앙 상태에 행복한 결과를 가져다주는 것같이 보였다.[9]

1741년 에드워즈는 다른 여러 교회에서 설교를 하는 동안, 예일대학 졸업생인 사무엘 뷰엘(Samuel Buell) 목사에게 노샘프턴에서 설교를 해

달라고 초청했다. 부흥 운동은 뷰엘 목사의 영성에 찬 설교 덕분에 다시 불붙었지만 그에 동반하는 "열광주의" 또한 걷잡을 수 없게 되었다.

    사람들이 일종의 황홀경(비몽사몽간)의 경지에서 아마도 24시간여 동안을 꼼짝하지 않은 채 감각이 정지된 상태로 있었다. 황홀경의 상태에 있는 동안 강한 상상력으로 그들은 천국에 들어가서, 그 곳에서 영광되고 기쁨이 충만한 대상들의 환상을 보았다. 그러나 사람들이 이런 높은 경지에 올라가게 되었을 때 사탄이 이 기회를 이용하여 방해하는 사건들이 눈에 띄게 도처에서 많이 나타났다. 그래서 사람들이 제멋대로 행동하지 못하도록 하기 위해 많은 수고와 주의가 필요했던 것이다.[10]

이러한 상황에 대처하여 에드워즈는 목회자적인 능숙함으로 절제와 분별력을 불러 일으켰다. 느헤미야와 에스라를 본받아 그는 노샘프톤 사람들의 총회를 소집하여, 청교도 창시자들이 미국에 처음 도착했을 때 세웠던 하나님과의 언약을 다시 회복시켰다. 이렇게 해서 사람들의 영적인 에너지와 감정을 구체적인 활동과 구체적인 몸가짐으로 나타내게 했다. 이렇게 함으로써 노샘프톤은 지나가는 여행자까지도 경건함, 자비함, 헌신적인 애정을 느낄 수 있는 도시로 바뀌게 되었다.

대각성 운동의 극단주의
그러나 미국 식민지에는 에드워즈 목사와 같이 지식과 분별력의 지혜를 겸비한 목사가 거의 없었다. 사실 노샘프톤을 제외한 많은 다른 지역에서의 대각성운동은 극단적으로 변하여, 추한 모습까지 드러내었다. 많은 목사들이 휫필드의 설교 스타일과 순회 목회를 따라하려고 했지만, 휫필드만큼 교육을 받은 사람도 (혹은 기름부음 받은 사람도) 없었다. 그들의 과격한 설교는 감정 표현이 억제되지 않은 채 그대로 표현되었다. 그 실례로서 역사가들이 항상 언급하는 두 사람의 극단주의자가 있는데, 그들은 길버트 텐넌트(Gilbert Tennent, 1703-1764)와 제임스 다벤포트(James Davenport, 1716-1757)이다.

길버트 테넌트는 통나무 대학(Log College) 대학에서 그의 아버지로부터 복음주의 교육을 받았고 순회 부흥사로서 일반적으로 성공적인 목회 생활을 했다. 그러나 자신의 설교가 기성 교회의 비판을 받게 되자 그는 성직자로서의 분노를 터뜨렸다. 그는 평신도들이 그들의 목사가 영적으로 메마르고 아직 회심하지 않은 상태임을 알게되면, 그들이 원하는 어느 교회로든지 옮겨갈 수 있다고 말했다. 이러한 의견은 뉴잉글랜드 지방에서는 매우 과격하고 위험한 발상이라 여겨졌다. 왜냐 하면 그 지방에서는 큰 도시를 제외한 거의 모든 도시에 그 도시의 세금으로 유지되는 *하나의* 기성 교회만이 있었기 때문이다.

그러나 더 급진적인 발상은 성직자에 대한 그의 의견이었다. 그는 대다수의 목사들이 아직 회심하지 않은 위선자들이며 은밀한 아르미니안주의자라고 설교했다. (아르미니안주의를 식민지 미국에서는 문제가 있는 신학 사상이라 생각했다. 이 신학을 이신론자들이 고수한다고 생각했기 때문에 의혹이 강화되었다.)

식민지에서는 이신론에 치우쳐 아직 회심하지 않은 목사들이 큰 골칫덩어리였다. 휫필드 자신도 이 문제와 맞서야 했다. 왜냐하면 그는 영국에서와 마찬가지로 미국에서도 이신론이 목사들에게 상당한 영향력을 행사하고 있다는 것을 알고 있었기 때문이다. 휫필드는 교회가 열악한 것은 주로 목사가 자신의 영적인 고갈 상태를 견고한 교리로 변장하고 있기 때문이라고 확신했다. 그는 선언하기를 목사는 "복음의 권능을 자신의 가슴속에 체험한 것만큼만 그리스도의 복음을 설교할 수 있다고" 했다.[11]

그러나 텐넌트는 윗필드보다 더 나아가 평신도들이 목사의 영적인 상태를 조사해 봐서 의심스러운 사람은 거부해야 한다고 말했다. 당연히 그런 견해는 건전한 신학을 파괴하는 것이며 교회 질서를 위협하는 것이라고 생각되어졌다. 교회 질서는 사실상 이미 무너져 있었는데, 왜냐하면 청교도 교회(회중 교회)에서 신자들이 목사를 해고할 권한을 갖는다고 공언했기 때문이다. 이러한 것들로 인해서 처음엔 각성운동에 긍정적인 태도를 보였던 많은 목사들이 이제 부흥 운동에 등을 돌리게 되었다. 1742년 경 텐넌트 목사가 자신의 설교의 파괴성을 깨닫고 공개적으로 회개를 했지만, 이미 부흥운동은 막대한 손해를 입은 다음이었다.

텐넌트보다 더 파괴적이고 더 과격한 사람은 제임스 다벤포트(James Davenport)였다. 다벤포트는 경건한 가정에서 자라나 예일대학을 졸업하고 목사로 안수를 받았음에도 불구하고 대부분의 사람들의 이야기에 따르면 불확실하고 불안정한 사람이었다. 그는 휫필드의 설교를 한번 듣고는 그의 감정적인 설교에 매혹 당했으며, 그 때 그는 그의 생을 순회 부흥사로서 다시 시작하라는 부름을 받았다고 느꼈다.

다벤포트 목사는 자신에게 어떤 목사가 회심했는지 혹은 안 했는지에 대한 그의 영적 상태를 분별할 수 있는 능력이 있다고 믿었다. 그는 이 마을에서 저 마을로 여행을 하면서 목사들을 불러 자기 앞에서 그들의 회심 체험을 간증하게 함으로써 회심의 진위 여부를 판단 받도록 했다. 당연히 대다수의 목사들은 이를 거절했으며, 다벤포트는 자동적으로 그들을 불신앙자들로 비판하고 정죄했다. 그는 뉴론돈 지방에서 세속적인 책과 이신론자들이 쓴 책들을 공개적으로 불태워 버림으로써 각성운동이 한층 더 비웃음을 받게 만들었다.

각성 운동 기간 동안의 분별

조나단 에드워즈는 일들이 이렇게 진전되는 것을 보고, 깜짝 놀랐으며, 각성운동을 과격론자들로부터 지켜야겠다고 생각했다. 그가 예일대학의 졸업식에서 설교를 하게 되었을 때, 그는 이 기회를 이용하여 각성운동의 분별 문제에 대한 자신의 생각을 발표했다. 그 설교는 〈성령 역사의 뚜렷한 표적〉(The Distinguishing Marks of a Work of the Spirit of God) 이라는 제목으로 출판되어 1741년 말에 세상에 나왔다.

에드워즈는 그 설교를 요한1서 4장 1절을 인용함으로써 시작했다. "사랑하는 자들아 영을 다 믿지 말고 오직 영들이 하나님께 속하였나 시험하라 많은 거짓 선지자가 세상에 나왔음이니라." 그리고 그는 분별에 관한 성경적인 원칙을 각성운동에 적용시켰다. 에드워즈는 부흥운동을 위하여 2개의 전선에서 싸움을 수행해야만 했다. 한편으로는, 부흥운동에 관한 모든 것이 하나님께로부터 온 것이라고 믿고 있는 과격론자와 맞서야했는데, 이들은 외형적으로 나타나는 현상이 장관일수록 더욱 좋다고 생각했다. 또 다른 한편으로는, 전통주의자들에게 비록 부흥운동에 실수가 있음에도 불구하고 각성운동의 대부분은 하나님의 성령으로부터 온 것임을 설득해야만 했다.

에드워즈는 부흥운동에서 외형적으로 나타나는 현상에 심각한 결점이 있다고 각성운동을 비판하는 사람들의 말을 정중하게 받아들였다. 그는 여느 때처럼 체계적인 방법으로 결점을 9가지 범주로 나누었다. 그 9가지 중에서도, 각성운동을 하는 목사들은 하나님의 분노에 너무 비중을 두었다는 것, 갑자기 회심한 사람들이 나중에 수치스러운 행동을 했다는 것, 분별하는 데 심각한 실수를 해서 사단적인 생각이 부흥운동의 감정 분출에 뒤섞이게 되었다는 것, 그리고 부흥 집회 때 가끔 보기 흉한 육체적 현상이 표출되었다는 것 등이 결점으로 지적되었다.

에드워즈가 육체적인 현상의 표출이라고 한 것은 성령의 권능이 임했을 때 회중들 가운데 있는 개인들이 반응을 보이는 방법에 관한 것을 의미한다. 이 문제는 많은 부흥 집회에서 되풀이되기도 했다. 기본적인 문제는 바로 이런 것이었다: 성령은 인간의 영(spirit)에 역사 하지만, 성령이 역사 하는 힘과 나타나는 현상은 인간의 혼(soul)을 통해서 표현되어진다. 때때로 이러한 표현은 그 사람의 문화적인 습관으로부터 오는 행동을 포함하게 되며, 이러한 행동은 성령으로부터가 아닌 암시나 잠재의식의 영역에 영향을 받기 쉽다는 것이다.

그 좋은 예는 1900년대의 오순절 교회의 부흥 운동이 애팔래치아 산맥에 있는 사람들에게 역사 했을 때 일어났던 일에서 볼 수 있다. 그 곳의 기독교인들은 성령의 권능을 체험하게 되었다. 그들 중 대부분의 사람들은 교육을 받지도 못했으며, 사회적인 에티켓에도 관심을 갖고 있지 않았기 때문에 성령의 권능을 체험했을 때 그들은 아무런 제한 없이 행동을 했다. 그들에게는 마루에 쓰러져 소리치는 것이 아무런 잘못이 아니었다. 그러나 예의바른 기독교인들은 그 현상을 감정주의나 히스테리로 간단히 취급하였으며, 이들 초기의 오순절 교인들을 "거룩하게 구르는 자들"(holy rollers)이라고 비웃었다. 좀더 최근에 1970년대의 카리스마적(은사) 부흥집회에서도 그 전과 같은 성령의 권능이 임재했었으나 그 권능이 보다 세련된 회중 가운데서 나타났기 때문에 외형적으로 나타난 현상은 보다 절제되었다. 아이러니컬하게도, "토론토 축복"(최근에 캐나다 토론토에서 일어난 대부흥 역사를 지칭함)에서, 기독교인들은 그러한 외형적인 현상에 너무나 익숙하고 그 열매에 대해 너무나 감사하기 때문에, 그들은 소위 조나단 에드워즈가 말하는 나타나는 "운동"(exercises)에는 상관없이 성령의 임재하심을 태연하게 받아드렸다.

비록 에드워즈가 육체적으로 나타나는 현상의 문제를 실제로 이해하지는 못했다고 하더라도, 그는 그런 문제점에도 불구하고 적어도 외적으로 나타나는 현상의 장점을 보게 되었던 것이다. 그는 그 일시적인 "열광주의"가 비록 보기 이상한 모습이긴 하지만 하나님의 참된 역사가 나타나는 것이라고 주장했다. 에드워즈는 각성 운동에서 하나님의 손이 함께 하시는 확실한 증표는 5가지 "확실하고 분명한 성경의 증거"로 증명되어졌다고 말했다. 그 증거로서 진정한 부흥운동은:[12]

1. 공동체 안에서 예수님의 존귀함을 찬양하고, 예수님을 성경에서 말한 대로 하나님의 아들이요 구세주로서 선포한다.
2. 죄를 짓게 하고 세상적인 욕정을 부추기는 사단의 왕국에 대항하여 싸운다.
3. 성경에 더 큰 관심을 불러일으키고 성경의 진리와 신성을 더 공고히 한다.
4. 진리의 영으로 인도되는 특징이 있다.
5. 하나님과 인간에 대한 새로운 사랑을 보여 준다.

에드워즈는 그의 청중들에게 궁극적인 영적 열매와 열광적인 태도를 구별함으로써 각성운동을 분별하라고 요구했다. 그는 이러한 분별이 청중들에게는 어려울 것이라는 걸 이해했다. 청중들은 에드워즈 목사 자신과는 달리 기능-심리학에만 매달려 있어서 인간의 이성만이 건전한 신학을 궁극적으로 평가하는 기준이라고 믿기 때문이다. 결론 부분에서 에드워즈는 각성 운동에서 하나님의 성령에 반대하지 말 것을 그의 청중들에게 경고했다. 왜냐 하면 이것은 용서받지 못할 죄를 범하는 것이 되기 때문이다(마 12:22-23).

이 설교에서 말한 것이 모든 이에게 충분히 확신을 주어 지금 이 땅에서 일어나고 있는 모든 역사가 하나님께서 행하신 것이라고 믿든 혹은 그렇지 못하든 간에, 나는 여러분들이 앞으로 적어도 이제 말씀드릴 가말리엘의 경고에 귀를 기울이시기를 희망합니다. 성령을 거역하는 자가 되지 않도록 앞으로 성령의 역사를 반대하거나 반대하는 말도 하지 말기를 바랍니다. 성령을 거스리는 죄만큼 인간의 영혼에 해롭고 위험한 죄는 없습니다….

성령을 넘치게 부어 주실 때에, 그리고 성령이 강하게 역사 하심으로 인간의 정욕과, 미적지근함과, 위선이 책망을 받을 때에, 어떤 모양으로든지 이러한 죄를 저질러지기 가장 쉬운 때입니다. 이러한 성령의 역사를 악의에 차서 반대하고, 비난하고, 마귀의 역사라고 부르는 사람들은 용서받지 못할 죄를 짖는 것 외에는 달리 원하는 것이 없는 사람들이며 그리고 바로 이런 반대 행동이 내적 확신을 갖지 못하도록 방해하는 사람들입니다. 비록 어떤 사람은 너무나 신중하여 공개적으로 성령의 역사를 반대하거나 비난하지는 않지만, 그러나 두려워해야 할 일은, 주님께서 원수들에 대항하여 영광스럽게 진군하시는 그 날에, 침묵하고 몸을 도사리던 많은 사람들은, 특히 목사들은 그 자신들에게 사사기 5장 23절에서와 같이 하나님의 사자의 저주를 불러올 것입니다: "여호와의 사자의 말씀에 메로스를 저주하라. 너희가 거듭 거듭 그 거민을 저주할 것은 그들이 와서 여호와를 돕지 아니하며 여호와를 도와 용사를 치지 아니함이니라 하시도다."[13]

그러나 너무 늦었다. 이 경고의 말은 무시되고 말았다. 1742년에 미국의 뉴잉글랜드 지방의 대부분의 목사들은 대각성운동은 단순히 널리 유행된 광신(감정주의)일 뿐이며 필요한 것은 건전한 신학으로 되돌아가는 일이라고 결정을 내렸다. 그들은 곧 그러한 견해를 옹호해 줄 뛰어난 챔피언을 찾아냈다. 그가 바로 보스톤에서 가장 오래 되고 가장 유명한 교회의 찰스 초운시(Charles Chauncy) 목사였다.

제3장 대각성운동은 소멸당하다

찰스 초운시(1705-1787)

찰스 초운시 목사는 각성운동에 관한 모든 의심, 비판, 두려움 등을 한데 모아 온 힘으로 비난하였다. 보스톤 목사 사회에서의 그의 위치 덕분에 대각성운동을 깎아 내리는 그의 역할은 훨씬 더 큰 효과를 볼 수 있었다. 초운시는 1727년 보스톤 제일 교회(회중 교회)의 부목사로 부름을 받은 후, 1787년 죽을 때까지 그 곳에 머물렀다. 제일 교회는 보스톤에서 가장 크고 오래되었으며 유명한 교회였다. 그 교회는 "올드 브릭"(Old Brick, 오래된 벽돌)이라는 별명으로 불리었는데, 이 명칭은 후에 초운시의 별명이 되었다.

초운시의 아버지는 상인이었는데, 초운시가 5살 때 죽었으며, 그의 어머니가 혼자 그를 길러 신학 학위를 받도록 하버드 대학교에 보냈다. 그는 꼼꼼한 학자로 석사 학위를 받고 목회를 하기 시작했다. 초운시 자신이 완벽한 정통파라고 생각했지만, 현대적 자유 신학의 견해를 가진 그는 신—아르미니안즈의 경향으로 기울어졌다.

에드워즈와는 달리 초운시는 기능—심리학의 가설에 아주 만족해했다. 지성을 강조하고 전통 신학에서 이성의 역할을 중시하는 것은 초운시에게 완벽하게 들어맞았다. 그는 제한된 예술적 상상력을 지녔으며

시(詩)를 보면 불안해했다. 사실, 그는 존 밀턴(Milton)의 〈실낙원〉 (*Paradise Lost*)을 이해하기 위해서 산문 번역서를 읽었으면 좋겠다고 말한 적도 있었다.

또한 초운시는 극도로 규칙적인 습성을 가진 사람이었다. 친구 한 사람이 그의 매일의 일과를 다음과 같이 묘사했다.

[초운시는 식사와 운동을 아주 절제 있게 했다. 그는 12시에 한 줌의 코담배를 들이쉬었는데 하루 단 한번이었다. 1시에는 영양이 풍부한 간단한 식사를 했으며, 식후에 포도주를 한 잔 마시고 파이프 담배를 한 대 피웠는데, 그것도 하루에 단 한 번뿐이었다. 그는 또 운동도 규칙적으로 했는데, 그것은 전적으로 걷는 것이었다.[14]

열광에 대한 전통적 두려움

대각성 운동이 시작되었을 때 젊은 부목사였던 초운시는 부흥 운동의 가능성을 받아들였다. 그래서 그는 실제로 1734년부터 1736년까지 노샘프톤에서 에드워즈가 일으켰던 것과 같은 부흥 운동이 일어나기를 기도하기도 했다. 그와 가장 가까웠던 목사 친구들 몇 사람은 부흥 운동에 관한 에드워즈의 보스톤판 책에 찬양하는 머리말을 쓰기도 했다.

그러나 애초부터 초운시는 각성 운동에서 감정이 표출되는 것을 보고 불안해했다. 보스톤의 신문들은 미국 중남부 식민지에서 설교하는 횟필드를 비롯하여 최근 목사 안수를 받은 순회 부흥사들의 활약상 등 각성 운동의 과정을 전부 다루었다. 그 신문들은 대체적으로 각성 운동에 찬성하는 쪽이었지만, 때때로 부흥사들이 초청을 받지도 않고 교회 목회자들의 영역을 침범하여 설교하는 일을 포함하여 기성 목회자들과의 논쟁을 싣기도 했다. 또한 부흥회에 모인 군중들의 열광적인 태도와 그들에게 나타나는 육체적인 현상에 대해서도 생생하게 묘사했다.

초운시처럼 하버드 대학에서 교육을 받은 목사에게 있어서 각성 운동에서 가장 받아들이기 힘든 것은 열광하는 것이었다. 18세기 정통 프로테스탄트들에게 열광이란 단지 지나친 감정 표현 이상의 것으로, 그것은 이단과 망상을 함축하고 있었다. 개혁주의자들은 원래 환상, 황홀경(비몽사몽), 그밖에 여러 가지 다른 영적 현상을 분별하지 않고 받아들이는 카톨릭교회의 영성 남용에 대해 반대해 왔다. 이러한 카톨릭의 영성 남용에 반격하기 위해 개혁주의자들은 성경에 근거한 믿음과 제한된 영적 체험을 지지했던 것이다(7장을 보라).

종교개혁 이후 프로테스탄트의 200년 역사는 열광에 대한 근원적인 의심을 증명하는 것이었다. 종교개혁 이후의 많은 부흥운동가들은 지나치게 감정적이 되거나 성경적인 절제를 잃어버리는 경향을 보였는데, 그런 경향은 재세례파 운동(침례교의 초기형태)에서와 퀘이커파에게서 나타났다.

식민지인들 대다수는 1706년 영국에 온 프랑스 위그노 교도들(Huguenots)*에 대한 이야기를 들었다. 위그노 교도들은 카톨릭의 박해에 저항했다는 사실 때문에 영국에서 상당한 존경을 받았다. 그렇지만

---

* [위그노는 16세기와 17세기의 프랑스 신교도들로서 주로 칼빈주의자들에 대한 언급한 명칭이다. 이 두 세기의 종교전쟁(30년 동안) 동안에 프랑시스 1세와 헨리 2세 치하에서 피비린내 나는 박해를 받았다. 1572년 8월 24일 성 바돌로매 축제일에 파리의 구교도들에 의해 신교도 약 2,000명이 대학살을 당할 때 많은 위그노들이 살해되었다. 1598년 헨리 IV(자신이 위그노 교도였음)의 낭트 칙령으로 위그노에게 시민적 종교적 자유가 허용되었으나, 1685년 루이 14세에 의해 이 칙령이 폐기되었다. 대부분의 위그노들은 영국, 독일, 네덜란드, 스위스, 남아프리카, 북미식민지로 이주했다. 이들은 도덕적이며, 근면하며, 지적이다.]

이 피난민들은 예언의 은사를 재발견하는(그리고 그 은사를 남용하는) 그룹에 속해 있었다. 그들은 곧 무분별한 예언, 환상, 그리고 죽은 자를 부활시키려고 시도하는 일에 빠져들게 되었다. 어떤 위그노 교도들은 엄청난 풍기 문란과 근친상간에 빠지기도 했으며, 결국 그들의 운동은 모든 사람들로부터 불신을 받게 되었다.

1742년 보스톤에서 열광의 위험성에 대해 검토하는 익명의 소책자가 나타났다. 그 소책자는 〈프랑스 예언자들, 그들의 선동, 무아경, 영감… 등에 대한 놀라운 이야기 혹은 충실한 기록〉이라는 제목으로 위그노 교도 예언자들의 역사를 잔혹하게 자세히 설명한 것이었다. 그 소책자의 의도는 위그노 교도의 지나친 행위와 당시의 종교 행위 사이에 유사함을 도출하려는 것이었다.

그들이 **기절하는 일**에 사로잡힐 때 그들 속에 이상한 불이 역사하고 있다는 것은 하나의 **강한 추측**에 불과하다. 이런 일들이 육체적으로 표출되는 것은 영적으로 분별을 해야 한다. 왜냐 하면 이러한 광경은 모든 종류의 광신자들 사이에는 보통 있는 일이지만, 충실한 기독교인에게는 거의 일어나지 않든지 결코 일어나지 않기 때문이다. 종교 개혁의 초창기에 이러한 특이한 일을 흉내내는 무리들이 있었지만, 결국 그들은 종교 개혁에 방해물과 치욕으로 취급되었다. **환상**이나 **황홀경** 같은 것은 카톨릭 교도 사이에서 흔하게 일어난다. 카톨릭 교도들의 삶은 이러한 종류의 이야기로 가득 차있는 것이다.[15]

각성 운동에 대한 첫번째 고발

위에서 말한 소책자가 나오기도 전에, 초운시는 각성 운동에 등을 돌렸다. 휫필드는 1740년에 보스톤에 왔고, 텐넌트는 그 다음해에 왔다. 휫필드와 텐넌트의 강력한 감정주의는 초운시로 하여금 부흥운동을 불합리하고 광신주의적이라고 생각하게 만들었다. 특히 초운시는 준비 없이 즉흥적인 설교 스타일을 보고 몹시 실망했다. 그에게 그런 식의 설교는 (비록 목사가 설교를 준비하지 않더라도 하나님께서 마련해 주신다는 가정 때문에) 뻔뻔스러운 행동으로만 여겨졌기 때문이다. 에드워즈를 포함한 그 당시의 목사들은 설교를 세심하게 준비하고, 종이에 써서, 그것을 신도들에게 읽어주었다. 초운시는 설교를 열심히 연구하여 꼼꼼하게 써왔다.

대각성 운동이 널리 퍼지자, 많은 신도들은 그들의 이신론적 목사들에게 불만을 품게 되었고, 어떤 경우에는 그들을 내쫓기까지 했다. 그러던 어느 날 이런 일이 초운시의 친구인 사무엘 오스본(Samuel Osborn) 목사에게도 일어났다. 초운시는 하나님의 신실한 종에게 몹시 부당한 일을 했다고 믿었다. 그러나 그 이후의 역사가 보여주듯이 보스톤에 있는 대다수의 목사들은 정말로 이신론에 치우쳐 있었다.

보스톤에서 있었던(1740) 휫필드의 부흥운동 캠페인은 굉장히 성공적이었다. 실제로 초운시 목사의 제일 교회를 포함한 그 도시의 모든 교회가 그에게 강단을 내주었다. 몰려 온 군중이 너무 많아서 그 청중들을 대형 교회에서도 수용할 수 없게 되자 휫필드는 야외 집회에서 2만 명이 넘는 청중들에게 설교를 하고 그의 순회 여행을 마쳤다. 휫필드가 보스톤을 떠날 때, 그 도시는 영적으로 분기(奮起)하게 되었으며, 전에는 결코 경험하지 못했던 정도로 크게 부흥되었다.

그러나 이러한 부흥은 불행하게도 1741년 봄 휫필드의 뉴잉글랜드 순회에 대한 일지(日誌)가 출판되면서 주춤하기 시작했다. 이 순회일지는 각성운동을 찬성했던 사람들을 당황스럽게 만들었던 것이다. 왜냐 하면 회심하지 않은 목사들의 위험에 대한 휫필드의 솔직한 생각이 처음에 그를 지지했던 바로 그 목사들을 비난하는 것처럼 보였기 때문이었다.

초운시를 비롯한 많은 사람들은 이 일지를 보고 모욕감과 배신감을 느꼈다.

그리고 그 모욕감은 초운시에게 용기를 주어 1741년 여름 처음으로 각성운동에 반대하는 공개 설교를 하게 했다. 그는 부흥운동가들이 갑작스럽고 극적인 회심 체험을 지나치게 강조하는 것에 대해 비판했다. 그러면서 그는 회심의 감정만이 변화되고 성화된 삶과 같은 분명한 회심의 표시는 아니라고 잘 설명을 했다.

즉흥적인 설교에 관한 문제 외에도, 각성운동의 여러 가지 개혁 운동은 초운시와 그 외의 목사들을 당황하게 했다. 그 중에도 평신도 설교자들("권면자들")의 출현은 특별히 물의를 일으켰다. 많은 권면자들은 자신들이 하나님으로부터 부름을 받아 설교한다고 믿었으며, 따라서 정규 교육을 받지 않아도 할 수 있다고 믿었다. 이것이 기존의 교역자들에게는 하나의 위협으로 생각되었던 것이다.

에드워즈의 〈뚜렷한 표적〉(Distinguishing Marks)이라는 책은 초운시로 하여금 각성운동을 비판적으로 성찰하도록 하는 기회를 주었다. 그 무렵에는 교육받지 못한 권면자들과 이류 복음전도자들이 많이 나타났는데, 그들은 신음이나 어떤 다른 괴로움의 표정을 짓는 것이 성령의 필수 불가결한 표적이라고 청중을 부추겼던 것이다.

초운시는 "넘치는 성령의 기름부음"(The Outpouring of the Holy Ghost) 이라는 설교에서 새로이 나타나는 무분별한 육체적인 현상을 공격하였다. 그의 설교는 죄를 자각하는 것이 성령의 역사라고 하는 인습적인 이해를 거듭 주장했다. 그러면서 초운시는 성령은—외형적으로 나타나는 현상 없이—복음적인 신앙을 격려하여 인간을 "새로운 피조물"로 변화시키는 것이라고 말했다.

이렇게 초운시는 각성 운동의 새로운 측면과 그 시대의 종교 지도자들에 의해 합의된 적절한 신학적인 해석의 차이를 대조시켰다. 이 합의된 정통적 입장은* 각성운동 기간 동안에 보여진 감정적인 설교, 순회 설교자들, 확신과 회심에 수반되는 육체적인 현상 등을 항상 정죄하는 것이었다

일련의 사람들이 회심하여 구원을 받은 것과 각성운동이 좋은 점도 있다는 것을 인정하면서도, 초운시는 그 운동의 주된 결과가 무질서와 혼돈이라고 탄식하였다.

> 아, 슬프도다! 얼마나 많은 곳에서 비기독교적인 열기와 적대감이 일어나서 교회와 마을을 산산이 분열시키고 있는가? 도대체 어떤 이유로 분별없고, 흠잡기 좋아하며, 무자비하게 판단하는 정신이 이 나라 전역에 퍼지게 되었는가?…전 세계 어디서라도 신실한 분이라고 지지를 받는 담임 목사를 반대하는 그 많은 사람들의 마음속에 있는 편견은 무엇인가? 사람들은 어떤 기질을 가졌기에 자신들의 목사를 무시하고서 나약하고 무식한 **권면자들**의 뒤를 좇아다니게 되었는가? 사람들의 상상력이 얼마나 격앙되었기에 자신들의 목사들을 배반할 만큼 그렇게도 과격해졌는가?[16]

사실 그 당시에 이 시점에서는 각성운동에 대한 의견은 목사들 사이에도 또한 일반 대중들 사이도 양분되어 있었다. 부흥운동의 지지자들

---

* [합의된 정통적 입장이란 위험한 것이다. 왜냐 하면 그 교리가 성서적인 정확성보다는 그 당대의 대다수의 인기를 근거로 수용되었기 때문이다. 이와 대조하여, 필자가 사용하는 정통(정통적 입장)이란 용어는 성서와 일치하는 교리를 의미한다. 바울은 이 땅에서 우리는 다만 "부분적으로"(고전 13:12) 알 뿐이라고 경고하고 있다. 그래서 모든 성서적인 정통은 어떤 한 개인이나 교파로 인해 결코 소유되어질 수 없다. 이러한 사실 때문에 우리가 믿는 것이 잘못될 수 있다는 사실 앞에서 우리는 겸손해야만 될 것이다.]

은 "뉴 라이트"(New Lights, 새 빛)이라 불렸고 반대자들은 "올드 라이트"(Old Lights, 옛 빛)로 불렸다. 1742년 매사추세츠에서 개최된 회중 교회 목회자 총회는 각성 운동에 대한 토론장의 격전장이 되었다. "올드 라이트" 그룹은 초운시를 가장 대담한 대변인으로 삼아 그의 집에서 모여 대화를 가졌으며, 여기서 각성운동의 발전상과 그 폐습의 실례들에 관한 정보를 교환하였다.

비평가에서 반대자로 바뀐 초운시

초운시의 각성운동에 대한 마지막 일격은 평판이 나쁜 제임스 다벤포트(James Davenport)를 개인적으로 만났을 때 가해졌다. 순회 부흥사 중 가장 괴짜인 그는 1742년 6월에 보스톤에 왔는데, 이 때에는 각성운동을 지지하던 목사들도 그가 오는 것을 원하지 않았다. 다벤포트는 곧 몇몇 목사들에게 회심하지 않았다고 비난의 말을 퍼부었고, 이에 대응하여 보스톤 목사 연합회가 그를 비난하였다. 그러자 다벤포트는 보스톤 목사들을 총체적으로 비난함으로써 보복하였다. 그렇지만 사실은 많은 목사들이 부흥운동의 취지에 아직도 동조하고 있었다.

다벤포트는 각성운동을 반대하는 주동자가 초운시라는 것을 재빨리 알아내고는 자신이 일상 하는 방식대로 행동을 했다. 다벤포트는, 초대도 받지 않았음에도 불구하고, 초운시의 집으로 가서, 다벤포트 자신이 판단하도록 초운시의 정신 상태를 설명하라고 요구했다. 초운시는 여기서 전세를 역전시켜 다벤포트의 철면피함과 열광적인 태도를 힐책하는 말을 했다.

여보시오, 내 경고의 말이나 들으시오! 스스로는 어떻게 생각하실지 모르지만 당신은 확실히 상상력이 풍부하군요. 당신은 가끔 당신 자신의 마음속의 생각을 하나님과의 교류라고 착각하고 있습니다. 이것은 너무나 명백하기 때문에 당신도 부정하지 못할 것입니다…만일 당신이 높은 사람들을 대할 때처럼 나를 대한다면 나를 불쌍하고, 세속적이고, 회심하지 못한 천박한 인간이라고 불러도 좋소. 그러나 미리 말씀드리겠습니다만, 내가 당신의 판단을 받는 것은 *아무런 가치도 없다*고 생각합니다. 오히려, 내가 당신을 판단하건대, 당신은 **하나님**을 향한 나의 믿음의 상태를 전혀 모르고 있소.

초운시는 다음과 같은 말을 덧붙이고는 다벤포트와의 만남을 끝마쳤다.

당신이 나에게 어떻게 행동하든 나는 *당신을 판단하지*는 않을 것이오. 당신이 일어서던 넘어지던 당신 마음대로지요. 나는 당신에 대한 그 점만을 주목해 왔는데, 그 점은 세상이 알고 있는 것이에요. 내가 그 점을 **하나님**의 명백한 율법에 반대되는 것이라고 정죄하겠지만, 당신의 신분에 대해서는 아무런 판단도 내리지 않겠소. **하나님**께서는 당신이 얼마나 불안한 상상력에 사로잡혀 있는 가를 아시며, 계속해서 지켜보고 계실 것입니다. 나도 또한 그냥 지켜 볼 것입니다. 나는 당신에 관한 일이 잘 되기를 희망할 뿐입니다.[17]

초운시는 이 만남에서 많은 이익을 얻었다. 그는 이 사건을 설명하고 그의 논쟁을 되풀이하는 내용의 공개 편지를 다벤포트에게 보냈다. 이 사건으로 "올드 라이트"(Old Lights, 옛 빛 교회: 미국 주류 교회를 지칭하는 말)에서 그의 지도력은 확고히 했으며, 각성운동의 평판을 더 나쁘게 만들었다.

초운시는 이 사건을 기점으로 해서 공격적인 행동을 취하기 시작했다. 그는 각성운동이 이성적인 기독교 신앙에 심각한 위협이 될 것이라고 확신했으며, 만일 각성운동을 저지하지 않는다면 과거에 윤리적인 과오에 빠져버린 과격한 개혁파인 뮨스터 재세례파가* 경험했던 것과 같은 무질서한 상태가 재현될 것이라고 믿었다. 초운시는 장문의 편지 형태로 더 날카롭게 각성운동을 비난하는 글을 썼다. 그 글은 스코틀랜드에서 출판되었고, 복사본을 식민지로 보내어 널리 보급하게 했다. 그 편지가 혹평하는 진의는 각성운동이 좋은 점보다는 해로운 점이 훨씬 더 많다는 것이었다.

　사람들은 상상할 수 없을 정도로 엄청나게 무절제하고 과도한 행동에 빠져들어 가고 있으며, 또 그렇게 되도록 부추김을 받고 있습니다. 그리고 그런 일들은 *성령의 특별한 임재하심이* 그들과 함께 하시는 것이라고 말한다는 것을 들었습니다. 그들의 예배 처소들은 밤이고 낮이고 일주일 내내 비어 있는 적이 없으며, 그 곳에서는 언제나 예배가 진행되는데 들어보지도 못한 일들이 일어난다고 합니다. *기도하는 사람, 호소하는 사람, 찬양하는 사람, 손뼉치는 사람, 웃는 사람, 우는 사람, 비명을 지르며 소리치는 사람들이* 있습니다. 특히 목사들이 그들을 격려해줄 때에는 사람들이 이런 상황에 너무나 깊이 빠져들어 있어서(너무나 자주 이런 일이 벌어지지만) 그들에게 그런 점잖지 못한 행동임을 지적해 주고 논쟁을 벌인다는 것은 소용없는 일입니다. 누구든지 이런 시도를 하려는 사람이 있다면, 그 사람은 틀림없이 *성령의 반대자,* 또는 *악마의 자식*이라 불려질 것입니다.[18]

---

* 이들은 16세기 급진적 신교 종파로서 유아세례보다는 성인세례를, 교회와 국가의 분리를, 완전한 종교적 자유를 부르짖으면서 유토피아 공동체를 구성하려했다. 그들의 단순한 인류 평등주의와 선교의 열정은 중부 유럽의 교회와 국가를 위협했으므로 박해와 순교가 따랐다. 금욕주의와 신비주의 경향으로 흐름. 독일의 뮨스터에서 1534-1535동안 도시를 지배했다. 모라비아, 메노나이트, 토마스 뮨처(1489-1525), 쯔빙글리 등이 유명하다.

하버드 대학 출신의 이 꼼꼼한 학자는 편지 한 통으로 끝내지 않았다. 그는 식민지 전역에 있는 그와 같은 생각을 하는 동료 목사들과 연락하여 과격파 부흥운동가들의 활동 사례를 모으면서 1742년과 1743년의 대부분을 보냈다. 그리하여 초운시는 식민지 내에 반(反)각성운동 저술의 발행인이 되었으며, 그의 집은 반각성운동의 정보 센터가 되었다. 다른 반대자들도 그의 조언을 구했으며 그의 판단과 논설의 의견을 따랐다.

에드워즈는 예일 대학교의 졸업식 연설에서 청중들에게 지방의 도시나 마을에 내려가서 그들이 직접 각성운동의 성과를 확인해 보라고 권유했다. 그래서 초운시도 그렇게 하기로 결심했다. 1742년 여름부터 가을까지 그는 뉴잉글랜드(미국 북동부 6개 주의 총칭), 뉴저지, 뉴욕을 도는 힘든 300마일의 순회 여행을 했다. 그러면서 그는 특별히 하버드 출신의 동창 목사들과 이야기를 나눴으며 부흥운동을 직접 관찰하기도 했다.

건강을 회복하기 위해 집에 돌아왔을 때, 여행에서 가지고 온 자료나 그가 요청했던 편지로 된 자료들이 엄청나게 많았다. 1742년에서 1743년에 걸친 겨울 동안 그는 부흥운동의 증거가 되는 것들과 에드워즈의 부흥운동에 대한 새로운 저서인 〈부흥운동에 대한 몇 가지 견해〉(Some Thoughts Concerning Revival)의 초기 복사본을 얻었다. 초운시는 그 책을 자세히 읽고, 그 책이 각성운동을 활성화시키고 촉진시킬 수 있는 잠재력을 지니고 있음을 이해하게 되었다.

선집 된 자료들의 속임수

초운시의 〈뉴잉글랜드의 종교 실태에 대한 적절한 견해〉(Seasonable Thoughts on the State of Religion in New England)는 에드워즈의 〈부흥운동에 대한 몇 가지 견해〉를 하나하나 논박하는 것으로 만들어졌다. 그 글은 1743년 가을에 출판되어 즉시 베스트 셀러가 되었다. 사실은 이 책은 보스톤의 기성 교회에서 대부분 구입해갔는데, 각성운동에 관한 다른 책들보다 훨씬 많이 팔렸다.

그 책은 초운시가 찾아볼 수 있는 모든 남용 행위, 실수한 내용, 무질서한 집회, 과장된 사건들을 나열한 것이었다. 그것은 대각성 운동의 역사가 아니라 그것에 대한 결점을 과장하여 풍자화 한 것이었다. 코네티컷주의 식민지 역사학자 벤자민 트럼벌(Benjamin Trumbull; 1735-1820)은 초운시의 저서는 각성운동을 반대하는 자들로부터 무분별하게 수집된 자료를 근거로 쓴 것이라고 생각했기 때문에 초운시의 글을 저급하다고 평가했다. 트럼벌은 부흥운동에 영향을 받은 사회에서 여러 해 동안 살아왔기 때문에 오랫동안 지속될 각성운동의 긍정적인 효과에 대해 잘 알고 있었던 것이다.

초운시의 〈뉴잉글랜드의 종교 실태에 대한 적절한 견해〉동의 패배를 확실케 했다. 칼빈주의의 신학과 기능―심리학의(이성만을 내세우는 이론) 가정을 이용하여 초운시는 그의 동료 목사들이 듣고 싶어했던 것, 즉, 각성운동은 성령이 없는 광신일 뿐이라는 것을 증명해 주었다. 이것으로 목사들은 각성운동이 단지 지나가는 일시적 유행이라고 안심하며 자신들의 강단에서 안주하게 되었다.

에드워즈는 그 책이 팔리는 것을 보고 그가 졌으며 부흥운동도 끝장이 났다는 것을 깨닫게 되었다. 휫필드의 일지에서 보여준 비판적인 글과 순회 부흥사들의 비난에 화가 난 하버드 대학과 예일대학은 각성운동과 그 광신에 대해 강한 반대의 결의를 했으며, 에드워즈는 이제 더 이상 졸업 예배 설교에 초대받지 못하게 된 것이다.

에드워즈는 마지막으로 부흥운동에 대한 논증들을 다시 손질하여 노샘프톤에서 설교집으로 내놓았으며, 그것은 몇 년 후 〈종교적 정서에 관한 보고서〉(*A Treatise Concerning Religious Affections*)라는 제목으로 출판되었다. 그러나 그 책은 판매가 부진하여 에드워즈의 생전에는 초판만을 출판했다. 그 책이 영적 체험의 분별과 심리에 대한 고전으로 인정된 것은 몇 세대가 지나서였다.

초운시는 "이성적인" 기독교의 영웅으로, 화제의 인물이 되었다. 〈뉴잉글랜드의 종교 실태에 대한 적절한 견해〉의 출간 직후, 그는 다가오는 휫필드의 식민지 순회 여행에 반대하는 운동을 조직하기 시작했으며, 그의 이러한 노력은 성공을 거두었다. 그래서 1744년 휫필드가 도착했을 때 실제로 모든 교회는 그를 받아들이지 않았고, 그 이후부터 각성운동의 바람은 약화되기 시작했다. 부흥운동은 한 세대가 지난 후 미국 독립 전쟁이 끝난 후에야 다시 불붙게 되었다.

대각성운동 후의 초운시와 에드워즈

대각성운동의 논쟁의 많은 아이러니 중, 가장 큰 아이러니는 찰스 초운시의 마지막 인생 행로이다. 기독교의 합의된 정통파의 수호자였던 그는 미국의 이신론적(혹은 자연신교적) 이단인 유니테리언교 신학의 창시자 중 한 명이 되었던 것이다. 유니테리언파(Unitarianism)는 삼위일체설을 부인하고 그리스도를 신격화하지 않는 일신론을 주장한다. 이신론(deism)의 한 형태로서 기독교의 특징인 기적과 초자연적인 현상을 거부한다. 초운시는 말년에 〈만인을 위한 구원〉(*Salvation for All Men*)(1783)이라는 책을 냈는데, 그것은 보편적 구원(universal salvation)을 주장하는 것으로, 칼빈주의에 완전히 반대하는 것이었다. 칼빈주의에 불만을 품고 각성운동을 거부했던 자유주의적인 목사들과 신도들은 초운시의 보편적 구원이라는 교리를 쉽게 받아들였다.

이 시점에서 각성운동을 반대한 초운시의 참된 열매가 보였다. 그를 지지했던 신도들은 삼위일체설을 이해할 수 없는 교리라고 재빠르게 버렸다. 성령의 역사가 가장 분명히 나타나는 부흥운동 기간 동안에 만일 우리가 성령의 임재하심을 거부하게 된다면 성령의 신학은 지속되기 어렵게 된다. 삼위일체의 제3위는 증거가 없는 교리가 되어 버리고, 쉽게 논리적으로 거부당하고 마는 것이다.

에드워즈의 경우는 완전히 다르다. 각성운동이 쇠퇴한 후 그는 노샘프턴에 있는 그의 신도들과 많은 갈등을 겪었다. 문제는 예수님의 최후의 만찬 의식에 관한 것이었다. 신도들은 공개적인 성찬식의 전통을 고수하기를 바랐지만, 에드워즈는 성찬식이 신앙을 고백한 기독교인들만을 위해 치러지는 성례전이라고 믿었다. 많은 논쟁을 거친 후 그는 1750년 그 교회를 사임하게 되었다.

그후 에드워즈는 매사추세츠주의 소톡크브릿지라는 변방 마을에 초청을 받아 그곳에서 인디언과 백인 이주민이 뒤섞인 신도들을 상대로 목회하게 되었다. 그는 보스톤과 노샘프톤의 긴장과 정치로부터 벗어나서 목사로서 그리고 저술가로서 7년 동안 활동을 했다. 그 곳에서 그는 자유 의지와 원죄에 관한 연구를 포함하는 미국 신학의 걸작품들을 내놓았다.

1757년 가을 에드워즈는 프린스톤 대학교의 총장으로 초대받았다. 그가 도착했을 때 그 곳에는 천연두 발생의 징조가 보였다. 본보기가 되기 위해 그는 자청해서 첫번째로 우두를 맞았다. 당시에 우두 주사는 질이 나빠서 백 명에 한 명 정도는 주사를 맞고 죽었다. 에드워즈도 주사를 맞은 후 심하게 앓게 되었고, 한 달간 투병 생활을 하다가 결국은 죽었다.

오순절에의 초대—대각성운동의 회고

영적인 문제에 있어서 사람들은 시간이 흐르면 지혜로운 분별력이 생기며 옳은 판단력을 갖게 된다. 초운시는 이제 더 이상 열광주의의 폭발로부터 식민지 사람들을 구원한 영웅으로 여겨지지 않는다. 영적인 세계를 잘 이해하지 못하는 자유주의적인 학자들까지도 각성운동에 관한 한 에드워즈의 편을 든다. 초운시는 부흥운동의 보다 심오한 문제를 이해하지도 못하면서 현상 유지만을 옹호한 종교적 독선주의자로 취급을 받게 되었다. 초운시는 그 당대 사람들을 감동시킬 만큼 유능하긴 했지만, 그 때보다 심리학과 영적 이해가 성장한 지금에 와서 볼 때 그의 글들은 피상적이고 천박한 것처럼 보인다.

그에 비해 에드워즈는 각성운동의 폐해가 한창 심했던 중에도 각성운동의 중요성에 대해 예언적인 통찰력을 보여 주었다.

> 만일 하나님께서 이 위대한 부흥운동의 새벽이 밝아져서, 이 땅위에서 주님의 교회가 행복한 상태를 맞게 되는 시작을 예고하시려는 뜻을 가지고 계시다면, 이번 부흥운동 초반에 사람들이 너무나 많은 실수와 비정상적인 행동을 하게 된 것은 하나님의 지혜를 보여주신 한 예가 된다고 생각한다. 사람들이란 현재 연약한 상태에 있기 때문에 신앙적인 감동을 크게 받아 강한 열정으로 활기를 띠게 되면, 자신들을 가장 잘 노출시키기 마련이다. 때문에 이러한 경험은 앞으로 이 사역을 계속하고 발전시키는 데 교회에 너무나 커다란 이익이 될 것이다. 왜냐 하면 각성운동 초반에 많은 실수가 빚어내는 해로운 결과로 인해 미리 매를 맞는 것이, 다가오는 수많은 세대 동안 끝없이 계속될 동일한 실수를 여유 있게 방어할 수 있게 해주는 다행스런 결과를 가져왔기 때문이다.[19]

흥미롭게도, 각성운동의 비판자들은 오늘날 교회에서 일반적으로 통용되는 표준 규범을 극단주의라고 묘사했다. 그러나 그 당시 비판의 대상이었던 평신도 목회나 평신도 복음 전도자들(그 당시는 권면자들이라 함)은 이제 모든 복음주의적이고 카리스마적인 교회에서 중요한 부분이 되었다. 평신도들은 각성운동 때의 급진적인 순회 부흥사들까지도 깜짝 놀라게 했을만한 공적인 예배, 기도, 목회 사역 등의 기능을 수행하고 있다.

초운시의 부흥운동 기도집회에 대한 분노에 찬 묘사는 신경질적으로 들린다. 그가 사용한 "무질서"나 "상스럽다"와 같은 경멸적인 용어는 단순히 그의 근시안적인 식견을 반영하고 있을 따름이다. 그러나 글 속의 숨은 뜻을 읽으면 그 당시의 기도회가 믿음에 찬 활발한 것이었음을 발견할 수 있을 것이다. 그 이후에 있었던 부흥집회에서도 이와 비슷한 믿음에 찬 활발한 장면들이 계속 나타났으며, 단지 속물적인 소수의 목회자들만이 그 집회들을 불쾌하게 여겼다.

에드워즈조차도 노샘프톤에서 일어난 부흥운동의 잠재력을 분별하지 못했다. 성령의 은사의 회복을 믿었던 무명의 성도 사우스 헤들리(South Hadley)를 생각해 보라(제2장을 보라). 그 당시 합의된 정통파의 견지에서 보면 그 인간은 망상에 빠진 광신자였으나, 현대적 견해로 볼 때, 그는 예언적으로 옳았다.

몇몇 각성 운동의 옹호자들까지도 극단주의라고 정의한 대부분의 사건들은 실제로는 성령께서 갱신운동과 영적인 능력을 계속 촉진시키기 위해서 초대하신 일이었다. 그러나 기독교인들은 전체적으로—특히 목회자들은—이 초대를 받을 준비가 되어 있지 않았던 것이다.

캠버스랑과 케인 리지: 부흥 운동의 반대와 찬성

부흥운동이 인간의 반대에 의해 파괴당할 수 있다는 사실은 스코트랜드의 캠버스랑(Cambuslang)에서 있었던 부흥집회와 미국 테네시주의 케인 리지(Cane Ridge)에서 있었던 부흥 집회를 비교해 보면 여실히 드러난다. 이 두 사건은 거의 60년이라는 시간적 차이와 대서양이라는 공간적 거리에 의해 멀리 떨어져 있었으나, 그 양상이 너무나 유사해서 중간에 잠깐 쉬었다가 다시 시작한 하나의 부흥집회로 여겨질 정도이다. 캠버스랑 부흥운동은 대각성운동이 절정기에 이르렀을 때 그라수고우(Glasgow) 외곽 5마일 지점에서 1742년에 일어났다. 캠버스랑에서의 부흥 운동은 종교 비평가들로부터 반대를 받아 곧 사그라들었다. 그러나 케인 리지 부흥 운동은 1801년 켄터키 변경 지역에 있는 한 마을에서 시작되었으며, 대부분의 사람들로부터 지지를 받아 전국의 각 지방으로 확산되었다.

두 부흥운동은 모두 장로교의 성찬 예식을 하는 도중에 일어났다. 그 당시 장로교인들은 개개 교회에서 1년에 단 한 번 성찬식을 거행하였다. 이 특별 예배는 몇 일 동안의 금식 기도를 하고, 설교 말씀을 듣고, 합심하여 회개를 한 이후에 이루어졌다.

미국에서의 대각성운동의 뉴스는 기대감을 더욱 부채질하였다. 1737년에 처음 출간된 조나단 에드워즈의 〈충실한 설명〉(*Faithful Narrative*)은 스코틀랜드에서 널리 읽히고 있었다. 그 지방의 윌리엄 맥컬로흐(William McCulloch) 목사는 예배시간에 에드워즈의 글을 읽고, 에드워즈를 본받아 회개와 회심을 설교함으로써 자신의 회중이 부흥 운동을 준비할 수 있게 했다. 1741년 캠버스랑에서 행해진 성찬식은 특별한 열기 속에서 이루어졌다. 이 곳에서 "쓰러지는 현상"(성령 안에서 휴식하는 일)이 일어났다. 1741년 말에 그 교회에서 부흥운동이 일어났으며 많은 회심자가 나타나게 되었다.

그 다음 해 여름에 있을 캠버스랑에서의 성찬식은 기대감으로 고조되어 있었다. 영국 전역에서 사람들이 몰려왔고 그 무리는 수천 명이 넘었다. 조지 휫필드는 식민지 순례 전도 여행 이후 스코틀랜드에 와 있었는데, 그 때 그 곳에 참석하였다. 그는 수많은 집회에서 설교하였고, 20명이 넘는 다른 목사들과 함께 성찬식을 거행하였다. 맥컬로흐는 이것을 다음과 같이 기록하였다: "휫필드가 성찬식을 거행하고 있을 때, 그는 하나님의 사랑으로 너무나 가득 차서 마치 일종의 황홀경(비몽사몽)의 상태에 있는 것 같았다."[20]

그 성찬식은 너무나 강한 영향을 나타내었기 때문에 캠버스랑 교회 장로들은 8월에 *제2차* 성찬식을 거행하기로 결정했는데, 이것은 유례없는 결정이었다. 또 다시 영국 전역에서 사람들이 몰려들었고, 그 두 성찬식에서 많은 현상들이 나타났다. 수백 명이 쓰러짐을 체험했고, 예언의 말과 많은 웃음, 신음과 탄식하는 현상도 많이 나타났다.

이런 현상들은—에드워즈는 이런 현상을 "활동"이라 함—추문과 반대하는 원인을 제공하였다. 대학 교수들을 포함해서 수많은 성직자들이 단지 이런 현상들을 관찰하기 위해서 찾아왔으며, 그 중 많은 사람들이 이것에 대해 비판적으로 돌아섰다. 성찬식에 참석한 목사들은 "열광주의"로 유도한다고 조롱을 당하였고, 심지어 다른 비평가들은 그 부흥운동을 "마귀적"이라고까지 말하였다. 비록 미국에서도 유사한 현상이 일어나고 있었지만, 스코틀랜드에서는 성직자들의 대다수가 너무나 강하게 반대하였기 때문에 그 다음 해의 성찬식은 거의 영향력을 나타내지 못하였다. 외지의 마을과 도시에서 수년간 부흥운동의 움직임이 있었지만, 1742년 캠버스랑에서 있었던 두 성찬식 때와 같은 부흥운동은 스코틀랜드에서는 더 이상 일어나지 않았다. 그 성찬식에 참석했던 성도들과 성찬식을 집행했던 목사들은 캠버스랑과 같은 부흥을 달라고 수십 년간 기도했다.

그 기도가 거의 60년 만에 응답을 받게 되었다. 그러나 그 기도의 응답은 스코틀랜드에서가 아닌 미국 켄터키주의 케인 리지에서 1801년에 일어났는데, 2가지 면에서 캠버스랑과 비슷하였다. 그 부흥운동은 장로교의 "성찬식"에서 일어났으며, 그리고 그 전 해의 소규모 지방 부흥운동의 결산이었던 것이다.

혁명 전쟁 이후 미국은 영적인 면에서 낮은 수준으로 떨어져 있었다. 기독교가 아닌 이신론(理神論)이 지배적 종교였고, 변경 지역은 교회에 적대적인 특별히 미개한 지역이었다. 소수의 장로교 목사들이 스코틀랜드에서 이주해 와서 변경 지역의 스코틀랜드인들과 스코트─아일랜드인들의 신앙을 돌보았다. 그들은 부흥운동을 위해 기도하기 시작하였으며, 그 지역의 교회 부흥을 위해 기도회를 조직하기 시작했다.

1797년 감동적인 설교로 유명했던 장로교 목사인 제임스 맥그레이디(James McGready)가 켄터키주의 로간 읍에 있는 3개의 작은 교회들을 부흥시켰다. 그러나 그 부흥은 회의적인 지방 목사들로 인해 일시적으로 소멸 당하였다. 이들 지방 목사들은 "열광적인" 현상들을 조롱했으며, 특히 쓰러지는 현상을 조롱했다. 그러나 1799년 여름, 감리교 목사인 그의 동생이 합세함으로써 또 한 번의 부흥의 파도가 맥그레이디의 사역에 밀려오게 되었다. 1800년 그들의 성찬식은 모두 부흥운동이 되었고, 그 부흥운동은 다른 교파들로 확산되었는데, 특히 변경 지역에 있는 침례교와 감리교로 확산되었다.

1801년 여름, 변경 지역에서의 기대감은 한껏 고조되었다. 맥그레이디가 케인 리지 마을에 있는 집회 장소에서 8월 첫 주에 성찬식을 거행할 것이라고 발표했을 때 1만 명이 넘는 사람들이 몰려왔다. 이 집회를 조직하는 사람들도 놀랐다. 왜냐 하면 이 숫자는 변경 지역 모임으로는 어마어마하게 많았기 때문이다. 이 때 140대의 마차가 몰려와 진을 침으로써 하나의 일시적인 마을을 이루었고, 많은 사람들이 작은 천막을 들고 왔다. 그리하여 그 집회는 미국 최초의 대형 "천막 집회"(camp meeting)가 되었다. 사실 이것은 그 주에 사는 모든 사람들이 온 것이었다. 주지사에서부터 수백 명의 노예에 이르기까지 각계 각층의 사람들이 모였다.

그런데 여기서 중요한 것은 캠버스랑과는 달리 그 곳에서는 비아냥거리는 목사나 부흥운동을 조롱하고자 하는 영향력 있는 이신론자 귀족들이 참석하지 않았다는 것이다. 그것은 다행스런 일이었다. 왜냐 하면 그 곳에 참여한 많은 사람들이 성령이 역사하심으로 쓰러지는 체험과 다양한 육체적인 체험 등을 크게 했기 때문이다. 케인 리지의 역사가 폴 콘킨(Paul Conkin)은 목격자들의 기록을 샅샅이 조사한 결과 수많은 사람들이 쓰러지는 체험을 했다는 사실에 주목하게 되었다. 그는 다음과 같이 말했다.

> 쓰러지는 형상이 두드러지게 나타난 것처럼 다양한 육체적인 현상들이 나타났다. 발작적인 몸 동작 현상이 나타난 것은 가까이는 초기 스코틀랜드의 교회로 거슬러 올라간다. 케인 리지의 부흥운동 이후 그런 동작들은 총체적으로 "경련"(jerks)이라고 잘못 알려지게 되었다. 이 용어 속에는 율동적인 춤을 포함한 각양 각색의 몸 동작이라는 뜻이 담겨 있는 것이다. 부르짖음이나 신음도 있었고, 중언 부언에 가까운 조리 없는 말들, 훗날에 거룩한 웃음이라 알려진 현상과 찬양하는 현상도 있었다.[21]

부흥의 불길은 보다 지성적인 대서양 해안 지역을 포함하여 전국 도처에 퍼져 나갔으며, 이러한 불길은 1805년 후부터 식어가기 시작했다. 어떤 역사가들은 그 불길이 1830년대까지 지속되었다고 주장하기도 한다. 천막 집회는 복음주의적인 교회들, 특히 침례교회와 감리교회에 속하는 미국 기독교 부흥운동의 확립된 도구가 되었다.

이러한 성령의 역사는 역사가들에 의해 제2의 대각성운동이라 불렸는데, 이 운동은 미국 기독교에 주요 위협적인 요소였던 이신론을 파괴시켰고 복음주의적 교회를 규범적인 개신교로 확립시키는 계기가 되었다. 1742년 이후에 유사한 부흥운동이 스코틀랜드를 휩쓸었으나, 케인리지가 더 유리한 면을 갖고 있었다. 그것은 반대 세력이 미약했고 대학의 신학자들이 멀리 떨어져 있었기 때문이었다.

대각성운동으로부터 얻은 교훈

대각성운동에서 야기되었던 문제들, 에드워즈─초운시 간의 논쟁, 캠버스랑에서 야기되었던 문제들은 부흥운동 때 성령이 역사하실 때마다 영구히 계속되는 문제들이다. 우선 부흥운동은 성격상 본래 복잡한 것이 사실이다. 말하자면, 성령은 훼방을 일삼는 종교적인 전통과 마귀의 장난을 포함하여, 항상 인간의 죄로 물들어진 인간의 환경 가운데서 역사하신다. 그래서, 성령이 임재하시어 나타나는 현상이 불완전하고 오염되는 것은 인간의 죄 됨과 또한 결함 있는 인간의 제도, 신학, 실천 등의 영향 때문이다. 이런 현상은 신약성서 시대에도 일어났다.

바울의 고린도 교회는 가장 성령이 충만하면서도 동시에 가장 무질서하고 논쟁을 불러일으키는 교회 중의 하나였다. 혼란에 빠진 이 교회는 부흥과 무질서를 함께 경험하고 있었던 것이다. 그러나 성령은 무질서하기 때문에 떠나지 않았다. 비록 성령의 은사를 남용하는 것이 보통 있는 일이었지만, 성령은 오히려 고린도 교회에 계속해서 역사 하셨다. 그래서 바울은 질서와 분별을 위한 패턴을 세울 수밖에 없었던 것이다.

이러한 현상은 예언과 방언의 은사와 관련해 볼 때에 더욱 분명하다(고전 13-14장). 예를 들어, 바울은 방언의 은사를 올바르게 사용하는 방법을 정의하고 그 남용을 피하는 방법을 가르치는데 많은 시간을 들였다. 바울은 또한 그의 신도들에게 방언을 금하지 말라고 신중하게 경고

했다. 또한 데살로니가전서 5:20에서 바울은 기독교인들에게 예언을 멸시하지 말도록 경고했다. 다른 말로 표현하면, 그 여러 가지 은사는 아주 잘못 사용되어질 때가 있더라도 받을 가치가 있다는 것이다. 바울의 글들은 은사를 남용하면 은사를 수용하고 분별하는 일을 더욱 어렵게 만들지라도 성령의 임재하심을 막는 것은 아니라는 것을 보여 주고 있다.

여기서 우리는 바울이 내렸던 꾸지람과 그가 하지 말도록 경고했던 비난이나 "경멸" 사이의 중요한 차이점을 조사해 보아야 한다. 성경적인 꾸지람은 항상 구체적이며 본래의 모습을 회복하기 위한 잠재된 뜻을 확실히 나타낸다. 그러나 "모든 예언은 터무니없는 것"이라고 정죄하는 것이나, 각성운동은 단지 광신주의에 지나지 않는다는 초운시의 고발은 경건한 행동이 아니라 파괴적인 행동인 것이다. 정죄하는 일은 성령을 슬프게 하며 신도들에게 상처를 입힌다.

요한계시록에서(2장 참조) 예수님께서 일곱 교회에 긍정적인 방법으로 꾸지람을 내리신 것을 주목해 보자. 이것은 특정한 악이나 잘못이 제거된 후에 원상 회복이 가능하다는 것을 의미한다. 그렇지만, 정죄하는 것은 이런 방법으로 작용하지 않는다. 초운시는 책망을 받아 정화된 각성운동을 하는 것을 원하지 않았다(이것은 에드워즈가 원했던 것이다). 초운시는 품위와, 조용한 교회와, 목사의 권위와 특권이 회복되는 것을 원했다. 그는 자신의 안전을 위협하고 그가 생각하는 의미의 예절 있는 종교를 위협하는 새로운 방법이 끝장나기를 원했던 것이다.

부흥운동에 대한 인간적인 반대와 마귀의 영향력은 영적인 분별력과 성숙한 영적 지도력을 키움으로써 제한시킬 수 있다. 이 때의 분별력은 교회의 전통과 신학에서의 분별력의 토대에 달려 있다. 여기서 에드워즈는 크게 불리한 입장이었다. 그는 개인적인 회심과 관련되어 이따금씩 나타나는 특이한 환상과 체험을 묘사한 초기 청교도들의 글을 많이 읽었지만, 막상 분별을 위해 인용할 수 있는 신학은 가지고 있지 않았다. 이러한 청교도 문헌은 전통적인 칼빈주의보다 조금 진보적이었으나 집단적 부흥 현상을 분별하는 데는 별로 도움이 되지 않았던 것이다. 제6장에서 설명하겠지만, 종교개혁자들은 카톨릭의 신비신학 전부를 내던져 버렸을 때, 분별에 필요한 것까지도 거부해 버렸던 것이다.

분별력이란 기본적으로 영적인 기능이지만, 그것은 공개적으로 가르쳐져야만 하는 성서적인 원칙에 기초를 두고 있는 것이다. 이 원칙의 가장 기본적인 신학은 성령이 오늘날에도 역사 하신다는 것을 받아들여야 하며, 또한 성령의 역사는 정신적인(psychic) 영향과 악령의 방해로 빚어지는 주변의 소란과는 구별되어질 수 있다는 것을 받아들여야 한다는 것이다.

에드워즈 자신의 이론에도 불구하고, 대각성운동의 불꽃은 그 운동의 과격파들 때문에 소멸된 것은 아닌 것 같다. 그 불은 반대자들의 정죄 때문에 소멸되었다. 이런 정죄는 각성운동의 지지자들의 사기를 저하시켰고, 대중의 믿음을 손상시켜 사람들이 더 이상 성령의 임재하심을 환영하지 않게 만들었다. 이것이 1744년 휫필드의 부흥운동이 왜 실패했는가를 가장 잘 설명해 주는 것 같다.

이것은 부흥운동이 단지 비난과 반대 때문에 끝났다는 것을 말하려는 것은 아니다. 모든 부흥운동은 인간의 마음으로 충분히 이해할 수 없는 하나님의 주권적인 요소를 가지고 있다. 어떤 부흥운동은 성령이 주권적으로 더 이상 부어 주시지 않았기 때문에 쇠퇴하였다. 이러한 일은 1970년대 말 카리스마적 부흥운동 때에도 일어난 것같이 보인다. 1980년에는—이 사실을 인정하려는 사람은 별로 없었지만—성령의 새로운 기름부으심은 끝났다고 본다. [그와는 달리, 당대 부흥운동의 권위자인 리차드 라브레이스(Richard Lovelace)가 믿기로는 진정한 부흥운동은 하나님의 주권적인 역사로 시작되지만 만일 부흥된 교회가 개인적인 경건의 차원을 넘어 사회적인 관심과 행동의 영역으로 확대되어 가면 부흥운동은 지속된다는 것이다.]

　부흥운동이 일어나고 하나님께서 새롭고 다른 방법으로 역사 하실 때마다(하나님은 모든 진정한 부흥운동에서 항상 그러하듯이), 기성 교회들은 대부분 언제나 반대하는 편에 서게 된다. 신약 성경에는, 초운시가 잘 예증해 보여 주듯이, 성령의 임재하심에 대한 반대와 정죄를 구체화하는 사람들에 관해서 기록하고 있다. 이 사람들은 종교적으로 경건하고, 교육을 잘 받았으며, 성경적으로 지식이 풍부한 사람들로서 바로 바리새인들이다. 바리새파는 합의된 정통의 이름으로 성령의 역사를 반대한다. 이 책의 나머지 부분에서 우리는 부흥운동이 있을 때면 언제나 바리새주의가 다시 등장한다는 사실을 보게 될 것이다.

　제2부에서는 바리새주의 정신이 신약 성경 이후 시대의 교회에 어떤 영향을 끼쳤는지 자세히 살펴보고자 한다.

성·령·을·소·멸·하·는·자·들
Quenching the Spirit

제2부
성령을 소멸하는 자들:
권능을 도적 맞은 교회

제4장
초기 교회에 나타난 성령의 은사
(카톨릭 신학의 유산)

1세기의 치유와 축귀

믿을 만한 현존 기록들에 의하면, 1세기의 교회는 예수님의 공적 사역을 반영하는 강력한 치유 사역과 축귀 사역을 했음을 보여주고 있다. 그러나 주후 500년까지 그러한 사역은 최초의 사역에서 보여 준 상태의 단순한 그림자에 불과했다. 한편 이러한 사역이 교회 역사상 그 어떤 시기에도 완전히 자취를 감춘 예가 없었다는 것은 절대적으로 분명한 사실이다.

초기 교회에서 행해진 치유와 축귀 사역을 목격한 많은 증인들 중 한 사람인 프랑스 리용의 주교 성 이레니우스(130-200)는 이렇게 말했다.

> 참으로 주의 제자가 된 사람들은 주님으로부터 은총을 받아 주님의 이름으로 여러 가지 기적을 행한다. 이는 그들 각자가 주님으로부터 받은 은사에 따라 다른 이들의 복지를 진작시키기 위함이다. 어떤 제자들은 확실하고 진실하게 악령들을 쫓아내었는데, 악령들로부터 해방된 사람들은 그리스도를 믿고 교회에 참석하게 되는 경우가 많다. 또한 다른 제자들은 안수함으로써 병든 자를 치유하며 그들을 온전케 한다.[22]

이와 같은 "복음화를 위한 치유와 축귀"는 최근에 재발견되었고, 존 윔버의 〈능력 전도〉(Power Evangelism)란 책이 시사하듯이, 능력 전도라는 이름으로 폭넓게 알려져 있다. 이 능력 전도는 신약에서 보여 준 예수님을 비롯한 사도들의 행적과 그 맥락을 같이 한다. 예수님은 당신을 찾아온 사람들을 치유하셨는데, 치유 받은 사람들 중에는 예수님을 주님으로 완전히 인정하지 않는 사람도 있을 것을 아시면 서도 치유하셨다(눅 17:11-19). 마찬가지로, 바울도 사람들을 복음으로 인도하기 위해 설교 전에 신유의 은사를 사용했다(행 28:8-9).

초기 교회에서의 성령의 은사

성령의 은사에 관한 최초의 신학은 교회의 체험에서 모아진 자료와 구약 성서에 나타난 암시들을 바탕으로 형성되었다. 이사야 11:2에 명시된 것과 같은 성령의역사의 결과는 특별히 영향력이 있었다. "여호와의 신 곧 지혜와 총명의 신이요 모략과 재능의 신이요 지식과 여호와를 경외하는 신이 그 위에 강림하시리니."

초창기 교회 변증론자들 가운데 한 사람인 저스틴 마터(Justin Martyr, 100-165)의 저서에서 우리는 어떻게 초기 교회가 이사야의 말씀대로 성령의 은사에 대한 교회의 체험을 이해하려 했는지를 엿볼 수 있다.

> [기독교인들]은 각자가 자신의 가치에 따라 그리스도의 이름을 통해 밝히 드러난 은사들을 받고 있다. 사람들은 각기 총명의 은사, 모략의 은사, 능력의 은사, 치유의 은사, 예언의 은사, 가르치는 은사, 하나님을 경외하는 은사를 받는 것이다.[24]

여기서 우리는 저스틴 마터가 성령의 은사와 인간의 가치(공로)를 잘못 연관 짓는 대목을 짚어 봐야 한다. 성령의 은사를 영적으로 가치에 따라 받을 수 있다는 이런 오해는 "갈라디아인의 꾀임"이라고도 칭할 수 있는데, 바울은 이와 유사한 오류에 빠지고 있는 갈라디아 신도들에게 다음과 같이 경고하고 있다.

> 어리석도다 갈라디아 사람들아 예수 그리스도께서 십자가에 못 박히신 것이 너희 눈앞에 밝히 보이거늘 누가 너희를 꾀더냐 내가 너희에게 다만 이것을 알려 하노니 너희가 성령을 받은 것은 율법의 행위로냐 듣고 믿음으로냐 너희가 이같이 어리석으냐 성령으로 시작하였다가 이제는 육체로 마치겠느냐(갈 3:1-3)

제도화된 교회와 은사의 쇠퇴

오순절 날부터 세상의 여러 세력들은 성령의 은사가 충만하게 나타나지 못하도록 방해를 해 왔다. 최근에 있었던 일련의 연구에서는 1세기 교회사에서 예언의 은사가 쇠퇴하던 과정을 심도 있게 다루어 주었다. 교회의 계급체계가 정립되었을 때, 주교들이 카리스마적으로 은사를 받은 평신도 예언자들의 기능을 접수하게 되었다. 신약에서 말하는 예언의 기능은 구약에서 말하는 미래에 대한 예고나 예지와는 다르다는 것을 알아야 한다. 신약의 예언이 가지는 주요 기능은 "덕을 세우며, 권면하며, 안위하는 것"(고전 14:3)이다. 덕을 세우는 것, 권면하는 것, 안위하는 것 이 세 가지는 설교와 다른 목회 활동과 더불어 점차 성직자들과 주교들의 정해진 임무가 되었다. 그리고 주교들의 책무가 증가됨에 따라, 일부 카리스마적 은사를 받은 평신도들이 하는 예언적 발언들은 성직자들의 고유 영역을 위협하는 요소로 작용하게 되었다. 그 결과 마침내 평신도들은 예언 사역에서 전면 배제되게 되었다.

금세기 초 성공회 학자 프레데릭 풀러(Frederick W. Puller)의 연구결과에 따르면, 같은 종류의 쇠퇴가 치유의 은사 면에서도 일어났다는 것이다. 병자의 머리에 기름을 붓는 카톨릭의 의식(성례)은 평신도의 손에서 치유 사역을 빼앗아 그것을 제도권 안에 가두어 버렸다. 그럼으로써 본래 모든 신자들에게 맡겨진 사명(막 16:18)이 성직자들에게만 한정되어 버린 것이다.

몬타누스주의자들의 논쟁

초기 교회가 경험한 다른 중대 사건이 성령의 은사를 억제하도록 조장했는데, 그것은 바로 몬타누스주의 부흥 운동의 시작과 쇠퇴이다. 몬타누스주의자들은 175년경에 탄생되어 로마 제국의 수많은 지역으로 퍼져 나갔다. 그들은 교회 안에서 예언의 은사(고전 14장)와 도덕적인 순수성을 강조한 오순절 계열의 요소를 지닌 일파였다. 처음에 그들은 완벽한 정통파였으며, 실제로 초기 교회의 기초를 놓은 신학자들 가운데 한 사람인 터툴리안(Tertullian)도 몬타누스주의자였다. 그러나 유감스럽게도 몬타누스주의자들은 무분별하고 무절제한 예언에 빠져들게 되었다. 그들은 교회로부터 이탈하여 자신들만의 성직자 계급 제도를 수립하였다. 그 이후의 많은 종파와 마찬가지로, 몬타누스주의 예언자들 또한 예수 재림의 때와 장소를 예언했다. 그리고 예언대로 재림 사건이 일어나지 않자, 이들은 더욱 급진적이고 비성서적인 예언을 일삼으며 자멸해 버렸다.

이 같은 일련의 사건들을 계기로 교회는 예언이나 그 밖의 다른 성령의 은사들이 나타나는 현상에 대하여 분노마저 품게 되었다. 그러나 이것은 잘못된 해결 방안이었다. 교회는 모든 예언을 억제하는 쪽보다는 분별력에 대한 더 좋은 이해가 필요하다는 것을 간과한 것이다. 만일 최초의 예언자들이 그들 사역의 초기 무대에서 견책을 받아 바른 목회 방향을 설정하도록 했더라면 몬타누스주의자들의 부흥운동은 교회사에서 긍정적인 사건으로 자리 매김 했을지도 모른다.

교리의 형성

초기 교회에서 은사의 충분한 발전을 막는 또 하나의 걸림돌은 교리적인 성격을 띄고 있었다. 삼위일체 신학은 영지주의 이단과의 투쟁을 통해서 발달해 왔다. 이것은 긍정적인 발달이었음에도 불구하고 달갑지 않은 부정적인 부산물을 낳게 되었다. 그리스도인의 영적인 삶을 위한 목회 요소인 성령의 은사가 신학적 관심 사항에 종속되어 부차적인 것이 되어 버린 것이다. 신학은 성령 안에서의 일상 생활보다는 오히려 삼위일체의 본질, 그리스도의 인성, 성령의 인격에 관한 의문점들에 초점을 맞추었다. 그러다 보니 성서와 현재의 영적 체험 사이의 관계성과 같은 훌륭한 신학의 본질적인 요소는 턱없이 약화되었다.

성령의 교리에 관한 최근의 역사는 알라스데어 헤론(Alasdair Heron)에 의해 쓰여진 〈성령〉(The Holy Spirit)인데, 성령의 은사에 관한 신학은 근대 오순절주의와 관련한 몇 장에서만 논의되었을 뿐이다. 이것이 수 세기 동안의 기독교 저술 활동을 대표하고 있다. 다시 말해, 성령의 인격과 성령의 역사에 관한 것은 많은 주목의 대상이 되어온 반면, 성령의 은사에 관해서는 지금으로부터 대략 70년 전에서야 겨우 눈길을 끌게 되었던 것이다.

서력기원의 처음 5세기 동안은 교회의 훌륭한 교리들이 갖가지 신조와 공의회의 형태로 형성되어진 세기들이었다. 그리고 이러한 현상은 긍정적이며 부정적인 결과를 동시에 가져왔다. 확실히, 여러 가지 교리적인 정의를 내림으로써 보다 용이하게 이단을 가려낼 수 있도록 해 주었다. 하지만, 전연 의도하지 않았던 의외의 결과가 뒤따랐는데, 그것은 바로 신앙에 대한 이해를 기대-신앙에서 교리―신앙으로 바꿔 놓은 것이다.

기독교인에 대한 정의는 누가 신조와 공의회에 지적으로 일치하는 사람이냐의 문제로 점차적으로 되어 가는 반면, 누가 하나님과 예수님을 믿고, 병자를 치유하며, 귀신을 쫓아내며, 예수님의 제자로서의 기타 다른 권능의 역사를 행할 수 있는 사람이냐 하는 것과는 별로 문제되지 않았다. 뜻밖에도, 교회는 교리―신앙을 위해 기대―신앙을 저버린 바리새인들의 전례를 그대로 답습하고 있었던 것이다.

사막의 신기루

4세기에 이집트와 팔레스타인 사막에서 기독교 계약 공동체가 형성되었는데, 이 공동체는 머지않아 기독교사에서 광범위한 영향을 미치게 된다. 이 공동체에 들어온 수사(사제)와 수녀들은 로마 제국의 부패한 도덕으로부터 독립해 완전히 기독교적 환경에서 살기를 갈망했다. 그들은 끊임없는 기도와 극기(克己)를 근간으로 한 생활 방식을 발전시켜 나갔으며, 자기 자신들이 엘리야와 세례 요한의 전통을 이어받았다고 믿었다.

초기에 사막의 수사들은 치유와 축귀의 은사를 부여받았다. 하지만 불행히도 사막의 기독교는 당대의 철학에 압도당하여, 스토아 학파와 신플라톤 철학의 이념들을 받아들였다. 그 이념들 가운데는 고통과 질병을 용기 있게(견인주의적으로) 감내해야 한다는 개념이 포함되어 있었다. 실제로 바울의 "육체에 가시"(고후 12:7)의 경우처럼, 몇몇 성경 구절들은 이런 점을 뒷받침해 주었다. 아울러 모든 신도들은 십자가를 짊어지고 그리스도의 고난에 동참해야 한다는 것을 기독교 성경의 핵심 개념으로 이해했다(고후 1:5-7, 빌 3:10).

그들은 질병으로 겪게 되는 고난과 신자들이 그리스도의 고난에 동참하는 것 사이에 하나의 긴밀한 관계를 형성시켰다. 그러나 질병을 구속(救贖)을 위한 고난으로 보는 개념은, 질병은 마귀의 압박에 의해 야기되고, 마귀는 교회의 사역에 의해 쫓겨 나간다고 명시한 많은 성경 말씀을 경시한 것이다(이를테면, 눅 13:16). 따라서, 이들 수사들은 여전히 외부 사람들을 위한 기도는 하고자 했으나, 자신들을 위한 치유 기도는 받기를 원치 않았다. 탁월한 치유 능력이 있는 수사들 가운데 한사람인 니트리아의 벤자민(Benjamin of Nitria)도 오랫동안 수종이라는 병마 때문에 고통을 당했지만, 그리스도의 고난에 동참하기 위해 끝내 치유의 기도를 받지 않았다.

본질적으로, 수사들은 치유에 대한 규범적인 성서적 입장을 예외로 만들고, 예외(구속을 위한 고난)를 규범적인 것으로 만듦으로써, 성경 구절의 앞뒤를 뒤집어 놓았다. 이런 형태의 성경의 왜곡(자리바꿈)은 그 뒤를 잇는 기독교 신학으로까지 이어진다. 이러한 왜곡은, 당시엔 모든 질병이 구속을 위한 고난의 목적으로 주님께로부터 온다고 생각했기 때문에, 치유 기도를 위한 기대—신앙을 상실해버린 기독교 공동체를 위해서는 더할 나위 없는 변명이 될 수 있었다.

고행과 겸손 대 성령의 은사

성경의 왜곡 가운데 보다 심각한 문제가 되었던 것은 바로 경건은 고행을 통해서 얻을 수 있다는 수사들의 생각이었다. 그래서 수사들은 완벽한 기독교인의 생활이란 꾸준한 금식과 자기—체형을 포함한다고 믿었다. 이것의 극단적인 형태가 "갈라디아인의 꾀임"이었다.

알렉산드리아의 주교이자 삼위일체 신학의 옹호자였던 아타나시우스(Athanasius, 296-373)는 이집트 수도원 제도의 창시자인 성 안토니오

(St. Anthony, 251?-356?)의 전기를 썼다. 이 전기에서 그는 성 안토니오가 단 한 번도 목욕을 하거나 발을 씻은 적이 없었다고 밝히면서 성 안토니오의 엄격한 고행의 실천에 찬사를 보냈다. 이러한 이상한 견해는 분방한 성생활을 즐겼던 로마인들의 공중목욕시설의 타락상에 대한 일종의 과민 반응으로 나타난 것이라 생각된다.

성 안토니오는 자신의 기독교도로서의 생애 초반에 고린도전서 9:27의 말씀을 듣게 되었다: "내가 내 몸을 쳐 복종하게 함은 내가 남에게 전파한 후에 자기가 도리어 버림이 될까 두려워함이로라." 그는 이 말씀에 깊은 감명을 받았고, 그 뒤 20년간을 기도와 규칙적인 금식과 금욕을 통한 수행자(修行者)의 삶을 살았다. 기도생활을 끝낸 뒤 그는 영 분별과 치유를 비롯한 몇 가지 성령의 은사를 받아 더욱더 대중들의 삶 속으로 파고들었다. 이집트 전역에서 사람들이 병자들과 귀신들린 사람들을 데리고 그를 찾아왔다. 이따금 가나안 여인의 귀신들린 딸을 치유한 예수님의 경우처럼(마 15:21-28) 성 안토니오는 귀신들린 아이 위에 손을 얹고 직접 기도를 하기보다는 오히려 그 아이 부모의 믿음을 통해서 축귀를 행하였다.

성 안토니오는 동료 수사들에게 그들 자신의 영적 은사를 믿은 나머지 자만하는 일이 없도록 하라고 경고했는데, 이는 타당한 견해였다. 하지만 영적 은사가 수사의 겸손과 기도생활을 위협할 수 있다는 이와 같은 경고는 차후 수도원 문헌의 주요 주제가 되었다. 그래서 성령의 은사는 사람들의 경건한 생활에 위험이 되기 때문에 드물게 사용되어야 한다는 견해로까지 발전했다. 이러한 가르침은 기독교인이라면 영적인 은사를 갈망하고 활용해야 한다는 바울의 권면과(고전 14:1) 믿는 자들이 하는 일은 세상 사람들 앞에 빛이 되어야 한다는 예수님의 명령을 뒤집어 버린 것이다(마 5:15-16).

이렇게 해서 겸손과 성령의 은사 사이에 그릇된 대립이 생겨나게 되었으며, 이레니우스(Irenaeus) 시대에 평신도들이 행했던 치유와 축귀를 통한 복음 전도는 더 이상 합당하지 않다고 판단한 것이었다. 요즘 용어를 사용한다면, 능력 전도의 어떤 형태도 용납하지 않는다는 하나의 신학이 창안된 것이다.

요한 캐시안(John Cassian, 대략 360-435)의 영적인 저술과 영향력을 통해 사막의 교부들의 패턴(모형)이 서구 교회의 이상형이 되었다. 케시안은 자신이 사막의 수도원에서 배운 성령의 은사 활용에 관해 다음과 같이 요약했다. "교부들이 성령의 은총으로 은사를 받았는데도 불구하고 그들은 불가피한 상황을 제외하고는 결코 은사를 사용하지 않으려 했다."

1천여 년이 지난 후에, 은사를 기피하는 신학은 크로스의 성 요한(St. John of the Cross, 1542-1591)*에 의해 집대성되었다. 그는 카톨릭교회로부터 "교회의 박사"라는 칭호를 받았는데, 이 칭호는 그를 카톨릭교회의 초석이 되는 신학자로서의 자리를 굳히게 했다. 사막의 교부들처럼 그도 환상이나 치유의 은사와 같은 영적 표출은 어떤 것이든 신도들의 영적 완전성 추구를 위험하게 하는 요소라고 믿었다. 그리고 이러한 생각은 또 다른 망상으로 연결되었다. 예를 들면, 기독교인의 기도 생활 목표는 개인의 완전함인데, 이 완전함은 성령의 은사를 통한 대중적인 사역과 다소 상충된다는 것이다. 이러한 사고는 성경에 대한 비극적인 오해였다. 왜냐 하면, 베드로전서 4:10은 성령의 은사는 공동체를 위한 것이라고 분명히 선언하고 있기 때문이다: "각각 은사를 받은 대로 하나

---

* 크로스의 성요한은 스페인의 신비주의자요 1562년에 스페인의 신비주의자인 성 테레사(1515-1582)의 모범을 따라 카르멜 회의 수사가 되었다.

님의 각양 은혜를 맡은 선한 청지기같이 서로 봉사하라."

고행 아닌, 기도와 사랑의 확산

진정한 경건과 고행 사이의 혼돈이 그토록 오랫동안 지속된 것은 대부분의 오류들이 그랬듯이, 고행이 성경에 의해 정당화될 수 있다는 착오 때문이었다. 금식은 구약과 신약 성경에서 똑같이 가르쳐 준 기도 생활의 주요 요소임이 분명하였다. 또한 신약 성경의 몇몇 구절에서는 신도들에게 그리스도의 고난을 함께 나누도록 권고하고 있으며(고후 1:6-7, 벧전 4:13), 이는 현대 기독교인들이 묵과하기 쉬운 부분이다. 사도 바울은 육체의 단련을 권면하면서 독신 생활을 기독교인의 삶의 이상적인 형태로서 권장했는데, 그 이유는 신도들이 주님을 섬기는데 만 전념할 수 있도록 하기 때문이다(고전 7장).

그러나 사막의 수사들이 이 모든 말씀을 종합하여 판단한 내용은 과장되고 불안정한 것이었다. 이러한 신학적인 전통 속에서 그 전통의 허와 실의 근원을 은폐해버리는 난처한 요인들이 있었다. 끊임없는 기도와 고행의 실천과 같은 영적 수련을 수행한 많은 수사들과 수녀들은 실제로 몇 가지 성령의 은사(당시에는 "은총"이라 불렀다)를 체험하게 되었다. 사람들을 개인적인 지고한 경건과 사랑으로 인도하도록 짜여진 신학을 반박하기란 어려운 일이었다. 이러한 어려움은, 교회의 영적 권력자들이 사람들의 생사권을 쥐고 자신들의 합의된 정통을 강요하는 중세 기독교 사회에서는 더욱 분명한 사실로 나타난다.

불교와 같이 고행을 실천하는 타종교와의 비교만 해보아도, 우리는 기독교인들에게 경건과 성령의 은사를 주신 것은 그들 자신의 엄격한 고행(금욕주의) 때문이 아니라 그들의 열성적인 기도 생활과 예수 그 분을 향한 헌신 때문이었다는 것을 알 수 있다. 중세의 수사들과 수녀들은, 대체로 구약 성경의 선지자들이 행한 것과 같은 방식으로, 지속적이고 고된 기도(그 당시에는 '유행되는 기도'로 알려짐)를 통해 힘겨운 방식으로 성령 세례를 받았다(마 11:12). 하나님은 이들의 신학을 확증하려는 것이 아니라, 오히려 이들의 불완전한 신학에도 불구하고 하나님의 사랑으로부터 이들에게 축복을 내려 주신 것이다.

당시의 기록들은 많은 카톨릭교회 성도들이 실제로 성령 세례를 받았다는 사실을 분명히 하고 있다. 이러한 결론은 오순절과 성결교회의 부감독인 빈손 사이난(Vinson Synan)이 증거를 제시하고 있는데, 그는 카톨릭교회를 "바빌론의 매춘부"로 믿으며 성장한 사람이다. 사이난은 중세 카톨릭 문헌을 심도 있게 연구한 끝에 '유행되는 기도'(지속적이고 고된 기도)가 바로 최근까지도 성령 세례를 받는 통상적인 방법임을 지적하고 있다. 나아가서, 사이난은 이러한 과정을 거친 사람들이 성령의 은사를 보다 소중히 여겼으며, 당시 카리스마 계열이나 오순절 계열 사람들보다 더 한층 분별력을 지니고 은사를 활용했다고 말했다.

독자들이 "갈라디아인의 꾀임"(공로에 의해 성령의 은사를 받는다는 것)이 카톨릭 신학만의 독특한 특징이라고 믿지 않도록 하기 위해서, 신교에서도 유사한 혼동이 일어났음을 짚고 넘어가는 것이 좋겠다. 1860년대에 신교의 경건 운동이 감리교도와 "신성"(Holiness) 운동이라고 이름하는 복음주의자들을 축으로 일어났다(제9장을 보라). 이 운동은 미국의 신교도들 사이에서 신앙적인 공헌이 활발하지 못한 것에 불만을 품은 기독교인들에 의해 시작되었다. 비록 이 운동은 위대한 "신앙만이"의 부흥운동으로 시작되었으나, 이들이 내세운 실천 강령은 무엇보다도 도덕률에 의거한 것으로, 예를 들어 술, 담배, 춤을 거부하고 그리고 여성의 경우엔 화장과 보석류 일체의 이용을 규제했다. 대다수의 초기 오순절 교회 지도자들은 이러한 신성 운동의 전통을 이어받았다.

오순절 교회 사람들은, 성령세례를 받고자 하는 사람은 누구나 세속적인 생활 방식을 포기하고 신성 운동의 규율을 따라야 한다고 믿게 되었다. 그래서 그들은 카리스마적 갱신운동이 일어나는 것을 보고서 너무나 놀라게 되었다. 왜냐 하면 신성 운동의 규율을 수용하지 않고도 성령을 받은 사람들이 수천 명이 되었기 때문이다. 예를 들면, 여자들은 얼굴에 분칠을 하고 굽 높은 구두를 신었으며, 어떤 사람들은 담배를 피우고 여전히 술을 마셨다. 우리가 오순절 교회 교인들을 통해 알 수 있었던 점은 (그렇게 엄격했다거나 장기적인 것은 아니지만) 사막의 교부들이 혼동한 것과 유사한 혼동된 요인들이 있었다는 점이다. 초기 오순절 교회 교인들이 성령 세례를 받은 것은, 그들의 독특한 신성 규율 때문이 아니라, 그들이 성령 세례를 갈구했으며, 성령 세례를 받기 위해 기도했으며, 성령 세례를 받을 수 있다는 믿음이 있었기 때문이다. 하나님께서 믿는 자들에게 성령의 은사로 축복하시는 것은 그들의 신학이 완벽하기 때문이 아니라, 예수님께 드리는 헌신 때문인 것이다.

요약

초기 교회의 성령의 은사는 몇 가지 이유로 그 충만함이 오래 지속되지 못했다. 통상적인 제도의 발달은 목회자들과 주교들의 직권과 직무가 점차적으로 확대됨에 따라, 평신도들에게 나타나는 카리스마적 은사를 억제시키는 경향이 있었다.

사막의 교부들을 둘러싼 전통은 카톨릭 신학을 위한 탈무드가 되었다. 고행과 겸손에 대한 비성경적인 극단론은 신자들의 삶에서 성령의 은사의 역할을 축소시켰다. 은사는 기독교인들의 "온전함"에 효과적이긴 하지만 위험한 것으로 받아들여졌던 것이다. 사막의 수사들은 기독교계에 경건의 숭고한 절정을 성취하는 방법을 보여 주었으며 경건의 숭고한 절정은 성령의 권능으로 이루어짐을 보여주었으나, 그러나 세상 사람들은 성령의 권능을 믿지 않았다. 그리하여 중세에 접어들면서 성령의 은사는 아주 간헐적으로 사용되었으며, 그나마도 대부분 성직자에 의해 사용되었다. 제5장에서는 성자들에게 기원을 하고 성유골(聖遺骨)의 치유 능력을 맹신하는 것 등을 포함한 치유의 교리에서 발생한 과오들을 보다 상세하게 기술하겠다.

제5장
카톨릭교회 치유 사역의 진실과 오류

히포의 성 어거스틴(354-430)

치유 [그리고 반(反)—치유] 신학의 형성에 있어서 가장 중요한 역할을 한 인물은 바로 북아프리카에 있는 히포의 주교 성 어거스틴이었다. 어거스틴은 정통 카톨릭 신학의 기틀을 마련했을 뿐만 아니라, 이에 대한 많은 저서를 남겼는데, 이 저서들은 마틴 루터, 존 칼빈, 그리고 다른 종교 개혁자들에 의해 폭넓게 읽혀졌다. 그의 신학적 견해는 종교개혁자들에 의해 신교사상으로 계승되었는데, 그 중 특별히 은총에 의한 구원의 이해는 돋보인다. 그러나 그는 불행하게도 후세 카톨릭과 신교 신학자들이 받아들인 치유 신학에서 몇 가지 치명적인 오류를 범하였다.

어거스틴은 기독교 가정에서 자라났으나, 그 시대의 고전 학문으로 교육을 받았으며 문학과 철학에 특별한 재능을 보였다. 젊은 시절 그는 비—기독교적인 사교(邪敎)들을 탐구했으며, 마니교(영지주의 일파)에* 심취했으며, 성적으로 자유 분방한 생활에 빠져있기도 했다. 그러나 하나님의 섭리에 따라, 그는 극적인 회심을 체험하고 자신의 모태 신앙으로 돌아오게 되었다.

어거스틴은 자신이 터득한 고전 학문과 작가로서의 재능을 전부 기독교 신앙에 쏟아 부었다. 과거에 그가 비기독교적 종교들에 가담한 경험은 그에게 성서적 계시의 진실과 이단의 허위를 가려낼 수 있는 안목을 높여 주는 배경이 되었다. 의미심장하게도, 그의 저서 대부분에는 당시의 갖가지 이단들과 사이비들을 상대로 벌인 논쟁을 담고 있었다.

그는 삼위일체에 관한 방대한 저술 활동을 비롯하여 기독교 신학에 남다른 많은 공헌을 하게 되었다. 삼위일체 설은 이 주제에 관한 한 서구의 정설을 세우는 판단기준이 되었던 것이다. 그러나 안타깝게도 어거스틴은 그 이전의 전통을 추종하여, 성령의 은사를 고린도전서 12장에서 정의된 말씀에 따라 이해한 것이 아니라, 치유가 제외된 이사야서 11:2의 말씀에 따라 이해했다. 그의 저서 〈주님의 산상 수훈〉 *(The Lord's Sermon on the Mount)* 에서, 그는 이사야서에 따른 성령의 은사와 산상 수훈 가운데 팔복(八福)을 비교했다. 이 책은 성령의 은사에 관한 카톨릭의 입장을 확정짓는 데 크게 기여하였다.

어거스틴의 치유 신학

어거스틴은 초기 저서에서 치유 사역은 기독교인의 삶에 있어서 온당치 못하다고 단정하고 있다. 그의 초기 저서 중에 하나인 〈진정한 종교에 대하여〉 *(On the True Religion)* 에서, 그는 치유와 기적에 관한 복음서의 내용에 대해 다음과 같이 기술했다.

"[신자들의] 영혼이 눈에 보이는 것들만을 쫓지 않도록, 그리고 이러한 가시적인 것들의 진기함이 마음을 부채질하여 기적에 익숙하게 되어 인류

---

* 마니교는 마니(Mani, c. 216-276)가 창설한 종교로서, 물질세계는 어두움의 세계가 침투된 악이요 그 속에 포위된 신적인 빛을 예수님에 의해서나 혹은 궁극적으로 마니 자신에 의해 구원을 받는다는 이원론을 주장했다.

가 차츰 냉담해지는 일이 없도록, 이러한 기적들은 우리 시대까지 이어지지 않게 되었다."[25]

이와 유사하게, 어거스틴은 또 다른 초기 작품에서, 복음서의 기적이 행해진 것은 군중들에게 확신을 주는데 필요한 공적인 권위를 예수님께 부여하기 위한 것으로 추론했다.[26] 이 말은 보다 더 철학적이거나 영적인 기독교인들에게는, 기적이라는 증거가 굳이 필요치 않다는 점을 암시하는 것이다.

이러한 영적인 논리 체계는 기적(은사)종료주의(cessationism)라고 불려진다. 다시 말해서 기적과 치유 사역은 성서 시대 이후에 끝이 났다는 신앙 태도이다. [발음상의 유사성은 있지만 cessationism(기적종료주의)와 secessionism(분리론)은 엄연히 다르다. secessionism은 동사 secede(분리하다)에서 파생되었다.]

종종 기적종료 이론은, 하나님의 기적 활동이란 통상적인 세계 속으로 일시적으로 참견한다는 개념과 결부되었다. 기적의 목적은 구약의 선지자나 예수님과 그의 사도들의 권위를 입증하는 데 있다는 것이다. 그러나 기적종료론자들은 치유는 하나님의 자비(불쌍히 여기시는 마음)의 표징이요, 기적은 하나님 나라의 징표로 이해해야 한다는 점을 깨닫지 못하고 있었던 것이다(막 8:2, 눅 9:1-2 참조).

기적종료 이론의 개념은 어거스틴 이전에 시작되었다. 실제로 그것은 기독교 시대 이전인 유대 랍비들의 주석서에서 그 기원을 찾을 수 있다. 일부 랍비들은 학개, 스가랴, 말라기 시대 이후로는 줄곧 이스라엘에 진정한 선지자가 존재하지 않았다는 점에 관심을 기울였다. 이 같은 현상을 설명할 몇 가지 원인들이 도출되었는데, 그 중 하나로, 대중들 사이에 경건함이 결여된 것을 지적하였다. 1세기 기독교 저술가들은 랍비의 이런 추론을 이용하여 성령은 이미 유대인들로부터 철회되어 기독교인들에게 이양됐다고 주장했다.[27] 그리고 3세기경 소수의 기독교 변증자들은 기적종료 이론을 이용하여 기독교 공동체에 치유의 기적이 눈에 띄게 드물게 일어나는 사실을 설명하였다. 어거스틴은 변모된 기독교인으로서 이 같은 견해를 채택하고는, 자신의 기독교 생활의 거의 전반에 걸쳐 그러한 견해를 고수해 나갔다.

그러나 어거스틴은 죽기 전 6년 전쯤부터 기적종료론을 거부하기 시작했다. 이것은 그가 직접 목격한 극적인 치유에 연유한다. 그가 다니던 교회에서 간질병으로 고통받고 있던 한 청년이 부활절 예배 시작 직후 기적적으로 치유된 사례가 있었는데, 이 사건은 어거스틴으로 하여금 치유에 관한 다른 보고서들을 검토하게 했다.

결국 그의 최후의 작품들인 〈하나님의 도성〉(City of God)과 〈취소〉(The Retractions)를 집필하게 될 무렵, 그는 교회의 계속적인 치유 사역을 열렬하게 지지하게 되었다. 〈취소〉는 어거스틴이 죽음을 목전에 두었을 때 쓰여졌는데, 이 때 그는 자신의 이전 작품들을 수정하기로 결심했다. 자신이 저지른 과거의 실수를 비판하는 어거스틴의 능력은 곧, 그가 간직한 심오한 겸손의 증표였다.

〈취소〉에서 설명하기를 비록 그 자신은 사람들이 사도의 그림자만 밟아도 치유 받는(행 5:15) 것과 같은 사도 시대에 일어난 몇 가지 훨씬 굉장한 기적들을 보지는 못했지만, 기적은 기독교 공동체에서 여전히 보편적으로 일어나고 있다고 했다.

그러나 필자가 말한 바가 너무나도 확대 해석되어 기적이란 현시대에는 그리스도의 이름으로 전연 일어나지 않는다고 믿는 일은 없어야 하겠다. 왜냐 하면 〈진정한 종교에 대해서〉(On the True Religion)를 저술할 당시, 필자는 한 맹인이 밀라노에서 광명을 찾은 이야기를 막 전해 들어 알고 있었으며, 또한 다른 치유의 사건들도 알고 있었기 때문이다. 그리고 필자는 심지어 지금 이 시대에서조차도 치유의 예는 너무나 많아 우리는 그것들 전부를 모두 알 수도 없으며, 우리가 아는 것들을 일일이 열거할 수도 없다.[28]

어거스틴의 최종적인 치유 신학은 그가 유명을 달리하기 4년 전에 완성한 〈하나님의 도성〉에서 발견된다. 그는 자신이 치유 기도를 용납한 이후 자신의 거처인 주교관구에서 꽃을 피운 치유 사역에 대해 묘사했다. 그는 자신의 개인적인 경험을 바탕으로 어떻게 기적종료론이 기독교 책들 속에 잠입해 들어왔는가를 이해하게 되었다. 한마디로 기독교인들은 자신들의 치유 경험에 관해 말하기를 부끄러워했던 것이다. 어거스틴에 의하면, 모든 사람들이 치유에 관한 복음서의 이야기에 대해 익히 알고는 있었지만, 막상 자신들 주변에서 일어난 치유의 실례들에 관해 들은 사람들은 드물었다는 것이다.

그는 주교로서 이런 상황을 수정하기로 작정하고 기적적으로 치유된 사람들이 교회에서 증언해 줄 것을 요청했다. 〈하나님의 도성〉을 집필하기 2년 전에, 그는 자신의 주교관구 내에서 일어난 치유의 기적들을 기록하기 시작했다. 그는 그 짧은 기간 동안 70건의 치유 사건을 기록했다.

어거스틴은 오로지 자신이 개인적으로 입증할 수 있는 치유 사건만을 기록했다. 몇 가지 치유 사건이 세례 의식이 진행되는 동안에 일어났는데, 이 때에 탈장과 통풍이 완치된 사례도 있었다. 어떤 청년은 자신의 가족과 교구 목회자들의 간절한 기도로 극심한 고통이 따르는 직장 수술을 하려는 문턱에서 치유되어 가까스로 구조되기도 했다. 또한 유방암이 깊어진 한 여인이 꿈을 꾸었는데 다음 번 세례 의식에 참석하여 그 날 세례 받은 사람의 기도를 받으라는 말을 듣고 꿈에서 지시한 대로 해

서 즉각 유방암이 치유된 사례도 있었다.[29]

어거스틴은 순교 당한 성자들의 중보기도를 불러일으키는 성자들의 유골의 치유 능력을 믿었다. 이 같은 형태의 간구는 그의 치유 신학의 핵심 요소였다. 당시 사람들은 북아프리카의 몇몇 교회에 사도행전 7장에 행적이 나타나 있는 순교자 스데반의 유해가 안치되어 있다고 믿고 있었다. 그리고 어거스틴은 자신의 주교관구내 사람들이 이들 성골당(聖骨堂)에서 기도함으로써 치유되었다고 증거 한다.

현대의 독자, 특히 복음주의적인 교파의 사람이라면 어거스틴 신학의 몇 가지 요소들은 기독교적이라기보다는 오히려 미신적이거나 이교도적이라는 것을 알게 될 것이다. 유골과 치유 성골함에 관한 어거스틴의 신학이 예수님으로부터 위탁받은 사역과 거리가 있다는 것도 사실이다. 하지만 그의 신학이 전적으로 비성서적인 것은 아니었다. 특히 그의 치유 신학의 다른 요소들은 전체적으로 주장의 근거가 확실하며, 기독교 치유 사역이 회복될 때마다 되풀이되어 언급되었다.

성찬식을 통한 치유

어거스틴이 발견한 설득력 있는 내용 중 한 가지는 치유 기도와 성찬식 사이의 상호 연관성을 들 수 있다. 그에 앞서 신학자들은 이미 성찬식의 개념을 두고 고심해 왔으며, 대표적인 두 가지 기독교 성례 즉, 세례와 주의 만찬을 동일시했다. 일반적으로 이러한 의식들은 기독교도들 개개인의 삶에서 하나님의 계약, 은총, 그리고 권능이 성취될 수 있도록 해 주는 특별한 행동이라고 이해되었다. 그러므로 기독교 세례의 은총은 영적인 것 이외에도 많은 효력을 발생시킬 만큼 충분히 강력한 것이었다. 현대 기독교의 치유 운동은 수세기 전 어거스틴이 터득한 점을 확증하고 있는데, 그것은 바로 치유 현상이 종종 세례의 부산물로 나타난다는 것이다. 교회의 정기적인 성례 행사를 통한 치유 목회는 최근 몇 10년간 카톨릭과 성공회 저자들에 의해 발전되어 왔으며, 이러한 치유 목회는 오늘날 카톨릭과 성공회 교회에서 실시하고 있는 효과적이고 지속적인 사역이기도 하다.

물질과 영적인 능력

성례에는 하나님의 계약을 수행하기 위해, 물이나 빵 같은 물질의 재료를 사용하는 특징이 있다. 이것은 하나님께서 땅을 만드신 후 그 안의 모든 것은 "좋았더라"는 것(창 1장)과 마침내 모든 땅이 성화 될 것(계 21:1)이라는 성서적 계시에서 유래된 것이다. 물질 세계를 바라보는 이런 시각은 근본적으로 영지주의와는 다르다. 영지주의의 주장은 모든 물질은 반역적인 신(神)들 가운데 하나가 창조한 것이므로, 선(善)이 물질과 관련될 가능성은 전혀 없다는 것이다.

성례에 관한 성서적인 이해 가운데 하나는 그 물질에 영적인 능력을 실어 전달할 수 있는 가능성이 포함되어 있다. 성경의 많은 구절이 이러한 점을 분명히 보여주고 있는데, 특히 천과 의복에 관한 언급에서 그러하다. 그것의 좋은 예로 하나님이 성전 의식에 관해, 특히 제사장들이 성소를 드나들 때 준수해야 할 의무 사항과 관련해서 에스겔에게 주신 가르침을 들 수 있다.

> 그들이 안 뜰 문에 들어올 때에나…가는 베 옷을 입을 것이니…그들이 바깥 뜰 백성에게로 나갈 때에는 수종드는 옷을 벗어 거룩한 방에 두고 다른 옷을 입을지니 이는 그 옷으로 백성을 거룩케 할까 함이니라(겔 44:17,19).

옷에 손을 댐으로써 영적인 치유 능력을 방출할 수 있다는 사실은 열두 해를 혈루중으로 앓던 여인에 관한 신약의 잘 알려진 이야기에서 반복되고 있다(눅 8:42-48). 이 성경 구절에는 많은 사람들이 예수님의 몸을 스치고 간 것을 보여 주고 있다. 그러나 예수님의 옷으로부터 예수님의 치유 능력이 흘러나게 한 것은 다름 아닌 그 여인의 필요와 기대—신앙이었다. 게다가, 사도행전 19:11-12에는 바울의 앞치마와 손수건이 너무도 많은 하나님의 권능을 보유하고 있어서 치유와 축귀를 위해 병든 자들에게 사용되었다고 밝혀 주고 있다.

스데반의 유골에 치유 능력이 있다는 어거스틴의 믿음과 그 후의 유골 숭배는 열왕기하에 예시된 구절을 지나치게 보편화한 데서 말미암은 것이다. 그 구절에 보면, 선지자 엘리사가 죽으매 장사되었는데 죽은 후 유골이 노출된 채 구덩이에 있었다. 그런데 한 남자가 죽어 매장하려 가다가 느닷없이 약탈자들의 기습을 받게 되어, 그 남자의 시체를 엘리사의 묘실(墓室)에 내던졌다. 그 시체가 엘리사의 뼈에 닿자, 그 남자는 회생하여 일어섰다(왕하 13:20-21). 여하튼 엘리사의 유골은 하나님의 권능을 보존해 왔으며 죽은 자의 시체가 그 유골에 닿자 그 권능이 발산되었던 것이다. 어거스틴은 스데반의 유골이 이와 흡사한 치유의 능력을 가지고 있을 것이라고 추정했던 것이다.

유골에 대한 어거스틴의 믿음

단순히 성서적인 관점에서만 볼 때 어거스틴의 추측은 가능한 것이었다. 그러나 그의 생각이 가지고 있는 한 가지 결함은, 합당한 성서적인 진리가—즉, 물질이 치유 능력을 수반할 수 있다는—마귀에게 이용당하도록 해버린 것이다. "마귀가 이용하도록 했다"는 용어는 여기에서는 폴 틸리히(Paul Tillich)가 말하는 어떤 일부의 진리를 과장된 절대 불변의 진리로 비약하려는 경향을 의미한다.[30] 어거스틴의 사상이 지닌 한 가지 오점은 그의 사상을 뒷받침해주는 철학적 가정들과 관련이 있다.

초기 기독교 신학의 초석이 되어준 희랍 고전주의 철학은 영적 능력의 개념을 이해하는데 장애가 되었다. 희랍 철학자들의 중대 관심사는 어떻게 사물들이 유사한가하는 것이었다(보편성의 문제). 영구불변성(존재의 세계)이 변화(생성의 세계)보다 더욱 중요하게 고려되었던 것이다. 플라톤 철학의 중심 개념은 이상적 "형태"였으며, 아리스토텔레스의 철학에선 "본질"의 개념이 정수를 이루었다. 헤라클리토스와 같은 초기 희랍 철학자들이 변화와 에너지에 대해 익히 알고 있었지만 어거스틴 시대에서 이것은 유행에 뒤진 사상으로 치부되었다(이런 사상은 소크라테스 이전의 철학이었다).

철학적으로 교육받은 석학인 어거스틴은 고전주의 희랍 철학의 편견들을 그의 신학 안으로 이전시켰다. 그래서 불변한 것과 영원한 것이 "선"한 반면에, 일시적이며 가변적인 것은 선의 가치를 떨어뜨릴 수 있다고 생각하였다. 그가 베드로의 앞치마나 엘리사의 유골의 치유 능력에 관한 것을 읽었을 때, 그는 그것들을 "본질"과 "형태"에서 신성한 것으로 이해했다. 이것은 물질을 거룩한 사람과 관련시킴으로서 물질에게 주어지는 영원한 특성이 되었다는 것이다. 그는, 치유의 기적이 잠정적인 영적 능력의 결과로 나타나는데, 이 영적 능력은 언젠가는 없어져 버릴 수 있다는 점을 깨닫지 못했던 것이다. 이 생각은 오늘날까지 계속되어 카톨릭 교도들은 유골을 "성인의 유해와의 접촉으로 성화 된 대상물"로 규정하고 있다.

아이러니하게도, 그 시대의 비철학적인 상업용 희랍어로 쓰여진 성경의 희랍어 원본은 영적 능력을 표현하는 데 전적으로 적절한 언어를 구사했다. 하나님의 에너지(능력)를 나타내기 위해 신약 성경의 저자들이 사용한 단어는 "두나미스"(dunamis)인데, 이것은 단순히 능력을 의미한다. 기독교 신학은 하나님의 인격과 삼위일체의 복잡함(하나님의 모든 영원한 특성들)에 많은 생각의 시간을 할애하느라 하나님의 "두나미스"를 위한 신학은 발전시키지 못했다. 아울러 적절한 은총의 신학이 "두나미스"를 다루어야만 했으나, 이것도 역시 성사되지 못했다. 예외적으로 희랍 정교회에서 발간된 몇몇 후기 문헌이 "신의 에너지(능력)"을 신비로운 기도 체험의 일부로서 조사했을 따름이다.

뒤를 잇는 서구 신학에서는 하나님의 "두나미스" 개념을 너무나 소홀히 한 나머지 킹제임스 성서(흠정역성서)의 역자들은 "두나미스"에 해당하는 단어 대신에 "미덕"(virtue)이라는 용어를 사용했다(예를 들어, 눅 6:19). 군중들이 예수님을 만졌을 때, 예수님께서 자기로부터 능력이 나가는 것을 느끼셨다고 말하는 것이 이들 역자들에게는 조잡한 것처럼 보였으며, 이 때문에 이들 역자들은 그것을 도덕적 관점에 입각해서 "미덕"(virtue)이라 부르게 되었다.

어거스틴은 유방암을 앓고 있던 여인의 경우를 통해 새로 세례 받은 기독교인들도 치유의 능력을 가지고 있다는 사실을 발견했음에도, 이 사실을 계속 연구하지 않았을 때, 그는 또다시 요점을 빠뜨리게 되었다. 그가 만일 이러한 가르침을 따랐더라면, 치유의 은사는 공로로 주어지는 것이 아니라 은총의 선물임을 알게되었을 것이다. 이러한 지식의 계시는 최근에 이르도록 카톨릭 신학에서 맹위를 떨치고 있는 "갈라디아인의 꾀임"이 오래 유행되는 것에 제동을 걸 수 있었을 것이다(갈 3장).

그러므로 어거스틴의 치유 신학은 진실, 과장, 오류의 혼합체였다. 물론 약간의 치유는 이루어졌으나, 유골과 성골(聖骨)함에 영원한 신성이 있다는 그의 믿음 때문에 기대—신앙으로 안수를 하거나 기름을 붓는 것과 같은 평신도들의 치유 사역을 확실히 해치게 되었다.

중세의 치유

치유 사역은 몇 가지 비성서적인 견해를 갖고 있는 어거스틴 신학을 지침으로 삼았기 때문에, 중세 시대 동안에 카톨릭 성례의 발달 속에서 그 발달이 순조롭지 못했다. 따라서 치유 사역은 제임스 에쉬(James Ash)가 확인한바 있는 예언의 카리스마적 은사가 소멸된 과정과 유사한 일련의 변천 과정을 통해 쇠퇴하게 되었다(앞장 참조). 치유 사역은 의식화되었고, 카리스마적인 평신도 사이의 사역으로부터 목회자들의 직무로 바뀌어 갔다.

치유 사역은 두 가지 부분으로 구분되었다. 1)기름을 붓는 의식으로(도유식), 이것은 성례의 은혜로운 의식으로 설정되었다. 2)축귀사역으로, 이것은 결코 성례로 승인되지는 않았지만, 단순히 하나의 의식으로 행하여졌다. 이 두 가지는 모두 안수 받은 목회자들이 집행 권한을 갖고 있었다. 복음서에서 예수님의 사역에 관한 기록을 연구해 볼 때, 이렇게 구분하는 것은 분명치는 않지만, 기름 붓는 의식과 축귀 사역의 두 가지 유형으로 구분하는 것은 몇 가지 실질상의 가치가 있다. 오히려 예수님은 병자를 치유하거나, 악령에게 떠나라고 명령함으로써 상황에 따라 고통받는 사람들을 치유하셨던 것이다.

이러한 어거스틴의 신학은 유골 의식과 순례여행으로 정교하게 이어지게 된다. 대학에서 1학년 필수 영어 시간에 영국의 문학가 제오프리 초서(Geoffrey Chaucer, 1340?-1400)의 〈켄터베리 이야기〉(Canterbury Tales)를 공부한 독자들은 아마도 면죄부를 파는 관리인(Pardoner)에 관한 묘사를 기억할 것이다. 면죄부 관리인이란 면죄부를 팔면서 순례하는 성직자를 말하는데, 면죄부는 사람들이 죽은 후에 죄 때문에 받을 형벌을 용서받을 수 있게 하는 증명서를 말한다(이 형벌은 연옥에서 집행된다). 초서의 면죄부 관리인은 위대한 성자의 유골이라고 주장하며 돼지 뼈와 해진 천 조각을 넣은 병들을 들고 다녔다. 그는 교회에 모인 청중들에게 그 뼈와 천 조각들은 그들 자신의 질병뿐 아니라 그들이 사육하는 가축의 질병까지도 치유하게 해 줄 것이라고 위선적인 말들을 늘어놓았다.

치유를 위해 기름을 붓는 의식 발생한 일은 특히 비극적이었다. 초기 교회는 야고보서 5:14-16의 말씀을 죄의 용서와 함께 치유를 위한 기도를 하라는 위탁의 말씀으로 분명하게 이해했다. 교회사 초기 몇 세기 동안 성령의 은사가 나타나는 것이 일반적으로 쇠퇴했음에도 불구하고, 대부분의 치유 사역은 이런 방식으로 행해졌다. 그러나 8-9세기 무렵, 기름을 붓는 의식(도유식)은 더 이상 치유 기도의 일부로 실시된 것이 아니라, "행복한 죽음"의 의식으로 변모되었다. 사제가 중병 환자를 위한 임종 의식을 행하려 할 때, 종부성사라고 하는 마지막 성례전 동안 병자에게 기름을 바른다. 이 때 환자가 모든 죄를 고백하고 나면, 사후에 연옥에서 고통받을 필요 없이 천국으로 직행할 수 있다는 것이었다. 그 결과, 교회는 기름을 바르는 성서적인 의도를 무시해버렸는데, 기름을 바르는 것은 육체적인 치유에 더하여 질병을 유발시키는 원인이 될 수 있는 죄에 대한 용서를 위한 것이었다(약 5:15).

야고보가 질병과 죄를 관련시키는 것은 성경에서 특이한 것이 아니다. 그것은 구약 성경(시 31:9-10)과 예수님의 사역(요 5:5-14)으로부터 출발한 계시의 계속을 의미한다. 대부분의 심오한 진리가 그렇듯이, "갈마"*(Karma, 힌두교나 불교에서 말하는 업보)라는 동양의 개념에서처럼, 죄와 질병의 관련성은 마귀에 이용당하여 보편적인 진리로 절대화

---

* [갈마는 사람은 자신이 행한 행위에 의해 자신의 운명을 결정짓는다는 믿음이다. 예를 들어, 어떤 사람이 동물처럼 산다면, 그는 동물의 몸으로 환생한다는 것이다.]

해 버린다. 성경은 이러한 경솔함에 경종을 울리고 있다. 일례로, 욥의 이야기는 질병이 각자의 죄와는 무관한 요인들에 의해 야기될 수 있다는 점을 보여 준다. 또 비슷한 예로, 예수님은 제자들에게 날 때부터 소경으로 태어난 사람이 자신이나 혹은 그의 부모들의 죄로 인한 것이라고 생각하지 말도록 주의를 환기시켰다(요 9:3). 전반적인 성경의 계시는 절대적이지 않고 함축적이다. 어떤 질병은 개인의 죄에 대한 결과이기도 하지만, 또 어떤 질병은 죄와는 관련이 없기도 하다. 그러나, 카톨릭 교회가 두 가지 별개의 성례, 즉 고백성사와 종부성사를 발전시켰을 때, 질병과 죄 사이의 이러한 성서적인 관련성은 한층 약화되었다.

과도한 성례중시주의에 대한 성서적인 경고

카톨릭 교회는 구약 성경에서 성례를 오용하지 말라는 선지자들의 영구적인 경고성 메시지를 결코 납득하지 못했다. 선지자 몇 사람은 희생과 회개의 성전 의식을 오용한데 대해 경고의 말을 하였던 것이다. 이것은 이사야에 의해 강조되었는데, 이사야는 하나님께서 명령하신 성전 예배 의식이 마음의 올바른 자세나 정의를 위한 하나님의 근본적인 요구에 순종하려는 의지 없이는 마술이나 다를 바 없다고 경고하였다. 아래의 인용문에서처럼 이사야는 성전 의식의 행위를 가나안인들의 주술 행위와 동일시하며, 신랄하게 비판하고 있다.

> 소를 잡아 드리는 것은 살인함과 다름이 없고 어린 양으로 제사 드리는 것은 개의 목을 꺾음과 다름이 없으며 드리는 예물은 돼지의 피와 다름이 없고 분향하는 것은 우상을 찬송함과 다름이 없이하는 그들은 자기의 길을 택하며 그들의 마음은 가증한 것을 기뻐한 즉(사 66:3)

중세 말엽에 카톨릭 치유 사역은 옛날 형태로 굳어지게 되었다. 사막 기독교 신앙의 전통은 카톨릭 교도들을 이중으로 결박하는 결과를 빚게 되었다. 만일 카톨릭교인이 자신이 치유 사역의 은사를 갖고 있다고 느껴도, 치유 사역을 해서는 안 되었다. 왜냐 하면 그 사역을 행한다는 것은 자신의 겸손에 위해가 되기 때문이었다. 치유 사역을 행하게 되면, 그는 겸허하지 않은 사람이 되고, 결과적으로 그의 사역은 가치 없는 것이 되었던 것이다.

따라서 개인의 겸손을 안전하게 유지하려면, 성자들과 성모마리아를 중보자로 하여 치유 기도를 해야만 했다. 성자들이 치유 기적을 일으키는 것은 기원자의 겸손을 위태롭게 하지 않았기 때문이다. 안타까운 것은 신교 비평서가 지적한 대로, 이것은 비성서적이면서 동시에 위험스럽게도 심령술에 근접한 것이었다. 성자들을 통한 우회적인 기원도 역시 기독교인들이 직접적인 기대-신앙을 행사하는 것을 어렵게 만들었다. 이런 우회적인 기원은 정작 예수님께서 제자들에게 촉구했던 믿음의 기도가 아니었다(마 17:20).

성 토마스 아퀴나스와 기독교 유물론

카톨릭의 치유 신학과 그 신학이 성령의 은사에 어떻게 적용하느냐 하는 문제는 성 토마스 아퀴나스(1224-1274)의 저술에 의해 더욱 복잡해졌다. 실제로, 토마스 아퀴나스 이전에 쓰인 모든 기독교 신학은 플라톤 철학 혹은 신플라톤 철학(후기의 보다 신비론적인 형태의 플라토니즘)에 기초를 두었다. 예를 들어, 어거스틴은 기독교 신플라톤 학파였는데, 이런 철학자들은 사고와 마음(mind)이 물질 세계보다 우위에 있다고 확언하는 한 관념론자였다.

9세기에 접어들면서 아리스토텔레스의 저서들이 기독교적인 유럽으로 소개되기 시작했다. 아리스토텔레스는 고대 세계의 유물론자(materialist)이자 실재론자(realist)였다. 그는 인간의 마음은 물질에 대한 직접적인 영향력을 행사할 수 없다고 가정했다. 또한 그는 확실히 믿을만한 지식에 이르는 유일한 방법은 오감(五感)을 통하고, 그리고서 이성을 오감을 통한 체험으로 그 증거로 활용함으로써 가능하다고 믿었다. 그의 말 가운데는 암시적으로, 영적 체험은 믿을만한 지식이 되지 못한다는 것을 말한 것이다.

아리스토텔레스는 자신의 지식에 관한 이론을 생물학, 논리학, 정치학과 같은 많은 분야에 세세하게 적용시켰다. 그의 저서들은 고대 세계를 위한 과학 지식의 개론서가 되었다. 아리스토텔레스의 저서들이 재발견되었을 때, 그 저서들은 유럽에서 알려지지 않은 지식의 범위와 깊이를 제공했기 때문에 중세의 지식층에 경각심을 고취시켰으며 급속도로 여러 대학 내에 확산되었다. 동시에 그의 유물론적 관점은 기독교 신앙을 당연히 위협하는 것으로 보였다. 그러나 성토마스 아퀴나스는 창조적인 천재성을 단번에 발휘하여, 아리스토텔레스의 철학적 가설의 대부분을 수용하여 수정 보완하고, 그것들을 카톨릭 신학을 설명하는 도구로 전환시켰다.

아퀴나스의 기독교적 유물론이란 세계를 물질적 자연 세계의 창조와 하나님과 천사와 영을 포함하는 초자연적 질서 사이에 분할된 세계로 이해했다. 이런 내용은 성서에는 기록되어있지 않다는 점을 주지하는 것이 중요하다. 희랍어에는 "초자연적"이란 말에 해당하는 표현이 없다. 성경은 창조의 물질적 차원과 영적 차원을 모두 인정하고 있지만, 이 두 가지는 별개의 창조가 아니다. 아퀴나스의 기독교적 유물론에서, 자연적인 것과 초자연적인 것 사이의 상호 작용은 특수한 사건이지만, 신약 성서에서는 영적인 것과 물질적인 것 사이의 상호 작용은 보편적인 것으로, 예를 들어 방언으로 기도하는 것, 예언을 말하는 것, 병자에게 안수를 하고 치유 기도를 하는 것과 같은 것이다.

또한 아퀴나스는 아리스토텔레스의 철학적 실재론을 수용했다. 아퀴나스는 하나님은 물질을 창조하시고 관장하실 수 있는 권능을 지니신 분으로 확실히 믿었지만, 인간의 지성은 물질에 직접적으로 영향력을 행사하지 못한다는 아리스토텔레스의 가정을 받아들였다. 이 같은 견해는 신앙에 적용시켜 봤을 때 중세 카톨릭 의식과 완벽하게 일치했다. 기원하는 기도는 신도들의 직접적인 기대-신앙에 달렸다기보다, 초자연적인 영역에서 역할을 다하는 성자들과 동정녀 마리아의 중보 능력에 따라 좌우된다는 것이다. 그 후엔 하나님께서는 물질 세계에 초자연적 행동으로 개입하시고 간섭하신다는 것이다.

아퀴나스가 죽은 후 100년 안에, 그는 카톨릭 교회에서 독보적인 신학자로 자리 매김을 하게 되었고, 그를 통해 아리스토텔레스의 유물론이 기독교 신학 안에 정립되게 되었다. 하지만 이러한 신학적 정립은 교회 치유 사역이나 성령의 은사 운동에 즉각적인 영향을 주지는 못했다. 왜냐 하면 치유 사역과 은사 운동은 그 이전 수세기 동안 받아온 상처의 골이 깊었기 때문이다. 그뿐만이 아니라 그의 신학은, 종교 의식의 보다 신비적인 전통 가운데서도, 카톨릭의 기도 생활을 어떤 방향으로든 변화시키지 못했다. 왜냐 하면 아퀴나스는 치유 사역과 은사 운동을 교회의 초자연적 특징의 일면으로 인식했기 때문이다. 그 대신 그의 가르침은 초기의 오류들을 합리화하여 확고하고 논리적으로 결점 없는 신학으로 바꿔 놓았다. 그러나 아이러니컬하게도, 그의 기독교적 유물론은 카톨릭의 예배의식 보다는 프로테스탄트 신학에 더 심층적으로 영향을 끼쳤다(다음 장 참조).

카톨릭적 체험의 증명

결함이 무엇이든지 간에 많은 결함을 지닌 카톨릭 신학은 어거스틴의 원래의 기적종료론을 거부했다. 카톨릭 신학은 기적과 치유와 성령의 은사가 (비록 드물더라도) 계속 역사 한다는 믿음을 유지했던 것이다. 이 점은 기적들을 모조리 부정했던 신교도의 입장보다 우수한 것이었다 (다음 장 참조). 카톨릭은 성경에 관해서는 일명 "체험 해석학"이라는 것을 고수했다. 즉, 성경과 체험 사이에는 증명해야 할 사이클(순환)이 있어야 한다는 것이다. 그 시대에 일어난 실질적인 기적 체험은 성경에 묘사된 기적 이야기들을 뒷받침해 주었고, 성경에 기록된 기적에 관한 이야기는 기적에 대한 기대감을 충족시켜 주었다.

그러나 이러한 카톨릭의 체험 해석학이 안고 있는 문제점은 분별력의 영역에 있었다. 중세 대중들은 사실과 신화와 풍문을 구별하지 않고 또한 진정한 영적 사건과 심령술을 식별하지 않은 채 기적에 관한 모든 이야기들을 믿었다. 이처럼 신화와 참된 기적을 혼합해 버리는 예는 성 보나벤투라(Bonaventura)의 〈성 프란시스의 생애〉(Life of St. Francis)에서 찾아볼 수 있다. 이 추앙 받은 성자의 전기에서는, 양이 제단 앞으로 다가와 무릎을 꿇었다는 등의 신화 같은 이야기와 성 프란시스가 행한 치유 기적들을 나란히 기록해 놓고 있다.

어거스틴은 이러한 문제점을 타결하기 위해 현명하게도 각 지방 교인들의 치유 경험을 기록하게 하였는데, 이 기록은 오히려 왜곡되어 미사를 드릴 때 대중들에게 성자들이 행한 환상적이고 과장된 이야기로 읽었다. 성직자들 사이에, 경건한 신도들은 전설을 가지고 있어야 하며, 또한 하나님에 대한 신도들의 믿음이 약화되지 않도록 이런 전설은 흐트러지게 해서는 안 된다는 생각이 번져나갔다. 대다수의 카톨릭 성직자들에게 있어 분별력은 그리 시급한 사항이 아니었다. 불행하게도, 이런 자세는 최근까지 이어지고 있다.

필자의 개인적인 경험을 예로 들어보겠다. 1950년대 로마 카톨릭교의 교구 학교에 다닐 때 필자는 성자들의 생애를 담은 2학년 용 책을 받았다. 그 책에 기술된 성자들 중에는 기사인 성 조지(St. George)가 있었다. 삽화와 글을 보니까 그는 용을 죽이고 제물로 바쳐진 처녀를 구원해 낸 이상적인 기독교도 기사로 묘사되고 있었다.

분명히, 이 동화책의 저자와 이 책에 정통임을 증명해 주는 표시의 도장(카톨릭 교회가 내리는 신앙과 도덕에 관한 서적의 출판 허가)을 찍어 준 주교는 둘 다 용과 같은 것이 실재하지 않는다는 사실을 알고 있었을 것이다. 그럼에도 불구하고 성 조지 설화가 "유서 깊은" 이야기이며 좋은 이야기라고 생각했기 때문에 다른 타당성 있는 성자들의 기적에 관한 이야기들과 함께 발간되었다. 수녀들은 이 같은 신화와 진실의 혼합이 나중에 얼마나 파괴적으로 흐를 지에 대한 것은 생각해 보지 않았다. 우리가 성장하면서 우리 중 몇 사람은 모든 성자들의 이야기가 전부 다 진짜는 아닐 거라고 판단했으며, 고등학생이 되어서는 이것에 대해 상당히 냉소적으로 되었고, 대학에 다닐 때 우리들은 성자들의 이야기 대부분을 믿지 않게 되었다.

칼빈과 개혁자들이 성자들의 기적에 관한 기록들을 지나친 미신으로 치부해 버린 사실은 어느 정도 수긍이 간다. 하지만, 이것은 불행한 일이었다. 왜냐 하면 종교개혁이 차츰 세력을 획득해 갈 때, 일단의 카톨릭 성직자들은 신화와 확실한 영적 현상들을 구별해 내는 데 필요한 역사적 검증과 식별 기술을 개발하고 있었다. 시작은 중세 베네딕트* 수사들에 의해 이루어졌으며, 그 뒤엔 볼란드파**, 즉 벨기에를 기점으로 한 예수회 수사들이 전개시켜 나갔다. 성 베네딕트(c. 480-c. 547)가 창설한 수도회는 교육적, 학문적, 문학적, 예술적 추구를 하였으며, 그리고 존 볼란드(John Bolland)의 이름을 따른 볼란드 파는 성자들의 생애의 표준 선집과 다른 학자적인 출판물을 편집 출판했다.]

특이할 만한 사실은, 볼란드파가 카톨릭 성직자단으로부터 심한 반대를 받게되었다는 사실이다. 볼란드파 사람들이 물의를 빚게 된 것은, 카르멜 수녀회란* 중세에 세워진 것이지, 종교 신화가 말하듯, 선지자 엘리야에 의해 비롯된 것이 아님을 입증하려했기 때문이다. 이에 격분한 수녀들은 볼란드파의 해체를 촉구하고 나섰던 것이다.

볼란드파가 효과적인 성과를 올리고 있을 즈음, 카톨릭 학풍은 유럽 지식인층의 관심 밖으로 밀려나가고 있었다. 그 와중에 계몽운동이 도래하고, 프랑스의 철학자요 문학자인 볼테르(Voltaire, 1694-1778)와 같은 반기독교 이신론자들은 볼란드파의 연구 결과 중 비판한 부분만을 인용하여 기독교를 공격하고 성자들의 이야기가 신화임을 입증하려 했다. 그들은 역사를 통해 계속해서 이어져 내려온 확실한 영적 사건들을 뒷받침하는 다른 연구 결과는 무시해 버린 것이다.

프로테스탄트 신학자들은 카톨릭 문헌은 전부 적으로부터 왔다고 여

---

* 성 베네딕트(St. Benedict, c. 480-c. 547)는 가족과 입신출세를 포기하고 동굴에서 언둔자로 39년간 생활했으며, 이탈리아의 몬테 카시노 수도원을 창설했다. 베네딕트 계율은 엄격한 것으로 유명하며, 순종, 육체적 정신적 고된 일, 공부, 가르침 등을 강조하였다. 이 수도원의 강한 영향은 중세 학문에 크게 작용했으며 14시게 초엽에 그 번영의 절정을 이루었다.
** 존 볼란드파는 화란의 존 볼란드(John Bolland, 1596-1665)의 이름을 따라 되어진 벨기에 예수회 그룹이며『성자들의 생애』(Lives of the Saints) 67권을 1967년에 완성했다. 성자들의 생애를 기념하는 첫 두 권은 1643년에 썼다.
* [카르멜 수도원은 시리아의 카르멜(갈멜)산의 이름을 따라 카르멜이라 했으며, 12세기의 탁발승에 근원을 두고 있다. 선지자 엘리야와 관계되는 신비적인 역사를 가지고 있다. 그들이 입은 흰옷으로 인해 그들을 "흰 수사"(White Friar)라고 부른다.

기면서, 볼란드파의 연구 결과를 간단히 일축해버렸다. 상황이 더욱 악화된 것은, 카톨릭 교회가 성자들에 의한 끊임없는 기적들은 카톨릭 교회만이 유일한 참 교회임을 증명한 것이라고 주장했기 때문이었다. 프로테스탄트 신학자들은 카톨릭의 비성서적인 신학 때문에 기적은 카톨릭교인들 사이에서는 불가능하다고 결론을 내렸다. 그러나 양측은 모두 핵심적인 사실을 알지 못했다. 즉, 카톨릭에서 나타나는 기적은 카톨릭 신학을 증거하기 위한 것이 아니라, 오히려 하나님에 대한 성자의 헌신과 기도 생활, 그리고 기적을 가능케 하는 기대―신앙의 결정체라는 점을 간과한 것이다.

종교개혁은 카톨릭 신학이 갖고 있는 몇 가지 중대한 오류를 비난했다. 동시에 뛰어난 신학자인 존 칼빈은 프로테스탄트 신학이 또한 지니고 있는 약점을 보완해줄 기초를 구축해주었다.

제6장
카톨릭의 과오에 대한 종교개혁자들의 과잉반응

교리로서의 기적(은사)종료주의

어거스틴 교단의 수사인 마틴 루터(Martin Luther)가 비텐베르크 교회 정문에 95개 조항의 항의문을 내걸었을 때(1517), 카톨릭교는 깊은 수렁에 빠져 있었다. 카톨릭 신도들은 무지와 미신에 젖어 있었으며, 카톨릭 신학은 비성서적인 전통에 의해 손상되어 있었다. 불행하게도, 성경 말씀에 따라 교회를 개조하고자 했던 종교개혁가들의 꿈은 그들이 상상했던 것보다 훨씬 더 그 실현이 어려웠다.

종교개혁 1세대들은 모두 젊은 시절 카톨릭 신학을 배웠던 사람들이었다. 그들은 새로운 개혁 신학의 윤곽을 잡을 때 카톨릭의 철학적 가정들, 특히 토마스 아퀴나스의 기독교적 유물론을 혼합시켰다. 아퀴나스의 철학적 가정들을 수용하는 한편, 과도하게 신비주의적이고 학문적인 카톨릭 신학에는 비판적 자세를 취했다. 그들은 카톨릭 신학을 기도와 목회 활동 부분에 관해서는 지나친 신비주의로, 기본 교리에 관해서는 과도하게 학문적이라고 판단했던 것이다(말하자면, 성서적 증거를 도외시한 여러 가지 공론과 관련되어 있다는 것이다).

카톨릭의 스콜라 철학적 교리에 반발하여 루터와 칼빈은 둘 다 어거스틴에게서 영감을 받았으며, 은총에 의한 구원을 간파한 어거스틴의 통찰력을 재발견하게 되었다. 하지만 그들은 어거스틴의 글을 선별해서 비판적으로 읽었다. 어거스틴의 일반 신학은 받아들였지만, 치유 기도에 대한 그의 발견들은 카톨릭 교도들의 폐단을 초래한 근원이었으므로 수용하지 않았던 것이다.

어거스틴의 초창기 기적종료 신학은 교회를 정화시키고자 한 종교개혁자들의 교회를 정화시키려는 목표에 부합되는 것같이 보였다. 치유와 성령의 은사가 오로지 사도 시대 교회에만 속한다면, 순례 여행과 유골 숭배 등과 같은 타락한 관행들은 하나님의 은총 없이 영적인 삶으로 들어가려고 시도했기 때문에 나타난 자연적인 결과였다는 것이다.

칼빈의 급진적 기적종료론의 발전

마틴 루터는 어거스틴의 기적종료 이론을 부활시킨 최초의 종교개혁자였다. 그렇지만, 기적종료 이론을 논란의 여지가 있는 학설에서부터 기본 교리로 바꿔 놓은 사람은 바로 위대한 조직 신학자이며 스위스 제네바의 신교 지도자인 존 칼빈(1509-1564)이었다. 칼빈은 자신의 저서에서 지속적인 치유나 기적 사역을 모조리 비판했다.

> 그러나 주님께서 한동안 나타내시기를 원하셨던 다른 기적들과 다름없이, 치유의 은사도 차츰 자취를 감추어 버리게 되었는데, 이것은 놀라운 복음만이 영원토록 새롭게 전파되도록 하기 위함이었다. 그러므로 [병자를 위한] 기름부음이 사도들의 손으로 집행된 능력의 성례였다는 점을 우리가 전적으로 인정한다 하더라도 그것은 우리와 무관하며, 아울러 우리는 그와 같은 능력을 집행하도록 위탁받은 적도 없다.[31]

칼빈은 자신의 기적종료 이론 중에 카톨릭의 종부성사(혹은 병자성사: 중환자나 임종을 맞은 사람에게 성유를 발라 주는 의식)는 인간이 날조해 낸 쓸모 없는 의식이라고 비웃었다.

그리고, 그들[카톨릭 교도들]은 어떤 더 그럴듯한 이유로 성경에서 언급한 다른 모든 상징들을 이용하기 보다 도유식을 성례로 만드는 것일까?… 왜 땅에 침을 뱉아 만든 진흙은 성례가 되지 못한단 말인가? 다른 상징들은 (카톨릭의 대답) 개인적인 예에 지나지 않는 반면 기름을 바르는 것은 야고보가 명령한 것이라고 말한다. 즉, 야고보는 교회가 여전히 그러한 하나님의 축복을 누리고 있는 바로 그 당시의 때를 위해 말을 했다. 사실, 그들 카톨릭은 동일한 능력이 여전히 그들의 기름부음에 존재한다고 확신한다. 그러나 우린 그렇지 않다는 것을 체험하고 있다…….

야고보는 모든 병자들에게 기름 바르기를 원한다(약 5:14). 그러나, 이 자들[카톨릭 성직자들]은 병자들이 이미 숨이 끊어지려 하거나 (그들의 표현대로라면) 생의 마지막에 이르렀을 때, 환자가 아닌 반—죽은 시체에 윤활유를 문질러 바르는 것이다. 혹시라도 성례 중에 그들이 강한 효능이 있는 약을 사용하여 질병으로 인한 고통을 덜거나 적어도 영혼에 약간의 위안을 가져다 줄 수 있는데도, 그들이 제때에 환자를 치유하지 못하는 일은 더욱 참담하다 하겠다. 야고보는 교회의 장로들이 병자에게 기름을 바르게 했었는데, 이 사람들은 오로지 어린 성직자들에게만 기름 바르는 자격을 주었다.[32]

예언의 은사, 지혜의 말씀의 은사, 지식의 말씀의 은사 등과 같은 다른 성령의 은사에 관해서도, 칼빈은 역시 절대적으로 부정적 입장을 취했다. 실제로, 그의 저서 〈기독교 강요〉를 살펴봐도 성령의 은사에 관해서는 단 한 줄도 직접적인 언급을 하지 않았다. 대신에 그는 사도행전에 기술된 최초의 사도들의 은사를 표현하기 위해 성령의 "명백한 권능"이란 문구를 사용했다. 칼빈이 명백한 능력이 종료되었다고 분명히 말한 것은 그의 카톨릭 견진성사에 관한 논의에서 볼 수 있다. (경진성사는 세례 받은 사람으로 신앙적으로 어린 아이의 상태에서 영적으로 성령의 은사를 체험한 어른이 되는 견고한 신앙인으로서의 품성을 갖추는 의식이다.) 견진성사를 할 때, 카톨릭 주교는 성령의 은사를 받게 할 의도로 당사자에게 안수를 한다.

만일 그 당시 사도들이 수행했던 사역이 여전히 교회에 남아 있다면, 안수하는 것도 역시 지속되어야 할 것이다. 하지만 그러한 은총이 더 이상 주어지지 않고 종료되었는데, 굳이 무엇 때문에 안수를 하겠는가?…그렇다면 어떤 관점에서, 이들 배우들[카톨릭 주교들]은 자신들이 사도들을 따르고 있다고 말할 것인가? 그들은 성령의 명백한 권능이 즉각적으로 나타날 수 있도록 하기 위해서 안수함으로써 그 권능이 나타나도록 했어야만 했다. 그들은 이 일을 성취하지 못했던 것이다.[33]

위의 문장은 종교개혁의 진실과 비극을 모두 반영하고 있다. 칼빈의 비판적인 관찰 결과는 사실이며, 심지어는 오늘날의 카톨릭 신학자들까지도 이 관찰 결과의 많은 부분에 동의하고 있다. 그러나 칼빈은 이러한 문제를 넘어 성서 본래의 취지를 알아내는 데는 실패했다. 칼빈이 치유를 위한 믿음으로 기름을 바른다든지, 단순히 안수를 하려고 했다는 근거는 전연 없다. 그는 기적종료주의 신학을 옳다고 가정했고, 그런 검증 받지 않은 가정으로부터 자신의 교리를 발전시켰다. 그리고 그 교리가 신교로 하여금 오랜 기간 동안 치유 사역을 무능한 운명에 빠지도록 했던 것이다.

급진적 기적(은사)종료론

칼빈은 기적종료주의를 치유와 기적은 더 이상 일어나지 않는다는 어거스틴의 초기의 생각으로부터, 실제로 모든 영적 체험은 현시대를 위해서는 적합하지 않다는 보다 광범위한 개념으로 확장시켰다. 이러한 개념 확대는 몇 가지 이유에서 나왔다. 칼빈은 신교가 카톨릭의 신비주의적 영성의 전통을 따르지 않기를 간절히 바랬다. 치유의 기도처럼, 카톨릭의 묵상 기도는, 많은 수사와 수녀들이 영적 체험의 횟수를 영적 생활의 성숙도와 혼돈할 지경까지 그 가치가 떨어지게 되었다(영지주의자가 모든 영적 체험을 다 좋은 것으로 수용하듯이). 이와 같은 현상은 사막의 교부들의 금욕주의와 더불어, 이따금 분별력과 심지어 상식까지도 결여된 일종의 영성 형태를 창출했다. (4장에서 논의된 크로스의 성 요한의 반(反)은사 신학은 어느 정도 칼빈이 염려한 것과 동일한 종류의 폐단을 척결하기 위해 발전되었다).

동시에 칼빈은 마음(mind)과 영혼(soul)에 관련한 당시의 카톨릭 철학을 수용했다. 이 철학은 성 토마스 아퀴나스의 기독교 유물론(Christian materialism, "용어해설" 참조)으로서 이것은 육체적인 오관의 기능을 강조한 것으로, 식민지 미국의 기능-심리학("용어해설" 참조)에 해당하는 것이었다(제1부 참조). 카톨릭의 신비주의적 전통을 방어하기 위하여 아퀴나스는 영혼(soul)의 영적 능력들(기능들)과 "기도의 은총들"(성령의 은사에 해당하는 카톨릭 전문용어)을 수용했다.

반대로, 칼빈은 개인의 영적 은사나 기도의 은총에 대한 카톨릭적인 이해에 정당성을 부여해줄 필요를 느끼지 못했다. 카톨릭의 신비주의적 전통을 평가절하하려는 칼빈의 목적은 영적 은사를 전면 부정하고, 오관과 이성을 수용하는 것이 진리를 알기 위한 유일하고 확실한 방법으로 보게 하려는 것이었다.

그러므로 칼빈에게 있어서 인간이 하나님의 뜻과 음성을 분별할 수 있는 유일한 방법은 성경을 읽는 것과 영의 내적 증언을 통해서이다. 사실, 칼빈의 기적종료 이론에 의하면 실제로 기독교인들에게 허락된 유일한 영적 체험은 회심 체험뿐이었다. 계시적인 꿈과 환상과 같은 체험들은 오로지 성서의 인물들만을 위해서 마련된 것이라 생각했다.

잘못되어, 회심 체험이 기독교인들의 삶의 중심이 되었다. 또한, 회심에 대한 증거가 칼빈주의자들에게와 마침내 복음주의적인 교회에서 아주 중요한 항목이 되었다. 이런 현상이 극단적인 형태로 치달아 결국 미국 뉴잉글랜드 청교도에서 비극적인 결말로 발전되었는데, 교회의 신도수가 점점 줄어들고 또 줄어들었다. 왜냐하면 회심의 증언들이 전통적인 확신―구원이란 체험의 형틀에 일치되어야 했기 때문이다. 우리는 이것이 어떻게 뉴잉글랜드 신학의 불충분한 계약으로 이어졌는지 이미 보았는데, 조나단 에드워즈는 뉴잉글랜드 신학과 논쟁을 벌이지 않을 수 없었다.

칼빈의 과장된 기적종료 이론은 본의 아니게 개혁된 신교 안에서 영적 분별을 위한 능력을 파괴시켰다. 왜냐하면 분별력은, 어떤 영적 체험들(환상, 예언 등등)은 주님으로부터 올 수 있는 반면에, 다른 체험들은 마귀나 육체적 원천에서 비롯될 수 있음을 암시하기 때문이다. 개혁주의 신학에 따르면 환상이나 예언과 같은 오늘날의 영적 체험들은 그 어떤 것도 주님으로부터 말미암은 것이 아니며, 때문에 그러한 체험들은 망상(열광주의)이든지 아니면 마귀의 꼬임이라는 것이었다. 이즈음에서, 우리는 조나단 에드워즈 목사의 독창성에 대해 한층 더 깊이 감사할 수 있는 것은, 그가 대각성운동에 대한 변호의 부산물로, 분별력을 다룬 최초의 프로테스탄트 저서를 출간했기 때문이다.

중세 카톨릭교를 개혁하려고 시도한 칼빈의 비극은 카톨릭의 유사―영지주의적인 면(영적 체험의 과대 평가)을 부정하는 반면에 칼빈 자신은 도리어 유사―바리새주의(대부분의 영적 체험에 대한 성급한 배척)에 빠져버리게 된 것이다.

프로테스탄트 스콜라 철학으로서의 칼빈주의

루터가 카톨릭교와 절연한 후 100년 안에, 신교 세계는 견고하게 확립된 신학적인 정밀 이론에 빠져들게 되었다. 신교 역사가들은 이 때를 신교 스콜라 철학(전통적 교리를 고집하는) 시대라 부른다. 칼빈주의 신학자들은 기적종료주의를 손질해 몇 가지 놀랄 만한 결론들을 도출해 냈다. 그 하나로, 그들은 예수님의 부활 이후 마귀들은 이 지상으로부터 추방되었다고 단정하면서, 치유와 마찬가지로 축귀도 카톨릭 교도들의 미신인 동시에 현세에선 불필요한 것으로 치부해 버렸다.

그리고 급기야는, 일부 칼빈주의 신학자들은 이교도들 사이의 복음 전도도 역시 성서 시대 이후에 중단되어 버린 사도들만의 은사라고 주장하기에 이르렀다. 이러한 선교종료 이론은 거의 1세기 반 동안 개혁주의 교회로부터 대규모의 선교 활동을 지연시켰다. 19세기와 20세기에 걸쳐 눈부신 활약을 한 위대한 복음주의 선교 단체들은 1650년대나 1700년대가 아닌, 1800년대에 조직된 것들이었다. 이렇듯 너무나 통탄할 기적종료주의의 확장의 파장을 잠재우는데 그토록 오랜 세월을 보내야만 했다.

이 문제에 관한 영웅적인 예외 활동의 일화들은 여러 곳에서 찾아 볼 수 있다. 조나단 에드워즈(Jonathan Edwards), 데이비드 브레이나드(David Brainard)*와 다른 청교도들은 미국의 인디안들을 상대로 선교 활동을 벌였다. 하지만 1850년대 이전까지만 해도, 카톨릭 교도의 노력에

---

* 데이비드 브레이나드(1718-1747)는 중부 식민지의 장로교 선교사이다. 1739년에 회심 체험하고 예일대학에서 대각성운동의 "새빛"(New Light)계열의 지도자 중 한 분이다. 인디안 선교사로서 38명의 인디안 회심자들에게 세례를 주고 교회를 세웠다. 1747년 폐병으로 세상을 떠날 때까지 조나단 에드워즈 목사의 딸인 약혼녀 제루샤의 간호를 받았다. 1749년 그의 저널을 에드워즈 목사가 출판했다.

비해서 정통 칼빈주의 교회의 선교 활동에 대한 기록은 빈약했다.

이런 선교종료 이론의 잔재는 오늘날에도 몇몇 교회에서 찾아볼 수 있다. 필자의 아내는 한때 북조지아 주의 한 작은 마을에서 상담하는 일을 담당했었는데, 그 당시 아내는 그 지역 침례 교회 목사와 대화를 나눈 적이 있었다. 그 목사는 칼빈의 〈기독교 강요〉의 내용을 통달한 사람이었다. 아내가 그 목사에게 그의 교회의 복음 전파 사역에 관해 물었을 때, 그는 복음 선교를 한다는 것이 인간이 하나님의 주권적인 사역을 침해하는 것이므로, 그들은 전연 하지 않는다고 조심스럽게 설명했다.

새삼스러울 것도 없이, 카톨릭교회가 일찍이 신앙의 의미를 기대—신앙으로부터 교리—신앙으로 변질시키면서 거쳤던 그 과정이 신교에서도 되풀이되었던 것이다. 19세기경에는, 복음주의적인 신교의 문헌에서 핵심이 되는 문구 중 하나가 "건전한 교리"였다. 그 의미인즉, 올바른 신조를 수용함으로써 기독교도로서의 각자 위치를 확증하려는 시도란 뜻이다. 영적 체험에서 획기적인 발견을 한 신자들은 독일 경건주의 운동의 회원들처럼 이단이란 의심을 받았다.

유사한 체험이 없는 신앙

신교도들은 소위 기적종료론 해석학이란 것을 확립하였다. 그들은 기적들이 성서 시대에 일어난 것이라고 말하고, 그 기적들은 성경에 기록된 사실을 믿음으로 단지 입증될 수 있는 것이며, 오늘날의 체험에 의해서는 입증될 수 없다고 말했다. 이것으로 카톨릭교의 신화 창조(아시지의 프란시스의 양이 무릎을 꿇었다는 따위의 이야기)는 피했지만, 대신에 그에 상응하는 막대한 대가를 치러야만 했다. 기적종료주의는 신교도들에게서 성서적 확증을 위한 하나의 중요한 방법을 빼앗아 버린 것이다. 이를테면, 유사한(성서 시대와 유사한) 영적 사건들을 말살시켜

버린 것이다. 신교 신학자들은 사람들이 성경에 나오는 모든 기적들을 믿기를 기대하면서도, 기적에 대한 오늘날의 증거는 모두 거짓된 것이라고 거부하기를 바랬다. 이것은 [성경 시대에 일어난 일이 현재에는 일어날 수 없다는] 반—유사적(反-類似的)인 것을 말한다. 이것은, 이미 아는 것에서 미지의 것으로, 부분적인 지식에서 보다 완전한 지식으로 진행되는, 사람들이 가진 정상적인 사고 방식에 위배된다.

기적종료주의 신학자들은 종종 예수님께서 당신의 부활을 믿지 못한 도마를 질책하신 예를 인용해 자신들의 반—유사적 해석학을 합리화했다. "예수께서 가라사대 너는 나를 본고로 믿느냐 나를 보지 못하고 믿는 자들은 복되도다 하시니라"(요 20:29). 도마의 "보지 못하고"라는 내용을 오늘날 기적을 보지 못하고 믿는 것과 관련을 지우게 되었다. 도마의 "그러나 믿는다"는 내용은 기적은 옛날에 한번 일어났었지만 지금은 없다는 기적종료론자들의 믿음을 확인한다는 것이다. 그러나 도마는 예수님께서 죽은 자를 살리시는 몇 가지 실례를 포함해서 많은 기적을 행하시는 것을 목격했다. 실제로 도마는 그리스도의 권능과 권세를 뒷받침할 많은 유사한 증거들을 입수한 이후에도 자신의 믿음을 *견고하게* 하지 않았기 때문에 질타 당한 것이다.

산부인과 의사이며 의료 선교를 하고 있는 렉스 가드너(Rex Gardner) 박사가 〈영국 의학 잡지〉(*British Medical Journal*)에 기고한 논문 가운데서 신앙에서 유사성의 중요성을 피력하고 있는 것이 있다. 여기서 가드너 박사는 초기 영국 교회의 수사 사학자인 성 비이드(Venerable Bede, 673-735)*의 저술을 세밀히 검토했다. 가드너 박사는 비이드의 치유 기적 기록들을 자신의 치유 기도 사역과 또한 다른 의료 선교사들의 활동 중에 일어났던 유사한 사례들과 비교해 보았다. 가드너 박사는 아프리카에서 심각한 건설공사 사고로부터 치유 받은 자기 자신의 체험과 비이드가 기록한 "희망 없고 치명적인" 질병을 치유 받은 기적과의 유사성을 발견했다. 또한 가드너 박사는 현대의 선교 현장에서 치유 기적을 설명할 만한 정보와 증거들도 수집할 수 있었다. 의학 박사로서 그의 분석이 특히 감동적인 것은 치유 사역의 경우, 자연적인 치유 가능성의 영역 밖에서 여러 경우의 치유가 일어났다는 점을 권위 있는 어조로 선언했기 때문이다.

가드너 박사가 치유 기도와 관련해서 현재 입증된 체험들로부터 알아낸 바에 따르면, 비드의 기록 중 어떤 것도 불가능한 것이 없었으며 또한 현대 기독교인들의 믿음 충만한 기도를 통해 역사 된 것보다 더 기적적인 것도 없었다. 현대 역사가들은 비드가 당대 정치적 사회적 사건들을 기록했을 때는 "훌륭한 역사"로 구분했으며, 비드가 앵글로-켈트족 사회 내부의 치유 기적들을 기록했을 때는 "종교적 신화"로 구분했다. 그래서 가드너 박사는 현대 역사가들이 유물론적 가설로 인한 편견에 사로잡혀 있다고 결론을 내렸다.

가드너 박사의 글은 그것을 읽는 기독교인에게는 누구에게나 격려가 된다. 현재 알려진 치유 기적은 유추를 통해, 과거의 알려지지 않는 치유 기적을 증거하고 있다. 그것은 모두 과거의 사건과 현재의 사건 사이에 존재하는 유사한 증거를 바탕으로 하고 있다. 성경의 사건이든 초기 교회의 기적이든 간에 기적종료주의의 해석학에 의해 해석될 때, 이런 형태의 격려와 증거는 불가능하다. 바로 이 기적종료론 해석학이 기독교계에 얼마나 큰 폐해를 가져다주었는지는 다음 장에서 논의하기로 하겠다.

---

* 비이드는 영국 역사의 아버지라 불려진다. 과학적, 신학적, 역사적 저술을 많이 썼다. 〈영국인의 교회사〉 (*Ecclesiastical History of the English People*)는 731년까지의 영국 역사의 주요 자료이다.

제7장
기적종료주의와 유럽 기독교의 붕괴

기적종료주의와 계몽운동

요즘에서야 그 진상이 밝혀지고 있지만, 기적종료주의 교리는 비극적인 결과를 초래했다. 그 중 가장 심각한 것이 북유럽 신교의 쇠퇴와 몰락이었다. 이런 사태가 빚어진 것은 개혁주의 교회가 복음에 충실함은 유지하려 했으나, (치유와 같은) 기적이나 영적 체험을 거부했기 때문이다. 기적이나 영적 체험은 성서적 영성에 본질적인 것임에도 불구하고 말이다. 결과적으로, 개혁주의 신교 사상은 어떤 실제적인 [성경에서와 같은] 유사 체험을 통한 뒷받침이 없었기 때문에 허깨비 같은 신앙으로 전락하고 말았다.

기적종료론적 해석학의 영향으로 신교 신학은 기독교를 불신하면서 인류를 계시 종교의 "족쇄"로부터 해방시키려는 계몽운동 지식인들의 손쉬운 먹이로 전락하고 말았다. 한 세대의 회의적인 철학자들과 비평가들은 기적종료론 자체의 논리적인 귀결을 통해 기적종료론의 약점을 폭로했다. 그 논리적인 귀결이란, 현재 어떠한 기적도 볼 수 없으므로, 과거에도 이러한 기적은 전혀 일어나지 않았다는 것이다.

스코틀랜드의 철학자 데이비드 흄(David Hume, 1711-1776)은 그의 유명한 저서 〈인간 이해에 관한 탐구〉(*An Enquiry Concerning Human*

Understanding)에서 수십 년 간의 반(反)기적 논쟁을 종합했다. 흄은 영국 경험주의 중심 인물이며, "사상"과 "인상"의 주관적인 경험을 넘어서 가는 가능성을 거부했으며, 이런 주장의 결과는 형이상학을 무용지물로 만들었다. 이러한 흄의 기적에 관한 논고는 영국 성공회의 사제요, 이신론(理神論)자인 콘열즈 미들톤(Conyers Middleton)의 초기 저서인 〈기적의 힘에 대한 자유로운 탐구〉(*A Free Enquiry into Miraculous Powers*, 1748)에 의존했으나, 그것은 미들톤의 논고보다 질적으로 떨어지는 것이었다. 그러나 흄의 책은 훨씬 더 큰 영향력을 발휘하였다.

흄의 〈인간 이해에 관한 탐구〉는 유럽 역사에서 주요한 전환점을 이루었다. 이 책은 유럽의 세속적인 사상에 남아 있는 기적에 대한 믿음의 흔적마저 몰아내 버렸다. 이 책이 출간된 후, 지식인들은 기적에 대한 믿음을 더 이상 공공연하게 선언할 수 없게 되었다.

흄은 인간의 사고에서 유추의 중요성을 주지하고 있었다. 그래서 그는 자신의 저서에 복음서의 기적과 고대 희랍 사학자 헤로도투스(Herodotus, 484?-425? B.C. 역사의 아버지라 불리움)가 상술한 오래된 민간 설화를 동일시하는 등, 유추의 논리를 활용했다. 그는 괴물이나 전조(좋거나 나쁜) 등에 관한 이국풍의 기이한 이야기들과 근거가 확실한 역사적 사건들을 혼합해 버렸다.

> 현명한 독자라면 이 같은 명망 있는 역사가들의 저술을 숙독한 후 다음과 같이 생각할 것이다. 이렇듯 굉장한 사건들이 우리 시대에는 일어나지 않다니, 이상한 일이군 하고 말이다. 그러나 필자 생각에 어떤 시대이건 사람들이 거짓말을 할 수 있다는 사실은 이상한 것이 아니다.[34]

흄이 기적에 가한 이러한 유명한 공격은 기독교 지식인들로부터 과열 반응을 불러일으켰다. 신교 신학자들은 흄의 논리를 분쇄하려 했다. 그들은 체험이란 것이 반드시 사실의 전체 범위를 확실히 결정짓지 못하듯이, 관찰과 체험은 보편적으로 진실성이 없다고 강조했다. 한 기독교 작가는 이러한 점을 설명하기 위해 샴(타이의 옛 이름)에 파견된 초대 네덜란드 대사가 겪었던 실화를 인용했다. 대사는 샴 왕에게 네덜란드의 역사에 관한 이야기를 해 주었는데, 어느 겨울날의 전쟁에서 병사들이 얼어붙은 강을 건넜다는 이야기를 하는 순간, 얼음이나 눈을 생전 본 적이 없는 왕은 격분했다. 왕은 물이 딱딱하게 굳는다는 건 말도 안 되는 소리라고 고함을 치면서, 대사가 그 때까지 들려준 이야기가 모두 거짓이라고 단정한 후 그를 궁궐 밖으로 내쫓아 버렸던 것이다.

체험이 모든 진실을 규명하지는 못한다고 한 기독교인들의 자세는 높은 평가를 받을 만하다. 하지만 우리는, 여기서 흄의 신교에 대한 비평은 현세에는 어떠한 기적도 나타나지 않는다고 하는 중심 가정을 당연한 것으로 수용했다는 것을 주시해야 한다. 기적종료 신학은 독실한 기독교인이라면 기적을 관찰하려고도 하지 않을 것이라고 장담했다. 따라서 렉스 가드너의 저술(앞장 참조)에서처럼 어떤 유사한 증거가 제시되어도 흄의 주장을 꺾을 만큼 충분하지는 못했다.

흄과 다른 계몽운동 사상가들이 기적의 문제에 관하여 기독교에 정면 도전을 한 후, 유럽의 신교는 두 가지 진영으로 분리되었다. 하나는 신학적 보수파(복음주의자들)로 어떻게 해서든 기적종료 해석학을 고수하려는 쪽이었고, 다른 하나는 독일의 신학자요 철학자인 프리드리히 슐라이어마허(Friedrick Schleiermacher, 1768-1834)같은 자유주의자들의 진영으로, 복음을 흄의 논리에 적용시키려고 노력했다. 슐라이어마허는 칼빈이 성서의 기적 이야기들을 수용한 것은 계몽운동으로 교화된 신도들을 위해서는 적합하지 못하다고 단정하면서, 성서 해석의 보다 급진적인 방법을 발전시켰는데, 그것이 바로 "신화 해석학"(myth hermeneutic)이라는 것이었다. 따라서 성경의 기적들은 심오한 의미는 지니고 있으나, 역사적으로 결코 일어나지 않는 우화나 신화로 인식되었다.

현대 성서학자이며 신학자인 루돌프 불트만(Rudolf Bultmann, 1884-1976)은 성서 해석에 대한 이러한 태도를 일반화시켜 그것을 "비신화화"(demythologizing)라고 불렀다. [그는 신화를 천사, 귀신, 천국, 천국의 구원자의 경우에서처럼 객관화시킬 수 없는 영적 존재를 객관화하려는 시도라고 정의한다.] 그러나 비신화화의 모든 요소들은 그가 출생하기 1세기전 자유주의 신학에 이미 나타나 있었다. 이러한 신화 해석학의 비논리적이고 순환적인 본질은 현대의 치유 사역을 바라보는 불트만의 태도에서 엿볼 수 있다. 요한 블룸하트(John Blumhardt)의 공개 치유 사역에 관한 질문을 받자, 불트만은 그것을 "전설"이자 신교에 대한 "모독"이라고 못박았다.

블룸하트는 독일 태생의 목사로, 자신이 배운 신학의 영향에도 불구하고, 자신은 치유의 은사가 있는 것을 발견했다. 1840년대, 그는 사람들이 치유 기도를 하기 위해 올 수 있도록 치유의 집을 설립했다. 그가 설립한 기관은 정부관료, 회의주의자와 기독교도들로부터 엄격한 감시를 받았다. 그 누구도 많은 치유가 일어났음을 부인하지는 못했지만, 유물론자들은 모든 치유가 정신 신체증(psychosomatic) 치유에 불과하다고 믿었다. 불트만은 이러한 사역을 "전설"이라 부름으로써 신화 해석학의 맹목성을 드러내었다. 기적은 결코 일어나지 않는다는 것이다. 즉, 오늘날 기적을 뒷받침할 만한 어떠한 증거도 조사된 것도 없다는 것이며, 그 문제는 그것으로 종지부를 찍었다는 것이다.

2세기가 지나는 동안 자유주의 신학은 계몽운동의 억설을 따라감으로써 복음을 구하고자 노력하는 비극적 행로를 달려가게 되었다. 그 결과 복음을 구하기는커녕 성서적인 믿음을 파괴하는 자가 되었다. 성경의 기적 이야기를 믿지 않고는 하나님의 아들이신 예수님의 주장은 설득력이 없었으며, 신약 성경의 예수님의 기적들은 오늘날에도 일어나는 유사한 기적들이 없이는 받아들이기 어려웠다.

아주 초기에 복음주의자들은, 신화 해석학을 통해 자유주의 신학을 계몽운동에 결합시키는 일은 성서적 신앙에 대한 트로이의 목마(트로이 전쟁에서 그리스군이 트로이 사람들을 속이기 위해 목마 속에 보아들을 숨겨 가지고 가서 트로이를 정복하였다는 그리스 신화)와 다를 바가 없다는 것을 올바르게 직시하고 있었다. 그러나, 복음주의적인 학자들은 그 당대의 기적이나 성령의 은사에 주의를 돌릴 수도 없었고 강조하려고 하지도 않았기 때문에, 신화 해석학에 대항하는 그들의 증언은 대체로 효과가 없었다. 더욱이 복음주의자들은 흄에 의해 제기된 심각한 문제점들을 납득이 가도록 처리하지 못했기 때문에 지식인 계층을 잃어버리는 손해를 감수해야만했다. 복음주의자들은 점차 반지성에, 비과학적인 사람들로 비춰지게 되었다.[몇 가지 눈에 띄는 예외가 있는데, 그것은 19세기에 과학과 계시를 조화시키려 했던 프린스톤 신학의 목회자들과 우리 시대의 프란시스 쉐이퍼(Francis Schaeffer)의 저술에서 그 예를 찾아볼 수 있다. 쉐이퍼는 미국 필라델피아 생으로 복음주의적 선교사요 변증가이다. 〈그기에 계신 하나님〉(The God Who Is There, 1968)과 〈이성으로부터 도피〉(Escape from Reason, 1968) 등 24권의 저술로 3백만 권 이상이 팔렸으며 수천의 학생들이 그의 영향을 받았다.]

전반적으로 자유주의 신학자들은 유럽과 미국에서 주류교회 신학교들을 지배하게 되었다. 이 같은 신학교들은 새로운 계층의 사두개파들로 통제되는 신앙 없는 기관들이 되어갔다. 이들 신학자들은 기대―신앙도, 신앙―교리도 없었으며, 신학으로 위장한 세속적인 철학을 보급시키는 신사 학자로서의 생을 살아갔다. 자유주의 신학자들은 신학교의 불신앙에 불안하긴 했지만 문제의 근원을 막연하게 인식하고 있을 따름이었다. 1960년대의 "하나님의 죽음" 신학은 잘 알려진 비신화화의 한 형태로서 주류 교회 신학교들의 신앙을 형성했던 변절된 신학 중 하나에 불과했다.

미국의 앤도버(Andover) 신학교는 이런 현상을 대변해 주는 비극적인 사례이다. 앤도버 신학교는 하바드 대학교에 침투한 자유주의와 유니테리언파의 세력에 대한 정통파의 맞대응이라는 특수 취지로 1807년에 설립되었다. 앤도버 신학교의 교수들은 하바드에서처럼 자유주의 사상이 잠입해드는 사태를 미연에 방지하는 차원에서 정통 교회가 발표한 성명서에 서명토록 강요되었다. 그렇지만, 1860년대 이후, 정통 교회 성명서는 자유주의 신학의 논리와 한층 더 고차원적인 성서 비판(신화 해석학)의 논리를 근절시키는 일에 점점 그 효력을 상실해 갔다. 결국 앤도버 신학교는 북부 지역 신학교 가운데 가장 자유주의적 색채가 강한 신학교가 되었고, 마침내는 앤도버의 숙적인 하바드에 흡수되고 말았다. 이러한 앤도버의 사례는 성서의 기록을 입증하기 위한 유사한 실례(치유와 기적 등)가 없이는 명료한 철학 이론 앞에서 정통성을 유지하려는 시도가 얼마나 무모한가를 여실히 보여 주는 예로서 연구 자료가 되고 있다.

기적종료주의에서―무신앙으로의 변천 과정은 유럽에서 특히 극적이었다. 그리고 이러한 변천 과정은 한때는 기독교의 중심지였던 유럽 대륙을 "기독교 시대 이후"의 영적 암흑 속으로 떨어지게 했던 것이다. 유럽에서 20세기초에 시작된 이러한 "기독교 이후 시대"에서, 압도적으로 대다수의 사람들은 더 이상 인격적인 하나님을 믿지 않았다. 당시 미국의 저명한 칼빈주의 신학자인 데이브 헌트(Dave Hunt)(21장 참조)는 최근에 북유럽을 방문하여 종교개혁의 핵심부가 얼마나 부패하고 이교도적이 되었는가를 보고 개탄했다. 그러나 그는 칼빈주의와 자신의 고유한 신학의 중심에 위치한 기적종료 이론이 신교 유럽의 영적인 쇠퇴와 관계가 있었다는 것을 설명할 만한 최소한의 단서도 갖고 있지 못했다.

영국의 유명한 카톨릭 역사가요 수필가인 히레어 벨록(Hilaire Belloc, 1870-1953)은 〈위대한 이단들〉(The Great Heresies)에서 보다 뛰어난 통찰력을 가지고 이미 수십 년 전에 신교의 쇠퇴에 관해 언급한 바 있었다. 그는 쇠퇴의 원인을 북유럽 문명에 미친 칼빈주의(기적종료론)의 영향 탓이라고 분명하게 밝히면서, 칼빈주의를 "실패한 이단"이라 불렀는데, 이것은 과장된 표현이긴 하지만 이해 할만하다. 그의 논지에 따르면 칼빈주의가, 비록 카톨릭교회를 성토하는 데에는 효과적이었을지 모르지만, 칼빈주의는 단독으로 복음적인 신앙을 유지할 수는 없었다는 것이다.[35]

이것은 우리가 이미 대각성운동에서 살펴봤던 바에 의해 확인할 수 있었다. 부흥운동가들은 칼빈의 기적종료론을 거부하고 성도들의 삶에서 영적 체험의 역할을 부각시켰다. 초운시(Chauncy)와 같은 반대자들(비록 자유 의지에 관해서는 알미니안주의자이지만)은 칼빈의 급진적 기적종료론을 고수한 끝에 대각성운동에 반대하여 전투(battle)에서는 이겼으나 믿음의 전쟁(war)에서는 패하고 말았다. 왜냐 하면 한 세대를 못 가서 그들 중 많은 사람들은 부지불식간에 이신론과 유니테리언파의 교리에 흡수되었기 때문이다.

기적종료주의에서—무신앙으로의 변천 과정이 미국에서는 그리 오래 가지도 못하고 또한 급속하게 진행되지도 못했는데, 그 이유는 하나님께서 미국 위에 은총을 부어주셔서 대각성운동의 모형을 뒤따라 몇 번의 부흥의 물결을 일으켰기 때문이다. 미국은 또한 물밀 듯이 밀려드는 퀘이커 교도, 모라비안 교도, 경건파 교도 그리고 그밖에 다른 비칼빈주의 신교 망명자들을 받아들였다. 이들은 기독교의 체험적 측면을 높이 이해하고, 기적종료주의를 결코 완전히 수용하지 않았던 교파들이었다. 마찬가지로, 19세기 미국에서 가장 영향력 있는 교파인 감리교도 20세기 초엽까지는 체험적이고 거의 카리스마적인 교파였다.

기독교 신학에서의 자연법

기독교 신학이 기적도 자연법도 받아들이지 못할 때, 그것은 더 이상 현세의 삶과는 아무런 관계가 없다. 그것은 완전히 내세적인 것이다. 기독교적인 유럽이 점점 세속화되어 가고, 이교도화 되어 가자, 성경에 기반을 둔 믿음의 많은 부분이 약화되었다. 이러한 믿음 가운데 자연 신학과 자연법의 개념이 있었다. 자연 신학이란 인간이 이성과 양심만으로 (성서적 계시와는 상반되는 것으로서) 하나님과 도덕에 관해 안다는 것들과 관계가 있다. 자연법이란 도덕적인 원리로 이루어지는데, 도덕적인 원리는 관습적인 법 제정의 기관을 넘어 또한 초월하여 사회에서 작용하는 분별력을 의미한다.

초기 희랍 철학자들은 자연법의 개념을 철학의 첫 단계로 이해했다. 왜냐 하면 만일 자연의 모든 힘이—대부분 원시종교의 신앙처럼—신들의 변덕스러운 쾌락에 의해 좌우된다면, 자연의 체계적인 탐구란 어떤 형태로든 불가능하기 때문이다. 초기의 희랍 사상가들은 처음엔 자연을 자율적이고 법칙이 있는 것으로 이해하려 했으며, 그 다음엔 인위적이고 일시적인 것들과 구별되는 영구적이고 불변의 도덕률을 지닌 것으로 이해했다.

예수 그리스도의 시대가 도래할 무렵, 스토아 학파(견인주의) 철학자들(희랍과 로마 철학자들 모두)은 자연법에 관한 세련된 이론을 발전시켰다. 비록 자연법의 경계선이 모호했음에도 불구하고 경로 사상과 같은 재래의 도덕 이념들은 자연법의 일부로 간주되었다. 모세 율법의 대가인 바울도 역시 자신을 교육하는 어느 시점에서 자연법의 희랍적 개념의 요소를 채택했다. 바울 서신의 몇 구절과 스토아 철학 사이의 유사성이 너무도 현저했기 때문에 중세에는 바울과 스페인의 위대한 스토아 학자인 세네카(Seneca) 사이에 서신 연락을 했다는 전설이 전해 내려오기도 했다.

바울이 자연법과 자연 신학을 가장 명백히 표출한 것은 로마서에서다. 바울은 자연 신학을 인간에 내재하는 일련의 관념들로 규정했다.

> 하나님의 진노가 불의로 진리를 막는 사람들의 모든 경건하지 않음과 불의에 대하여 하늘로부터 나타나나니 이는 하나님을 알 만한 것이 그들 속에 보임이라 하나님께서 이를 그들에게 보이셨느니라 창세로부터 그의 보이지 아니하는 것들 곧 그의 영원하신 능력과 신성이 그 만드신 만물에 분명히 보여 알려졌나니 그러므로 그들이 핑계치 못할지니라…
> 율법 없는 이방인이 본성으로 율법의 일을 행할 때에는 이 사람은 율법이 없어도 자기가 자기에게 율법이 되나니 이런 이들은 그 양심이 증거가 되어 그 생각들이 서로 혹은 고발하며 혹은 변명하여 그 마음에 새긴 율법의 행위를 나타내느니라(롬1:18-20, 2:14-15)

바울이 스토아 학파적인 자연법을 "은혜로이 빌려 온" 것은 중세의 여러 법사상과 신학사상의 기틀이 되었다. 성 토마스 아퀴나스는 자연법과 자연 신학을 자신의 신학의 중심 개념으로 만들었다. 하지만 자연 신학이 최고봉에 이른 것은 아퀴나스가 죽은 지 300년 뒤인 스페인 예수회의 프란시스 수와에즈(Francis Suarez, 1548-1617)의 저서에서 였다.

불행히도, 수와에즈와 다른 카톨릭 신학자들은 성경에서 시사한 내용을 훨씬 뛰어넘어, 자연법과 자연 신학 모두를 합리성 너머로 밀고 나갔다. 성육신을 비롯한 모든 기독교 교리는 실제로 자연 신학을 기준으로 입증되거나 확인될 수 있다고 이들은 주장했다. 이러한 사상은 경건한 것 같이 보였다. 그러나 실제로 이러한 신학은 기독교의 토대로서 성경을 기초로 한 신앙의 역할을 경시하게 했다.

자연법의 소멸

그 시대의 기독교가 문화적으로나 정치적으로 우세했던 만큼, 자연법의 과장된 개념은 수용될 수 있었다. 그러나 유럽의 문화가 세속적이고 반기독교적으로 바뀌면서 카톨릭의 자연 신학은 그 논리적 구조의 약점을 드러내게 되고 조롱당하게 되었다. 또 다시 아주 효과적으로 기적을 조롱했던 데이비드 흄(David Hume)이 역시 자연 신학과 자연법에 맹공을 퍼부었다. 그러나 이 때 가장 치명적인 일격은 뜻밖에도 아마도 현대의 가장 위대한 철학자인 독일의 임마누엘 칸트(Immanuel Kant)(1724-1804)에 의해 가해졌다. 칸트는 다른 계몽운동 철학자들처럼 반기독교인은 아니었다. 오히려 그는 진리를 위한 열정을 갖고 있었으며 논리적인 과장을 참지 못했다.

칸트는 인간의 양심과 도덕적 의무감이 하나님의 존재에 대한 가장 위대한 증거라고 믿었지만, 그러나 이것을 넘어서 하나님이나 영적 세계에 대해선 거의 입증할 수 없었다. 이것은 칸트와 그의 동시대 사람들이 정통 기독교 신앙으로 배웠던 기적종료주의의 관점에서 볼 때 아주 타당한 것이었다. (사람들은 그가 살아서, 나중에 오순절 치유 부흥운동을 보았더라면 자연 신학에 대해 과연 어떻게 생각했을까를 궁금하게 생각한다.) 아무튼 칸트가 자연법과 자연 신학에 관해 한 것은 흄

(Hume)이 기적에 관해 한 일에 비길 수 있었다. 그래서 흄의 글은 이들(자연법, 자연신학, 기적 등)을 유럽의 식자층에게 받아들여질 수 없게 만들었다.

칸트의 기독교 신학에 대한 영향력은 흄의 경우와 같이 대학에서 시작되어 아래로 파급되어 나갔다. 수와에즈가 쓴 자연 신학 교과서 〈형이상학적 토론〉(Disputationes Metaphysical)은 17세기에서 18세기를 거쳐서 유럽의 구교와 신교 모두에게 영향을 끼쳤다. 그러나 흄과 칸트의 저서가 나온 이후 자연 신학과 자연법은 점차 버려지게 되었다. 19세기말에 가서 사람들은 위의 두 가지 주제에 관한 글을 쓸 수 있는 프로테스탄트 신학자를 거의 찾아볼 수 없게 되었다.

그리하여 기독교는 순수하게 다른 세속적 교리로서 그 입지를 굳히게 되었다. 교육받은 신교도들은 목회자나 평신도 할 것 없이, 치유를 위한 기도나 축귀 사역의 방법을 알지 못했고, 혹은 일상 생활 속에서 하나님의 기적적인 중재하심을 믿지 않았다. 신학자들은 지상의 삶과 관련된 자연 신학이나 자연법을 그 어떤 형태로라도 공표할 만한 확신조차 충분히 갖고 있지 않았다. 칼 맑스(Karl Marx)를 포함한 냉소주의자들은 기독교를 "하늘에 있는 파이"라고 불렀는데, 이것은 기독교가 하늘은 약속했지만 지상에서는 아무런 일도 할 수 없음을 비꼬는 말이었다.

계몽운동이 막바지에 이르렀을 때, 유럽의 철학자들은 도덕의 정박지를 찾기 위해 길고도 헛된 탐색을 시작했다. 독일의 철학자 니이체(Nietzsche, 1844-1900)는 19세기 말에 "신은 죽었다!"고 선언했다. 이 말은 기적종료주의와 기독교적 유물론에 팽배한 영적 빈곤 속에서 대부분의 사람들이 더 이상 하나님을 진정으로 믿지 않게 되었다는 것을 뜻했다.

니이체는 그 시대에 대한 가장 영향력 있는 분석을 해 주었다. 그러나 기독교를 대신할 주요 철학적 대체물은 독일의 철학자 G. W. F. 헤겔(Hegel, 1770-1831)이 제공했는데, 그것은 "역사의 정신"이라 불려진 모조 성령의 형태로 나타났다. 헤겔의 철학에 의하면, 한 인간은 역사의 방향(이를테면, 올바른 정치)과 동조하여 공동 전선을 폄으로써 자신의 도덕적 운명을 완성시킬 수 있다는 것이다. 이것은 각자에게 현세의 삶은 의미가 있으며, 각자의 역할이 중요하다는 의미를 심어 주었는데, 이것은 하나의 완벽한 모조 영성을 심어 준 것이었다. 역사의 정신은 자연법의 인도와 성령의 체험 둘 다를 위한 대체물이었다.

20세기의 인류는 애석하게도 헤겔의 모조 종교로 인해 어려움을 겪게 되었다. 니체의 철학에 결합된 헤겔의 철학은 파시즘과 나치즘으로 발전되었다(헤겔 철학의 우파). 또한, 급진적 경제 사상과 연합한 헤겔의 철학은 마르크시즘을 생산했다(헤겔 철학의 좌파).

스코틀랜드 "상식" 실재론

스코틀랜드를 중심으로 프로테스탄트 신학의 일파가 흄의 회의론과 그 이후 헤겔의 모조 역사 정신을 모두 강력하게 저항했다. 그것은 "스코틀랜드 상식 실재론"(Scottish common sense realism)이라 불린 철학학파의 사상에 그 뿌리를 두고 있었다. 스코틀랜드 실재론은, 세계는 인간의 마음(mind)으로부터 완전히 독립되어 분리된 것으로 파악했으며, 인간의 마음은 상식을 통해 세계를 이해할 수 있다고 보았다.

기독교 신학과 이런 형태의 철학과의 융합은 영국과 미국에서 독일의 비신화화 사상과 헤겔 철학의 확산을 거의 1세기동안 늦추는 데 한 몫을 했다. 스코틀랜드 실재론을 통해 신약의 기적에 대한 믿음이 보호를 받았다. 그러나 불행하게도, 이 철학까지도 기적종료 신학을 강화하고 정당화했다는 것이다.

스코틀랜드 상식 실재론(줄여서 스코틀랜드 실재론)은 계몽운동 철학자들의 회의론에 대한 철학적인 대응으로 출현하게 되었다. 이를테면, 흄은 기적뿐 아니라 일상 지식에도 회의적이었다. 흄의 철학을 따르는 사람은 확실히 아는 것은 *아무 것도 없다*라는 불가피한 결론에 이르게 된다. 동시에 또 한사람의 영국출신 철학자(흄과는 달리 독실한 기독교도)인 영국 국교회 주교인 조지 버클리(George Berkeley, 1688-1753)는 우주란 인간의 생각들과 신의 생각들로 구성된 것에 지나지 않다는 급진 관념 철학을 발전시켰다.

이 시대는 교육받은 기독교인들에게는 혼돈의 시대였다. 지금의 우리와는 다르게 중심 교육은 철학에 의해 이루어졌고, 따라서 철학자들의 말은 기독교 세계에서 급속한 영향력을 나타내었다. 흄과 버클리의 철학은 어느 정도의 확실성만으로도 파악이 가능한 하나님에 의해 창조된 실제 세계를 위해서는 거의 여지를 남겨 두지 않았다.

이런 혼돈의 상황 속으로, 지식과 믿음에 건전한 사상을 되찾게 해 줄 것처럼 보이는, 스코틀랜드 대학들로부터 일단의 철학자와 교육자들이 합류해 들어왔다. 스코틀랜드 실재론의 주요한 학자들은 그들의 저작 활동의 대부분을 18세기 후반에 했다. 스코틀랜드 실재론에는 몇 가지 분파가 있었지만, 이들은 대부분 일련의 공통적인 신념을 가지고 있었다.

인간은 상식을 통해 물질 세계를 이해할 수 있다고 믿었기 때문에, 스코틀랜드의 실재론자들은 확고한 지식을 획득하는 방법으로서, 천문학이나 물리학과 같은 자연 과학에 대한 큰 열중을 갖고 있었다. 이 같은 분위기는 과학과 철학과 모든 훌륭한 사상은 가설을 최소화해야 한다는 믿음에 의해 조절되었다. 이들은 일반 법칙이나 심지어 과학적 법칙들조차도 단지 명백한 증거로부터만 도출되어야 한다고 믿었다(경험론). 스코틀랜드 실재론이 낳은 영웅은 사실상 두 명의 영국인들로서, 프란시스 베이컨(Francis Bacon)과 아이작 뉴톤(Issac Newton)경이었다. 베이컨은 과학적인 사고를 창설한 철학자로, 또 뉴톤은 과학적 사고의 위대한 실천가로 평가받고 있다.

스코틀랜드 실재론자들은 직관을 합리적이라고 보았지만, 확실하고 신뢰할 수 있는 지식에 이르는 열쇠는 육체적인 오관에 의존하는 경험론이라고 믿었다. 당연하게도, 영적 체험은 그것이 육체적인 오관을 통해서 오는 것이 아니기 때문에 중요하지도 않고 믿을 수도 없다는 것이었다. 이런 국면에서 스코틀랜드 실재론자들은 의식적으로 토마스 아퀴나스의 철학을 모방하였다. 스코틀랜드 실재론은 철저하게 유물론적이면서 철학적으로는 실재론(사실주의)적이었다.

스코틀랜드 실재론은 신속하게 신교 신학을 방어하는 방패막이 구실을 하게 되었다. 신학자들은 흄(Hume)의 회의론이나 버클리(Berkeley)의 환상에 자리를 내 줄 필요도 없이, 다시 이성과 관찰을 신뢰할 수 있었다. 오관에 의존하고 영적 체험을 불신하는 것은 복음주의적인 기적종료주의의 편견과 완전하게 일치했다. 기독교인은 오관에 의존하며, 신비적(영적)인 체험을 피하고, 건전한 교리를 평가하는 데 상식을 사용함으로써, 완전하게 정상적인 신교도의 삶을 누릴 수 있었다. 이런 방식으로 살았던 기독교인은 이 같은 생활 방식이 성경적이며(적어도 자신의 세대주의적인 견지에 있어서는) 동시에 최신의 과학적 신학과 조화를 이룬다고 느꼈다.

합의된 정통으로서의 스코틀랜드 실재론

스코틀랜드 실재론("용어 해설" 참조)은 급속하게 확산되어 1850년대 경에는 복음주의적 신교 사상의 합의된 정통의 일부로 자리잡았다. 이 사상은 존 위즐스푼(John Witherspoon, 1723-1794)이 스코틀랜드로부터 초빙되어 프린스톤 대학교의 총장이 되었을 때 미국으로 함께 유입되었다(1768). 그는 몇 명의 이상론적 교수들(버클리 주교 지지자들)을 해고시킨 후 스코틀랜드 실재론을 프린스톤 대학에서 정통 사상으로 확립시켰다. 이것이 프린스톤 신학 학파의 기원이었으며, 이 학파는 근본적으로 칼빈주의적이었으며 벤자민 워필드(Benjamin B. Warfield)가 그 학파의 가장 탁월한 마지막 실천가였다. 누구나 프린스톤 신학은 스코틀랜드 실재론의 최신의 언어와 가설들로 무장한 칼빈주의라는 점을 알 수 있었다. [워필드는 완전한 기적종주의적 입장에서 〈가짜 기적〉(Counterfeit Miracles)을 출판하여 사도시대 이후에는 더 이상 성령의 역사로 기적은 일어나지 않는다고 했다.]

1800년대부터 1870년대 사이에 대부분의 미국 신학교들은 정통 신학의 기초로서 스코틀랜드 상식 실재론의 몇 가지 형태를 가르쳤다. 반세기 후에 자유주의 신학교들은 다른 철학들(헤겔 철학의 관념론과 같은 것)을 흡수하기 시작했다. 그러나 복음주의 신학교들은 그 후에도 오랫동안 스코틀랜드 실재론을 계속 고수했다. 사실상 스코틀랜드 실재론은 오늘날 많은 복음주의 기관의 주류 철학으로 계속 이어져 내려오고 있다고 해도 과언이 아닐 것이다.

이 철학이 복음주의 신학의 도구로서 긍정적인 측면이 있음에도 불구하고, 스코틀랜드 실재론은 결국 심각한 파괴적인 측면을 가지고 있음이 증명되었다. (아이러니컬하게도, 스코틀랜드 실재론은 자유주의 신교사상으로 이어졌는데, 자유주의 신교사상은 유물론을 아주 논리적으로 확대하여 성경에 있는 기적을 불신하고 비—신화화 해석학을 확고히 하였다. 1810년까지 하바드 대학 교수들은 삼위일체 설을 믿는 기독교를 버리고 유니테어리언 사상과 스코틀랜드 실재론을 채택하게 되었다.) 불행한 징조는, 스코틀랜드 실재론의 초기 창안자들은 대각성운동에 반대했는데, 왜냐 하면 대각성운동에서 나타났던 종교적 체험이 감성(오관)의 합리적 사용과 아무런 관련이 없는 것같이 보였기 때문이었다. 제3부에서 우리는 스코틀랜드 실재론에 길들여진 목회자와 신학자들이, 교회의 치유 사역을 재발견한 새로운 부흥운동에 조소를 보내고, 파괴해 버린 역사의 단면을 살펴보도록 하겠다. 그러나 그러한 부흥운동을 검토하기에 앞서, 우리는 칼빈주의적인 기적종료 이론이 최종적으로 어떻게 재구성된 후 세대주의로 탈바꿈했는지를 알아볼 필요가 있다.

제8장
세대주의의 대두
존 달비의 세대주의

플리머스 형제단

칼빈의 급진적 기적종료주의는 일명 프리머스 형제단(Plymouth Brethren, 용어해설 참조)이라는, 규모는 작지만 영향력 있는 복음주의 교파를 통해 일반에 널리 알려졌다. 형제단은 1830년대 영국 국교인 성공회가 영적으로 침체되어 있을 때, 아일랜드와 영국에서 창설되었다. 교회는 맨 앞줄에 신분 높은 사람들을 앉게 하고 교회의 좌석을 많은 돈을 받고 배당하는 등, 그 폐단을 심화시켰다. 동시에 대다수 목사들은 자유주의 이신론 신학의 많은 요소들을 흡수하고 있었는데, 이 신학은 미국에서 유니테리언주의로 귀결되었다.

이 때, 영국국교회(성공회) 전반에 걸쳐 복음주의적인 일파가 이 같은 영적 쇠퇴에 저항했다. 그러한 저항의 일부 기운이 당시 독자적으로 성경 연구를 시작했던 아이랜드의 더블린 지역의 신앙심 깊은 기독교인들로부터 싹트기 시작했다. 1827년경 그들은 영국국교회 예배 의식과는 별도로 독립적으로 성만찬식을 거행하고 있었다. 이러한 최초의 예배 의식은 다른 교파의 사람들에게 개방되었으며, 그리스도의 몸 된 교회에서 진정으로 하나됨을 보여 주는 표적으로 보여졌다.

이와 같은 성서 연구는 점차 퍼져나가 영국의 플리머스 시에서 왕성한 활동을 보이게 됨에 따라 곧 플리머스 형제단으로 알려지게 되었던 것이다. 초창기 형제단 신도들은 삶의 단순함을 강조하면서 그 당시 사회의 깊은 사회적인 분열 현상을 좋아하지 않았다. 창시자인 A. N. 그로브스(Groves)는 고소득이 보장된 사회적으로 명망 있는 치과의사였다. 그러나 그는 가난한 사람들을 보살피기 위해 모든 것을 포기하고는 인도로 건너가 선교사가 되었다.

존 N. 달비

형제단 가운데 독보적 위치에 있는 신학자는 존 넬슨 달비(John Nelson Darby, 1800-1882)였다. [달비는 일생동안 상당한 영향력을 행사했음에도 불구하고, 형제단이든 비형제단이든 간에 교회 사학자들에게서 그다지 호평을 받지 못했다.] 영국국교회(성공회) 신학교에 다니면서 달비는 가난하고 몽매한 카톨릭 농부들에게 복음을 전하기 시작했다. 그는 영국국교회의 영적 불감증과 카톨릭 교도를 박해하여 국교회로 회심하도록 시도하는 무자비한 사회 정책에 분노를 금치 못하게 되었다. 그는 영국국교회와 결별한 후 더블린의 플리머스 형제단에 가담했다.

달비는 영국국교회의 신학적 유산을 거부했다. 다른 형제단원들이 그랬던 것처럼 그도 칼빈으로부터 영감을 구했다. 달비는 형제단의 가장 영향력 있는 신학자가 되었을 뿐만 아니라, 교회 설립에도 제일 눈부신 활약을 했다. 1882년 그가 죽는 날까지 그는 영국 제도(諸島)(대영제국, 아일랜드, 맨섬), 북미, 유럽 등지에서 1천여 이상의 형제단 교회를 설립했다.

달비의 신학

성경의 예언에 대한 철저한 연구 결과 달비는 몇 가지 중요한 발견을 하게 되었다. 그는 유대 왕국 건설에 관한 구약의 약속은 아직 성취되지 않았으며 그리스도 재림 이전에 실현되어야만 한다는 것을 알았다. 그래서 유대인의 새로운 지상 왕국이 얼마 안 있어 건설될 것이라는 것이다. 그는 이스라엘 국가가 건립되기 1세기 이전에 이러한 예견을 했다. 달비의 이러한 통찰력은 기독교의 뿌리깊은 반유대주의를 뒤집는 데 도움이 되었으며, 전세계 도처의 많은 복음주의자들로 하여금 이스라엘 국가 탄생을 지지하고 환영하도록 준비시켰다.

그러나 불행히도 달비의 신학 또한 영국국교회를 상대로 겪은 쓰라린 경험에 의한 반동으로 구체화되었다. 그가 생각하고 있는 "진정한" 교회에 대한 개념은 영국국교회를 조목조목 부정하는 것이나 다름없었다. 그에게 있어 진정한 기독교 친교(fellowship)(그는 *교회*라는 용어를 좋아하지 않았다)는 가장 이상적인 규모인 신도 수 30명 정도의 작은 모임으로써 성령의 인도하심에 따라 예배를 드리는 것이었다. 따라서 정식으로 임명된 목사도 신학교도 없었고, 교회 건물에는 관심도 없었다.

그는 또한 진정한 교회란 세상으로부터 부름 받아 시종 박해받는 신자들의 작은 집단이라야 한다고 믿었다. 진정한 교회는 정치나 사회 입법 등과 같은 속세에 영향력을 행사할 수 없다는 것이다. 진정한 교회의 기능은 세상을 변화시키는 것이 아니라 사람들을 세상 *밖*으로 이끌어 내는 것이었다. 오로지 반그리스도적 교회만이, 거대하며 정치적으로 강하다는 것이다(예를 들면, 성공회, 카톨릭, 루터교). 그는 기성 교회를 이제는 썩을 대로 썩어 더 이상 개혁과 갱신의 가능성이 보이지 않는다고 보았다. 교회의 상태를 표현한 그의 유명한 말은 바로 "황폐한 교회"였다. [이 점에서, 달비는 윌리엄 로(William Law)(21장 참조)와 생각이 정반대였다. 로는 자신의 영국국교회 교단을 비롯해, 부패한 교회들은 하나님의 성령에 힘입어 그리스도의 교회로 개혁할 수 있다고 믿었다.]

교회의 휴거(하늘로 들리어 올라가는 것)에 관한 교리를 중시한 것도 역시 달비의 혁신론이었다. 성경에서 이런 요소는 달비의 저술이 있기 전에는 그다지 세인들의 관심을 끌지 못했다. 휴거는 그의 다른 신학적 관점들과 완벽하게 일치했다. 소규모의 박해받는 참된 교회는 곧 휴거되어 질 것이나, 그 반면에 반—그리스도적 변절된 교회는 환난 시대(환난전 휴거)에 다가오는 하나님의 진노로 고통을 받게 될 것이다. 이런 종말론(종말 신학)은 일종의 전천년왕국설이었다. [전천년왕국설에서, 그리스도의 재림은 그리스도가 지상에서 천년 동안 통치하시기 전에 일어난다. 때문에 전천년왕국(Premillennium)은 pre(전)과 millennium(천년)을 합한 단어이다.]

달비는 자신의 성경 해석을 지나치게 확신한 나머지 동시대의 제7일 안식일예수재림교회가 그랬듯이 휴거에 대한 정확한 날짜를 1842년으로 공포하는 모험을 감행했다. 그 날짜에 휴거가 일어나지 않았지만, 교회의 시련전 휴거와 전천년왕국시대 사상은 그의 신학에서 계속해서 중심을 차지했다. 이러한 특이한 종말론은 그 당시에는 비정통설로 판단되었지만, 오늘날 복음주의자들 사이에는 지배적인 견해가 되었다.

세대주의(Dispensationalism)

달비 신학의 가장 중요한 특징은 그가 인류 역사를 독특한 영적 시대로 정교하게 구분한 점이다. 각 시대나 각 세대에 따른 분배(그래서 세대주의라는 용어가 생김)에서, 하나님은 다양한 방법으로 인간들을 취급했으며, 다양한 영적 원리들이 적용되었다. 하나님이 인간에게 구원의 수단으로 생각하신 것은 각 세대마다 다르다는 것이다. 이런 면에서 세대주의는 심각한 어려움을 겪기 시작했다.

그리하여 달비는 부주의하게도 구약성서를 다양한 형태의 예언과 홍미 있는 이야기들이 담겨진, 신자들의 삶과는 거리가 먼 한 권의 역사책으로 격하시켜 버렸다. 실제로, 사도의 서신들만이 기독교인들의 현생활에 적합하다는 것이다. 왜냐 하면, 달비에 의하면, 복음서조차도 그 세대에 맞게 적용될 수 없었기 때문이다. 이와 같이 극단적인 형태로 성경을 분류함으로써, 성경이 제시하는 많은 도덕적이고 윤리적인 본보기들은 현대의 기독교인들의 생활에 더 이상 적합하지 못하게 되었다. 악명 높은 영지주의 이단인 마르시온(3세기)* 시대이래 구약 성경이 이렇게 철저하게 윤리지침서로 평가 절하된 적은 없었다.

이전의 칼빈처럼, 달비도, 치유와 영적 은사는 사도 시대의 분배에 속하는 것으로, 그러한 영적 능력은 마지막 사도의 죽음과 함께 끝나버린 것으로 보았다. 중요한 것은, 달비가 어빙파(Irvingite, 용어해설 참조)의 운동에서 치유를 포함한 성령의 은사가 폭발하는 것을 목격한 후에, 그 성령의 은사를 주님으로부터 온 것도 아니고, 현시대를 위해서는 적합하지 않다고 판단한 점이다.

정식으로는 카톨릭 사도교회로 더 잘 알려진 어빙파는 1830년대에 창설된 오순절 교파였다. 이들은 고린도전서 12장에 기록된 온갖 형태의 은사를 사용했는데, 그 즉시 당대 영국의 기독교인들로부터 광신도라는 낙인이 찍히게 되었으며, 이단으로 매도되었다. 사실, 대각성운동 시대의 프랑스 위그노교도들(16-17세기의 프랑스 신교도)과 마찬가지로, 어빙파 교도들도 그 정도가 그들만큼 심각하진 않았지만 예언을 분

---

* [마르시온주의(Marcionism)은 2세기의 마르시온에 의해 창시되었으며 3세기 후반에 마니교에 의해 수용되었다. 이 사상은 구약 성경의 율법의 하나님으로서의 악의에 찬 조물주를 거부하고, 예수 그리스도는 이 조물주를 정복하는 사명을 가진 사랑의 하나님으로 예배하지만 그리스도의 유체성(有體性)과 인간성은 부정했다.]

별력 없이 사용한 문제점을 갖고 있었다.

과대망상증 신학

비록 달비는 일상 생활면에서 성실하고 청빈한 사람이었지만, 자신의 신학에서는 점차 권위주의자가 되어갔다. 그는 자기자신이 성서 해석을 위해 하나님으로부터 특별히 기름부음을 받은 사람이라고 믿었다. 그는 하나의 모반 이론을 형성했는데, 그 이론이란 "황폐한" 영국국교회가 저지른 과오는 이단과 변절자들을 영구화하기 위해 의식적으로 꾸며낸 일종의 책략이라는 주장이었다. 그러면서 달비 자신에게 동조하지 않은 사람들은 일종의 모반자들이며 사탄에게서 영감을 받았다고 취급해 버렸다.* 형제단 사가들은 신학해석의 여러 점에서 자신과 대립했다는 이유로 달비가 다른 형제단과 복음주의적 신도들을 글이나 설교로 공격했을 때, 그가 품은 위력과 적의 때문에 오늘날까지도 당혹감을 감추지 못하고 있다. 때문에, 비록 그의 품행엔 겸허함이 배어있었지만, 일반 기독교인들의 눈에 비췬 그는 교육적 가능성과 관대함을 함축하는 기독교인으로서의 필수 덕목인 온유함이 결여되어 있었다.**

형제단은 화합의 의식적 상징으로 시작한 주님의 만찬을 둘러싸고 분열을 하게 되었다. 그 후 점차 보다 더 엄격한 신학적 검증들을 형제단 위에 가하여 형제단을 성만찬의 식탁공동체로 인도하려 했다. 달비파는

---

* 달비의 성격을 권위주의적 이단 지도자들의 성격과 비교해 볼 것. 이것은 로날드 M. 엔로쓰(Ronald M. Enroth)의 〈병폐를 일삼는 교회〉(*Churches That Abuses*, Grand Rapids, Mich.: Zondervan, 1992)에서 자세히 설명하고 있음.

** 특히, 잠언에 언급된 현자가 형제들이 하는 견책을 감수하는 것이 이 사건과 어떻게 관련이 있는지를 살펴볼 것.

배타적 형제단으로 알려지게 되었다. 달비는 심지어 (독일 태생의 영국 목사요 박애주의자로 알려진) 죠지 뮬러(George Muller, 1805-1898)를 출교까지 시켰는데, 그것은 비록 이미 몇몇 다른 목사들로 인해 검증을 받았으나 달비가 인정하지 않은 회원들을 뮬러가 받아들였다는 죄목 때문이었다. 형제단의 가장 유명한 회심자들 가운데 또 한 사람, 워치만 니(Watchman Nee)는 영국 교회와의 교우 관계에서 축출 당했는데, 왜냐 하면 워치만 니가 알려지지 않은 정통교단의 한 교인과 감히 함께 만찬의 떡을 떼었기 때문이었다. 워치만 니는 성령세례와 기독교인의 차원 높은 삶의 운동을 반영했다.

전천년왕국설

달비의 성서적 예언과 전천년왕국설에 대한 집중적인 주장은 형제단 교리의 핵심에 깊은 영향을 끼쳤다. 초기 형제단의 친교에 너무나 중요하게 취급되었던 가난한 자와 소외된 자들을 향한 적극적인 관심은 더 이상 형제단 생활의 중심이 아니었다. 달비의 복음은 구원에 관한 설교와 종말의 임박이라는 두 요소와 동의어가 되었다. 달비에게 있어서 종말은 너무나 가까이 임박했으므로 복음 전도는 더 이상 우선 과제가 아닌 유일한 과제였다. 교회는 사회 문제에 관여하거나 심지어 기독교적 삶의 자세를 가르칠 시간적 여유가 없었다. 어떤 교회 사학자의 표현을 빌면, 달비 사상은 "머리를 잘라 낸 복음"이 되어 버렸다.[36]

달비의 전천년왕국설을 복음주의적 교회가 폭넓게 수용한 것은 미국 교회에서는 예기치 못한 비극적 종말을 빚게 했다. 달비의 신학은 1870년대에 대중화되었는데, 그 당시 미국 복음주의자들은 한창 근대주의(Modernist) 논쟁을 경험하고 있었다. 자유파와 보수파, 그리고 다윈파와 반다윈파 사이에 반목이 있었던 것이다. 남북 전쟁 이전에, 복음주의적 교회의 단합된 노선은 복음 전도와 기독교인들의 사회 참여의 중요성을 강조한다는데 의견의 일치를 보았다. 예를 들면, 노예제도 반대 운동이나 금주운동 등은, 교회가 사회의 목표를 설정해야 한다고 믿는 복음주의적 기독교인들에 의해 주도되었다.

달비는 이런 식의 사회 참여를 하찮게 보았다. 기독교인들의 진정한 과업은 사회의 붕괴와 휴거의 환난이 오기 전에 가능한 한 많은 영혼들에게 복음을 전하는 것이었다. 미국의 복음주의적 교회 내부에서 다윈설과 성경 고등 비평에 대한 치열한 논쟁 때문에, 남북 전쟁전에 구축된 통일 노선은 와해되기에 이르렀다. 보수파 복음주의자들은 달비의 신학을 받아들이려는 경향을 보이면서 사회 문제로부터 멀어져 갔다. 반면에 자유주의 복음주의자들은 달비의 신학을 거부하고 사회 문제에 열중했다. 자유파는 (종종 무분별하게 급진 이데올로기 사상에 연루됨) 사회 참여를 한 반면, 보수파는 복음 전도를 했다. 두 가지를 다 행한 교회는 거의 없었다.

달비의 신학이 이 같은 불미스러운 양상을 보였음에도 불구하고, 그의 저술과 신학은 근대 복음주의 신학에 주역은 아닐지라도 굉장히 중요한 역할을 하게 되었다. 달비의 잦은 미국 방문은 미국의 많은 교파들 사이에 그의 견해를 흔쾌히 받아들이도록 만들었다. 아이러니컬하게도, 달비가 생각하기를, 미국에서 자신의 최대 실패는 자신의 추종자들이, 주류 교회의 교파들에서 이탈해 독자적으로 "진정한" 교회를 설립하라는 자신의 외침을 주의 깊게 듣지 않은 데 있다는 것이다.

스코필드와 세대주의

달비의 성경 해석 체계는 자신의 역동적인 지도력을 통해, 그리고 몇 사람의 저명한 복음주의자들이 달비의 신학을 채택했다는 사실에 편승

하여, 미국 복음주의 사회에서 점차 표준적인 것으로 자리잡게 되었다. 이들 저명한 복음주의자들 중에는 복음전도자 드와이트 L. 무디(Dwight L. Moody, 1837-1899)와 유명한 스코필드 관주성경의 편집자인 C. I. 스코필드(Scofield)가 있었다.

스코필드는 달비의 신학을 자신의 유명한 관주성경 주석란에 실었다. 많은 독실한 기독교인들에게 스코필드의 주석은 성경을 판독하는 신성한 탈무드(유대 율법과 그 해설을 집대성한 책)가 되었다. 스코필드 성경을 통해 세대주의의 문제점들이 낱낱이 드러났다. 특별한 논리와 정밀성으로, 스코필드는 예수님의 산상수훈을 재건된 이스라엘의 지상 왕국을 위한 윤리적 지침으로 의도된 선언이었으며, 따라서 현세대 기독교인들의 윤리적 요구 사항들과는 무관함을 암시한 선언과 동일한 것이라고 했다!(〈스코필드 관주성경〉의 1909년도와 1917년도 판의 마태복음 5장의 각주 참조).*

룻기에 대한 주석은 교훈적이다. 스코필드는 그것을 "사랑스러운 이야기"라 했지만, 신학적으로 그것은 주로 "교회(룻)를 그리스도의 이방인 신부로 본 예견"인 것이다(〈스코필드 관주성경〉의 1909년도와 1917년도 판의 룻에 관한 각주 참조). 신자들은 룻의 영원한 도덕적인 원리들을 보려고 해서는 안 된다는 것이다. 말하자면, 시어머니에 대한 룻의 사랑(효성)과 시어머니와의 계약(맹세)은 유대인이나, 이방인이나 혹은 기독교인에 대한 의로움의 영원한 거울이라는 것이다.

아마도 더욱 불행스러운 점은 세대주의가 기적종료 신학을 강화한 방

---

* 1967년에 발간한 스코필드 성서 개정판은 1909년에 발행된 원본과는 판이하게 다르다는 점을 기억해두어야 하겠다.

법의 문제이다. 스코필드의 주석 중 고린도전서 편은 비극적인 이야기를 나타내고 있다. 서문에서 스코필드는 독자들에게 고린도 교회가 지닌 문제점은 "냉철한 가르침보다는 오히려 표적을 나타내는 은사들에 유치한 즐거움"을 누리고 있는 것이라고 말했다. 한술 더 떠 스코필드는 고린도전서 14장의 말씀을 정리한 세 가지 개요에서, 예언의 참 역할을 오해하여 예언을 일종의 설교 형태라고 믿는 착오를 범하는 동시에, 현대 교회로부터 성령의 은사들을 제거해 버리는 과오를 범하고 있다.

(1) 중요한 은사는 예언의 은사이다(1절). 신약의 예언자는 단순한 설교자가 아닌, 영감을 받은 설교자이었다. 그 설교자를 통해서, 신약 성서가 쓰여졌을 때까지, 새로운 세대에 맞는 새로운 계시들이 주어졌다(고전 14:29,30).
(2) 방언과 표적의 은사는 종료될 것이며, 동시에 오직 방언 통역자가 있을 경우에만 절제해서 사용되어야만 한다(고전 14:1-19,27,28).
(3) 원시 교회에는 역사 할 수 있는 모든 은사를 자유롭게 사역하였으며, 특별히 예언의 은사를 사용하는 자유가 있었다(고전 14:23-26,31,39).

논리적으로, 신약 성경이 형성된 이후엔 은사들을 사용하는 자유는 철회되었다는 것이다.

아마도 자유주의적 비신화화에 버금가는 것으로서, 달비-스코필드 전통으로 이어지는 급진적 세대주의는 현시대의 성서 해석에서 가장 오도된 형태 가운데 하나가 되었다. 급진적 세대주의는 치유 사역의 면뿐만 아니라, 기독교인들의 삶의 다른 많은 측면에도 어려움을 가져다주었다. 달비-스코필드 세대주의를 추종하는 불행한 목사는 구약이나 심지어는 사도행전 이전의 신약을 본문으로 한 설교는 자신의 교회 신자들을 위해 어떤 관련성이 있는지를 확신할 수 없었다. 예를 들면, 몇몇 근본주의를 표방하는 교회들은 교회 안에서 어떤 형태의 악기도 사용을 금했는데, 그 이유는 신약 성경이 그러한 음악을 사용할 권한을 특별히 주지 않았기 때문이란 것이다. 시편이 악기의 반주와 함께 쓰여졌다는 성서적인 반증은 타당성이 없다고 공언했는데, 그 이유는 시편은 보다 초기의 세대를 위한 것이었기 때문이란 것이다.

성경 자체는 달비-스코필드 형태의 성경 해석을 부정한다. 디모데후서 3:16은 다음과 같이 말하고 있다. "모든 성경은 하나님의 감동으로 된 것으로 교훈과 책망과 바르게 함과 의로 교육하기에 유익하니 이는 하나님의 사람으로 온전케 하며 모든 선한 일을 행하기에 온전케 하려 함이니라." 이상하게도, 달비-스코필드 신학의 축소된 성서적 기반은 보다 위대한 기독교인들의 자유를 창출하는 것이 아니라, 모든 성서 공회에 의해서도 고치지 못하는 별난 율법주의를 탄생시켰다.

제3부에서, 우리의 관심은 성령의 역사 하심이 19세기로 이어져 가는 것을 보도록 하겠다. 우리는 치유의 부흥운동이, 딜비와 스코필드 신학에 의해 손상을 받았음에도 불구하고, 어떻게 번성하게 되었는지를 살펴보기로 한다.

성·령·을·소·멸·하·는·자·들
Quenching the Spirit

제3부
빅토리아시대 미국의 바리새인들과 치유사역

제9장
1800년대의 복음주의적 치유자들

신학적 배경

19세기 전반에 걸쳐 당시 기적종료 이론의 영향이 최고조에 달해 있던 바로 그 때 기적종료주의 이론에 도전하면서 성령의 역사를 통한 강력한 부흥운동이 일어났다. 부흥운동은 영국, 남아프리카, 인도, 그리고 미국에서 일어났으며, 성령의 다양한 은사가 나타나 모든 사람이 알 수 있었다. 예수께서 약속하신 대로 성령은 "너희에게 모든 것을 가르치시고 내가 너희에게 말한 모든 것을 생각나게 하시리라"(요 14:26).

19세기초기에 성령의 은사가 나타나는 부흥집회는 영국의 어빙교파(Irvingites)처럼 이단적이요 광신적이라는 낙인이 찍혀졌다(앞장 참조). 그러나 점차 성령의 은사에 관한 신학이 주류교회 교단들의 주변에서 조금씩 발전해 나갔다. 최근의 연구를 보면 19세기말에 이르러 신교의 몇몇 부흥운동에서 몇 가지 성령의 은사가 나타났음을 증거하고 있다. 이런 운동에 참여한 작가들은 성령의 은사에 관한 신학 이론을 발전시켰으며 또한 성령의 은사가 충만하게 나타날 것을 기대한다고 말했다.

이러한 오순절 부흥운동의 전초 운동의 하나로 신성 운동(Holiness movement, 용어해설 참조)이 있는데, 이 운동은 존 웨슬리(John Wesley)의 저서와 초기 감리교에 근거를 두고 있으나 미국 신교의 일반적인 개혁운동으로 발전해 나갔다. 신성 운동은 주류 교회에서 일상적으로 하는 것보다 기독교인의 생활에 보다 깊은 헌신을 요구했다. 또 하나의 개혁과 부흥운동으로는 "완전주의(Perfectionism, 용어해설 참조)"가 있는데, 이 운동은 복음주의적인 찰스 피니(Charles Finney, 1792-1875)의 가르침과 사역으로부터 발전된 것이다. 이 운동 또한 복음주의자들이 익숙해져 있던 규범들보다 오히려 기독교인의 생활에 대한 보다 깊은 이해와 보다 수준 높은 규범들을 추구하였다.

위의 두 부흥운동은 구원의 체험을 넘어서는 제2단계의 영적 체험을 믿었다. 웨슬리는 그것을 제2의 축복이라 불렀고, 피니는 그것을 성서적인 용어를 사용하여 성령세례라고 표현했다. 두 운동 모두 그 당시 위세를 떨치면서 영적 체험을 제한하던 기적종료론에 대한 반대 입장을 견지했으며, 동시에 산발적으로 폭발적인 성령의 은사를 보였다. 완전주의자들의 운동으로부터 그 시대 성령 은사에 관한 가장 세련된 성령 신학이 형성되었다. 그 중에서 특히, 오벌린 대학(Oberlin College)의 제1대 총장이며 피니의 친구인 아사 메이한(Asa Mahan, 1799-1889)은 1870년에 〈성령 세례〉(The Baptism of the Holy Spirit)라는 한 권의 책을 출판했다. 이 책은 성령의 은사들은 이미 고린도전서 12장에 잘 나타나 있으며, 이 은사들은 인간의 오관에 의존하지 않는 영적인 지혜와 관련이 있는 것이라고 서술하고 있다. 이 신학이론은 앞장에서 설명한 주요 기독교 유물론에 의식적으로 반대하고 있다.

피비 팔머 (Phoebe Palmer, 1807-1874)

그러나 신성 신학(Holiness theology)의 가장 중요한 발전은 감리교 복음주의자이며 작가인 동시에 잡지 편집자인 피비 팔머의 저술 활동과 목회 활동으로부터 비롯되었다. 그녀의 목회활동은 40년간 계속되었으며, 그녀는 19세기 미국 기독교에 다른 여성이 하지 못했던 많은 영향을 미쳤다.

피비는 맨하탄의 부유한 감리교도 집안에서 태어났다. 그녀의 아버지는 미국으로 이주해 오기 전에 존 웨슬리의 설교를 듣고 개종했던 사람이다. 20세가 되었을 때 피비는 그녀가 무척 사랑한 의사 월터 C. 팔머와 결혼하여 가정을 이루었다. 팔머 박사 역시 독실한 감리교인이자 평신도 설교자였다.

비극적인 것은, 1828년에서 1836년 사이에 팔머부부의 세 아이가 어린 나이에 세상을 떠난 것이었다. 마지막으로 죽은 아기는 천사 같은 얼굴의 작은 소녀였는데, 아기 침대 커버에 촛불이 옮겨 붙으면서 불에 타 죽고 말았다. 이런 연이은 비극적인 죽음으로 피비는 더욱 주님께 가까이 가게 되었다. 셋째 아이의 죽음은 그녀가 장기간의 기도를 하도록 만들었다. 그녀는 남은 생애 동안 주님의 지혜와 가르치심을 달라고 했다. 그녀는 그녀의 가슴속에 자신의 아이들을 주님보다 더 사랑했기 때문에 주님께서 이런 비극적인 사건들이 발생하도록 허락하셨다고 생각했다. 그녀는 주님 외의 다른 사람을 결코 더 사랑하지 않겠다고 맹세했다. 1837년 7월 26일 사랑하는 남편을 주신 데 대해 주님께 감사 기도를 드리는 중에 피비는 성령의 음성을 들었다.

"너는 그리스도를 위해 모든 것을 포기하겠다고 고백하지 않았느냐? 네가 그토록 사랑하는 남편을 바치라 한다면, 너는 그 명령을 거역하지 않겠느냐?"

내가 받은 인상은 주님께서 나의 소중한 남편을 나로부터 빼앗아 가시려고 한다고 생각했다…그래서 내가 "제가 세상적인 애정을 다해 사랑하는 그를 데려가세요" 하고 말했을 때, 그 순간 나는 주님을 위해 완전히 선별되었음을 느꼈으며, 그래서 나는 "나를 이 땅에 묶어두는 모든 속박을

끊어 버립니다"라고 했다…"³⁷⁾

그녀는 유혹하는 사탄의 목소리를 들었다.

"하나님이 널 영접하실 거라는 걸 어떻게 아느냐?' 나는 잠시 멈추고 "주님께서 나를 영접 하시리란 걸 내가 어떻게 알 수 있지?'라고 생각해 보았다. 이 때, 부드러운 속삭임으로 성령께서 "내가 너희를 영접하리라"(고후 6:17)라고 대답하셨다. 나는 외쳤다. "단순히 그 말씀이 성경에 쓰여져 있기 때문에 그것을 믿어야만 합니까? *하나님의 말씀* 말고는 다른 증거가 없는 데도 말입니다." 이 질문에 대한 대답으로, 영원히 송축 받으실 성령(우리를 모든 진리로 인도하시도록 오신 분)께서 제안하시기를 "네가 하늘로부터 천둥소리로 '*내가 너를 영접하리라*'라고 말씀하시는 음성을 듣는다면, 그때도 너는 그것을 믿지 않겠느냐?'고 하셨다. 나는 "그땐 믿을 수밖에 없지요. 왜냐하면 저는 '오관을 통해 증거'를 가졌으니까요"하고 대답했다.

그 순간 나는 온전한 성화의 축복은 *믿음으로* 받게된다는 사실을 항상 알고 있었으며 성경에서 분명히 배웠다는 사실을 기억하고서, 내 태도가 모순된다는 것을 알았다. 또한 성경에 "그들을 진리로 거룩하게 하옵소서. 아버지의 말씀은 진리니이다"(요17:17)라고 기록되어 있다는 것도 알았기 때문이다.

…나의 믿음은 당장에 시험대에 올려졌다. 나는 내 믿음의 보상으로 어떤 놀라운 증거가 당장에 나타날 것을 기대했다. 그러나 나는 믿음에만 감금되어 있는 형편이었다—증거 없는 약속 가운데 증거 없는 믿음.

사탄은 나를 조롱하듯 말했다. "네가 기대했던 굉장한 기쁨은 지금 어디 있느냐? 강제로 영향을 받았겠지만 너는 왜 주님을 찬양하지 않지? 정결한 마음의 축복을 받은 많은 사람들처럼 말이다… 나는 자문자답을 해 보았다. "내게 호의를 베푸는 친구에게 감사하다는 말을 꼭 그 말을 하도록 강요당한 다음에야 해야 하는가? 그것을 의무로 하는 것은 아닌가?"³⁸⁾

그녀의 체험에서 가장 중요한 것은 그 체험이 신성 신학과 실천 신학("제단 신학"이라 표현하는 것이 적절함)의 핵심이 된 3단계 성화 과정의 모델을 보여주었다는 것이다. 성화는 모든 의식적인 죄에 대한 승리로 규정되었는데, 그것은 삶의 소명이 무엇이던 상관없이 모든 기독교인들에게 가능한 것이었다. 성화는 수년간의 단련과 노력으로 오는 것이 아니라, 오히려, 다음 세 단계에 의해 주어지는 하나님의 은총을 통해 온다는 것이다: 1)하나님께 드리는 온전한 헌신하는 것(롬 12:1-2), 2)말씀 안에 있는 성화의 약속을 믿음으로 받아들이는 것(고후 6:17-7:1), 그리고 3)받은 축복에 대해 고백하는 것(롬 10:9-10) 등이다. "제단 신학"에 결정적인 것은, 피비가 영적인 영역 안에서 육체적인 감각과 감정은 말씀 안에 있는 하나님의 약속에 종속되어 있어야 한다고 이해한 것이었다.

피비는 기도 체험 후에 하나님의 나라에 대한 굉장한 열정과 남편에 대한 더욱 큰사랑으로 가득 차 있는 자신을 발견했다. 하나님께서 그녀에게 요구하셨던 것은, 아브라함에게 그러하셨듯이, 남편의 생명이 아니라, 그녀가 사랑하는 남편까지도 기꺼이 희생하겠다는 *마음*이었던 것이다. 그녀와 그녀의 남편은 이후 수십 년 동안 함께 목회활동을 하였으며, 그녀의 제단 신학 이론을 북미와 영국 전역의 많은 교회들에게 보급하였다.

신성 전통에서 성령의 역사는 그들의 사역의 핵심이었다. 1860년대의 전형적인 팔머 부부식 예배는 성령 강림에 관한 찬송가로 시작하여, 팔머 박사가 사도행전 2장을 읽고 설명을 하는 식으로 진행되었다. 그런 다음에 피비가 군중들에게 신성한 능력을 받기 위해서는 믿음으로 성령의 "불 세례"를 받으라고 촉구하였다. 그 다음에 개인 기도를 더 받기를 원하고 헌신하기를 원하는 사람은 제단 앞으로 나오라고 했다. 마지막으로, 집회 참가자들이 개인적인 간증(고백)을 하도록 기회가 주어졌다.

피비 팔머의 목회활동은 다양했다. 그녀는 많은 영향력 있는 책을 썼는데, 그 중의 하나가 〈신성의 길〉(The Way of Holiness, 1843)이었다. 그 책은 그녀의 생존 때에 50판 이상 재 출판되었다. 그녀의 화요일 밤 가정 모임은 수백 명의 다른 사람들에게 모범이 되었으며 동시에 미국 감리교회의 지도력을 위한 초점이 되었다. 그녀는 1857-1859년의 미국 기도 부흥운동의 지도자였으며, 노예제도 폐지 운동의 지도자이기도 했다. 그녀는 또한 최초로 중국으로 파견된 감리교 선교사들을 위한 지원금을 모으는데 도움을 주었다.

팔머의 제단 신학 이론을 포함한 신성운동의 영향은 감리교를 넘어 실질적으로 미국의 모든 교파들에게로 확산되었다. 전국 신성운동 집회에는 미국 내의 모든 기독교 교파의 신도들이 참석했다. 장로교 목사이며 찰즈 피니의 친구인 윌리엄 보드맨(William Boardman, 1810-1886)은 신성 신학을 받아들여서 새로운 용어로 정의하여 그것을 복음주의적 대중들에게 광범위하게 확산시켰다. 그 확장된 운동은 "보다 높은 삶 운동"(Higher Life, 용어해설 참조)이라 불렸으며, 영국에서는 복음주의적 영국국교회에 영향을 미쳤는데, 거기서는 "케스윅 운동"(Keswick movement, 용어해설 참조)이라고 불려졌다. 새롭게 조직된 영향력 있는 교단인 "크리스천 선교 동맹"(Christian and Missionary Alliance)이 신성 운동을 가르치는 중심이 되었다.

세기의 전환기에 성령의 능력을 통한 기독교인의 죄에 대한 승리 사상은 급진적 감리교인들의 주변적인 사상이 아니라 하나의 훌륭한 복음주의적 의견이었다. 아이러니컬하게도, 신성 신학이 일반적으로 복음주의자들에 의해 받아들여졌는데도, 신성운동 옹호자들은 감리교 내에서는 점차 환영을 받지 못하게 되었다. 그 세기가 끝나기 20년 전 신성 운동 옹호자들은 감리교회로부터 분리되거나 거부당하게 되었으며, 여러 가지 신성파 교단들이 생겨나게 되었다. 이런 교회들은 궁극적으로 새로운 세기에 오순절 부흥운동을 위한 도약대가 되었다.

역사학자인 찰스 화이트(Charles White)는 팔머의 신학 저서들에 관해 이렇게 말했다: "오순절과 카리스마적 운동이 신성 전통에서 일어났을 때 그들은 피비 팔머의 신학을 받아들여 그것에다 방언을 더 첨가했다."[39] 이 말이 다소 과장된 표현이라 생각되는 것은 아직도 치유 신학이 발달되지 않았던 때였기 때문이다. 그러나 피비 팔머가 하나님의 약속 앞에 인간의 감각을 통한 직접적인 증거는 무용하다고 이해한 것은 믿음의 원동력을 이해하는 데 중요한 단계가 된 것이다.

신앙―치유 운동의 선구자들

현대 기독교에서 최초의 일관된 치유 부흥운동은 19세기 후반에 미국의 복음주의자들 가운데서 일어났는데, 이들은 신성 운동(용어해설 참조), 보다 높은 삶 운동(용어해설 참조), 완전주의 운동(용어해설 참조) 등에 상호 영향을 받은 사람들이었다. 이 치유 부흥운동은 "신성 치유 운동"이라든지, "복음주의적 치유 운동"과 같은 다양한 이름으로 불리어졌으며, 그 당시에는 주로 "신앙―치유 운동"(Faith-Cure Movement)이라는 이름으로 알려졌다. 필자는 후자의 이름을 사용하겠다. 이 부흥―운동에서 치유는 단지 열렬한 기도 중에 얻은 뜻밖의 부산물이 아니라 뜻을 두고 노력을 기울인 직접적인 기도의 결과였다. 신앙―치유 운동의 지도자들은 반(反)―기적종료주의적 입장을 견지했으며 믿음의 의미를 성서적으로 문자 그대로 이해했다. 그들에게 믿음은 기독교인들의 삶에서 구체적인 치유가 필요할 때 성서의 약속을 이해하게 하는 요인이었다.

미국에서 최초의 기독교 치유 복음주의자는 교육도 받지 않은 순회전도사이자 감리교(신성) 목사인 이싼 O. 앨런(Ethan O. Allen)이었는데, 그는 1846년부터 1880년에 세상을 떠날 때까지 활발한 치유 사역을 했다. 앨런의 첫 번째 치유 기도는 자신을 위한 것이었다(1845년경). 그는 여러 해 동안 중증의 간질환으로 고생했는데, 주님의 인도하심을 느끼고 기독교인 형제 두 명과 함께 치유를 위한 기도를 하게 되었다.

나는 그날 그리스도께서 어떻게 병자를 치유하셨는가를 생각하면서, 만약 내가 믿음을 충분히 실천에 옮긴다면 주님께서 나를 치유해 주시리라 믿었다.···그래서 나는 내 질병의 고통을 주님 앞에 말씀드리고, 마치 주님께서 내 앞에 계시는 것처럼 확신을 가지고 구세주이신 그분을 꼭 붙들었다. 그분에게 내 옆구리의 고통에 대해 말씀을 드렸다. 나는 그 때 그 분이 나를 도와주시리라 믿었다. 나는 약속을 지켜달라고 외쳤다. 그랬더니, 한 순간에 놀라운 방법으로 축복을 받게 되었다. 나는 주님께서 내 기도를 들어주신 것을 알았다. 증거는 아주 분명했다. 나는 주님을 찬양하면서 "나는 치유되었습니다. 나는 치유되었습니다!"라고 외쳤다. 그러나 사탄은 먼 곳에 있지 않았으며, 곧 일을 망쳐놓으려 했다. 내가 집을 향해 출발했을 때, 나는 치유되었다고 선포하고 있는데도, 내 옆구리에 심한 고통이 시작되었다. 나는 더욱 강한 믿음으로 고통이 있던 없던 다음과 같이 외쳤다: "나는 증거가 있단 말이야. 고통이 있건 없건 상관없어. 사탄아, 물러가라! 고통아 물러가라! 다 이루어졌어! 나는 치유된 것을 믿는단 말이야!" 그랬더니 모든 고통과 아픔이 나를 떠났으며, 무한한 기쁨을 느꼈다.[40]

앨런의 치유 이야기가 피비 팔머의 "수많은 날들 중의 하루"의 이야기와 얼마나 유사한가를 알 수 있을 것이다. 앨런은 어쩌면 피비의 널리 보급된 〈신성의 길〉과 그녀의 다른 많은 저서들을 읽었을지도 모른다. 앨런의 치유 단계는 피비 팔머의 성화에 대한 통찰력의 단계와 아주 틀어맞는다. 앨런은 하나님께서 하신 성경의 약속들을 "지금" "여기에서"도 이루어 주실 것을 믿었다(반—기적종료주의). 그의 치유가 시작됐을 때 그는 감사를 드렸다. 질병의 증세들이 다시 나타났을 때 그는 그 증세들을 영적인 전쟁의 한 형태라고 생각하고 그 증세들이 떠나라고 명령했다. 그는 성경의 약속이 직접적인 육체의 감각을 지배한다는 것을 믿었다. 앨런이 당시의 합의된 정통 이론에 따라 행동했더라면, 그는 재발된 증세를 최종의 현실로 받아들이고 아마도 이내 숨을 거두었을 것이다.

앨런은 신앙—치유 운동으로 지속적인 우정을 나눈 찰스 컬리스 박사를 비롯하여 여러 사람들과 서로 격려하면서 계속 목회 활동을 했다.

컬리스 박사 와 신앙—치유 운동

신앙—치유 운동(Faith-Cure Movement)의 창시자는 보스턴의 동종(同種)요법 전문의인 찰스 컬리스(Charles Cullis)박사였다. 그는 행정가적인 능력도 가지고 있었으며, 전문의로서의 존경도 받았으므로 새로운 기독교 치유 운동을 전국적인 관심을 불러일으키기에 적절했다.

미국 내에서 최초의 기독교인 치유 전도자이며 복음주의자였던 사람은 교육도 받지 못했던 감리교 순회 목사인 이싼 앨런(Ethan O. Allen)이었는데, 그는 치유 집회에서 컬리스 박사를 종종 도와주었다.

동종요법 전문의인 컬리스 박사는 19세기에 늘리 알려져 있던 약초 치료를 행했다. 일반적인 의사들과는 달리 동종 요법 전문의들은 효능이 높은 약초와 합성물을 아주 조금만 복용하게 함으로써 인간 신체의 자연적 치유 능력을 보조해주는 방법을 시도했다. 동종요법 치유 방법은 19세기말에 이르면서 공식적으로 의학계의 관심을 잃기 시작했다. 이 방법은 이제 자연식 운동의 한 부분으로서 일부 국가에서 다시 사용되고 있다.

찰스 컬리스는 태어나면서부터 줄곧 성공회 신도로 성장했다. 결혼하면서 그는 부유한 의사로서 평범한 생활을 꿈꾸었다. 그러나 젊은 아내가 일찍 죽고 난 후에 그는 정신적인 위기를 맞게 되고 이로부터 자신의 삶과 수입을 모두 주님을 위한 일에 바치기로 결심하게 되었다.

몇 년이 지난 후 그의 구체적인 치유 활동이 시작된 것은 한 병든 걸인이 그의 집 문 앞에서 도움을 청했던 때로부터였다. 그 걸인은 19세기 당시에는 일반적으로 치명적 질병인 결핵을 앓다가 치유 불능의 판결을 받자, 그 당시의 관습대로 지방 병원에서 퇴원 당한 사람이었다. 컬리스 박사는 주님께서 이 문제에 대해 무엇인가를 하라고 자신에게 소명을 주신 것이라고 생각했다. 그는 믿음의 기도로 브리스톨 고아원을 건립한 죠지 뮐러(George Muller)의 사역에 관한 기사를 읽게 되었다. 뮐러는 사회에 기부금 같은 것을 요청하지 않고 전적으로 기도에 의지하여 고아원을 운영하고 유지에 필요한 돈을 모았다.

뮐러의 방식을 따르기로 결심하고 컬리스 박사는 1864년에 두 명의 전임 자원 간호사를 두고 결핵 요양원을 개원했다. 환자들은 모두 가난한 사람들이었으며 의학적으로 치료 가망이 없는 자들이었다. 컬리스는 매일 환자들을 찾아가서 약물처방과 치료를 해 주었다. 개인적인 의료 사업으로부터 버는 수익금은 요양소를 운영하는데 들어갔다. 그러나 점차로 그의 활동이 입을 통해서, 또 신문 기사를 통해 알려지면서 기부자들이 생기고, 연간 재정 보고서(뮐러가 행한 방식의 하나)를 통해 필요한 기금이 모이게 되었다.

결핵 요양원에서는 치유에 중점을 둔 것이 아니었다. 환자들을 의학적으로 치료한다기보다 기독교적 환경 속에서 죽음을 맞을 수 있게 해주고 자연스럽게 전도가 되도록 해 주는 것이었다. 요양원에 들어간 많은 사람들이 하나님을 믿게 되었다. 결핵 치유보다는 복음 전도에 강조점을 두었는데도, 처음부터 설명하기 어려운 질병이 놀랍게도 회복되는 사례들이 꾸준히 이어지고 있었다. 이런 치유 상황은 요양원 프로그램에 치유 기도 프로그램이 없었는데도 나타났다.

1871년까지 그의 사업은 축복을 받아 크게 확장되어 네 군데의 폐결핵 요양원, 약국, 고아원, 간호사들을 위한 여성 자선사업가의 집, 지방 교회, 신성 운동과 수준 높은 삶에 관한 문서 운동을 위한 인쇄소, 야간 성경 대학, 도서관까지 건립하게 되었다. 이 모든 사업은 뮐러의 모형을 따르는 신앙 사업으로 보스턴 지방뿐 아니라 미국 전역에 걸쳐 기독교인들로부터 보내진 기금으로 운영되었다.

컬리스 박사의 치유 목회

1870년까지 컬리스 박사는 야고보서 14-16장의 치유에 관한 구절들과 특수 치유 기도 문제를 가지고 씨름을 했다. 하나님의 뜻이었는지, 그는 우연히 유럽의 치유 사역자인 도로씨아 트루델(Dorothea Trudel)의 전기를 읽게 되었다. 이 여인은 교육을 받지 못했지만 스위스 만네도르프(Mannedorf)에 치료 기관을 건립하였는데, 치유 기도를 드리려고 유럽 전역에서 환자들이 밀려들었다. 트루델의 전기를 읽은 후에 그도 기름 바르는 의식과 함께 특수 치유 기도를 시작하기로 했다. 기도를 시작한지 얼마 되지 않아 그는 암이나 결핵과 다른 질병들이 기도를 통하여 치유되는 것을 목격할 수 있었다.

1873년에 그는 만네도르프를 방문했다. 트루델은 1862년에 세상을 떠났지만 치료 기관은 이전처럼 왕성하게 운영되고 있었다. 컬리스 박사는 신체적 질병의 치료, 정신이상자의 축귀사역 등을 직접 보고 돌아와서 그와 유사한 치유 사역을 하기로 결심했다.

1873년 이후, 질병 치유를 위한 기도는 결핵 요양원의 일상적인 일이 되었으며 치유되는 사례들이 엄청나게 많아지게 되었다. 치유자로서의 그의 명성이 자자해 짐에 따라 각종 질병으로 시달리는 사람들이 전국에서 그에게로 모여들었다.

그의 통상적인 치유 방법은 먼저 환자와 인터뷰를 하고 의학적으로 치료를 한 후 환자의 신앙 상태를 점검하는 것이었다. 그는 때로는 환자에게 야고보서 5:14-16을 명상하도록 지시했다. 환자가 하나님의 은총을 받을 만한 충분한 믿음이 있다고 판단되면 그는 환자를 위해 기도해 주었으며, 때로는 기름을 바르면서 기도해 주었으며, 어떤 때는 단순히 안수만을 해 주기도 했다.

흥미롭게도, 치유 사역을 과감히 공개적으로 수행한 결과 그를 따르는 사람들로 부터 많은 후원금이 들어오지 않게 되었다. 그의 후원자들은 브리스톨의 뮐러 이야기를 이미 알고 있었으므로 요양원과 고아원 등을 합법적인 기독교 실천 운동으로 기꺼이 받아들였다. 그러나 기적 종료주의의 영향을 받은 많은 사람들은 컬리스 박사의 새로운 치유 사역을 사이비성이 있는 것으로 생각했다. 일반 세상 출판사에서는 그의 활동을 칭찬했지만, 그는 교회측으로부터 심각한 반대를 받게 되었다. 1874년에 컬리스 박사의 친구인 W. E. 보드먼(Boardman)은 결핵 요양원에 관한 책을 출판했는데, 컬리스 박사를 제2의 뮐러로 묘사하면서도 치유 기도에 관한 언급은 조심스럽게 회피했다.

반대에도 불구하고 컬리스 박사는 치유 사역을 계속해 나갔다. 1879년 그는 〈신앙 치유: 혹은, 병자 치유 기도에 대한 응답〉 *(Faith Cures: or, Answers to Prayer in the Healing of the Sick)* 라는 제목의 책을 자기 소유의 윌라드 트렉트 레포지토리 출판사에서 출판했다. 이 출판사에서는 신성운동과 완전주의 전통을 따르는 수천 수만의 복음주의적 소책자와 수십 권의 책들을 발간해 내었다. 1879년 이후엔 이 주제에 대한 유럽의 책들을 재판하기도 하고 미국에서의 기독교적 치유에 관한 초기의 책들을 많이 출판했다.

컬리스 박사의 선구자적 저서인 〈신앙 치유〉 *(Faith Cures)*에는 신·구약 성경의 치유에 관한 구절들에 대해 간단한 주석을 달았고, 그가 치유 사역의 길에 어떻게 들어가게 되었는지에 대한 설명과 자신의 요양원에서 치유 받은 환자들의 간증들을 포함시켰다. 중요한 것은 신앙 치유와 의학적 치료는 대립되는 것이 아니라는 사실과 그는 자신의 치유 사역에 이 두 가지 방법을 계속 함께 사용했다는 것을 분명히 밝히고 있다.

의술과 기도를 함께 사용한 효능에 대한 견해는 당시로선 특이한 것이었다. 그는 의사로서 자신의 직접적인 경험으로부터 이러한 견해에 이르게 된 것이었다. 그러나 또 다른 요인으로는 독실한 성공회 교인인 그가 카톨릭에서는 높이 받들고 프로테스탄트에서는 외경으로 무시해 버리는 몇 가지 구약의 책들에 정통해 있었다는 것을 들 수 있다. 성공회에서는 그런 책들을 존중은 하지만 그렇다고 성경으로 받들지는 않았다. 그 중에서 "집회서"와 "솔로몬의 지혜서"에 보면 의사와 약물치료를 하나님의 은사로 찬양하는 구절들이 있다.

> 의사를 존경하여라, 너를 돌봐 주는 사람이요 또한 주님께서 내신 사람이기 때문이다.…주님께서 약초를 땅에 나게 하셨으니 지혜로운 사람은 그러한 것을 가벼이 여기지 않는다.…주님께서는 또 사람들에게 지식을 주시어 하나님의 위대한 업적을 찬양하게 하셨다. 의사는 약을 써서 사람들의 병을 고쳐 고통을 덜어주고 약제사는 약초를 섞어 약을 조제한다.… 너에게 필요한 사람이니 그를 멀리하지 말아라. 대개 건강은 의사들의 손

에 좌우된다. 그들은 그들대로 주님께 기도를 올려 환자의 고통을 덜고 병을 고치는 은총을 빈다. 그렇게 하여 환자의 생명을 건지는 것이다. 사람이 죄를 지으면 창조주의 눈에 거슬리게 되니 의사의 신세를 지게 마련이다.
(집회서 38:1-15)

이 구절들은 치유 사역이 영국의 성공회에서 행해지거나 카톨릭 교회에서 행해지거나에 관계없이 아주 중요한 영향을 끼쳤다. 왜냐 하면 그 구절들로 인해 종종 복음주의적 기독교인들의 골치를 썩게 하던 의학과 신앙간의 잘못된 갈등을 해소시켜 주었기 때문이다.

1881년에 이르기까지 컬리스 박사는 매주마다 일반 대중을 위한 치유 회합을 가졌다. 그 후 1년 뒤에는 모든 질병을 대상으로 하는 최초의 일반 치유 병원을 개원했다. 1880년대 중반에 컬리스 박사는 매사추세츠 주의 프래밍험에서 (후에는 메인주의 올드 오차드 비치에서) 여름 신앙 집회를 후원하기 시작했다. 이런 집회는 신성 운동의 천막 집회를 모방한 것으로 수천명의 사람들에게 치유 기도를 하는 방법을 가르쳤다. 전 미국과 유럽에 있는 기독교의 치유 사역자들이 초청 강사나 참석자로 그 집회에 참가했다. 집회는 신문들의 머릿기사를 장식했으며 그중 일부는 아주 호의적으로 기사를 썼다. 그 집회는 컬리스 박사의 일반 치유 예배로 끝났는데, 컬리스 박사는 오늘날에처럼 줄을 지어 서있는(치유의 줄이라 함) 수백명의 사람들에게 기름을 바르고 기도를 해 주었다.

때 이른 죽음

컬리스 박사는 1892년, 59세에 과로로 세상을 떠났는데, 과로사는 치유 사역에 종사했던 선구자들에게 흔히 발생하던 것이었다. 그는 자신의 치유 사역원들을 보스턴의 비콘 힐에 있는 큰 치유 기관에 통합했으며, 이외에도 신임 목회자들에게 신앙과 치유의 기도를 가르칠 수 있는 성경 대학을 세웠다. 불행하게도 그가 설립한 기관은 그리 오래 지속되지 못했다. 20세기초에 들어서면서 그의 기관은 일반 병원으로 바뀌게 된 것이다.

컬리스 박사는 치유에 관해 많은 강의를 했고, 실지로 다음 세대의 모든 기독교 치유 사역자들에게 영향을 주었다. 그가 치유 목회에 불러온 사람들 중에는 남아프리카 태생의 복음주의자인 앤드루 머레이(Andrew Murray)와 윌리엄 보드먼(William Boardman)이 있는데, 이들은 영국에서 중요한 치유 사역을 확립했다. 컬리스 박사를 따르던 미국의 제자들 중에는 미스 캐리 져드(Carrie Judd), A. B. 심슨(Simpson)과 A. J. 고든(Gordon) 등이 있는데, 이들 모두 뛰어난 치유 목회를 확립하게 되었다.

치유에 관한 컬리스 박사의 저서는 많지는 않지만 성경적으로 건전하고 신학적으로 성숙된 것들이다. 그는 치유 목회가 여러 가지 모호함으로 가득 차 있다는 것을 알았는데, 예를 들면 신앙심이 깊은 사람들 가운데도 계속 치유의 역사가 일어나지 않는 경우와 같은 것이다. 그의 저서에 관한 관심은 그의 치유 목회나 행정 분야의 업적보다는 이차적인 것이었다. 결국 그의 우수한 제자들이 보다 완전한 치유 신학 이론을 확립하려고 노력하게 되었다.

A. J. 고든: 치유 신학자

아마도 가장 뛰어난 신앙 치유 운동의 신학자라면 침례교의 목사인 아도니람 저드슨 고든(Adoniram Judson Gordon, 1836-1895)을 들 수 있다. 그는 자신의 훌륭한 선교 사업과 오늘날 고든 대학(Gordon College)으로 알려진 보스턴 선교 교육 기관의 창설자로 기억되고 있다. 고든은 북침례교 목사로 안수를 받았고 보스턴 지역에서 목회 하면서 일생을 보냈다. 그는 교부들의 글을 특히 좋아했으며 지성적이고 복음주의적인 목회자였다. 교회 내의 성령 활동에 대한 그의 글들은 고전으로 평가받으며 아직도 출판되고 있다. 그것들은 〈성령의 사역〉(The Ministry of the Spirit)와 〈선교 사역에서의 성령〉(The Holy Spirit in Missions) 등이다.

고돈은 유명한 크라렌돈 스트리트(Clarendon Street) 침례교회에 부름을 받아 그 고루하고 까다로운 상류층 사람들의 교회를 전국에서 가장 역동적이고 복음주의적이며 사회 활동을 많이 하는 교회의 하나로 개혁하는데 성공했다. 동시에 그는 당시 뉴잉글랜드 지방에서 세력을 떨치던 유니테리언 교파(삼위일체설을 부인하고 그리스도를 신격화하지 않고 신을 하나뿐이라고 주장하는 종파)와 효과적으로 투쟁을 했다. 그는 또한 유명한 복음주의자인 드와이트 무디(Dwight L. Moody)와 협력하여 보스턴에 커다란 부흥운동을 일으켰다.

1878년에 그의 교인들 중 개종한 중국인이 고돈에게 치유 목회를 소개해 주었다. 이미 초기 교회 글들을 폭넓게 섭렵한 고돈은 당시 치유 사역의 가능성에 대해 개방적인 견해를 가지고 있었다. 그때부터 그는 컬리스 박사의 도움으로 연구를 시작했으며 능력 있는 치유 목회를 발전시켜 나갔다.

고돈은 당시 새롭게 일어난 형제 신학(Brethren theology, 용어해설 참조)의 영향을 받았으며, 특히 성경적 예언과 재림론에 관한 달비(Darby)의 영향을 받았다. 고돈은 달비의 세대주의 사상을 받아들이긴 했지만 달비의 융통성 없는 세대주의 이론이나 기적 종료주의를 그대로 답습하지는 않았다. 또한 그가 달비와 견해를 달리한 점은 가난한 자를 먹이고 입히는 것과 같은 사회적 행동이 복음을 설교하는 것만큼이나 교회의 필요한 임무라고 믿었다는 점이다.

고돈은 자기 나름대로 세대주의적 체계를 5개의 시대로 분리했는데, 아담 시대, 유대 시대, 교회 시대(신약에서 현재까지), 다가올 천년왕국 시대, 그리고 최후의 영원 시대가 그것이다. 고돈의 세대주의적 체계에서는 다행히 현재의 치유 사역을 인정하였으나, 달비의 체계에서는 치유 사역을 인정하지 않았다. 만약 치유 부흥운동이 지속되어 주류 교단들에게 큰 영향을 끼쳤더라면, 고돈의 세대 구분 체계는 프로테스탄트들로 하여금 기적종료주의와 급진적 세대주의를 추방하게 해 주었을 것이다.

1880년에 고돈이 치유 사역을 시작할 무렵에, 메리 베이커 에디(Mary Baker Eddy)가 등장하여 그녀의 크리스천 사이언스 운동(Christian Science Movement)이 보스턴 지역에서 기반을 잡은 후 세계적으로 확산되고 있었다. 유니테리언 종파에 대항해서 성서 중심의 기독교를 옹호했던 고돈의 이런 경험은 기독교 치유에 대한 훌륭한 변증을 위한 준비 단계가 되었다. 유니테리언은 외형적으로는 성경 중심의 기독교와 비슷하지만 그 중심 사상을 보면 심각한 이단의 이론이었다. 마찬가지로 크리스천 사이언스 이론도 인증된 기독교 치유와 유사성을 가지고 있지만 성경적 기독교 밖으로 전락한 심각한 (영지주의) 이단이었다.

그래서 고돈은 기독교 치유에 관한 걸작인 〈치유 목회: 전 시대에 걸친 치유의 기적〉(The Ministry of Healing: Miracles of Cure in All Ages)이란 책을 펴냈을 때 변증적 추론으로 전면전을 양쪽으로 벌였다. 한편으로는 급진적 기적종료주의의 합의된 정통 교리에 맞부딪쳐야 했고, 다른 한편으로는 자신의 독자들에게 기독교 치유가 크리스천 사이언스가 아니라는 점을 인식시켜야 했던 것이다.

그는 강력한 변증적 추론으로서 자신의 목적을 달성했다. 그 책의 첫 장에서는 논쟁점을 약술했다. 핵심 문제는 치유가 현재에도 가능한 것인지, 아니면 과거의 사도 시대에만 가능했던 것인지(급진적 기적종료론) 하는 것이었다. 그 다음 두 장에서는 치유에 관계된 주요 구절들에 세련된 해석을 덧붙임으로써 그 문제점을 해결 지웠다. 그는 치유 운동에 참여하는 다른 사람들의 글을 토대로 하여 질병의 치유와 영혼의 영원한 구원이 어떻게 둘 다 성서적 구원의 의미를 나타내는지를 보여주었다. 고돈이 주장하는 핵심은 질병의 치유가 모든 믿는자들에게 주는 위탁의 말씀인 마가복음 16:15-20절에 포함되어 있다는 사실이다.

안타까운 일은, 고돈은 달비의 세대주의 이론을 조정하는데 몰두해 있었기 때문에, 고린도전서 12장에 언급된 다른 영적 은사와 치유의 은사를 분리하려고 시도한 것이다. 그는 성령의 모든 은사가 오늘날의 교회 시대에도 일어나는지에 대해 확신이 없었다. 더구나 그는 물을 술로 변화시킨다던가, 폭풍을 잠재우는 것과 같은 자연적인 기적들은 오로지 하나님만 하실 수 있는 일이라고 믿었다.

고돈은 그 시대의 복음 전도자들에겐 당연하게 여겨지던 반카톨릭주의에 깊이 몰두하고 있었기(성공회와 로마 카톨릭 교회 사이의 유사성에도 불구하고 컬리스 박사의 이론에도 반카톨릭적인 것이 있었기) 때문에 그는 로마 카톨릭의 기적의 증거들을 어떻게 설명해야 하는지 난감한 처지에 빠졌다. 그의 해결책은 세대주의적 분류에 따른 교회 시대를 다른 시대들로 나누어 버리는 방법이었다. 로마 황제 콘스탄틴(A.D. 313)에 의해 교회가 공식적으로 인정받은 때까지만 해도 교회는 상당히 순수했고, 그래서 기적들을 행할 수 있었을 것이었다. 그 시기가 지나고 교회가 카톨릭 시대의 미신적 모습으로 타락하게 되었을 때, 진정한 기적들은 사라졌다는 것이다. 고돈은 카톨릭 성자들이 행한 치유의 기적들을 그 시대의 강신술사들의 치유 행위와 유사하게 사탄(마귀)적 요인으로 돌렸다.

긍정적인 치유의 증거를 찾기 위해 고돈은 천년을 뛰어 넘어 종교 개혁시대로 돌아가서, 모라비아 교도(Moravians)*, 위그노 교도(Huguenots, 용어해설 참조)와 같은 신교 분파 내에서 행해진 열렬한 부흥운동 중에 일어난 치유의 기적들을 이야기했다. 그리고 그는 유럽 치유 부흥운동에 있어서 영웅적인 목회 활동을 한 도로씨아 트루델(Dorothea Trudel), 요한 블럼하르트(Johann Blumhardt), 오토 스톡메이어(Otto Stockmayer)와 같은 인물들을 서술했다. 다시 그는 신학적 견해를 언급했는데, 단지 프로테스탄트 신학자들만 인용했다. 루터가 자신의 친구인 필립 멜랑크톤(Philip Melanchthon)을 위해 치유의 기도를 해 준 일에서부터 19세기 미국 프로테스탄트 가운데 가장 뛰어난 신학자였던 호레이스 부쉬넬(Horace Bushnell, 1802-1876)에 이르기까지 서술했는데, 부쉬넬은 〈자연과 초자연〉(Nature and the Supernatural, 1858)이란 자신의 저서에서 당대의 급진적 기적종료주의를 맹렬히 공격했다.

고돈의 저서 〈치유의 목회〉(Ministry of Healing)는 예언적인 통찰력으로 결론을 맺는다. 고돈은 주장하기를 만약 치유 부흥운동이 무시된다면 자유주의 신학자들이 계속 우세한 입장을 견지하게 될 것이고, 복음주의적인 기독교계는 심각한 위협에 처하게 될 것이라고 했다. 고돈은 급진적 기적종료주의로 인해 오랫동안 지속되어온 성서와 체험 간의 분리는, 유니테리언 종파를 탄생시킨 옛 성공회에서 그랬던 것처럼, 바야흐로 주류 교단들을 전복시키려 하고 있다고 주장하고 있다.

---

* 보헤미아 형제단에 뿌리를 둔 신교 전통 중의 하나이다. 1415년에 순교 당한 보헤미아의 요한 후스에 의해 카톨릭으로부터 첫 개혁의 소리를 발하게 되었다. 1457년에 분리주의적 평화주의적 형제단이 조직되었다.

캐리 저드 몽고메리

신앙―치유 운동에서 또 한 사람의 중요한 지도자는 캐리 저드 몽고메리(Carrie Judd Montgomery, 1858-1946)인데, 이 여인의 삶과 영향력은 세 가지 중요한 기독교 운동에 미치고 있었다. 젊은 시절 몽고메리는 〈믿음의 기도〉(The Prayer of Faith)라는 책을 썼는데, 기도와 치유에 관한 고전이 되었다. 이 책은 신앙―치유 운동의 주요한 영감이 풍부한 치유 서적으로 공급되었다. 완숙한 여인이 되었을 때 "기독교인 선교자 동맹"이란 기적종료주의를 반대하는 중요한 교단을 창설하고 지휘하는 일을 도왔다. 훗날 그녀는 신망 받는 영적 장로의 한 사람으로 오순절 운동 초기의 어려웠던 여러 해를 통해 오순절 운동을 이끄는 일을 도와주었다. 그런 여러 해 동안 그녀는 월간 잡지인 〈믿음의 승리〉(The Triumphs of Faith)를 편집했는데, 이 잡지는 신성 운동, 보다 높은 삶 운동, 그리고 신앙―치유 운동의 지도자들을 주로 다루었다. 1908년 이후 그 잡지는 새로운 오순절 운동의 전망을 그 초기의 운동들과 혼합하여 다루었다. [이 잡지는 여러 교단들과 사람들로부터 아주 광범위하고 다양한 논문들과 재판들을 포함했기 때문에 굉장한 반기적종료주의 사상에 대한 굉장한 지식의 근원이며 또한 20세기로의 전환기에 미국 복음주의자들을 위한 활동 자료로 남아있다.] 그녀의 남편인 조지의 도움으로 몽고메리는 또한 가정 선교 활동에서 구세군을 원조했으며 캘리포니아 오클랜드에 있는 고아원과 은퇴 선교사 요양원을 세웠는데, 그것은 오늘날까지 존재하고 있다.

몽고메리는 뉴욕 주 버팔로의 독실한 성공회 집안에서 태어났다. 그녀의 아버지와 마찬가지로, 그녀는 교육열이 높았으며 글짓기와 시에서 재능을 일찍 나타내었다. 15세가 되자 〈버팔로 신보〉에서는 그녀의 작품을 싣기 시작했다. 불행하게도 그녀는 사범대학에 다니던 중에 쓰러져 신경 조직에 심각한 손상을 입게 되었으며, 그 후로 완전한 병약자가 되어버렸다. 그 후 여러 달 동안 모든 의학적 노력이 실패로 돌아갔으며, 그녀의 건강은 의사가 그녀의 생명을 포기할 정도로 쇠퇴해갔다.

이때 그녀의 아버지가 신문에서 신앙―치유를 하는 아프리카계 미국인인 에드워드 믹스(Mrs. Edward Mix) 여사에 관한 기사를 읽게 되었는데, 그 여인은 자신도 감리교 순회 치유 전도자인 이싼 앨런(Ethan O. Allen, 1738-1789)의 도움으로 자신의 불치병을 치유 받은 사람이었다. 가족들은 그녀가 와서 딸을 위해 기도해 줄 것을 요청하는 편지를 보냈으나, 믹스 여사는 직접 올 수가 없었다. 대신에 첫 세대 기독교 치유 전도자들이 하는 관례처럼 앞으로 한 주동안 정해진 시간에 자신이 몽고메리의 치유를 위해 "믿음으로" 기도할 것이라는 것을 설명하면서 상세한 지시 사항을 적은 편지를 보내왔다. 그 편지에서 몽고메리 여사와 그녀의 가족들과 기도 그룹이 함께 정확히 같은 시간에 기도를 하라고 지시하였다.

나는 당신이 자신을 위해 기도하기를 원합니다. 그리고 믿음으로 기도하고 그런 다음 믿음을 실천하세요. 당신이 어떻게 느끼는가와는 상관없이, 믿음으로 즉시 침상에서 일어나 걷기 시작하세요. 힘이 솟아나고, 질병이 떠날 것이며, 당신은 온전해질 것입니다. 복음서에 "너의 믿음이 너를 온전하게 만들었다" 라는 말씀이 있습니다.[41]

기적적으로 몽고메리는 지시한 대로 자리에서 일어났다. 비록 처음에는 머리도 제대로 들 수가 없었지만 말이다. 다음 몇 주 동안 그녀는 완전히 회복했다(1879년 2월). 의사들은 놀랐고, 그녀의 치유는 "버팔로 상업 광고 잡지" 에 주요 기사로 다루어졌다(1880년 10월 20일).

몽고메리는 지방 교회들로부터 치유에 관한 간증을 해달라는 요청을 받게 되었고, 부끄러웠지만 그렇게 했다. 그녀는 또한 다른 사람들을 위한 기도를 시작했으며, 크게 성공적이었다. 그녀의 간증은 고전이 된 자신의 대표 저서 〈믿음의 기도〉 안에 잘 묘사되어 있다. 그녀는 자신의 개인적인 체험, 기도와 신성에 관한 신성운동 지도자들의 저서(피비 팔머를 포함하여), 그리고 컬리스 박사의 〈믿음의 치유〉 (Faith Cures)에 있는 통찰력 등을 자신의 소재로 삼았다. 〈믿음의 기도〉는 너무나 훌륭하고, 고무적이며, 성서적으로 건전하여 그녀를 신앙—치유 운동의 지도자적 위치로 올려놓았다. 그 다음 10년 동안 그 책은 수많은 재판을 거듭했으며 몇 개 국어로 번역되었다. 그것은 신교 세계 안에서 보다 높은 삶의 운동과 복음주의적 교파들 안에서 널리 읽혀졌다.

믿음의 기도

젊은 작가인 몽고메리는 〈믿음의 기도〉에서, 초기의 많은 치유책들이 그러하듯이, 처음에 힘차고 분명하게 기적종료주의에 대항하는 주장을 하면서 자신의 입장을 확립했다. 그 젊은 작가는 힘차고 분명하게 그 일을 해 냈다. 그 책 대부분은 믿음과 효과적인 기도에 관한 것이었다. 그 책의 제3장 "믿음의 본성"은 히브리서 11:1, 8-12의 말씀을 설명하는 데 중점을 두었다. 그녀는 즉각적인 증거보다 하나님을 신뢰하고 아브라함이 한 것처럼 하나님의 약속을 믿는다고 말하고 있다. 그녀는 다음과 같이 말했다.

하나님을 믿는다는 것은 인간적인 관점에서 개연성과 가능성을 바라보지 않고서도 그 분의 말씀을 믿는 것이다. 자연 환경을 생각지 않고, 하나님께서 약속을 지키시는데 어떤 분명한 장애물이 있을 거라고 생각하지도 않고서…우리가 하나님의 섭리를 모두 볼 수 있을 때 믿는 것은 믿음이 아니다. 어떤 역경과 복잡한 환경 앞에서도 흔들리지 않는 것이 믿음이다.[42]

몽고메리는 기독교인에게 요구되는 최고의 믿음은 질병이 치유되지 않을 때 믿음을 갖는 것이라고 믿었다. 질병의 참화와 같은 육체적인 고통이 예수의 치유 사역을 통해 보여준 것처럼 성경에서 약속한 치유가 이루어지지 않을 때 기독교인의 진정한 믿음을 찾아 볼 수 있다는 것이다.

나는 얼마 전에 이 문제에 대하여 한 환자와 얘기를 나눈 적이 있다.… 그 환자는 말했다. "사람들이 저에게 좀 어떠냐고 물었을 때, 저는 별로 나아지지 않았다고 대답함으로써, 하나님을 성경에 약속한 치유를 해주시지 않는 거짓말쟁이로 만들고 있었던 거예요. 그런데 이런 깨달음의 빛을 주신 하나님께 감사드려요!"
우리는 물론 그렇지 않은데 많이 나아졌다고 말해서는 안 된다. 그러나 하나님의 말씀의 권능으로 우리가 온전해지고 있다는 사실을 말할 수 있다.[43]

그 당시 의술에 대한 몽고메리의 경험은 긍정적이 아니었다. 그녀의 두 자매가 결핵으로 죽었으며, 그 당시 의술로 최선을 다했는데도 자신의 고통스런 질병을 치료하는 데 도움이 되지 못했다. 약물에 대한 그녀의 입장은 그것을 죄로 생각하는 것은 아니지만, 믿는 자들의 신앙을 약화시킬 수도 있다는 생각이었다. "만약 내가 야고보서 5:14-15에 있는 치유의 약속을 진실로 받아들일 만한 믿음이 있다면, 약은 필요 없다고 생각할 것이며(아무리 적은 양이라도), 약을 포기하는 것은 내 신앙의 증거가 될 것이다."[44]

이렇게 굉장히 열정적이고 창의적인 여인의 삶을 자세히 다 말할 수는 없다. 캘리포니아 주의 성공적인 사업가였던 조지 몽고메리와의 결혼은 그녀로 하여금 많은 지역에서 목회 활동을 하고, 전 세계를 돌며 목회자들을 격려하고, 그리고 재정적인 염려 없이 〈믿음의 승리〉(Triumphs of Faith) 잡지를 계속 발간할 수 있게 해 주었다. 그녀가 1946년 세상을 떠났을 때 그녀는 유산으로 저서들과 교파간 조정자의 역할을 남겼었는데, 이것은 지금에 와서야 적절한 평가를 받고 있다.

반(反)의학적 극단주의

고돈, 몽고메리, 컬리스에 비교하면, 많은 다른 신앙―치유 운동 지도자들은 신학적인 이해나 성숙도에 있어서 뒤떨어졌다. 의사들과 약물 치료를 기독교적 치유 사역의 *어떤* 역할로부터도 제외시키려는 급진주의자들이 이런 사실들을 종종 언급했다. 많은 급진적 지도자들은 성령 세례가 마치 회심 체험처럼 눈 깜짝할 사이에 일어난다고 믿는 신성 운동 신학자들과 깊은 유대 관계를 맺고 있었다. 그러므로 그들은 치유의 기도 또한 즉각적으로 완전하게 이루어지는 것이므로, 약물 사용과 의학적인 치료는 믿음의 실패를 의미한다고 주장했다.

기독교 치유의 선구자이며 복음주의자인 이싼 앨런(Ethan O. Allen)은 이 입장을 받아들였다. 그의 영향력 있는 자서전과 치유 캠프에서의 간증을 통하여 보면, 하나님이 치유해 주신다는 믿음이냐, 아니면 의학적 치료냐 하는 둘 중 어느 하나를 택해야 한다는 의견을 널리 주장했다.

1881년 뉴욕 출신 장로교 목사인 심프슨(A. B. Simpson)은 메인 주의 올드 오쳐드 비치에서 개최된 컬리스 박사의 여름 집회에 참석했다가 치유 목회로 전환했다. 그는 뉴욕으로 돌아오자 치유 센터를 열어 매주 치유 예배를 들였다. 나중에 그는 컬리스 박사 다음의 제2인자가 되어 신앙—치유 운동의 대변인이며 지도자 역할을 하였다. 그는 치유 신학에 아주 중요한 기여를 했는데, 그리스도의 기름부으심과 육체적 치유 사이의 연관성을 처음으로 지적한 사람이었다. 심프손에 따르면, 메시아의 치유 활동은 이사야서 53:4-5에 예언되어 있으며, 신약의 마태복음 8:16-17에 인용되어 있다는 것이다. 심프손은 다음과 같이 기록하고 있다.

구원의 중심은 우리 주 예수 그리스도의 십자가 안에 있다. 그러므로 그 십자가에서 하나님의 치유의 근본 원리를 찾아야 하는데, 그 치유는 예수의 속죄를 위한 희생에 기초를 두고 있다. 만약 질병이 타락의 결과라면 질병도 그리스도의 속죄의 대상에 포함되어야만 한다. 왜냐 하면 저주가 있는 곳이면 어디든지 그리스도의 속죄가 있기 때문이다.[45]

유감스럽게도 그는 약물 치료를 경시했다. 자신의 저서 〈치유의 복음〉 *(Gospel of Healing)*에서 그는 치유의 기도에 대해 언급하였다.

만약 그것(치유 기도)이 하나님의 치유 방법이라면 다른 방법들은 인간의 방법일 것이다. 치유 기도를 고의적으로 거부하고 다른 방법들을 사용하는 것은 위험이 따름에 틀림없다. 왜냐 하면 믿고 순종하는 하나님의 자녀를 위해서 하나님의 말씀이 분명하게 제시해주신 더욱 훌륭한 치유 방법이 있기 때문이다…….[46]

존 알렉산더 도위

치유자들 가운데 가장 극단적인 사람으로는 존 알렉산더 도위(John Alexander Dowie)(1847-1907)가 있다. 도위는 스코틀랜드에서 태어나 호주에서 자랐으며 영국에서 의학 교육을 1년간 받았다. 의과대학에 다닐 때 소위 과학적 의학이라는 분야가 너무 확실성 없고 오류가 많은 것을 깨닫고 충격을 받았던 그는 의과대학을 떠나기로 결심했다. 영국에 있는 동안 그는 에드워드 어빙(Edward Irving)의 교회("어빙가이츠"라 부르게 됨), 카톨릭적 사도 교회, 그리고 오늘날에도 성령의 은사가 실제로 나타남을 가르치는 오순절교회의 영향을 받았다.

도위는 격심한 전염병의 와중에서 호주로 돌아오게 되었는데, 절망에서 벗어나 치유 기도를 드리기 시작했다. 그는 치유 기도로 완쾌하게 되자 곧 호주에서 중요한 치유 사역을 시작했다. 미국으로 건너가서 처음엔 캘리포니아에 살았다가 1890년에 시카고 근교로 옮겨서 "시온 도시" 공동체를 세웠다. 이 유토피아적인 기독교 공동체는 급진 신학(보편적 구원)과 미국 인민당 정책을 반-의학적 치유 사역과 혼합시켰다. 당연히 그는 성직자들과 정치가들로부터 신랄한 비판을 받게 되었다. 성직자들과 정치가들은 그의 치유의 집들을 폐쇄시키고 시온 도시를 붕괴시키려고 노력했다. 그럼에도 불구하고 시온도시는 번성했다. 나아가서, 1898년에 이르러 도위는 전 미국에 걸쳐 200개의 지방 교회를 세우게 되었다.

도위가 겪은 의학 교육에 대한 개인적인 체험은 컬리스 박사의 체험과는 정면으로 상반되는 것이었다. 도위에게 의사와 약사는 면허 받은 돌팔이 치료사 이상의 아무 것도 아니었다. 도위의 이런 생각이 완전히 잘못된 것은 물론 아니었다.

19세기 의학

19세기 중반을 훨씬 지나 대부분의 "보통" 의사들은 사실상 피를 말리고, 방혈(防血: 정맥을 절개하고 피를 뽑는 일)하고, 물집이 생기게 하는 약과 강한 하제(下劑)같은 것을 약으로 사용한 돌팔이 의사와 다름이 없었다. 자극적인 고약처럼 물집을 생기게 하는 약은 상처를 남겼으며 아주 고통스러웠다. 그러나 의사들은 그것들이 "열병을 몰아냈다"고 주장했다. 이것은 "영웅적 치료약"이라고 명명되었는데, 아마도 이 약을 사용함 후 환자들에게서 영웅적으로 참아야 할 예상된 태도 때문이었을 것이다.

지금의 우리는 그런 치료법이 가치 없는 것이라고 이해한다. 그런 치료법들은 과학적으로 실험된 적이 결코 없었으며 의과대학에서 권위적으로 좋은 치료법이리 하고 그리고 신통력이 있다고 허세로 정당화 시켰다. 최근 한 의료 역사학자는 19세기 중반까지 의학 교과서들은 환자에 도움이 되기보다는 오히려 더욱 파괴적인 것이었다고 결론지었다. 도위는 그의 의학 교육에서 이 모든 오류와 위선을 정확하게 간파했다. 19세기의 의료행위가 이러했다는 사실을 알게 되면 그 시대의 분별력 있는 기독교 치유 사역자들이 왜 약물과 의사에 적대적인 입장을 취했었는지를 명백하게 이해하는 데 도움이 될 것이다.

컬리스 박사가 실시한 동종요법 약물치료는 약초에 기초를 두고 있었는데, 비록 효과가 없었을 지라도 분명한 것은 "영웅적 치료약"보다는 덜 파괴적이었다. 그러나 19세기 중엽 이후에 의료 부문에 진정한 발전이 이루어졌다. 키니네가 발견되어 말라리아에 효험을 주었으며, 마취제는 외과 부문에서 빠르게 발전을 이루었다. 1870년대 이후에, 의사들은 점차로 질병의 세균 이론을 인정하게 되었으며, 새롭고 진짜 효과 있는 약물이 조제되고, 실험되고, 그리고 판매되었다.

신앙—치유 운동이 번성했다가 쇠퇴하는 동안에, 미국 의사들 대부분은 여전히 영웅적 약품을 취급하고 있었다. 오래된 의료 행위는 새로운 이론이 공표 되자마자 사라지지는 않았다. (어릴 때 필자는 뉴욕에서 저명한 의사에게 치료를 받았는데, 그는 계속되는 감기 약으로 겨자 반죽을 부었다. 감사하게도 나는 상처 없이 회복했다.) 1890년 후반에도 방혈은 여전히 널리 사용되고 있었는데, 특히 폐렴 치료법으로 사용되었다. 캐리 저드 몽고메리를 치료했던 뉴욕 주 로체스터의 의사들은 무엇이 그녀의 신경성 질환을 야기 시키고 있는 지 몰랐다. 그들은 쓸모 없는 여러 가지 약물들을 시도했다. 이런 관점에서 신앙—치유 반약물 입장은 확고한 영적 분별력이 있는 것으로 자리잡았으며 나중에는 정상적 약물이 효과가 있게 되는 지점에 이르러서도 하나의 정설로 굳혀지게 되었다.

어떤 면에서는, 도위의 모든 의사들에 대한 공격이 의학계를 격분시켰으며 치유 사역에 있어서의 약물의 역할에 대한 성숙한 이해를 방해하는 결과를 낳았다.

반의학적 입장의 결과

컬리스 박사가 자신을 비난하는 사람들과의 논쟁을 피하려고 애쓴 것과는 달리, 도위는 신랄하고 명쾌한 논쟁가였다. 이 때문에 그는 더 많은 공격의 대상이 되었고, 서로 상반되는 신념을 공격하는 악순환이 계속되었다. 그와 컬리스 박사는 한가지 특성을 공유하고 있었는데, 그것은 공동체를 이어갈 대표자를 길러내지 못했다는 것이다. 도위의 크리스천 카톨릭 교회는 그가 죽은 후 와해되었다. 그러나 그는 미래의 오순절 부흥운동 지도자들과 특별히 찰스 팔헴(Charles F. Parham, 1873-1929)*의 목회활동에 영향을 주었다. 근대 오순절 부흥운동을 시작하게

---

* 팔헴은 사도적 신앙운동의 창시자요 현대 오순절 운동 창설자 중의 한 분이다. 자신의 허약한 체질과 질병을 통해 성령의 치유를 믿게 되었다. 신성운동 설교자로 성화를 하나님의 은총의 제2의 역사라 하고, 성령세례를 제3의 체험이라 가르쳤다. 그의 흑인 학생인 윌리엄 시무어는 1906년 미국 LA서 "아주사 거리 부흥운동"(Azusa Street Revival)을 일으켰는데 오순절운동의 시작이 되었다.

되는 켄사스 주의 토페카에 성경 학교 등을 세운 찰스 팔헴의 목회와 신학에 영향을 주었는데, 팔헴 목사의 성경 학교는 근대 오순절 부흥운동을 주도하게 되었다.

치유 신학 이론을 받아들인 선교사들이 아프리카와 아시아에서 정상적인 의학 치료를 거부함으로써 죽어가고 있다는 보고가 대중들에게 알려지기 시작했다. 1885년 로버트 스탠톤(Robert Stanton)은 훌륭한 장로교 목사이며 저명한 치유 목사요 치유 사역 옹호자였는데, 그는 약물 복용을 거부하다가 마라리아로 죽었다. 사실 그는 영국 런던에서 개최된 제1회 국제 기독교적 치유 총회에 오는 길에 세상을 떠났다. 기독교 치유 운동을 비판하는 사람들은 이 사실을 많이 인용했다. 기독교 치유 사역자들은 크리스천 사이언스* 신봉자들과 똑같은 실수를 범하고 있는 것처럼 보였다.

유감스럽게도 1892년 이후 컬리스 박사가 죽자, 신앙-치유 운동을 하나의 일관된 반의학적 입장으로 표류해갔으며 다른 미숙한 징후들을 나타내기 시작하고 있었다. 복음주의적인 주류교회의 정상적인 교단이 되기 위해서는 질책과 수정이 필요했다.

---

* 크리스천 사이언스는 미국에서 일어난 종파로서 종교적인 치유 이론과 실천으로 알려졌다. 1866년 메리 베이커 에디가 심한 부상으로부터 자연발생적으로 회복했을 때 탄생했다. 그녀가 발견한 것은 실상은 완전히 영적이요 질병과 죽음과 같은 악은 허상이라는 것이다. 마음(Mind)과 정신(Spirit) 이외는 실상이 아니라고 한다. 그 결과 정통 기독교의 본질적인 교리인 창조, 타락, 구원을 부정하게 된다. 〈과학과 건강〉(Science and Health)(1875)과 〈성경에의 열쇠〉(Key to the Scriptures)를 출판했다.

기독교 치유 사역의 초기 논쟁

컬리스 박사의 신앙 집회는 1882년 몇몇 주요 정기 간행물들이 신앙 집회에 대한 이야기를 뉴스로 다룸으로써 대중의 관심을 끌기 시작했다. 이 초기 기사들은 대부분 긍정적인 것들이었다. 이것은 일반 출판사와 종교계 출판사에서 치유 사역에 관한 찬반 양론으로 4년간의 논쟁을 야기 시켰다.

그 논쟁은 1883년에서 1884년사이에 〈장로교 리뷰〉라는 간행물에서 절정에 다다랐다. 로버트 스탠톤(Robert L. Stanton) 목사는 치유 목회를 옹호한 반면에 말빈 빈센트(Marvin R. Vincent) 목사는 부정적인 입장을 취했다. 그 토론은 실제적으로 신사다운 논쟁이었으며 빅토리아 시대의 가치 있는 최고의 전통으로 여겨진다. 스탠톤은 고돈의 치유 신학을 소개했다. 이에 대한 빈센트의 반응과 그의 신앙—치유 운동에 대한 비평은 비난 일변도가 아니었다. 오히려 그는 오늘날에도 어떤 치유 사역에 관해 야기될 수 있는 문제점들을 거론하면서 당시의 새로운 신학에 관해 조사하고 토론한 것이었다. 빈센트는 육체적 치유를 위해 그리스도의 속죄가 과연 적절한 것인지를 강하게 논박했으며, 마태복음 8:16-17이 그런 근거를 제공하고 있다는 견해를 부인했다. 빈센트는 보편적인 육체적 치유는 하나님의 뜻이며, 야고보서 5장의 구절은 실제로 일반적인 치유 사역을 행하라는 명령이라고 확신하는 고돈의 주장에 신중하게 대처했다.

> [신앙 치유 신학과의] 우리의 진정한 논쟁은, 그리스도의 개인적 사역에 수반되고 또 사도적 교회에 부여된 기적의 힘이 현대 교회에도 영속적인 효력이 있다는 주장에서 야기된다.[47]

빈센트는 많은 치유가 하나님의 은총과는 아무런 관련이 없는 암시의 힘에 의해 이루어지는 것임을 지적했다. 그러나 그는 어떤 진정한 치유의 기적이 일어나는 것을 인정했다. 그것은 기적종료주의 교리를 흔들어 놓을 수 있다는 걸 의미했다.

조나단 에드워즈(Jonathan Edwards)는 이 운동을 좋아했을 것이다. 치유 사역은 분별력으로 토론되었으며 많은 사람들이 신중하게 받아들였다. 그 당시 필요했던 것은 신학적인 뛰어난 천재성을 지닌 조나단 에드워즈처럼 그 토론을 보다 긍정적인 결론으로 이끌어 가는 사람이었다. 안타깝게도 그런 인물은 나타나지 않았다. 1884년 이후에 논쟁은 어떠한 형태의 치유 기도에도 점차 반대하는 입장으로 되어갔다. 조나단 에드워즈 같은 인물 대신에 찰스 초운시(Charles Chauncy)에 비견되는 날카로운 풍자와, 지혜와 명성을 지닌 한 사람이 나타났다. 이 사람의 신앙—치유 운동에 관한 저돌적인 반박은 다음 장에서 다루기로 하겠다.

제10장
빅토리아 시대 바리새인들에 의한 치유 부흥운동의 붕괴

버클리가 공격을 주도하다

1885년 이후 신앙—치유 운동에 발생한 사건은 기독교 바리새주의가 어떻게 성령을 소멸할 수 있느냐에 대한 또 하나의 비극적 사례 연구가 될 것이다. 신앙—치유 운동에 대한 공격은 제임스 몬로 버클리(James Monroe Buckley, 1836-1920)가 주도했다. 그는 감리교의 유명한 간행물인 〈기독교 대변자〉(The Christian Advocate)의 주필이었다.

19세기말에 감리교는 미국 신교 가운데서 가장 큰 교단이었다. 천막 집회에나 복음 사업에 특히 열렬한 신도들이 많았다. 아이러니컬하게도, 감리교가 미국 신교 중에 가장 영향력 있는 교회가 된 것은 찰스 초 운시가 혐오하던 기관인 순회 설교자 제도 덕분이었다. 감리교 순회 설교자들은 약간의 교육을 받은 평신도 부흥사들이었다. 그들은 말을 타고 서부 개척지 변방을 따라 여행하면서 모든 정착지나 야영지에서 복음을 전했다. 다른 어떤 주류교단도 이교도화된 개척자들을 찾아다니면서 전도하는 그런 헌신적인 노력을 기울이지 않았으며, 이들 해이한 교단들은 결국 신도수가 줄고 교세가 쇠퇴되는 결과를 감수해야 했다.

제임스 버클리에 대해서 요즘은 교회 역사가들 외에는 아는 이가 별로 없지만 그 당시에는 미국 신교에서 가장 영향력 있고 존경받는 목회자의 한 사람이었다. 어린 시절에 그는 몸이 쇠약해 고통을 받았는데, 그가 20세가 되었을 때 폐결핵을 앓아 거의 죽게 되었다. 의사들이 그가 회복할 가망이 없다고 포기했을 때, 그는 스스로가 자신을 치료하는 의사가 되리라 결심했다. 심호흡과 오래 걷기를 습관화함으로써, 그는 그 치명적인 질병에서 완쾌되었다. 비록 의사들은 그에 대해 비판적이었지만, 그는 의사라는 직업을 대단히 높이 평가했다. 그는 말년에 미국에 최초의 감리교 병원을 세우는 일을 주도했다.

버클리는 변호사가 될 야망이 있었으나 대신에 목회자의 길로 방향을 바꾸었다. 목사 안수를 받은 후 그는 코네티컷 주와 뉴욕 주의 부르클린 등지의 여러 교회에서 목회를 했다. 목사가 되었다고 해서 법률에 관한 관심이 없어진 것은 아니었다. 왜냐 하면 그는 교회법 전문가가 되었으며 감리교 총회나 집회에 무서운 법규통이 되었다. 그는 법률가적인 논법이 항상 작용하는 천부적인 변론가였다. 버클리는 또한 2권으로 된 감리교 역사를 저술했는데, 이 책은 감리교의 법적 교회적 제도의 발달에는 강조점을 두었으나 종교적인 체험을 지닌 교단으로서의 감리교의 탄생에 대해서는 묵살해 버렸다.

젊은 시절부터 그는 도덕적 죄악과 정신장애 같은 문제에 굉장한 관심을 갖고 있었다. 취미 삼아 요즘의 용어로 비정상 심리학과 여러 사교에 관한 것을 연구했다. 이 연구로부터 얻은 결과를 자신의 통찰력 있는 언어로 통합하였는데, 예를 들면 심령술을 효과적인 기도와 동등한 것으로 평가했다.

내가 관심을 둔 비정상적인 상태란 사악한 상태를 말하는 것이 아니라 다만 일반적인 상황이 "상태가 나쁜" 것을 말한다. 내가 어떤 지식의 어느 분야보다도 더 많이 연구한 분야는 다음과 같다. 백치, 선천적 저능아, 정신 착란, 망상중, 환각, 비몽사몽(환희)의 상태, 정신적 혹은 육체적 전염병, 여러 종류의 공포증, 그리고 정신적 정서적 상태에 미치는 약물, 술, 채소 등의 영향 등이다. 이런 증세 외에도 비정상 상태를 일으키는 질병이나 습관도 연구했다. 또한 흔히 말하는 심령술, 크리스천 사이언스, 신앙—치유 등도 포함했다. 간단히 말하면, 모든 외과적 치료나 약물 치료의 방법들을 완전히 무시해 버리고 "심령"에 의지하거나 기도의 응답만을 주장하는 모든 근거 없는 질병 치유 방법 등을 연구했다.[48]

13세에 그는 처음으로 최면술 강습에 참석했으며 그 뒤에 강신술에 참석했다. 그는 제7일 안식일 예수 재림 교회(안식교)*가 그리스도 재림의 예언을 믿고 기다리는 것도 보았으며, 기도를 통해 죽은 자를 일어나도록 시도하는 한 무리의 밀러라이트들도 (Millerites)** 목격했다. 밀러라이트는 제7일 그리스도 재림 교회의 선각자들이었으며, 그들 중 일부는 치유 사역을 실험하기도 했다. 이런 경험에서 버클리는 하나의 결론을 이끌어 냈는데, 그것은 정상적인 신학 이론으로부터 일탈된 것은 어떤 것이라도 사이비 종파와 같다는 결론이었다.

1880년에 그는 당시 가장 영향력 있던 기독교 출판물 중 하나인 감리

---

* 제7일 안식일 예수 재림 교회(Seventh-day Adventist)와 밀러라이트 운동--미국에서 시작한 교파로서 토요일이 안식일임과 예수 재림의 임박을 강조한다. 19세기 밀러라이트 운동에 근원을 두고 있으며 예수 재림을 1843-1844으로 예견했으며 최후의 중요한 날은 1844년 10월 22일로 보았다. 1860년에 이름을 Seventh-day Adventist라 함. 교육과 의료기관을 강조하여 학교와 병원을 세움.
** 밀러라이트는 미국 침례교 평신도 목회자인 윌리엄 밀러(William Miller(1782-1849)의 이름 따서 부쳐진 이름으로 그는 다니엘 8:14의 2,300 주야를 1일을 1년으로 계산하여 아닥사스(Artaxerxes, 457 B.C.) 선언에서 예루살렘 재건을 시작으로 계산하여 예수의 재림을 1843년으로 예언했다. 그는 기성교회의 반대에 부닥쳤다.

교의 〈기독교 대변자〉(Christian Advocate)의 편집장으로 일하게 되었다. 그는 32년간 편집장을 역임하다가 1912년에 퇴임했다. 그 기간 동안은 미국 감리교의 위기의 기간이었다. 왜냐 하면 신앙—치유 운동과 오순절 부흥운동이 그 당시에 일어났기 때문이었다. 버클리는 그 두 운동에 대해 활발하게 반대 활동을 했다. 당시는 감리교회가 그 두 운동을 다 수용하여 최초의 주류교회가 되려는 찰나에 있을 때였는데, 그는 치유 사역과 오순절 부흥운동으로부터 감리교를 격리시키는 데 핵심적인 역할을 했다. 많은 감리교 신도들이 신성 부흥운동에 참여했으며 1880년대에서 1910년에 이르는 동안 많은 신도들이 신앙—치유 운동에 합류했거나, 그 후에 오순절 교회에 합류했다. 안타깝게도, 노력이 부족한 것은 아니었으나, 그들은 전 교단을 설득하여 그 운동에 참여하게 하지는 못했다. [만일 감리교가 1890년대에 오순절 교단이 되었다면 미국 교회사는 어떤 모습으로 변했을까 하는 것은 단지 상상해 볼 따름이다.]

버클리가 반대한 것들 중에는 축귀사역의 회복이었다. 축귀사역은 신교 선교사들로 인해 재발견되었는데, 중국 선교사인 존 네비우스(John Nevius, 1829-1893)의 〈귀신들림과 그 유사한 주제들〉(Demon Possession and Allied Themes)(1899)이란 저서의 출판으로 빠른 속도로 확산되어갔다. 네비우스 목사는 축귀사역의 체험이 있는 훌륭한 기독교 선교사였다. 버클리는 오늘날의 인본주의적인 심리학자와는 그리 다르지 않았는데, 그는 네비우스가 귀신들림 현상의 의학적이고 심리학적인 차원에 충분히 주의를 기울이지 못했다고 주장했으며, 따라서 네비우스가 잘못된 결론을 이끌어낸 것이라고 주장했다. 가장 중요한 것은 버클리가 체험 위주의 웨슬리식 신학으로부터 감리교도들을 격리시켜 칼빈주의의 기적종료주의 쪽으로 몰고 가기를 원했던 것이다.

버클리의 신앙—치유 운동에 대한 공격

전 생애를 통하여 버클리는 복잡하지 않고 일관된 신학적 태도를 유지했다. 그는 정치와 신학 두 분야에 완고한 보수 성향을 나타냈다. 그는 여성에게 투표권을 주거나 성직을 부여하는 것을 강하게 반대했다. [버클리를 존경하는 사람 중에 한 사람은 "버클리는 신학적인 자세도 보수적이요…개혁을 싫어하는데도 보수적이다" 라고 말했다.]

그는 확고한 기적종료주의자이며 유물론자였고, 특히 19세기 유물론에 맞추어 칼빈의 급진적 기적종료주의를 뜯어고쳤다. 그는 확실한 영적 체험은 오직 성경 시대에만 일어났다고 믿었으며, 꿈이나 환상 같은 현상들은 자연주의적 입장으로 설명할 수 있다고 믿었다.

버클리는 〈기독교 대변자〉 잡지에 자신의 주요 기사들을 실음으로써 1880년대 전반에 걸쳐 치유 부흥운동과 투쟁했다. 1886년 반치유운동에 관한 논문들과 사이비 종교에 관한 자신의 기사들을 한데 묶어서 〈신앙 치유, 크리스천 사이언스와 그 동류의 현상〉(Faith-Healing, Christian Science and Kindred Phenomena)라는 책으로 출판했다. 그 책의 목차를 언뜻 살펴보면 그의 가설을 알 수 있다. 모든 영적인 현상을(아이러니컬하게도 존 웨슬리의 많은 체험들을 포함하여) 함께 묶어서 기독교인의 삶의 표준에서 벗어난 위험한 것이라고 묘사했다. 신앙—치유는 점성학과 점술과 같은 부류로, 환상은 마법과 같은 부류로 분류했다. 그는 비록 꿈과 같은 일련의 현상들은 자연적인 것으로 분류했지만 이런 현상조차도 영적으로 의미 있는 것으로 받아들이면 기독교인들에게 위험한 요소가 될 수 있다고 생각했다.

이 책의 대부분은 비의학적 치유 문제에 할애되었다. 즉, 크리스천 사이언스 추종자, 복음주의자, 그리고 강신술사 등의 문제에 할애되었다. 그는 크리스천 사이언스를 기대감 외에는 아무 것도 불러일으키지 못하는 엉터리 종교로 보았다. 신앙―치유 운동에 대한 그의 분석은 보다 신중했다. 그는 치유 사역자들이 종종 진짜 사람들을 치유했다는 사실을 인정하면서 논쟁을 시작했다. 그러나 그는 치유 사례의 대부분이 본질상 정신―신체적(psychosomatic)현상이라고 주장했다. 즉, 하나님의 은총이라기 보다는 암시의 산물이라는 것이다. 그는 또한 의사들이 종종 가벼운 질병을 심각한 것으로 착각하여 오진을 하곤 한다고 주장했다. 그러므로, 많은 치유 사례들은 상대적으로 가벼운 질병이었거나, 또는 단순히 신체의 자연 치유 능력 덕분이라는 것이다.(마치 자신이 겪은 결핵의 경험에서처럼.)

다른 글에서 버클리는 일부 치유 사례는 정신―신체 현상 이상의 것으로 진정한 치유 기적들이라는 것을 인정한다. 이 글은 그가 치유 운동에 관대한 것처럼 보이지만, 실은 그의 인정은 프로테스탄트 독자들에게 기적을 부정적으로 말하는 논쟁과 혼합시켜 놓았다. 그는 복음주의적 치유 사역자들도 크리스천 사이언스 추종자들이나 프랑스 루어즈의 유명한 카톨릭 치유 성당과 같은 정도의 비율로 비정신―신체 의학적인 진정한 치유를 했다고 주장했다. 그래서 복음주의 치유 사역자들이 행한 치유는 유별나게 기독교적인 것도 아니며, 반드시 하나님의 권능에 의한 것도 아닐 것이라는 것이다.

이러한 주장은 버클리로 하여금 기독교적 치유에 반대하고 기적종료주의를 재확인하는 핵심에 서게 되었다. 버클리는 현대의 기독교 치유 사역자들과 예수나 사도들의 사역과의 사이에 주요한 차이점을 발견했다고 믿었다. 특별히 복음주의자들의 기적은 죽은 자를 살리거나 잘린 팔다리를 복구하는 것과 같은 예수의 치유 사역과는 비교할 수가 없다는 것이다. 나아가서 버클리는 예수는 그에게 온 모든 사람들을 모두 고쳐 주셨다고 주장했다. 이 마지막 주장은 분명히 잘못된 것이다. 왜냐

하면 예수의 고향인 나사렛에서 예수의 사역은 그 마을 사람들의 "불신앙" 때문에 실패했기 때문이다(마 13:58).

이 문제에 있어서 고돈(A. J. Gorden, 1836-1895)은 미국인의 일반적인 신앙 수준이 팔다리를 생겨나게 하거나 죽은 자를 소생시키는 것 같은 기적을 이루기엔 너무도 부족하다는 것을 일찍이 언급했었다. 버클리가 보다 나은 주장을 하는 것처럼 보였으나, 현대에 되어진 일을 관찰해 보면 고돈의 가설이 옳다는 것이 입증된다. 치유의 위대한 기적들이 일상적으로 제3세계 국가들에서 일어나는데, 오늘날의 라인하르트 본케(Reinhard Bonnke)와 같은 카리스마적 복음주의자들은 수천만의 군중들이 모이는 천막 집회에서 사도적인 기적들을 일으킬 수 있기 때문이다.

버클리는 기독교 치유 사역에 반대하여 도덕적인 논쟁을 가했다. 그는 치유 기도 쪽으로 방향을 바꾸는 것은 나약한 기독교인, 즉 고통과 고난을 받아들이기를 거부함으로써 도덕적으로 나약해진 사람을 만들어 내게 될 것이라 믿었다. 아이러니컬하게도, 이것은 그 자신이 경멸한다고 했던, 속죄의 고통이라는 고대 로마 카톨릭적 입장을 다시 공식화 한 것 이상의 아무 것도 아니다.

버클리는 능숙하게도 복음전도적 치유 사역자들을 비판하는 데 있어 그 운동의 급진적이고 반의학적인 성향에 초점을 맞추었다. 주의 깊은 독자라면 그가 기도와 의학을 결합시켜 사역하는 문제를 말 할 때, 그 운동의 창시자인 컬리스 박사를 인용하지 않았음을 알게 될 것이다. 그는 오히려 의사의 적절한 치료를 받지 못하고 죽어 가는 기독교인들에 대한 이야기를 계속적으로 부각시키고 있다. 이 문제에 있어서, 그의 논문의 대부분은 도위(Dowie)와 그의 시온 도시 목회를 공격하는데 할애되었다.

버클리는 복음전도자이던, 고대 이교도이던, 혹은 근대 크리스천 사이언스이던 치유 사역하는 자는 누구이건 아무런 차이가 없다고 결론지었다. 치유 사역자는 모두 정신(mental) 암시를 통하여 심신장애 환자(대부분)들을 치유했다는 것이다. 버클리는 비정신신체의학적 치유가 어떻게 일어났는지에 대한 분명한 질문에 대해선 다루기를 거절했다.

치유 문제에 관한 버클리의 글은 마치 변호사의 보고서와도 같았다. 즉, 그는 의뢰인의 권리처럼 자신의 보수적인 신학이론을 제시했다. 빈센트가 스탠톤과 벌였던 논쟁과는 달리 혹은 반대 입장의 진리나 강점은 묵살되었고, 그 잘못들만 강조되었다. 이것은 훌륭한 법정 제출용으로는 도움이 되지만, 진리를 성취하는 수단으로서는 보잘것없는 것이었다.

비록 단번에 알 수는 없지만, 버클리의 논쟁 방법은 보다 깊고 비극적인 실패 요소를 지니고 있었다. 버클리는 미국 부흥운동의 역사가이기도 했는데, 그는 조나단 에드워즈가 부흥운동을 평가하는 견해에 대해 잘 알고 있었으며, 그 견해에 동의하는 논문까지 쓰기도 했다. 그런데 버클리가 쓴 치유에 관한 글들은 에드워즈가 경고했던 것과 정확하게 일치했는데, 버클리는 양극단을 가지고 그 운동 전체를 평가했으며 총체적인 효과를 살펴보는 것을 피했던 것이다.

성령이 소멸당하다

버클리의 책과 기사들은 신앙—치유 운동에 반대하는 조류를 형성하는데 가장 효과적인 것으로 입증되었다. 우리의 관점에서 보면 그의 논쟁은 철저하게 결함으로 가득 찼으나, 19세기의 신학적 가설의 관점에서 보면 인상적인 것이었다. 치유 운동에 회의적인 목사라면 누구나 버클리를 인용하여 자기 교회의 호기심 많은 교인들에게 문제점을 설명했을 것이다. 버클리가 때때로 일어나는 확실한 치유 사례를 인정했다는 걸 알게된 사려 깊은 독자라 할지라도, 치유 사역 전체를 건전한 신학에 해를 끼치는 위험하고 변덕스러운 것으로 결론 지워버릴 것이다.

대체로 버클리와 그의 동료들의 공격 때문에, 신앙―치유 운동은 1890년대 중반에 이르러 와해되고 흩어져 버렸다. 훌륭한 지도자들은 세상을 떠나버렸으며, 부흥운동을 대중에게 해석해줄 수 있는 조나단 에드워즈와 같은 명성을 지닌 교육받은 신학자가 없었다. 몇 안 되는 지도자들 가운데서도 케리 져드 몽고메리 여사 같은 사람은 계속해서 자신의 치유 목회를 이끌어 나갔다. 그런 동안에 그들은 19세기 말 전환기에 나타난 오순절 부흥운동에 용해되어 들어가게 되었다. 그녀와 몇 명의 다른 지도자들은 육체의 치유를 포함한 그리스도의 속죄와 믿음의 기도의 중요성과 같은 가장 근본적인 신앙―치유 신학을 오순절 교회에 전해 주었다.

불행하게도, 반(反)의학적 신학 이론 역시 오순절교파 속으로 건너갔다. 신앙―치유 운동의 지도자 중 한 사람인 켈소 카터(R. Kelso Carter) 목사는 이 운동이 시작한 20년 이후에 이 운동에 대한 호기심을 돋구는 비평의 글을 썼다. 1897년 그는 〈20년 후에 재검토한 신앙―치유〉란 제목의 책을 출판했다. 그 때는 신앙―치유 운동은 이미 사람들의 관심 밖으로 밀려나 있었고, 다가오는 오순절 부흥은 앞으로 19년은 더 기다려야 했다. 카터는 1879년 컬리스 박사에 인해 치유를 받게되고 그 때부터 신앙―치유 운동과 관계를 갖게 되었다. 치유 기도의 실효와 그 실효에 관한 많은 사례를 인용하면서도, 그는 신앙―치유 운동의 많은 지도자들의 극단적인 견해를 비판하였다. 그는 치유를 속죄와 연결 짓는 것을 반대하여 특별히 도위의 견해에 비판적이었다.

적의 없는 정직한 설명으로 그는 자신이 어떻게 고통스런 질병을 믿음만으로 극복하려 했는가를 말했다. 그 질병은 그가 약을 복용하기까지 여러 해 동안 지속되었다고 했다. 이 사실로 인해 그는 믿음—대—약물의 문제를 재고하게 되었으며, 동시에 기도와 약물 모두를 인정하게 되었다는 것이다. 이 때는 세기의 전환기이며 옛날의 돌팔이 의사들은 근대 의술로 급격한 변신을 하고 있었다. 우리의 견해로는 카터의 예언적인 성격의 글을 환영할 수 있을 것이다. 그러나 남아있는 신앙—치유 운동자들은 이 글을 충분히 이해하지 못했다. 벌서 정통 신교 교단은 신앙—치유 운동이 사이비적이라고 고려 대상에서 제외해 버렸다.

신앙—치유 운동의 몇몇 저서들은 알려지지 않는 고전으로 남아있는데, 그것들은 신학적인 정설로서는 외면 당하고 다만 기독교인들이 치유 사역에 관한 정보가 필요할 때만 읽혀졌다. 이것은 고돈의〈치유 목회〉(The Ministry of Healing)의 경우를 보아도 사실이다. T. J. 맥크로산 (McCrossan)과 같은 부흥운동의 이류작가의 글들이 케네스 헤이긴 (Kenneth Hagin)에 의해 발견되었으며, 이 글들은 간접적이긴 하지만 지속되는 영향을 끼치면서 현재 세대로 전해지게 되었다. 치유 부흥운동에 참여한 다른 이들은 정통 속으로 후퇴해 들어가서, 사이비적이라고 낙인찍히는 위험성을 감수하기보다는 인습적인 주류교회와 교우 관계를 받아들였다.

아마도 신앙—치유 운동이 쇠퇴하게 된 가장 큰 비극은 1900년대의 오순절 부흥운동을 거부하게 하는 길을 준비하게 했다는 점이다. 버클리와 다른 사람들이 치유의 은사에 반대하기 위해 열심히 만든 신학적 논점은 쉽게 수정되어져서, 오순절 부흥운동에서 나타난 방언의 은사와 성령의 다른 은사들을 공격하는 데 이용되어졌다.

벤자민 B. 워필드의 〈가짜 기적들〉

신앙—치유 운동을 패배시킨 주장들이 1900년대 오순절 부흥운동을 반대하여 어떻게 반복되고 확장되었는지를 알려면 기적종료주의의 가장 뛰어난 작품인 벤자민 워필드(Benjamin B. Warfield, 1851-1921)의 〈가짜 기적들〉(Counterfeit Miracles)을 읽어보면 잘 알 수 있다. 워필드는 19세기의 저명한 신학자 중의 한 사람이었다. 그는 프린스턴 대학의 창설 당시까지 연장하여 연구한 칼빈주의적 프린스턴 신학 이론을 옹호한 탁월한 최후의 대변자였다.

프린스턴 신학자들은 유럽 신학 이론의 신화적 해석에 대응하여 성경무오설(無誤說) 교리를 발전시켰다. 이후에 대두되는 근본주의자들과는 다르게, 프린스턴 신학자들은 과학적인 탐구를 장려했으며, 진정한 과학은 성서적 진리와 결코 갈등관계에 있지 않는다고 생각했다.

워필드는 프린스턴 대학에서 오랫동안 재직하면서 2700명이 넘는 신학생들을 가르쳤으며, 그 유명한 〈프린스턴 신학 리뷰〉의 주필을 맡기도 했다. 복음주의자들에게는 그의 견해가 버클리 이상으로 정통 교리의 권위적인 이론으로 간주되었다. 자유주의 신학 이론이 주류 교회의 신학교를 휩쓸던 시대에 그는 자신의 신학적 토대가 칼빈과 17세기 칼빈주의 신학자들의 이론에 뿌리를 두고 있다고 자랑스럽게 선언했다.

〈가짜 기적들〉은 기적종료주의의 확실한 선언문이 되어 오늘날까지 근본주의자들에게 인용되고 있다. 이 책에서 워필드는 치유, 축귀, 그리고 성령의 은사는 마지막 사도의 죽음 이후에 정지되었다고 단호하게 다시 주장했다. 그는 증거에 공공연히 반대하면서, 초기 교회 기록을 보면 기적이 초기 3세기 동안 계속되었다는 것을 입증하지 못했다고 주장했다. 그는 기적에 대한 증거를 자신이 경멸하는 영국 교회의 잘못된 신학 이론이라고 무시해 버렸다. [즉, F. W. 풀러(Puller), 퍼시 디어머(Percy Dearmer), 그리고 19세기말 전환기에 치유의 정통 성례 신학을 개척한 영국 교회의 다른 신학자들이 주장한 이론을 의미한다.]

이와는 달리, 그는 4세기 후 로마 카톨릭 교회가 형성되면서, 기적과 초자연적인 일들이 교회 생활에서 다시 중요한 위치를 차지하게 되었다는 다소 특이한 이론을 제시했다. 워필드는 중세 시대의 카톨릭 교회의 기적들이 고대 이교도의 미신적 이야기에 그 뿌리를 두고 있으며, 기적이라는 것이 신화일 뿐이거나 암시의 힘으로 얻어진 치유의 사례일 뿐이라고 믿었다.

그는 어거스틴이 〈하나님의 도시〉(City of God)에서 치유의 기적들을 나열한 것에 대해 비판하고서, 그 부분의 전 장(章)을 카톨릭 교회의 치유 사역을 비난하는데 할애했다. 17세기 칼빈주의 신학자들이 칼빈의 축귀에 대한 의구심을 해석한 것에 동조하면서, 워필드는 교회가 확립되면서 귀신들은 지구상에서 추방되었고, 따라서 귀신들리는 현상은 일어날 수 없다고 주장했다. 그러므로 카톨릭의 축귀 의식은 이교 사상으로의 후퇴에 지나지 않는다는 것이다. 이 입장을 견지하기 위해 그는 의미심장하게도 극단적 자유주의 신학자인 독일 태생의 알프레드 본 하르낙(Alfred von Harnack, 1851-1930)의 말을 인용하고 있다.

따라서, 하르낙이 지적하듯이 "저스틴(Justin) 이래로 기독교 문헌은 축귀에 대한 언급으로 가득 차 있으며, 어쨌든 모든 큰 교회는 축귀 사역자들을 두기 마련이었다"(p.162). 그러나 이 사실은 큰 기적을 제외하고서 일반 기적들이 일어난 증거는 되지 못한다. 그 큰 기적이란, 미신이 무제한 침투하여 깊이 뿌리박고 있음으로 "전 세계와 주위환경"은 우상 숭배뿐 아니라 마귀들로 가득 차 있는데, 교회가 미신에 대항하여 투쟁하는 가운데 기독교가 승리했으며 상상가운데 마귀들에게 사로잡혀있던 고통 당하던 사람들로부터 마귀를 내쫓았을 뿐 아니라 사람들의 일상생활과 이 세계로부터 마귀들을 쫓아낸 것을 말한다.[49]

치유와 축귀에 관한 카톨릭의 전통을 불신한 후에, 워필드는 그의 관심을 신교의 신앙—치유 사역자들에게로 돌렸다. 그는 1830년대에 에드워즈 어빙 목사의 카톨릭 사도 교회(Catholic Apostolic Church)에 대해 길고 부정적인 글을 썼는데, 이 교회는 영국의 오순절교회였다. 워필드는 그 교회에서 사람들이 성령의 은사를 받아 예배를 드릴 때 감정의 폭발이 종종 일어나곤 한다는 사실을 자세히 묘사했다. 빅토리아 시대(영국 빅토리아 여왕 제위 1837-1901) 독자들에게는 그러한 감정주의가 성령과 아무런 관계가 없다는 것을 믿도록 설득할 필요가 없었다. 사실 그는 성령의 은사라고 주장되는 외적 증거들이 히스테리나 암시 이상의 아무 것도 아니라고 말했다. 어빙파(Irvingites, 용어해설 참조)를 불신할 때 워필드는 또한 당대의 오순절교인들을 관심에 두었는데, 그들은 이미 주류교회 교인들로 인해 "거룩하게 구르는 자들"(holy rollers)이라 불렸다.

워필드는 〈가짜 기적들〉 중의 제5장을 특별히 신앙—치유 운동을 비판하는데 할애했다. 그는 유럽에서 시작되어 영국과 미국으로 확산된 (컬리스 박사의 결핵 요양원처럼) 당시 성장하던 "치유의 집" 운동을 서술하면서 비판을 시작했다. 버클리처럼 워필드는 유물론적 실제론자(현실주의자)의 입장을 취하여 치유의 집에서 일어나는 어떠한 치유의 사례도 신체의 자연 회생 능력, 환자들이 치유의 집에서 받는 훌륭한 보살핌, 그리고 휴식과 음식물의 덕택이라고 했다. 워필드에 의하면 치유의 기도는 그들의 회복과는 아무런 상관이 없으며 다만 정신적인 암시의 요소를 더했을 뿐이라는 것이다.

워필드는 고돈의 치유 신학을 계속 비판해 나갔다. 이 비판에 있어서, 그는 버클리보다는 학자적이었는데, 버클리는 치유 부흥운동의 급진적 작가들에 초점을 맞추었다. 워필드는 고돈이 야고보서 5:14의 믿는자들이 환자들에게 기름을 바르고 치유의 기도를 드려야 한다고 한 말을 너무 많이 인용한다고 비판했다. 워필드는 이 구절이 단지 교회가 교회 공동체 내에서 기도하고 치유를 위한 정상적 치료 방법(의학)을 사용하라는 일반적인 명령이라고 생각했다. 분명히 그것은 기름을 사용하거나 치유를 위해 안수하라는 구체적인 명령은 아니었다.

> 야고보가 우리에게 요구한 것은 다만 우리가 건강할 때처럼 병들었을 때도 그리스도인의 생활을 해야 하며, 주님에게 의지해야한다는 것이다.…문명의 자원(資源)은 우리의 것이고 우리는 그것을 최대한으로 이용하고 있다.…그러나 참된 치유의 능력을 가지신 분은 진정한 의사이신 하나님이시다. 그 분은 중요한 약을 주시고, 수술, 친절, 그리고 간호를 해 주시는 분이시다.[50]

나아가서, 워필드는 부활할 때 모든 기독교인은 어떤 절대적인 방법에 의해 치유 받는 완전하고 영광에 찬 몸을 갖게 될 것이라고 설명했다. 그러나 오늘날 육체적 치유를 추구하는 것은 건방진 일이라는 것이다.

워필드는 치유와 성령의 다른 은사에 반대하는 자신의 중심 주장을 기적종료 이론의 재확인에 근거를 두었다. (성령의 은사는 오순절 부흥운동으로 인해 일반적 관심의 주제였다). 그는 사도행전 8:4-24에 빌립이 사마리아 사람들을 복음화시킨 사건을 인용함으로써, 그런 은사들이 오직 언제나 사도들에 의해서만 전해져 왔다는 것을 증명하려고 시도했다. 그 사건에서 회심자들은 빌립에 의해 세례 받을 때 성령의 은사를 받지 못했다. 다만 사도들(베드로와 요한)이 예루살렘으로부터 와서 그들에게 안수 할 때에야 비로소 은사를 받게 되었다. 워필드는 은사를 전수하는 일은 오직 사도들에 의해서만 이루어질 수 있었다고 결론지었다. 그는 이런 해석을 옹호하기 위해 칼빈을 인용하였다.

우리의 관점에서 보면, 워필드 보다 나은 해석은, 빌립은 세례를 위해서 완전한 삼위일체의 이름으로서가 아니라 다만 예수의 이름만을 사용해야 하는 세례의 전 과정을 잘 이해하지 못했다는 것이다(행 8:12). 그러므로 그는 새로운 회심자들에게 안수를 해야 하는 것도 몰랐다. 이것은 오순절 이후 교회의 첫 선교여행이었음으로 실수하는 일이 있었을 것이다. 아이러니컬하게도 칼빈은 바로 이 점을 발견한 것이다.[51]

워필드의 해석은 합의된 정통파의 해석학의 약점을 나타내었다. 그는 스스로를 성경적 진리의 옹호자라고 믿었으나 사실은 하나의 특수한 전통(탈무드)을 주장한 것에 불과했다. 워필드가 자신의 해석이 가치 있다고 본 유일한 증가가 될만한 것은 자신의 견해를 칼빈주의 신학과 비교하고 있다는 점이다. 워필드는 자신의 해석을 초기 교회 기록에 나타난 증거와 비교함으로써 그 진위를 판단하려 하지 않았다.(그는 초기 교회 증거들은 이미 부적절 하다고 규정하였다.) 그는 현재 생존하고 있는 신자들이 아무리 지대한 헌신과 믿음과 사랑으로 선을 행한다 하더라도, 그들의 체험은 고려에 넣지 않았다. 그것은 찰스 초운시의 이론이 그랬던 것처럼 반복되는 함정이었는데, 그 함정 속에서 합의된 정통의 가설들이 워필드가 내세운 신학 이론을 확인해 주었다.

치유 사역을 이단으로

버클리와 워필드가 신앙—치유 운동에 대한 비판을 마무리했을 때, 치유 행위는 이미 하나의 이단이요 환상으로 규정지어져 있었다. 치유 기도를 강하게 고수했던 사람들은 이단이요, 그들이 속해있던 종교 단체는 기독교 교회에 소속된 것이 아니라 사교에 불과하다는 것이다. 그러므로 그들은 하나님 나라의 한 부분으로 연구되지도 않았고 가치를 부여하지도 않았다. 오히려 그들에게 어떤 관심이라도 보이는 사람이 있다면 그건 단지 사회학 교수가 뱀을 다루는 의식을 연구하는 것과 같은 그런 호기심에 불과하다는 것이다.

그래서 오순절 교회와 현존하는 기독교 치유 운동은, 1930년대에 시작한 여름 퇴수회 캠프(CFO: the Camps Farthest Out라고함)처럼 미국 기독교 역사에 한번 반짝했던 것뿐이라고 아무렇게나 써버렸으며, 사교와 호기심의 범주로 분류해 버렸다. 이러한 사실은 저명한 신학자들인 윌리엄 워렌 스위트(William Warren Sweet)와 엘머 클라크(Elmer T. Clark)의 책에서 나타나 있다.

스위트는 미국 기독교 최초의 과학적 역사가로 불려진다. 스위트는 시카고 대학교의 신학대학 학장을 역임했으며, 미국 신교 역사에 관해 인정받은 많은 책들을 저술한 훌륭한 교회사 교수들을 그 대학으로 초빙했다.

스위트는 1930년 영향력 있는 〈미국 종교 이야기〉(The Story of Religion in America)의 초판을 출판했는데, 이 책은 그 후 30년 동안 계속 재발행되고 재편집되었다. 스위트의 전망에 의하면, 미국 주류 교회가 바로 미국의 기독교였다. 그는 근본주의자 대 자유주의자의 논쟁, 프로테스탄트 교회들의 성장과 전도 활동 등에 관심을 두었다. 그러나 미국의 루터교나 로마 카톨릭 교회는 그들의 수가 많음에도 불구하고 많은 면을 할애 받지 못했다. 오순절교회는 주목을 받지도 못했으며, 이와 유사하게 신앙―치유 운동도 언급도 되지 않았다.

폴 차펠(Paul Chappell)은 신성 치유 운동(divine healing move-ment)이라고 이름 붙인 신앙―치유 운동에 관한 학위 논문을 썼는데 1983년에 주목을 받았다.

신성 치유란 가장 흥미로운 운동 중의 하나였지만, 아직도 미국 교회의 근대사와 신학에서 논쟁의 여지가 있는 주제로 남아 있다. 이 운동은 또한 미국 교회의 중요한 발전상 중의 하나임에도 교회 역사가들이 거의 연구하지 않고 내버려두었던 것이다.[52]

동전의 다른 한 면은 고전이 된 엘머 클라크의 〈미국의 작은 종파들〉(The Small Sects in America)로서, 그의 책은 수십 년 동안 미국내의 사교 연구의 표준서의 역할을 했다. 오순절 교회는 여호와의 증인과 몰몬교와 다른 여러 진짜 사교들과 같은 것 중의 하나라는 것이다. 클라크의 견해로는 성령의 은사나 치유는 신경 작용이나 감정적인 특성에 의해 일어난다는 것이다. 이런 판단은 대부분의 주류 교회 교인들에게 1960년대까지 남아 있었다.

신앙―치유 운동의 일반적 개요는 1980년대까지 많은 교회 역사 학자들에게 잘 알려지지 않고 있었다. 이 운동이 1970년대에 재발견된 것은 다만 카톨릭 역사학자인 레이먼드 커닝햄(Raymond Cunningham)이 저술한 〈교회 역사〉(Church History)속의 한 선구자적 논문을 통해서였다. 이어서 몇 개의 학위논문과 논문들이 쓰여져 이 부흥운동에 대한 우리의 지식을 넓혀주었다. 신앙―치유 운동의 역사에 관한 한 권의 책도 아직 쓰여지지 않고 있다.

신앙―치료 운동의 이야기는 많은 비극을 담고 있다. 주류교회들이 성서(토라)보다도 통설(합의된) 신학이론(탈무드)을 우선하고, 성령의 방법보다는 전통을 선택한 것은 비극이었다. 바리새주의의 교리가 이겼던 것이다. 목사들이 이 운동을 반대하는데 개입한 것도 비극이었다. 버클리와 워필드는 교회를 위한 최선의 길을 진심으로 기원한 훌륭한 목사들이었다. 그러나 그들은 성령께서 부흥운동 참가자들을 통해 성취하고자 했던 뜻을 극적으로 놓치고 말았다. 그렇게 해서 그들은 바리새주의로 전락하고 말았던 것이다.

　무엇보다도 가장 큰 비극은 위대한 치유의 수확을 거두어들이고 오순절과 기도의 힘을 새롭게 할 수 있었던 미국적인 기독교 국가를 이루기 위한 기회를 놓치게 된 것에 있다. 그러한 기회를 잃었기 때문에 기적종료주의와 유물론적 현실주의의 거센 폭풍이 무르익어 가던 곡식을 다 파괴해 버렸다. 다만 이삭들만이 남아서 다른 이들이 집어가도록 남겨져 있었다.

지금까지의 요약

　제3부에서는 어떻게 위대한 치유 부흥운동이 미국 교회에 들어와서 꽃을 피우고 파괴당했는지를 살펴보았다. 부흥운동은 치유 기도에 관한 선구자적 문헌을 출판해 냈으며 수많은 사람들에게 치유 목회 활동을 벌였다. 그러나, 그 신학에는 극단주의와 미숙한 분야가 내포되어 있었다. 하지만 백여 년 후의 관점에서 보면 그 부흥운동이 세련된 형식은 갖추지 못했어도 하나님께서 강력하게 역사 하셨다는 것을 분명하게 말할 수 있다.

　합의된(통설) 신학이론(탈무드)을 주장하는 신학자들이 조나단 에드워즈의 통찰력을 따르고 성경(토라)을 순수하게 이해하는데 주의를 기울였다면 치유 부흥 운동은 비난을 받았더라도 살아남아서 미국 기독교의 위대한 부흥을 일으키게 되었을 것이다. 그러나 대신에 바리새주의 정신이 이기게 되어, 치유는 이단적이고 사이비적인 것이라고 규정되어 부흥운동의 완성은 1세기가 늦어지게 되었다.

　신앙—치유 운동을 거부함으로써 주류교회는 성경의 증거들을 증명할 수 있는 유사한 증거들로부터 스스로를 차단시켜 버린 것이다. 고돈이 예언했듯이 주류 교회는 자유주의 사상과 비신화화(예수와 사도들의 기적을 불신하는)의 형태로 더욱 깊은 배교의 늪으로 빠지게 되었다.

빅토리아시대의 기독교계를 살펴보면 우리는 그 신학이 마치 플라톤의 유명한 도금한 동굴의 우화 같다는 것을 알게 될 것이다. 플라톤의 〈공화국〉에는 평생을 깊은 동굴 속에서 보낸 종족에 관한 우화가 있다. 그들에게 유일한 빛은 불이었다. 물론 태양이 있다는 소문을 듣기는 했지만 믿지 않았다. 그와 마찬가지로 빅토리아 시대의 기독교인들은 평생을 살면서도 치유의 기도나 성령의 은사와 같은 경험을 느껴보지도 못하고 살았다. 그들은 단지 예전에는 기적의 힘이 있었다는 소문만 들었을 뿐이다. 많은 이들이 그 소문을 믿지 않았다. 분명히 성스럽게 살며 효과적으로 기도를 한 기독교인들도 있었다. 중국 내륙의 선교사인 허드슨 테일러(Hudson Taylor)와 같은 영웅들은 기독교 왕국을 위한 뜻 깊은 일을 해 냈다. 그런 업적들은 합의된 신학의 도움으로 이루어진 것이 아니라, 그런 신학 이론에도 불구하고 이루어진 것이었다.

고맙게도 카톨릭 교인들과 복음주의적 신교도들이 처음 1세기 동안 교회에서 고난을 겪으며 이룩해 놓은 그리스도론을 굳건히 지켰던 것이다. 그러나 성경적인 관점에서 보면, 신교와 카톨릭의 최선의 사상조차도 "상처받은 신학"이었다. 그 신학은 믿음의 기도나, 치유의 기도나, 성령의 은사에 관해 일반 신자들에게는 아무런 언급도 하지 않았다. 이런 신학적 결함 때문에 기독교인이 개인적으로 성취할 수 있는 일이나 교회가 협력하여 할 수 있는 일에 엄격하게 제한을 가하게 되었다. 의미심장하게도, 유럽이 명목상의 기독교로 미끄러져서 마침내 기독교 이후 시대(Post-Christian era)로 접어들게 되었다. 기독교가 그 중심과 정신을 반-기독교 철학에 잃어버렸기 때문이다.

기독교국의 상처받은 신학은 수세기기에 걸친 잘못된 신학과 철학의 이론에서부터 온 것이다. 카톨릭 교회는 기적종료주의를 환영하였다가, 이내 거부했으나 성경의 인물들과는 아무런 닮은 데가 없는 성자들에게 간접적인 탄원을 드리는 기도 신학을 발달시켰다. 신교 사상은 간접적 탄원의 전 체계를 부인했으나 기적종료중의를 중심 교리로 승격시켰다. 그 결과 신교도들은 치유를 위한 기도나 기적이 이루어지길 바라는 기도를 드리는 사람은 거의 없었다.

존 달비와 스코필드 성경의 도움으로, 기적종료 이론은 세대주의의 통속 교리로 정교하게 짜여지게 되었다. 세대주의는 천년왕국을 향한 신자들의 믿음에 초점을 두었으며 사회나 개인의 치유를 위한 중보기도와 행동 같은 일상적인 사역에는 관심을 두지 않았다. 장로교나 감리교와 같은 주류 교회에는 세대주의가 주요 교리로 침투하지는 않았으나, 이들 교단에서 기적종료주의 신학이 그 영향을 계속하여 종종 비신화화 쪽으로 회전하기도 했다.

서양 기독교 세계에서, 프로테스탄트와 카톨릭 모두에서, 합의된 정통은 다양한 형식의 유물론적 현실주의 철학에 의해 보강되었다. 그들은 자신들이 인식하고 있는 철학적 토대의 정도에 따라 서로 의견을 달리했다. 그들은 1960년대까지 카톨릭대학에서 계속되어온 토마스 아퀴나스의 아주 세련된 신학에서부터 아퀴나스의 철학적 가설을 상대적으로 잘 알지 못했던 존 달비의 신학에 이르기까지 다양했다. 그들 두 신학들 사이에는 주류 교회 교단들이 있었는데, 스코틀랜드식 현실주의는 합의된 정통의 표준 철학이 되었으며 필수 불가결한 요소가 되었다.

복음전도적 신앙—치유 운동의 파괴는, 합의된 정통의 철학적-신학적 가설이 모든 성경적 증거나, 개인적 증언이나, 혹은 논리적 추리 등에는 전혀 영향받지 않는 사실상의 도금된 동굴이 되었다는 것을 의미했다. 부흥운동의 지도자인 컬리스 박사와 고돈은 당시의 진정한 예언자였으나 그들의 메시지는 무시당하고 말았다.

그러나 성령은 교회에 예수의 말씀을 상기시키는 임무를 중단하지 않왔다. 만약 교회가 그 선지자들에게 귀를 기울이지 않는다면 교회는 이단들과 이방인들로부터 배워야 하는 굴욕을 당하게 될 것이다. 그 문제에 대해서는 제4부에서 다룰 것이다. 11장과 12장은 과학적 발견에 그 초점을 두었다―이교도를 통해 오게된 뛰어난 계시의 한 예이다. 구체적으로 양자 물리학을 통해 발견된 원리들은 기도의 힘을 부정하는 현실적 유물론자들의 우주관을 무너뜨리고 있다. 13장과 14장은 치유 기도에 대한 교회의 관심을 불러일으키는 데 사용된 형이상학적 이교 의식들을 논할 것이다. 제4부의 마지막 장들은 번영의 가르침의 근원, 영적 법칙, 구상화 (visualization), 그리고 신앙―이상주의를 다룰 것이다.

성·령·을·소·멸·하·는·자·들
Quenching the Spirit

제4부
양자 물리학으로부터
믿음에 이르기까지

제11장
유물론 대 현실 세계

머리말

　제3부에서는 **주류 교회 신학자들이** 어떻게 기적종료주의 신학과 기독교 유물론의 철학을 채택하여 신앙—치유 운동을 불신하게 되었는지를 살펴보았다. 기독교 유물론과 기적종료주의는 종교 개혁가운데 하나로 융화되어 신교의 합의된 정통으로 자리잡게 되었다. 기독교 유물론의 현실주의적 요소는 스코틀랜드식 현실주의의 영향으로 강화되어, 주류 교회 신학자들은 이 현실주의적 사고 방식으로부터 이탈되는 것은 어떠한 경우라도 이단과 같은 것이라는 자세를 취하는 지경에까지 이르게 되었다.

　이 장에서는, 주류 교회 신학의 합의된(통설) 가설들과는 반대로, 온건한 기독교 이상주의의 형태가 급진적 유물론보다도 이 세계를 이해하는 데 보다 나은 방법이라는 것을 말하려고 한다. 기독교 이상주의란, 사상과 언어가 어느 정도 자연 세계에 영향을 준다는 사실을 이해하는 견해를 의미한다. 동시에 기독교 이상주의는 우주와 물질의 질서는 하나님이 창조하신 것이고, 안정된 상태에 있다는 것으로 이해한다. 기독교 이상주의를 갖게 되어 신자들은 기적종료주의의 제한에 구애받지 않고 성경에 나타난 믿음과 기도의 패턴(모형)에 따라 자유롭게 자신의 믿음을 실천해 나가게 되었다. 나아가서 기독교 이상주의에 의한 성서 해석은 성서를 더욱 깊이 이해할 수 있는 길을 열어놓았다.

온건한 기독교 이상주의를 위한 논리는 단순히 공리주의적인 것만이 아니다. 오히려 그 이론은 우주가 창조되어 이상주의적 체계의 형태로 계속 운행되고 있다는 근대 과학의 발견으로부터 더욱더 명확해지게 되었다. 즉, 가장 근본적인 수준의 상태에 있는 물질은 현실주의적 유물론의 가설들에 따라 움직이지 않는다는 것이다. 이상주의와 현실주의의 논쟁이 순수하게 철학적 선택의 논점이 되던 과거 시대와는 달리, 우리 시대에는 과학의 무게가 이상주의 쪽으로 상당히 많이 옮겨가게 되었다.

현대 과학의 함축된 의미를 이해하게 되면, 우리는 19세기 사이비 종파에서 이단의 역할을 고맙게 여기게 될 것이다. 이들 종파들, 특히 크리스천 사이언스와 신—사상과 같은 종파들은 마음(mind)의 힘이 물질(matter)을 지배한다는 과장된 생각을 가진 본질적으로 이상주의자의 사이비 종파들이었다. 이들 이상주의적 사이비 종파들의 상호 교류 가운데서, 캔욘(E. W. Kenyon)과 샌포드(Agnes Sanford)와 같은 축복 받은 사람들은 온건한 기독교 이상주의를 창조해 낼 수는 있었는데, 이 이상주의는 성서적 믿음의 패턴과 성령의 은사를 이해했지만 사교 종파들의 과장과 영지주의적 교리는 외면했다.

이 장에서 우리는 우선 과학이 어떻게, 왜, 우주를 이상주의적으로 인식하게 (양자물리학) 되었는지를 개략하고, 어떻게 주류 교회 신학자들이 이런 과학의 발견을 신학에 적용하기 시작했는지를 알아보려고 한다. 다음 장에서는 기독교 이상주의의 관점에서 3가지 중요한 성서적 기적들을 논의하게 될 것이다.

이상주의적 우주의 발견

아이러니컬하게도, 세속적 기독교적 현실주의(용어해설 참조)와 유물론(용어해설 참조)이 가장 영향력이 있던 시대에(19세기에) 바로 철학적 현실주의 토대는 이미 위태롭게 붕괴되고 있었다. 이러한 붕괴는 대학의 신학자들이나 성서학자들에 의한 것이 아니라, 과학자와 수학자들에 의해서였다. 소입자(素粒子) 물리학(양자 물리학)의 원리의 출현은 이 혁명의 핵심이었다. 이 분야의 발견으로 현실주의와 유물론은 물리적 우주를 설명하는 데는 진부한 것으로 만들어 버렸다.

양자 물리학 혁명은 빛의 특성을 연구하려고 시도한 결과에서 시작되었다. 19세기 초기의 실험들에서 빛이 하나의 파장이라는 것이 입증되었다. 그러나 후에 다른 실험에서는 빛이 하나의 입자(粒子)로 행동한다는 사실도 밝혀졌다. 곧 이어서 빛은 실험의 방법에 따라 파장이나 입자로 증명되는 것이 명백해졌다. 똑같은 물질이 급진적으로 다른 모습으로 나타날 수 있다는 이 개념은 "상보성"(相補性) 이라고 불리어지고, 새로운 양자 물리학의 근본 개념이 되었다.

빛의 성질에 대한 탐구는 간단하고도 중요한 '두 개의—구멍을 통한 실험' 으로 이어졌다. 이 실험에서 하나의 빛줄기가 사진판에 투사되었을 때, 만약 빛이 두 개의 구멍을 동시에 통과하면 그 판에 하나의 파장으로 나타나고, 만약 하나의 구멍을 통과하면 한 집단의 입자들로 나타난다는 것을 보여주었다.

더 많은 실험을 통해 몇 가지 놀라운 점들이 발견되었다. 만약 어떤 사람이 두 개의—구멍을 통한 실험을 하는 동안 빛줄기를 관찰해 보면, 파장 현상이 없어져 버리고, 그 빛은 단순히 관찰 당함으로 인해 하나의 입자가 되어버렸다. 관찰자의 현존(관찰자가 현장에 있다는 것)이 그 실험의 결과를 변화시킨 것이다! 관찰을 하지 않으면 그 빛줄기는 입자나 파동의 잠재성을 지니고는 있으나 그 어느 쪽으로도 고정되어지지 않는 유령과 같은 상태로 존재했다. (만약 관찰 당하지 않고 그대로 두어두면 그 빛줄기는 결국 하나의 파장으로 나타난다.) 이 발견은 자연은 마음 (관찰자)과는 상호 관계 없이 독립적으로 작용한다는 유물론적-현실주의 과학(그리고 기독교적 유물론)의 기본 가설을 완전히 흔들어놓았다.

양자 물리학의 선구자 중 한 사람인 맥스 플랭크(Max Planck)가 행한 수학적이고 실험적인 연구 결과로, 관찰함으로써 물질에 영향을 주는 마음의 힘을 양자 물리학의 중심 공식에서 수학적으로 나타내면, $E=hf$ 가 됨을 발견했다. 이 논의에서 가장 중요한 값은 h인데, 이것은 파장으로 나타나는 빛을 하나의 입자로 깨뜨리는 마음—관찰의 에너지 값이다. 이 h는 또한 플랭크의 상수로 불려지는데, 그 값은 다만 수학자들만 이해할 수 있는 한없이 작은 수(數)들 중의 하나이다.

그 후에 h의 많은 변수로 의해 우주는 우리가 알고 있는 상태 그대로 존재할 수 없다는 것이 밝혀졌다. 만약 h가 더 작은 값이라면 파장의 기능은 깨뜨려지지 않을 것이고, 이것은 무엇보다 영상을 불가능하게 만들 것이다. 그 반면에 만약 h가 좀 더 높은 값이라면, 관찰자의 모든 생각은 극적으로 위험스러울 정도로 물질을 변화시킬 것이다. 자연이 우리의 유익을 위해 아주 미묘하게 균형이 잡혀져 있다는 것은 이제 인류학적 원리라고 불리어진다. 우주 대폭발(Big Bang)의 바로 그 순간(일부 과학자들이 창조의 순간이라고 가정하는) 많은 물질들이 제 길로 바로 찾아가서 지구상에 지성적인 생명이 가능하도록 한 것처럼 보인다.

자연에 관한 유물론자들의 견해에 가한 또 하나의 충격은 방사능의 감퇴현상, 즉 우라늄과 같은 요소들의 내부로부터 입자들이 방출되는 것은 전적으로 예측할 수 없는 무작위의 현상이라는 사실을 발견했을 때였다. 이 발견은, 하이젠베르크의 불확실성 이론에 수학적인 정의를 내리게 했으며, 또한 "상보성"과 같은 우주의 근본적인 한 요소가 되는 것이 발견되었다. 이것도 또한 뉴톤이 행성의 진행을 결정했던 것처럼 자연 세계의 진행은 정확하게 결정되어질 것이라는 유물론자들의 꿈을 흩트려 놓았다.

1920년대에 이르러 견문이 넓은 과학자들 가운데 양자 물리학에서 발견한 연구 결과가 무엇을 의미하는가에 관한 큰 논쟁이 있었다. 이런 발견 결과를 보여주는 수학적 방정식들은 전자학과 물리학에 놀랄만한 진보를 가져왔다. 사실상 전자 산업은 양자 이론이 없었다면 생겨나지도 않았을 것이다. 그러나 이런 발견의 선두에 섰던 많은 과학자들은 그 발견이 지닌 철학적 의미 때문에 혼란스러워했다. 그들은 유물론자와 현실주의자의 교육을 받은 사람들이었다. 그러나 양자 물리학에서의 모든 것을 보면, 원자 수준에서는 우주가 이상주의적(용어해설 참조) 원리에 의해 운행되며, 마음이 물질의 움직임에 영향을 줄 수 있다는 것을 나타내고 있었다.

오스트리아의 물리학자 엘윈 슈로딩어(Erwin Schrodinger, 1887-1961)는 당대의 위대한 과학자요 수학자 중의 한 사람이었는데, 그는 양자 물리학의 이상주의적 결론을 "슈로딩어의 고양이의 역설"이라고 알려진 우화에 비유하여 설명했다. 이 이론적인 모형에 의하면, 고양이 한 마리를 독가스가 든 유리병이 있는 밀봉된 상자 속에 가두어 놓았는데, 그 가스가 정확하게 50 퍼센트가 방출되면 그 고양이는 죽게 되도록 만들어졌다. 슈로딩어는 상자를 열기 전에는 고양이가 유령과 같은 상태로 죽은 것도 산 것도 아닌 상태로 있다는 가설을 내세웠다. 상자를 열고 그 고양이를 관찰하는 일 자체가 확실히 고양이가 죽었는지 살았는지를 결정하는 것과 마찬가지로, 두 개의 구멍을 통한 빛의 실험에서 관찰자가 빛의 파장으로 하여금 반응을 일으키게 해서 입자로 만드는 원리도 같은 이치라는 것이다.

　알버트 아인슈타인(1879-1955)은, 비록 그가 당대의 많은 실험과 발견에 참여하긴 했지만, 양자 물리학에 내포된 의미를 좋아하지 않았으며 슈로딩어의 고양이 같은 가설도 싫어했다. 그는 특별히 불확실성의 원리를 아주 싫어했다. 그 원리에 대한 그의 유명한 대답은 "하나님은 주사위 놀이를 하지 않으신다!" 는 것이었다.

　양자 물리학에서 발전된 공식들을 살펴본 아인슈타인은 두 개의 광자(光子, 빛의 입자)가 동일한 원자에서 나오는 것처럼 하나의 원자 근원에서 생성된 입자들이 그들이 위치한 서로간의 거리에 상관없이 어떤 특별한 방법으로 다시 결합된다는 사실을 발견했다. 하나의 입자에 어떤 변화를 가하면 순간적으로 쌍둥이 입자에 복제되어진다. 이것은 빛의 속도보다도 더 빨리 일어난다. 이 양자 물리학의 특이한 고유성은 "비지방성"(nonlocality)이라 불린다.

　비지방성을 예시하기 위해 양자 당구대가 있다고 상상해보자. 그 위에는 여러 가지 색의 공들이 있는데, 그 중 2개만 붉은 색이다. 이 공들은 단일한 근원에서 나온 것이다. 만약 내가 큐 막대기를 잡고 붉은 공 하나를 치면은 무슨 이유인지는 몰라도, 마치 보이지 않는 힘이 내가 친 공을 복제라도 한 것처럼, 다른 붉은 공도 처음의 공과 같은 형태로 움직이게 될 것이다.

　아인슈타인의 상대성 이론은 훌륭한 결과를 나타내었는데, 우주에 있는 어떠한 사건도 빛의 속도보다 더 빠르게 일어날 수 없다고 선언했었다. 입자들이 순간적으로 상호 작용할 수 있다는 양자 물리학에서의 예견은 상대성 원리와 갈등 관계에 있게 되었다. 이 갈등은 EPR 역설로 불리어졌다. 그 시대에 가능했던 모든 도구들을 가지고도 아인슈타인의 반대 이론을 실험할 수 없었다.

이상주의와 코펜하겐 해석

1927년에 양자 물리학에 관한 과학적 토론은 덴마크 코펜하겐에 있는 닐즈 볼(Niels Bohr, 1885-1962)연구소에서 열린 회의에서 클라이맥스에 다다랐다. 당대의 저명한 물리학자와 과학자들이 모여 새로운 물리학의 의미에 관해 토론했다. 볼은 그 발견들이 전통적 서구 현실주의 관점에서 보면 말이 안 되는 소리임에도 불구하고 양자 물리학의 이상주의적 의미에 대해 열광적인 지지를 보냈다. 볼의 견해는 "코펜하겐 해석"이라 불렸는데, 그 해석의 수학적 또한 실험적 승리에 힘입어서 과학자들간의 논쟁에서 계속 승리했다.

현대 과학자들은 코펜하겐 해석에 동조하고 있으며, 어느 정도이건 간에 물질이 어떤 방법으로든지 마음과 상호 작용한다는 이상주의적 견해를 수용하고 있다. 새로운 실험적 증거들이 계속 발견되고 있으며, 관찰-측정이 물질에 영향을 주는 하나의 요인이 된다는 이론의 중요성을 입증해 주고 있다.

흥미 있게도, EPR 역설이 마침내 실험되었으며, "비지방성"이 지지를 받게 되었다. 이 실험은 1980년대 프랑스 과학자 팀에 의해 이루어졌는데, 칼슘 원자에 레이저로 충격을 가하여 목표 원자들로부터 쌍둥이 광자들을 방출해 내었다. 아주 정밀한 실험도구를 이용하여 도망가는 광자들을 측정한 결과 비지방성이 예측한 것처럼 광자의 쌍에 대한 운동을 정확하게 복제한다는 사실을 보여주었다. 볼의 코펜하겐 해석은 최종적인 반대를 물리치고 승리를 차지한 것이다.

세속 학계의 반대

많은 과학자들은 양자 기계학의 원리들을 원자와 소입자(素粒子)의 상호작용 하는 세계로부터 일반 세계에 확대 해석하려는 시도에 신중을 기했다. 이들 과학자들의 논점은 일반 물질이 소원자 입자의 법칙으로 작용할 수 있는지에 관한 직접적인 증거가 없다는 것이다. 마찬가지로, 그들은 주장하기를, 양자 법칙을 심리적 혹은 영적 사건들의 영역에 확대하는 것은 합리적이지 못하다고 했다. 이런 추론을 하는 노선은 대체로 유물론적 전통을 따르는 과학자들이 옹호하는 것인데, 그들은 기계적이고 신(神)-부재의 우주 가설에 의문을 제기하는 어떤 증거에 의해서도 혼란스러워하는 과학자들이다.

반대로, 어떤 상황 하에서는 일반 물질이 양자물리학의 신비스런 특성과 함께 작용한다는 증거가 계속 쌓이고 있다. (예를 들면, 과학자들은 길이가 0.5센티미터인 전자 장치를 고안하여 단일한 원자 실체로 작용하도록 했다.)

자연 신학으로서의 양자 물리학

양자물리학의 신학적 의미는 마침내 주류교회의 문헌에 나타나고 있는데, 1985년 2월 1일자 〈크리스처니티 투데이〉(Christianity Today)에 최근 경향의 요약문이 게재되었다. 안타깝게도, 이런 문헌이 양자 물리학의 주된 발견이 코펜하겐 해석에서 명백해진 후에도 반세기가 지나서야 나타났다.

더욱 안된 것은, 비기독교 작가들이 동양의 신비주의에 기초하여 양자 물리학을 설명한 몇 권의 유명한 책들을 출판해 낸 다음에야 주류 기독교 저서들이 쓰여지기 시작했다는 사실이다. 그런 저서 가운데 가장 중요한 책은 1976년에 출판된 프릿츠 케프라(Pritjof Capra)의 베스트 셀러 〈물리학의 도교사상〉(The Tao of Physics)이다. 이 책은 양자 물리학과 동양 신비주의 교리간에 선명한 평행선을 긋고 있다. 이 책은 많은 유용한 통찰력으로 가득 차 있지만, 양자 물리학이 동양 신비주의의 한 분파라는 인상을 주고 있다. 이런 맥락으로 몇 권의 다른 책들이 더 쓰여졌다.

일반 세속의 비평가들조차 양자물리학과 동양 신비주의를 연결한 일은 선전 이상의 것 외에 아무 것도 아니라고 생각했다. 양자 혁명에서 진정으로 이룩된 것은 과학의 전통적인 고지식한 현실주의를 파괴해 버렸다는 것이다. 이러한 동양 사상적 해석은 서구 유물사상에 의해 생겨난 영적 이해의 진공상태를 채워주기 위한 일시적인 가설로서 평가되어야 한다.

관찰자의 중요성을 강조하게 되자 터무니없이 추론적인 이론들이 나오게 되었다. 일부 연구자들은 우주는 다만 우리가 그것을 관찰하기 때문에 존재할 수 있다고 주장하기도 하고, 우주의 창조조차도 우리가 현재 우주를 관찰하기 때문에 이루어졌다고 주장하기도 한다. 또 다른 추론적 이상주의 해석의 예를 들자면, "많은 우주" 이론이 있다. 이 이론의 관점에 의하면, 우리가 결정을 하는 순간 순간마다, 슈로딩어의 상자의 뚜껑을 여는 것처럼, 우주는 죽은 고양이냐 살아있는 고양이냐 하는 두 가지의 가능성으로 나뉘어진다는 것이다. 이 현상은 각각의 인간이 결정을 하는 순간마다 새로운 우주를 창조해 내게 되므로 이 현상은 무한히 반복적으로 나타난다.

케프라(Capra)와 다른 과학자들에 의해 이루어진 동양의 신비주의적 해석이 그럴듯하게 보이는 것은 양자 물리학의 영적인 의미가 일반적인 성격을 띠고 있기 때문이다. 그런 해석은 많은 종교 체계의 내용으로 설명 할 수 있으며, 기독교 전통으로 보면 자연 신학의 범주에 속한다. [앞에서 말했듯이 자연 신학은 인간이 이성과 양심에 의해서만 하나님과 도덕성에 대한 것을 안다고 하는 이론과 관계가 있다.] 바로 그런 특성에 의해 자연 신학은 불완전하고 잘못된 해석에 빠지기 쉽다. 예를 들어,

바울은 "그가 만드신 만물에 분명히 보여 알게되나니"(롬 1:20)한 것처럼 창조물을 보고 창조주를 안다라고 지적하고 있다. 그러나 창조는 하나님에 대한 자연 신학만을 제시해 줄 따름이지, 하나님의 특성인 사랑에 찬 아버지로서의 특성을 나타내지는 않는다. 이것은 계시로부터 오는 것이다. 성서의 특별한 바른 가르침을 수반하지 않는 자연 신학은 잘못된 결론이나 위험한 이론의 표본으로 흘러 들어갈 수 있다. 마치 희랍 신화의 아버지—제우스신이 너무 욕정이 큰 나머지 작은 신들과 싸움을 벌이게 되었다는 이야기처럼 말이다.

다음 장에서는 양자 물리학의 자연 신학이 기독교 신학에 대해 내포하고 있는 의미를 살펴 볼 것이다. 다시 말하면, 양자 이상주의의 통찰력을 성서적 계시에 적용시키면 무슨 현상이 일어나는지를 살펴보려는 것이다.

제12장 양자 물리학의 영적 측면

양자 법칙과 성서적 영성

주류 신학자들은 마침내 양자 물리학의 신학적 의미를 다루게 되었다. 그 결과 성경의 이해와 평가에 새로운 영역이 열리게 되었다. 그러나 양자 물리학이 성경의 특별한 교리를 확인시켜 주기를 요구하는 것은 마치 양자 물리학의 동양 신비학파가 오류를 범한 것처럼 잘못된 일이다. 그 결과로 오는 유추는 성경적 계시의 확신을 통해 확장되고 수정되어온 양자 물리학의 자연 신학 위에 기초를 둔 것임을 이해해야만 한다. 유추는 암시만 하는 것이지 결코 증거를 제시하지는 않는다.

양자 물리학 이론을 통해 알 수 있는 것은, 기적종료주의 신학을 지지하는데 사용되어온 급진적 유물론의 철학은 실제로 일어난 모든 사건들을 설명해 주는데는 부적절하다는 것이다. 그렇지만, 기적을 단순히 양자 물리학의 관점에서 보게되면 요점을 놓치게 된다. 기적이란 우리의 현재의 (타락한) 우주의 자연 질서를 변화시키는 하나님의 역사를 말한다. 어떤 방식으로든 하나님의 뜻과 권능은 성서적으로 말하는 믿음의 "기능"을 통하여 인간의 마음과 협력하는 것이다. 어떤 기적은, 최초의 창조에서처럼, 순수하게 하나님의 주권적인 역사이다.

상보성, 비지역성, 기독교 교리

상보성(相補性)은 양자 이론에서 첫 번째로 발견된 원리이다. 이 원리는 영적 생활의 유추(유사성)에 첫 번째로 잘 적용된다. 빛이 파장이기도 하고 입자이기도 한 것 같이, 상보성은 한가지 이상의 현상이 나타나는 현실을 다루고 있다는 점을 생각해 보자. 상보성은 일상의 논리와는 너무나 다르기 때문에 인간의 지성으로 여러 가지 상보성을 이해한다는 것은 거의 불가능하다. 상보성은 진리로 이해되기보다는 오히려 진리로 수용된다.

성서적 계시에 보면 그러한 기본 상보성의 예들이 많이 있는데, 이것은 전통적으로 신비(미스터리)라고 불려진다. 예를 들어, 예수님은 인간인 동시에 하나님이시며, 인간은 자신의 영적 운명을 선택할 자유가 있지만, 하나님은 하나님 나라에 들어갈 자들을 예정해 놓으신 것이다. 이런 신비들을 상보성으로 이해될 수 있을 것이다.

"비지역성"도 영적 세계에 유추된다는 것 또한 이해하기가 쉽다(하나의 입자에 일어나는 변화가 같은 근원에서 파생된 쌍둥이 입자에서도 복제되어 일어나는 경우). 기독교 문헌에 보면 그런 예들이 너무 많아서 그 중에 어느 하나를 강조하여 예를 들어야 할지 모르겠다. 필자가 이 책의 양자 물리학 부분을 쓰고 있을 때, 우연하게도 찰스 파라(Charles Farah)의 〈성전의 첨탑으로부터〉(From the Pinnacle of the Temple)란 책의 "마티의 죽음"(Marty's Death)이라는 장(章)을 읽고 있었다. 이 장에서 파라는 어떻게 자신이 다니는 교회에서 암에 걸린 목사부인 마티를 낫게 해달라고 열심히 기도했는지를 설명하고 있다. 그토록 열광적인 기도 사역에도 불구하고 마티에게 어떤 육체적 치유의 징후도 나타나지 않았다. 그러나 영적 비지역성의 극적인 징조가 나타났는데, 많은 중보기도자들이 그 암환자의 고통을 체험하게 되었으며, 마침내 마티는 암

환자들이 갖는 그 끔찍한 최후의 고통을 겪지 않게 되었다.

아주 유사한 경우가 C. S. 루이스(Lewis)의 아내인 조이(Joy)에게도 일어났는데, 조이는 암으로 죽어가고 있었다. 마티의 경우처럼, 루이스는 조이의 고통을 대신 받게 해 달라고 기도를 드렸을 때, 조이의 고통은 완화되었다. 유물론자들은 이런 이야기들을 아직도 믿지 않으려고 할지 모르나, 그런 현상들이 자연 법칙과 관계가 없다고 더 이상 주장하지는 못할 것이다.

주님의 성찬식에 관한 바울의 설명도 또한 비지역성의 원리를 나타내고 있다.

> 우리가 축복하는 바 축복의 잔은 그리스도의 피에 참여함이 아니며 우리가 떼는 떡은 그리스도의 몸에 참여함이 아니냐. 떡이 하나요 많은 우리가 한 몸이니 이는 우리가 다 한 떡에 참여함이라.(고전 10:16-17)

성찬식 때 교인들간에 비지역성을 창조하는 능력은 영국의 과학자이자 신학자인 존 폴킹혼(John Polkinghorne)의 저서 〈하나의 세계: 과학과 신학의 상호 작용〉 *(One World: the Interaction of Science and Theology)*에 나타나있다. 폴킹혼은 오랫동안 캠브리지 대학에서 입자 물리학 교수로 있었으나 1979년에 사퇴하고 영국 성공회의 목회자가 되었다. 그는 현재 영국의 과학 단체에서 기독교 변증학자의 대가(大家)로 있다.

제1의 관찰자이신 하나님

앞에서 우리는 양자 물리학의 등식이 창조가 일어나서 완성되는데는 관찰이 필요하다는 사실을 제시하고 있음을 보았다. 이러한 사실이 창조에 있어서 인간의 역할에 대한 놀라운 추측을 하도록 유도했다. 양자 물리학의 자연 신학은 이 세계가 존재하는데는 마음-관찰이 필요하다는 것을 제시하는 동시에, 계시는 그 마음의 실체가 누구인가를 우리에게 말해주고 있다. 창세기 1장에서는 무려 일곱 번이나 우주를 창조하시는 하나님과 그 창조된 것을 보시고 만족하시는 하나님의 모습이 연결되어 나타난다. 창세기 1:31은 이 점을 아주 분명히 하고 있다. "하나님이 그 지으신 모든 것을 보시니 보시기에 심히 좋았더라." 이 말씀에 의하면, 우주의 안정성과 지속성의 궁극적인 근원은 인간이 아니라 하나님이심이 드러난다(다행한 일이다).

양자 신학 이론에 있어 아주 중요한 질문은 이것이다: 왜 일반 물질은 비지역성과 반응성의 신비로운 특성들을 마음에 더욱 쉽게 나타내지 않는 것일까? 바울은 과학적 논쟁을 정의하기보다 1900년 이전에 이미 이 문제를 제기했었다. 그는 하나님께서 당신의 전체 계획의 목적을 위하여 일반 세상의 영적 행동을 숨기시고 계신 것을 알았다. 그러나 때가 차면 일반 물질은 그 진정한 영적 기능을 부여받게 될 것이다.

> 피조물이 고대하는 바는 하나님의 아들들이 나타나는 것이니 피조물이 허무한 데 굴복하는 것은 자기 뜻이 아니요 오직 굴복하게 하시는 이로 말미암음이라 그 바라는 것은 피조물도 썩어짐의 종노릇 한데서 해방되어 하나님의 자녀들의 영광의 자유에 이르는 것이니라 피조물이 다 이제까지 함께 탄식하며 함께 고통을 겪고 있는 것을 우리가 아느니라(롬 8:19-22).

양자 이론의 관점에서 보면 이 구절은 하나님이 우리의 안전을 위해 낮은 h 값(앞장을 보라. 파장으로 나타나는 빛을 하나의 입자로 깨뜨리는 마음―관찰의 에너지 값)을 가지고 우주를 창조하셨다는 것을 의미한다. 하나님은 인간이 하나님의 아들과 완전한 합일을 이루게 되기 전에는 높은 값의 h는 혼란을 야기시키게 되고 마음은 마술사들이 서로 다투는 전쟁 상태가 되리라는 것을 알고 계셨다. 선택된 자가 "그리스도 안에" 있게 되고 "그리스도의 마음"을 갖게 될 때 그러한 위험은 존재하지 않게 된다.

잃어버린 기회

양자 물리학을 기독교 신학에 적용하는 일은 50년 이상이나 주류 교회 신학자들에 의해 외면당했다. 1970년대 후반부터 기독교 과학자─신학자들이 훌륭한 업적을 이루기 시작했는데, 사실 그 일은 1930년대에도 가능했었던 일이다. 만약 그랬다면 영적 세계의 실상과 기적의 실상은, 그 당시 파시즘과 맑시즘에서 진리를 추구하던 유럽과 미국의 지성인들에게 갱신된 힘으로 선포될 수 있었을 것이다.

그러나 반대로 1920년에서 1980년에 이르기까지 주류교회 기독교 신학은 극도의 배교와 이단의 시기를 겪어야 했다. 미국에 있는 주류교회 신학교들은 유럽의 형식을 따랐으며, 니체나 맑시즘 철학의 여러 형태와 연결되어 소위 성경의 고등 비판(신화 성서해석)을 채택했다. 이런 신학 이론들은 유물론적 세계관을 따랐으며, 기적은 현대 과학과 양립할 수 없기 때문에 현대인은 기적을 믿을 수 없다고 선언했다. 그러므로 기적이 과학적인 면에서는 쓸모 없게 되어버린 이후 반세기 동안 주류교회 신학은 유물론적 교리를 가르쳤는데, 이 교리는 기적이란 과학적으로 불가능하며 언어와 사상은 자연 세계에 영향을 줄 수는 없다는 것이었다.

1950년대에 성공회 목회자인 돈 그로스(Don H. Gross)는 양자 물리학이 성서적 세계관을 유추적으로 확인해주는 좋은 소식을 어떻게 주류교회 신학자들이 고집스럽게 저지했는가를 열거했다. 그로스의 〈영적 치유 사례) *(The Case for Spiritual Healing)*는 양자 물리학과 치유의 관계에 대하여 선구자적인 서술부분을 포함하고 있다. 그러나 그 견해를 일반 대중들이 받아들이기에는 시기 상조였다.

그로스는 세계 2차대전이 끝난 직후 물리학 박사 학위를 받았다. 그는 성공회의 목회자로 부름을 받아 1949년에 안수를 받았다. 치유에 관한 그의 관심은 1949년에 성공회 교단에서 치유 목회의 개척자인 알프레드 프라이스(Alfred Price)의 강의를 통해 불붙기 시작했다. 곧 이어서 그는 캐드린 쿨먼(Katherine Kuhlman)의 몇몇 집회에 참여하고 여러 가지의 치유 사례들을 목격했다.

그로스가 신학교 교수들에게 영적 치유의 증거를 제시했는데도, 그 증거들이 아무리 잘 쓰여졌다고 하드라도, 교수들은 그 연구를 검토하지도 않았을 뿐 아니라 기적종료 이론과 기독교 유물론을 수정하려고 하지도 않았다. 그들의 신학과 반대되는 자료는 받아드려지지도 않았다. 교수들은 기적이 양자 물리학적 관점에서 어떻게 가능한 것인지를 열정적으로 발표하는 그의 의견을 정중하게 들어는 주었으나, 교수들의 믿음에는 아무런 영향을 끼치지는 못했다. 영적인 면에서, 자연신교 신학과 그 신학과 연관된 현실주의적 유물론 철학이 교수들의 지성 위에 정신적인 요새를 단단히 쌓아놓은 것이었다. [과학사를 연구해보면 지적 타성은 현재의 견해를 "도금한 정통"으로 유지하기 위해서 가끔 미지의 것에 대한 공포심을 갖게 된가는 것이 나타났다.]

기적과 기독교 신앙-이상주의

양자 물리학의 유추이론과 그 이상주의적 의미가 성서 해석학에 얼마나 도움이 되는지를 알아보기 위해 다시 성경의 몇 가지 기적 사건들을 보기로 하자. 최초의 기적은 일관되지 않은 믿음의 예를 우리에게 보여

주는데, 베드로가 물위를 걷는데 실패한 이야기가 있다(마 14:28-31). 이 사건에서 베드로는 예수님께 자기를 불러달라고 요청함으로써 기적을 일으키려한다. 예수님이 그를 부르자 베드로는 물위를 걷게 된다. "바람을 보고 무서워 빠져 가는지라 소리 질러 이르되…" 예수님께서 베드로를 구해준 후, 이런 말씀으로 베드로를 꾸짖으신다. "믿음이 적은 자여, 왜 의심하였느냐?"

이 사건이 특별히 교훈적인 것은, 이 사건은 기독교 유물론의 주권-유일 이론에 치명적이기 때문이다. 비록 하나님의 주권과 능력(예수님을 통한)이 베드로가 물위를 걷는 일의 기초가 되긴 했지만, 처음에 물위를 걷고 곧 빠지게 되는 결과를 결정하는 것은 베드로가 믿음으로 실행하고 곧 두려움에 빠진 베드로의 마음과 영력(靈力)에 달려있었다. 만약 기적의 중요한 유일한 요인이, 하나님의 주권이 베드로가 물위를 걸을 수 있다고 결정한 것이었다면, 베드로가 무서워한 것도 아무런 문제가 되지 않았을 것이며 예수님의 책망도 아무런 의미가 없었을 것이다. 이와 비슷한 결론이 예수님이 고향 나사렛에서 사역에 실패한 사건에서도 내려져야 한다(마 13:54-58, 막 6:1-6, 눅 4:16-30). 마태는 다음과 같이 요약했다. "그들이 믿지 않음으로 말미암아 거기서 많은 능력을 행하지 아니하시니라." 또다시 주권-유일 이론은 실패한 것이다.

믿음과 슈로딩어 고양이의 부활

양자 물리학은 관찰이 그 물질의 구조를 완성한다고 주장한다. 성경은 믿음이나 예상된 관찰이 사건의 과정을 완성시키는 것뿐만 아니라 변화시키기도 한다는 것을 보여주고 있다. 신약에 중심 되는 믿음의 정의를 보자. "믿음은 바라는 것들의 실상이요 보이지 않는 것들의 증거니"(히 11:1). 구약과 신약에서 나타나는 두 번의 소생 사건이 이 정의를 아주 분명하게 설명해 주고 있다.

　첫번째의 소생은 수넴의 귀부인의 아들이 다시 살아나는 사건이다(왕하 4:8-37). 엘리사와 그의 시종 게하시가 이 여인의 집을 종종 들렀는데 그 여인은 엘리사가 선지자임을 알아차렸다. 그녀는 그를 위해 특별히 방을 만들어 주었다. 엘리사는 친절에 보답하기 위해 그 여인이 잉태되기를 기도했다. 왜냐 하면 그녀는 자녀가 없었고, 남편은 늙었기 때문이었다.

　1년이 못되어 그녀는 아들을 낳았다. 그 후 그 아들이 소년이 되었을 때 열병에 걸려 그녀의 무릎에서 죽었다. 그녀가 취한 즉각적인 행동은 아주 의미 심장한 것이었다. 그녀는 아무에게도 이야기하지 않고 급히 아들을 엘리사의 방의 침상에 뉘어 놓고 문을 닫고 나와서 선지자에게로 달려갔다. 왜 가느냐고 남편이 물었을 때 그녀는 대답하기를 "평안이니이다"(23절) 하였는데, 이 뜻은 영어의 "괜찮아요" 이다.

　그녀가 엘리사의 집에 도착하기 전에 엘리사는 무슨 문제가 생겨서 그녀가 비통해 하고 있다는 걸 감지했다. 그는 게하시를 보내어 물었다. 게하시가 가족들의 안부를 묻자 그녀는 "평안하다"(26절)고 대답했다. 선지자의 앞에 와서도 그녀는 "아들이 죽었어요!"라고 소리치지 않았다. 다만 신중하게 선지자에게 그의 기도로 인하여 아들이 태어났음을 상기시켜 주었다.

　엘리사는 이내 알아차렸으나 문제를 입 밖으로 내지 않았다. 그는 게하시를 미리 보내어 그가 쓰는 지팡이를 소년의 몸 위에 놓게 하고 그 어머니를 따라 나섰다. 엘리사와 그 여인이 도착하기 전에 게하시가 돌아와서 지팡이가 아무런 도움을 주지 못했으며 아직 소년이 "깨어나지 않았다"는 소식을 전해주었다(31절). 엘리사가 그 방에 들어가서 문을 닫고 하나님께 기도했다. 그리고 두 번 아이의 몸 위에 엎드렸다. 그 소년은 소생하게 되었고 그의 어머니에게로 돌아갔다.

　기독교 유물론의 입장에서 보면 그 사건의 행동과 대화가 이해하기 힘들 것이다. 수넴의 여인은 착각하고 있었다. 다 "평안"한 것이 아니었다. 그러나 예상된 관찰의 영적 힘이 사건을 변화시킬 수 있다는 이상주의적 견해에서 보면, 그들의 대화나 행동은 완전한 의미를 전달하고 있다.

　이 사건에서 어느 누구도 소년이 죽었다고 말하지 않았다. 여인의 행동은 분명히 죽음 그것을 생각하고 있었지만 그녀는 고통 속에서도 입 밖에 내어 말하지 않았다. 오히려 반대로, 그녀는 모든 것이 괜찮다고 주장했다. 마찬가지로 엘리사나 게하시 조차도 죽음이라든지 죽었다라든지 하는 단어를 사용하지 않았다. 게하시가 주인의 지팡이가 소년을 소생시키지 못했다고 보고했을 때에도 그는 "깨어나지 않았다"는 말을 사용했다. 그는 지팡이에 있는 하나님의 듀나미스(dunamis, 능력)가 기적을 완성시키기엔 충분치 못했다고 보고하고 있다. 엘리사는 계속 시도했다. 기적은 그의 기도와(기독교 유물론에서 보면 이해 가능한 전체 사건 중의 한 요소) 소년의 몸 위에 엎드림으로써 하나님의 듀나미스가 더 많이 그를 통해 소년에게 들어가게 하여 완성되었다. 성경에 나타난 계시에 의해 (양자 물리학의 자연 신학에 의해서가 아니라) 우리가 이해할 수 있는 것은, 믿음으로 말한다는 것은 지극히 능력 있는 형태의 관찰이라는 사실이다.

　이와 비슷한 사건이 야이로의 딸을 소생시키는 예수님의 사역에서 나타난다(마 9:18-16, 막 5:21-43, 눅 8:40-56). 마태, 마가, 누가복음은 그 사건에 관해 여러 가지로 상세히 설명하고 있지만 그 결과는 명확하다. 야이로는 예수님을 만나서 '죽어 가는 딸의 침상으로 와 주십시오' 하고 요청한다. 예수님은 길을 떠나는데, 도중에 혈루증을 앓는 여인을 만나 고쳐준다. 그때, 야이로의 딸이 죽었다는 소식이 온다. 예수님은 야이로에게 "두려워 말고 믿기만 하라 그리하면 딸이 구원을 얻으리라" 하고 안심시키신다(눅 8:50).

야이로의 집에서 예수님은 군중들에게 "울지 말라 죽은 것이 아니라 잔다"(52절)고 말씀하신다. 그들은 비웃으며 야유한다. 그러나 예수님은 그들을 물리치시고 제자들과 그 부모와 함께 딸의 방으로 들어간다. 예수님은 딸의 손을 잡고 일어나라고 명한다. 누가는 이렇게 기록한다. "그 영이 돌아와 아이가 곧 일어나거늘"(눅 8:55).

기독교 유물론의 견해에서 보면 이 사건의 연속성과 내용 역시 이해하기 어렵고 모순적이다. 예수님은 그 소녀가 잔다고 말씀하셨다. 이 말의 뜻은, 하나님이 주신 지혜로 예수님은 그 소녀가 단지 혼수상태에 있다는 걸 아신 것이다. 물론, 군중은 당시의 짧은 의학적 지식 때문에 그 사실을 몰랐을 수도 있다. 그러나 누가는 그녀가 정말 죽었다는 것을 확인하고서 "그의 영이 돌아와"라고 했다. 현실주의적 성서해석에 의하면 예수님이 잘못 알았거나 거짓말을 한 것이다.

분명히 이런 해석은 어느 복음주의자의 의도나 인식도 아니다. 군중과 소식을 전한 사람이 옳았다. 그 소녀는 죽은 것으로 관찰되었다. 그녀가 자고 있다고 말함으로써 예수님께서 확신하고 있는 것은, 처음의 소녀의 죽음에 대한 관찰 결과가, 믿음을 보시고 응답해 주시는 하나님의 능력에 의해, 무효로 되어버릴 수 있다는 사실이다. 이것은 스넴의 여인이 하나님의 능력은 아들의 죽음을 바꿔놓을 수 있다는 것을 믿은 것과 같다. 예수님이 잘못 판단하거나 거짓말을 한 것도 아니며, 군중이 잘못 안 것도 아니었다. 예수님은 오히려 당신의 말씀을 기적의 한 부분으로 사용하셨든 것이다.

양자 물리학의 유추(비유)로 입증된 우리의 성서해석(기독교 신앙—

이상주의)과 18세기 과학에 기초한 기독교 유물론의 성서해석 사이에는 커다란 차이가 있음을 알 수 있다. 유물론적 과학을 이해한다는 것은, 영적 활동과 물질적 질서 사이에는 급진적인 불연속성이 존재함을 더욱 강조했지만, 그런 불연속성은 이제 증발되고 말았다. 영적 질서는 우주의 근본 법칙과 함께 이제 모순이 아니라 조화 속에 작용한다는 것을 이해할 수 있게 되었다. 양자 물리학과 영적 삶 사이의 유추를 보면 창조주의 마음속에 있는 연속적인 의도가 계시되고 있음을 알게 된다. 하나님은 소입자에서 대천사에 이르기까지 우주가 영적인 존재가 되도록 할 작정이셨다. 하나님의 소립자에 대한 법칙은 영적인 목적을 위해 창조된 우주의 첫 단계이다.

필자가 말하려고 하는 것은 기독교의 영적인 삶이란 양자 물리학의 법칙을 기계적으로 수행하는 것이 아니라는 것을 분명히 하려고 한다. 오히려 필자가 추구하는 바는 성서적 영성을 기술하는데 유용한 신앙-이상주의 성서해석학을 창조하려는 것이다. 기독교인의 삶의 핵심에는 창조주에 대한 피조물의 관계가 있는데, 이것은 자애로운 아버지에게 의지하는 아들의 관계와 같은 것이다. 이 관계는 기계적인 것이 아니라 아주 인격적인 것이다. 기독교인이 된다는 것은 인간의 마음과 영이 경배하고, 회개하며, 찬양하고 사랑하도록 하는 것을 의미하는데, 이러한 모든 것은 법칙이나 원리를 기계적으로 적용하는 것과는 아무런 관계가 없는 의지의 행동인 것이다.

필자가 제시한 성서해석학에서 필자는 현대 물리학의 용어와 이미지를 사용했지만, 중요한 요소는 기독교적 신앙―이상주의인 것이다. 이 온건한 형태의 이상주의는 합의된 정통의 기독교 현실주의와는 상당히 다르다. 이 이상주의는 피비 팔머(Phoebe Palmer)의 기독교 신앙―이상주의, 신앙―치유 개척자들, E. W. 켄욘(Kenyon)과 양자 물리학의 철학적 논점들을 알지 못했던 아그네스 센포드(Agnes Sanford)와 같은 여러 사람들로부터 유래되었다. 기독교 신앙―이상주의에 대한 켄욘의 선구자적인 기여도에 관해서는 18장에서 다루기로 하겠다.

성서의 자연적인 해석학으로서의 기독교 신앙―이상주의

유사한 성서 해석과 적극적인 신앙의 형태가 초기 선구자적인 치유 사역자들과 신앙심 깊은 사람들의 삶 속에서 반복되어왔다. 그들은 자주 자신들의 비―기적종료론적인 성서 이해를 쉬운 혹은 문자적 성서 해석이라고 단순히 주장했다. 그러나 그들의 성서해석과 목회 활동은 둘 다 기독교 신앙―이상주의를 자연적으로 이해하고 있음을 보여주었다.

우리는 이러한 이해를 피비 팔머의 신성 신학에서 보았다. 신앙―이상주의 신학의 골격은 스미스 위글스워스(Smith Wigglesworth)(1859-1947)의 설교에서 찾아볼 수 있었다. 위글수워스 목사는 성경 외에는 어떤 책도 읽은 적이 없다고 알려졌는데, 그의 강한 믿음과 기도에 대한 기적의 응답은 잘 알려져 있다. 그가 자주 "나는 내가 보고 듣는 것 때문에 감동을 받는 것이 아니라, 내가 믿는 것(즉, 성경의 약속) 때문에 감동을 받는다"라고 말했다. 그가 이러한 신앙―이상주의의 위치에 도달한 것이 의미심장한 것은, 그는 분명히 신앙―이상주의를 신사상의 자료로에서 읽지 않았다는 것이다.

양자 물리학을 통해 치유의 원리를 발견할 것을 예기치 못했던 것과 마찬가지로 비―기독교적 철학 가운데서 영적 진리를 발견하게된 것 또한 놀라운 일이다. 그러나 다음 장에서 어떻게 이러한 일이 형이상학적인 운동에서 발생했는가를 이야기할 것이다.

제13장
이단자가 진리에 대해 무엇을 아는가?

계시와 이교도

바리새인들은 하나님의 계시의 과정과 특성을 이해하는 데 큰 어려움이 있었다. 그들은 성경이 가르쳐 준(히 1:2) 바로 그 메시야를 알아보지 못했기 때문에 그들 가운데서 최고조에 달하고 있던 계시의 현존을 놓치게 되었다. 우리가 살펴보았던 것처럼 그들이 실패한 것은 대체로 그들 자신의 억설 때문이었다. 바리새인들이 믿고 있었던 것은, 하나님의 보다 분명한 계시, 성서의 보다 명확한 해석, 그리고 물론 메시야는 그들의 랍비 학파로부터 나올 것이며 아니면 적어도 그들과 조화를 이룰 것이라고 믿고 있었다.

그러나 그들이 사용하는 성경조차도 오히려 바리새인들이 메시야에 관해 생각하고 있던 두 가지 기본 가설을 상당히 약화시키고 있었다. 그 가설에 의하면, 메시야는 적절한 가문과 혈통에서 나오리라는 것과 메시야는 그들이 당시 믿는 합의된 정통(탈무드)을 확인시켜 주리라는 것이다. 예를 들어, 구약의 진정한 선지자들은 종교적 기성 세력에 속해 있었던 사람들이 아니며 또한 당시의 합의된(통설) 종교적 의견에 자주 반대하는 것이었다. 사실 왕궁에 소속되어 있던 공식 선지자들은 성경의 기록을 보면 아주 형편없는 대접을 받았다(왕상 22장).

궁정 선지자들이 실패한 근원에는 하나님의 주권이라는 단일 요소가 놓여 있었다. 하나님은 누구든지 어느 부류이든지 당신이 원하시는 사람을 부르시어 당신의 목적을 이루시는 데 사용하신다. 구약은 반복되는 예들을 통해 하나님은 아주 유별나고 예기치 않았던 사람들을 사용하셔서 당신의 메시지나 의지를 전달하신 사실을 보여주고 있다. 독실하게 종교적인 사람들이 아주 당황하게 되는 것은, 계시가 근원도 모르는 사람들을 통해서 또한 심지어는 이교도들을 통해서 주어지는 예를 성경에서 보기 때문이다. 그런 이유 때문에 계시는 선택받은 자들로 인해 거부되어지기 십상이다.

아마도 이런 사실을 보여주는 가장 극적인 사건중의 하나는 요시야 왕의 죽음을 다룬 이야기에서 찾아볼 수 있다(대하 35장, 왕하 23장). 유다의 왕 요시야는 영매들을 내쫓고, 자신의 왕국 내에서 모든 형태의 우상숭배를 타파하였으며, 성전을 수리하였다. 성경은 다음과 같이 말한다.

> 요시야와 같이 마음을 다하며 성품을 다하며 힘을 다하여 여호와를 향하여 모세의 모든 율법을 온전히 준행한 임금은 요시야 전에도 없었고 후에도 그와 같은 자가 없었더라(왕하 23:25).

그러나 그가 하나님의 음성을 분별하지 못했기 때문에 그의 통치는 시간을 다 채우지 못하고 끝나버렸다. 애굽왕 바로 느고(Neco)(우상숭배자)가 바빌론과 전쟁 중에 있었는데, 자신의 군대가 유다를 통해 안전하게 지나갈 수 있도록 길을 터 달라고 요청하였다. 요시야는 하나님의 말씀을 들어보지도 않고, 느고의 침입에 대응하였다. 느고는 요시야에게 하나님께서 자신을 바빌론인들과 싸우라고 보내신 것이며 유다인들과 싸우라고 보내신 것이 아님을 확신시켜 주었다. 그러나 요시야는

"하나님의 입에서 나온 느고의 말을 듣지 아니하고 므깃도 골짜기에 이르러 싸[우게 되었다]"(대하 35:22). 그 결과 느고는 전쟁 중에 목숨을 잃게되고, 유다의 왕관은 믿음 없는 왕에게로 넘어가게 되었는데, 이 왕은 다시 우상숭배로 돌아갔다.

발람

하나님의 영이 이교도들을 통해 계시와 축복을 주시는 또 다른 예로는 발람의 예언 기도에서 찾아볼 수 있다(민 22-23장). 이스라엘 사람들은 약속의 땅을 정복하기 시작했고, 모압 지방의 경계에 이르게 되었다. 모압 왕 발락은 무당인 발람을 불러와서 이스라엘 사람들에게 저주를 하라고 명령했다(민 22:7).

무당인 발람은 다른 신들을 섬기고 있었으나 또한 하나님의 음성도 알 수 있었다. 그의 이전이나 이후의 많은 무당들처럼 지고의 신(神)을 인식하는 일종의 자연 신학을 갖고 있었다(롬 1:18-23). 현대의 기록이 확실하다면, 그는 아마도 무당으로서 보다 낮은 영들을 미워하면서도 달래어야만 하는 딜레마를 경험했을 것이다. 이교도로서 그는 보잘것없는 영들의 힘으로부터 벗어나서, 오직 높으신 하나님만을 섬길 수 있는 특별한 복음에 대한 소식을 듣지 못했다.

세 번이나 발람은 발락의 명령대로 이스라엘 사람들에게 저주를 내리도록 뇌물을 받았다. 그러나 매 번마다 그는 높으신 여호와 하나님의 음성을 듣고 발락의 명령에 따르지 않고 그 반대로 행했다. 그는 이스라엘 사람들을 저주하지 않고 오히려 예언해주고 축복해 주었다. 그래서, 무당이었음에도 불구하고 발람은 하나님의 확실한 예언의 말씀을 전달하는데 쓰임을 받았다.

신약과 계시의 아이러니

신약은 하나님께서 원하시는 사람을 통해 당신의 뜻을 주권적으로 계시하신다는 구약의 주장을 반복하고 있다. 신약은 또한 성령의 계시적 기능에 관해 특별히 밝히고 있다. 하나님 안에서 성령의 역할은 교회에게 "모든 진리"(요 16:13)를 가르치며 예수님의 말씀을 생각나게 하는 것이다(요14:26).

신약은 요시야와 느고의 이야기에서 암시된 계시의 아이러니(모순)를 강조하고 있다. 메시야를 고대하고 있던 사람들은 (모든 계시 중에서 가장 위대한 계시이신) 예수님을 받아들였어야 했으나 그러하지 않았다. 마음을 다른 데 쏟고 있던 이방인들이 오히려 예수님을 맞아들였다. 복음서를 통해 보면 예수님에 대한 가장 강한 믿음을 가진 것은 로마 백부장이나 가나안 여인과 같은 이방인들이었다. 반면에 대부분의 유대 종교 지도자들은 회의적이었다.

하나님께서 아이러니하고(모순되고) 예기치 않았던 일에 기쁨을 느끼신다는 것이 바울 신학의 중심 주제이다. 로마서를 보면 교회의 가장 큰 신비(롬 11장)가 야생 올리브 나무와 재배된 올리브 나무의 비유로 드러나고 있다. 유대인들은 하나님이 재배하신 올리브 나무이고, 이방인들은 야생 올리브 나무인 것이다. 바울이 나타내고자 하는 것은, 하나님께서 지구가 생기는 날부터 당신의 선택된 백성인 유대인들이 먼저 그들의 메시야를 거부할 것이며, 그래서 이방인들이 메시야를 받아들일 것임을 미리 섭리하셨다는 것이다. 교회의 형성에 있어서 야생 나뭇가지와 재배한 나뭇가지를 신비스런 방법으로 접목하여 하나의 온전한 새로운 나무를 만들어 낼 것이다.

마찬가지로, 신약의 저자들은 하나님의 진리가 이방인들 속에서 발견되었을 때 그 진리를 서슴없이 인정했다. 바울은 아테네의 이방인들에게 극작가 아라투스 (Aratus, 271?-213?)의 희곡 〈현상〉(Phenomena)을 인용하면서 하나님의 부성에 관해 연설을 시작했다(행 17:22-28). 이런 경우 바울은 희랍인들의 자연 신학이 복음을 위한 출발점이 될 수 있다는 것을 알았다. 디도서에서 인용한 구절(딛 1:12)은 미멘더(Memander)의 〈신탁〉(Oracles)에서 인용한 것이다. 이런 경우에 있어서도 바울은 인용구의 "깨끗하지 못한" 근원에 대해서는 염려하지 않았으며, 오히려 인용구 안에 있는 어떤 진리라도 그것을 사용하여 성서 속으로 결합시켰다. 중요한 것은 이방인들의 말속에 들어 있는 진리의 낟알들을 분별해내는 일이었다.

교회 시대의 계시와 이단

기독교인들은 하나님께서 가끔씩 선지자를 통해 아직도 교회에 말씀하고 계신다는 생각으로 일반적으로 편한 마음을 갖고 있다. 예를 들면, 대부분의 기독교인들은 마틴 루터가 그 시대 교회의 선지자였다는 점에 동의를 할 것이다. 많은 이들은 미국의 마틴 루터 킹 2세 목사가 우리시대의 선지자라고 생각한다. 오늘날 우리 입장에서 보면 이들 개인들은 근본 교리 상으로 옳았으나, 근시안적인 당대의 사람들은 그들을 종종 변절자요 이단자라고 조롱하였다. 사실, 선지자가 되게 하는 자격은 성서적 계시의 정신과 문자로부터 이끌어낸 건전한(정통) 교리이다. 이와는 대조적으로 대다수의 신자들은 정통 교리라는 것이 그들의 현재의 교단적인 이해(합의된 정통)와 동등하다는 보다 피상적인 견해를 가지고 있다.

하나님께서 진행하고 계시는 계시와 활동의 구조 내에서 더욱 이해하기 어려운 것은 이단들의 역할이다. 상식적으로 말하자면 이단은 교회의 가르침에서 빗나가기 때문에 아무런 진리도 갖고 있지 않다고 생각한다. 이 말의 기본 의미는 현재의 정통 교리가 하나님의 궁극적 계시의 정점이라는 것이다. 우리는 이런 입장이 예수님과 그의 제자들에 대한 바리새인들이 취한 입장이었음을 살펴보았다(제1장 참조). 그러나 교회시대의 이단은 성서 시대의 이교도들에게 한 것과 비슷한 역할을 할 수 있다. 선택된 자(교회)가 너무나 완고해서 하나님의 음성을 직접 듣지도 못하고 선지자들의 말씀에 귀를 기울이지 않을 때 하나님께서는 언제든지 이단들을 사용하실 것이다.

해롤드 브라운(Harold Brown)은 〈이단들〉(Heresies)에서 교회가 가장 심오한 진리를 발견해내도록 이단들이 얼마나 광범위하게 영향을 끼쳤는가를 보여주고 있다. 특히 교회의 훌륭한 교리의 대부분은 초기의 이단에 대응하기 위해 만들어진 것이며, 그런 과정에서 가끔씩 본래의 이단 교리 속에 들어있던 진리의 조각들이 빛을 찾기도 하였다.

예를 들면, 브라운이 지적했듯이, 기원 후 1세기에 예수라는 인물은 모든 종류의 설명의 대상이었다. 가장 손상을 입히고 그릇된 설명 중의 하나는 가현설(假現說)(Docetism)을 주장하는 자들의 이론이었다. 이것은 이단 교리로 예수님이 인간의 몸으로 오신 것이 아니라 유령과 같은 모습으로 지구상에 오신 것이라는 것이다. 요한1서 4장은 이 이단에 대해 암시하면서 직접적으로 비판하고 있다. 예수님에 관한 여러 다른 이론들이 처음 3세기동안 교회의 관심을 끌었다. 어떤 이론은 예수님이 인간이 아니라 신이라 하였고, 다른 이론은 반대로 신이 아니라 인간이라고 하였다. 어느 경우라도 이런 이단적 관점은 교회로 하여금 예수님의 인격에 대해 고찰하도록 만들었으며 예수님을 하나님이자 인간이신(God-man) 분이라고 이해하는 정통 교리(영적으로 건전한)를 확립하게 되었다. 마찬가지로 성부와 성자와 성령의 관계에 대한 변하는 믿음, 잠정적인 가설들, 때로는 부조리한 이론들이 교회를 자극하여, 결국 삼위일체의 정통 교리에 이르게 되었다.

성경의 발달까지도 초기 이단들 때문에 자극을 받아 이루어졌다. 2세기의 굉장한 영지주의 이단인 마르시온(Marcion, 용어해설 참조)은 바울 서신이 성령의 감동으로 쓰여졌음을 확인한 최초의 사람 중의 하나였다. 비록 바울 서신을 이단적 방법으로 해석하긴 했지만 말이다. 이 사건으로 인해 교회 내에 바울 서신에 관한 일반적 논쟁의 불꽃이 일어나서 결국은 4세기에 바울 서신을 모두 수용하게 되었다.

이교도나 이단이 가끔씩 진리를 우연히 발견하는지 아닌지, 혹은 그 발견이 성령의 감동으로 된 경우인지(느고 왕의 경우처럼) 아닌지는, 오직 하나님만이 아실 것이다. 교회사를 통해 이단의 무리들이 때때로 진리를 알려주었다는 사실은 잘 인정되지 않고 있다. 종교개혁 초기에 재세례파 교도들은 독자적인 운동을 발달 시켰다. 대부분은 평화주의자였지만, 일부는 무정부주의자로서 재산과 아내를 공유하는 공동체를 형성했다. 루터와 칼빈은 재세례파에 반대했으며 그들을 탄압할 것을 독려했다.

비록 그들의 신학이 일부 받아들이기 어려운 신조를 갖고 있지만, 재세례파들도 역시 교회와 국가의 분리를 역설한 최초의 종파 중 하나였다. 그들은 신약 성경에서 교회는 국가와 아무런 관계가 없다고 보았고, 그 분리가 교회를 위한 신성한 모범이 되리라고 믿었다. 종교개혁가들과 카톨릭 교회는 더욱 전통적 견해를 고수했는데, 교회의 모범은 교회와 국가의 구분이 없는 모세 율법에서 찾아야 한다는 것이었다. 카톨릭과 신교도들은 똑같이 교회가 이단을 제압하도록 국가가 도와야 한다는데 의견을 같이했다. 그러나 재세례파들이 이 문제에 있어서는 옳았음이 더욱 더 분명하게 밝혀졌다.

브라운은 또한 이단교리와 이단자들 사이에 중요한 구분 점을 제시했다. 비록 이단자들이 교회를 자극하여 정통교리를 확립하게 하는데 도움을 주기는 했지만 그렇다고 해서 그들이나 그들의 이단 교리가 옳다는 것을 뜻하지는 않는다. 이단교리는 반대해야 하고, 그 영적 파괴성도 밝혀져야 한다. 굉장한 이단들이 그 당대에 교회에 준 혼란과 무질서와 피해에도 불구하고, 하나님의 성령은 당신의 장기적인 목표를 위해 그들을 주권적으로 사용하셔서 사탄이 의도한 악으로부터 선을 이룩하신 것이다.

브라운은 또한 교회가 이단에 대항하여 투쟁한 역사 속에서 하나의 비극적 요소를 발견했다. 이단에 대항하여 가장 치열하고 효과적으로 투쟁했던 선구자적인 기독교 신학자들은 그 후 세대들로부터 종종 부당하게 비판을 받고 판단을 받았다. 예를 들면, 오리겐(Origen, 185-255)*과 터툴리안(Tertullian, 155-222)**은 이단과의 투쟁에서 중요한 역할을 했는데도, 그들은 그 후세기의 합의된 정통적 관행에 동의하지 않는다고 해서 이단으로 정죄 받았다! 오리겐은 그 중에서도 가장 중요한 사람으로 삼위일체 신학을 포함하여 기독교 조직 신학의 틀을 처음으로 잡았던 사람이었다. 사실 터툴리안과 오리겐은 성경적 계시의 범위 내에 건전하게 머무르고 있었다.

---

* 오리겐은 순교자 레오니다스의 아들로 아렉스산드리아 태생이다. 교부들 중에 가장 영향력 있고 총명하며 필로(Philo)와 프라톤의 영향을 크게 받았다. 그는 성경을 우화적으로 신화적으로 해석한 결과 그의 많은 글들은 이단으로 정죄받았다. 그는 6,000여 권의 책을 썼으나 후대에 남은 것은 거의 없다고 한다. 4세기에 반-오리겐 운동이 일어났고 6세기에 결국 이단으로 정죄를 받고, 채포되어 고문을 당했다.

** 터툴리안은 칼타의 교부로서 라틴어를 사용하는 제일 첫 작가임. 몬타니스트에 동정적이었으나 그의 신학에 진지하게 영향 받지는 않았다. 강한 삼위일체론자로서 그리스도의 인성과 육신의 부활을 믿었으며, 세례 받은 이후의 죄는 용서받을 수 없다고 말했다.

제14장 신 사상과 뉴 에이지의 비평

이상주의 종파에서의 진리와 이단

어떻게 교회의 일부가 기적종료주의 신학을 무너뜨리고, 그 현실주의-유물론 철학의 보루를 깨뜨렸는가 하는 것은 교회사 가운데서 가장 흥미로운 장 중의 하나가 될 것이다. 간단히 말하면, 주류 교회가 신앙-치유 운동을 거부하는 동안, 보편적으로 형이상학적 운동이라고 더 잘 알려진 빅토리아시대의 이상주의 종파들이 나타나서 교회에 대한 하나님의 계시의 역할을 하게 되었다. [물론 성령은 신앙-치유 운동과 같은 보다 전통적인 그룹들로 통해서 강하게 역사 하셨다. 이들 그룹들은 주류교회들로 인해 외면당했다.]

형이상학적 운동은 몇 단계를 거쳤는데, 그 첫번째 단계는 마음-치유(Mind-Cure) 단계였다. 이것은 신앙-치유 운동과 대체로 같은 시대에 일어났다(9장과 10장에서 다루었듯이). 마음-치유는 급진적 이상주의에 기초를 두었으며, 영지주의자와 심령론자들의 영향을 받았다. 그 이름이 뜻하는 것처럼 마음-치유란 마음의 능력을 치유를 위해 사용하는 데에 중점을 두었다. 메리 베이커 에디(Mary Baker Eddy)의 크리스천 사이언스(용어해설 참조)는 마음-치유 종파 중에서 가장 성공적이고 가장 잘 알려진 종파이었다.

두 번째 단계는 1880년대에 시작된 신사상(New Thought, 용어해설 참조)의 단계였다. 여기서는 강조점이 순수한 치유로부터 일반적인 행복과 번영을 추구하는 방향으로 옮겨졌다. 많은 신사상 추구자들은 급진적 이상주의를 거부하고 온건한 형태의 이상주의 쪽으로 돌아섰다.

기독교 독자들의 본능적인 첫 반응을 본다면, 성령은 형이상학적 운동으로 채워진 고약한 마녀의 술통과도 함께 일할 수도 있다는 가능성은 생각지도 못할 일이다. 그러나 앞장에서 보았듯이 성령은 교회를 파멸시키려고 발벗고 나선 그런 불가능한 인물들을 기꺼이 받아들여 하나님의 목적을 이루시는데 여러 번 사용하시는 것 같다. 성령은 영지주의적이고 이단적인 인물들을 사용하셔서 결국에는 교회의 활동을 저해하는 기적종료주의 신학과 현실주의적 유물론을 무너뜨리게 되었다는 사실은 그리 놀랄 일은 아니다.

다만 복음주의적인 학자들과 종파 감시자들은 이단적인 형이상학파 그룹 내에 존재하는 한정된 진리를 이해한다는 것을 거의 드물게 나타내었다. 종파 감시자들 중에서 가장 식견이 있는 월터 마틴(Walter Martin)은 자신의 대표작인 〈종파들의 왕국〉(The Kingdom of the Cults)에서 이렇게 서술했다.

> (사이비) 종파들의 신학적 구조 속에는 상당한 진리가 있다. 부가해서 말하자면, 그 모든 진리는 성서적 근원에서 유래된 것이지만 인간의 잘못으로 너무나 흐려졌기 때문에 완전한 거짓보다도 더욱 치명적인 것이 되어 버렸다. 이들 종파들은 교회가 잊어왔던 것들에 강조했는데, 말하자면, 성령 치유(크리스천 사이언스, 통일교, 신사상), 예언(여호와의 증인과 몰몬교), 그리고 앞으로 이 책의 연구 과정에서 관찰하게 될 많은 다른 요소들과 같은 것이다.[1]

형이상학파 운동내의 이단에 대한 반응으로서의 성령의 계시는 19세기 중반에서부터 20세기 중반에 이르기까지 100년 이상이 걸렸다. 이러한 발전은 20세기에 치유 기적 사역과 카리스마적 부흥운동의 출현을 가능케 하는 길을 닦았다. 앞서 지적한 것처럼 신학적 철학적 변화를 둘러싼 논쟁은 아직도 여전히 분분하다. 다행스러운 것은, 그 과정 초기에 미국은 여전히 아이들이 공립학교에서 기도를 했으며 실제로 모든 사람들이 성경을 읽고 또한 성경을 잘 알고 있었던 기독교 국가였다.

그러므로 성경은 언제나 여러 이상주의적(형이상학파) 그룹들이 자신들의 교리를 비교해야 할 표본이었다. 이런 상황은, 오늘날의 용어로 말하자면, 형이상학적 운동 내부에 영적 전쟁의 환경을 형성했다. 한편에는 영지주의와 심령론(혹은 유심론, spiritualism)의 악마적 요소들이 있었고, 다른 한편에는 성경과 미국의 기독교적 유산이 있었다. 성경을 다른 어떤 책보다도 우선적으로 인정하는 사람들은 그 운동의 영지주의와 심령론으로부터 어느 정도이던 간에 분리되어 나왔다. 의미심장하게도, 그들은 이상주의적 시각을 통하여 성경과 영적인 삶에 대한 새롭고 값진 통찰력을 이끌어내었다는 사실이다.

다른 한편으로, 형이상학적 운동 내에서 성경에 중요성을 두지 않는 그룹과 지도자들은 성경을 단지 다른 종교의 경전과 같은 가치만으로 생각함으로써 이단과 망상의 구덩이로 아주 빠르게 깊이 잠겨 들어간 것이다. 예를 들면, 그들은 성경을 우화적으로 해석했다. 즉, 그들은 성경의 문자적 의미는 중요하지 않다고 말하고, 보다 심오한 측면의 다른 어떤 점을 지적했다. 크리스천 사이언스도 우화적인 성서 해석학을 광범위하게 이용했기 때문에 진짜 이단 교파로 남게 되었다.

형이상학적 운동의 이상주의적 뿌리

역사적으로 형이상학적 운동은 19세기 신교의 메마른 현실주의 신학과 그 신학의 기적종료주의에 반대한 하나의 반란으로 시작되었다. 워렌 에반스(Warren F. Evans)는 마음―치유 운동의 박학다식한 대변자였는데, 그는 이 점을 특히 인식하고 있었다.

> 유물론과 종교적 무기력이 팽배한 현시대에 뒤이어 생동하는 믿음과 영적인 능력의 시대가 오기를 바란다. 그래서 역사 속에 일어났던 소위 기적들이 오늘날 우리 시대에도 일상적인 사실로 다시 일어날 수 있을 것이다.[2]

에반스와 그 운동에 참여한 사람들에게 철학적인 영감을 준 것은 랄프 월도 에머슨(Ralp Waldo Emerson, 1803-1882)의 글들이었다. 에머슨은 수필가로 또한 초월주의 창시자로 유명하다. 그는 뉴잉글랜드 지방의 칼빈주의적인 정통에 크게 실망한 나머지 유니테리언 교파의 목사가 되었다. 에머슨은 고전 철학의 이상주의 철학자들(플라톤과 신 플라톤 주의자들)과 동양 종교 서적 등을 포함한 여러 가지 글을 통해 자신의 이상주의적 철학을 형성하게 되었다. 그가 평생 탐구한 것은 그 이상주의 철학을 영적 갱신의 토대가 되게 하는 것이었는데, 이것을 형이상학적 운동의 목표로 채택했다. 우리의 관점에서 보면, 에머슨과 에반스가 그 당시 영적인 삶을 쇠약하게 만드는 현실주의와 유물론의 영향을 정확하게 이해하고 있었다는 것을 알 수 있다. 그러나 동양 철학의 이단적인 경향과 특성은 그들의 사회에 영적인 갱신을 결코 가져다 줄 수 없었다.

치유 종파로서의 이상주의

철학적 이상주의는 형이상학적 운동에 있어서 유일하거나 주된 구성

요소는 아니다. 오히려 1860년대 초기에서부터 그 운동은 영지주의적 정신에 젖어들게 되었다. 아마도 이런 현상이 일어난 것은 그 운동의 치유하는 경향은 피네아스 퀌비(Phineas Quimby, 1802-1866)에 의해 개척되었기 때문인데, 그는 교회와 기독교에 대해 격심한 증오심을 품고 있었다.

퀌비는 교육도 받지 못한 시계 수리공이었는데, 생애 대부분 건강이 좋지 못했다. 그는 프랑스인 순회 최면술사의 도움으로 병이 나았으며, 그때부터 스스로 치료를 위한 최면술을 배우기 시작했다. 그는 환자에게 최면을 걸고 치유의 암시와 확신을 주었는데, 많은 사람들이 건강을 되찾았다.

최면술은 종종 마음을 악마적 망상과 영향에 노출시키게 되기 때문에 대다수의 기독교인들은 이를 거부한다. 그렇지만 최면은 사람의 공포심을 발동하지 못하게 할 수 있음으로 심신의학적 질병을 낫게 해 주는 효과가 있다. 그러나 체험에서 나타나듯이, 상당한 정신적 대가를 치러야 한다. [많은 복음주의자들은 어떤 형태의 최면이든 죄라고 생각하고 성경에 위배된다고 믿는다.]

퀌비는 느슨한 사상 체계를 발전시켰는데, 이 체계는 사후에 발표된 그의 원고 속에 쓰여 있던 것이었다. 그는 죄, 질병, 모든 사악함은 정신적 잘못에 의해 초래된다는 영지주의적인 믿음을 채택했다. 따라서, 무엇이 옳은지를 알고 적극적으로 사고함으로써, 모든 악을 피할 수 있다는 것이다. 퀌비의 체계는 형이상학적 운동을 치유의 방향으로 돌려놓았으며 마음—치유 시대에 선도적인 역할을 했다. 그는 자신의 문하생들, 특히 크리스천 사이언스의 창시자인 메리 베이커 에디에게 많은 영향을 끼쳤는데, 그녀는 퀌비의 글들을 그녀의 사역의 기초로 사용했다.

영지주의: 또 다른 영원한 이단

영지주의는 형이상학적 운동에서 중요한 요소였기 때문에 영지주의적 신앙에 관해 이해하고 넘어가야 한다. 영지주의는 바리새주의와 마찬가지로 교회를 초창기부터 괴롭혀 온 영원한 이단이다. 그것은 신약 시대의 교회에서 출현하여, 교회 시대 첫 4세기 동안 하나의 강력한 운동으로 존속했으며, 중세에는 지하 운동으로 일어났다가, 형이상학적 운동 내부에서 다시 출현한 것이다.

영지주의 학자들 가운데 가장 뛰어난 사람 중의 하나는 R. M. 그렌트(Grant)인데, 그는 모든 영지주의 형태에 보편적으로 적용되는 세 가지 서로 겹치는 가설을 입증하였다. 첫번째는, *구원은 지식을 통해 온다*는 것이다. 이 말은 "Gnostic"(영지주의자)이란 말의 뜻이 "아는 사람"(one who knows)이라는 것에서 알 수 있다. 두 번째는, 하나님 중심이라는 대부분의 종교와는 대조적으로, *자기 중심의 태도*이다. 세 번째는, *주관적*이라는 것으로, 이것은 전통이나 분별력과는 거의 관계가 없는 개인적인 계시나 지속적인 영적 체험에 의지하고 있다.

영지주의가 인간의 영혼에 치명적인 영향을 주는 것은 하나님과의 믿음-신임 관계를 가로막기 때문이다. 그들은 자신을 영적으로 자기 의존적인 존재이며 신(神)이라고 믿는다. 이러한 믿음 때문에 기도(경배) 대신에 묵상하는 것이 어떤 영지주의 종파이든지 그들의 영적인 중심 활동이다. 영지주의자들은 그리스도란 단어의 의미를 계몽된 사람이란 뜻으로 격하하고 보편화함으로써, 예수 그리스도와의 경배 관계를 차단해 버린다. 영지주의는 자기 중심, 비분별, 비경배의 사상을 서로 짜서 교리로 만듦으로써, 인간은 완전히 도덕적으로 윤리적으로 몰락하게 되었는데, 그런 곳에서는 참된 그리스도에 의한 구원의 지식을 갖는다는 것은 사실상 불가능하다.

크리스천 사이언스

가장 영지주의자요, 가장 급진적 이상주의자이며, 가장 영향력 있는 마음—치유 종파(Mind-Cure sect)가 바로 크리스천 사이언스이다. 큄비의 제자인 메리 베이커 에디(1821-1910)가 창시한 이 종파는 세계적으로 추종자들이 이어지고 있어서 오늘날에까지 생존하고 있다. 크리스천 사이언스의 치유 방법론은 큄비의 최면요법을 대체하여, 병은 실재로 있는 것이 아니며 오직 선(善)만이 진실이라는 암시를 환자들에게 반복적으로 주는 방법을 사용했다. 에디 여사는 이 방법에 더하여 두려워하지 말라는 권고를 연결시켰다. 크리스천 사이언스 치유자는 몇 가지 정신적 운동을 또한 실시해야 했다. 질병의 이름을 말하고, 스스로 그 질병의 비현실성을 확신하고, 그리고 환자가 완전히 건강하다는 정신 상태를 유지해야 했다. 당연히 모든 종류의 약은 불필요했으며 역효과를 일으키는 것으로 되어버렸다. 왜냐하면 약이란 단순한 환상(질병)에 불과한 일에 변화를 주려고 하는 비현실적이고 효과 없는 시도일 뿐이라고 생각했기 때문이다.

다른 영지주의자들과 마찬가지로 에디 여사는 부활이란 조잡하고 잘못된 교리라고 가르쳤다. 왜냐하면 참된 영은 육체를 필요로 하지 않기 때문이다(〈과학과 건강〉 73:19). 모든 종류의 치유, 영적인 성장, 그리고 구원조차도 크리스천 사이언스의 교리와 원리의 지식을 추구하는 사람들에게 이루어진다는 것이다.

자연적으로 그런 체계는 성서적 계시에 대해 횡설수설할 수밖에 없었다. 피라는 것은 물질에 불과하여 영적 의미가 없기 때문에 예수님의 피의 희생은 인간의 죄라는 상황에는 적절하지 못하다는 것이다. 에디 여사는 예수님의 피의 구속의 의미를 사소한 일로 교묘하게 처리하여 다음과 같이 말했다.

예수님의 영적인 헌신의 효험은 인간의 피로 표현할 수 있는 의미보다 무한히 더 위대하다. 예수님의 물질적인 피가 "그 저주받은 나무" 위에 흘려졌을 때 죄를 씻어주는데 효과가 없었던 것은, 예수님이 매일 하나님 아버지의 일을 하는 동안 그 피가 혈관 속에 흐르고 있을 때 아무런 효과가 없었던 것과 마찬가지이다. 그의 참된 몸과 피가 그의 "생명"이었으며, 그의 몸을 먹고 그의 피를 마시는 사람은 그 신성한 생명에 동참하는 사람들이다(〈과학과 건강〉 25:3-9).

크리스천 사이언스는 기독교의 모든 교리를 인정하지 않거나 정식으로 정통 교회로부터 떨어져나간 수백만의 기독교인들에게 영향을 주었다. 그런 사람들의 대부분은 현시대에도 치유가 가능하다는 굉장한 소식은 믿었으나, 이 이론의 보다 더 극단적인 교리들은 무시했다. 이 문제에 관한 에디 여사의 모호하고 복잡한 문체는 많은 신실한 기독교인들을 이단으로부터 보호해 주는 결과를 낳았다. 치유가 가능하다는 단순한 선포만으로도 많은 기독교인들을 성경으로 되돌아가게 했으며, 개인적으로는 기적종료주의 교리를 거부하게 만들기에 충분했다.

신사상

1880년대에 "신사상"(New Thought)이라는 이름이 형이상학적 운동의 추종자들을 지칭하기 위해 만들어졌다. 비록 치유 문제가 여전히 주된 관심사이긴 했으나 번영과 개인적 성공이라는 사상을 둘러싼 새로운 관심이 자라나기 시작했다. 신사상의 작가들은 빅토리아 시대 미국에 동기를 부여하는 작가들이었다. 많은 신사상 지도자들은 크리스천 사이언스의 추종자였던 사람들로써, 에디 여사의 "모(母) 교회"의 권위적인 구조와 교리를 견디지 못하고 빠져 나온 사람들이었다.

1914년에 많은 신사상 그룹들이 국제 신사상 동맹(INTA=

International New Thought Alliance)이라는 포괄적인 조직체를 형성했다. 신사상에 속한 많은 사람들은 기독교인이라는 모든 겉치레를 벗어버리고 영지주의적인 만인구원 사상과 보다 차원 높은 자의식의 체계를 인정했다. 그렇지만 그렇지 않은 사람들은 당대의 진정한 기독교인이라고 믿었으며, 성경적 계시에 대한 자신들의 믿음을 계속 주장했다. 몇몇 중요한 신사상 지도자들은 마음—치유 운동에서 시작된 이단으로부터 진리를 발전시켜나가는 과정을 계속했다. 찰스 필모어(Charles Fillmore)가 설립한 '기독교 유니티 스쿨(통일 학교)' (Unity School of Christianity, 용어해설 참조)는 이 과정 속에서 하나의 연결 고리였다.

찰스 필모어(1854-1948)와 기독교 유니티 스쿨(통일 학교)

찰스 필모어(Charles Fillmore)는 개척시대의 변방에서 태어났다. 그는 어머니와 초월주의자들 특히 에머슨에 관심을 불러일으킨 한 이웃 사람에 의해 교육을 받았다. 그는 머틀(Myrtle)과 결혼했는데, 머틀은 고도로 지적이고 독실한 여성으로 유명한 기독교 대학인 오베린 대학을 졸업한 여성이었다. 그들이 결혼한 후에 머틀이 결핵에 걸려 죽어가고 있다는 사실을 알게 되었다. 1886년에 찰스와 머틀은 신사상 치유 강연회에 참석하였는데, 즉시 그 치유 방법을 사용하기 시작했다. 그녀는 자신의 폐를 향해 병의 치유를 외쳤으며 "나는 하나님의 사랑 받는 자녀다"라고 주장했다. 그녀는 빠르게 회복되었다.

이 체험으로 깊은 감동을 받은 찰스는 형이상학에 관한 연구에 파고들었다. 그는 크리스천 사이언스, 신지학(神智學 혹은 접신학), 신사상, 동양 종교에 이르기까지 광범위하게 연구했다. 그는 또한 엠마 커티스 홉킨즈(Emma Curtis Hopkins, 1853-1925) 문하에서 공부를 했는데, 홉킨즈는 탁월한 신사상 작가로서 크리스천 사이언스에서 추방을 당한 인물이었다. 찰스는 이러한 여러 신학 체계들 가운데서 발견한 모순점들을 명확히 설명하기 위한 자신의 방법을 찾으려한 결과 일련의 성경적 요소들을 포함한 하나의 신학적 혼합 교리를 개발했다.

찰스와 머틀 필모어 부부는 "침묵의 유니티(통일)"(Silent Unity)라 불리는 일련의 기도 모임들을 만들었다. 그들의 본래의 의도는 또 하나의 독립된 교파가 되지 않고 전 기독교계를 가르치고 영향을 주고자 한 것이었다. 비록 유니티파가 모든 기독교인들에게 그들의 메시지를 전하려는 특별한 시도를 많이 해왔었고, 지금도 하고 있긴 하지만, 지금은 하나의 조직화된 교파로 되었으며, 교회 건물들과 신학교와 훌륭한 본부까지 소유하고 있다. 오늘날 유니티파는 남아있는 신사상 교파 중에서 가장 규모가 크다.

유니티파의 핵심 교리는 이상주의적인 긍정적 사고에 중점을 두고 있는데, 정신적으로 또한 말로 주장을 함으로써 긍정적인 것을 주장하고 악한 것을 부정한다. 불행하게도, 윤회사상 또한 유니티파의 주요 교리의 하나가 되었는데, 찰스는 자신이 전생에 사도 바울이었다고 믿었다. 크리스천 사이언스와 공통된 것은 성욕을 필요악으로 보고서 결혼한 부부들도 가능한 한 성생활을 절제하도록 강요했다.

이러한 여러 이단종파적 사상에도 불구하고 필모어는 다른 신사상 그룹들이 심령론과 영매법에 탐닉한 것과는 달리 그러한 것들을 반대했다. 필모어 부부는 성경을 분명한 하나님의 말씀으로 받들었으며, 죄의 실재를 용서를 필요로 하는 도덕적인 실패로 이해했다. 이 죄의 실재는 대부분의 형이상학 계열 안에서는 금지된 하나의 핵심적 성경적 개념이다. 필모어 부부는 비기독교적으로 변하여 동양 종교사상으로 기울어진 다른 신사상 그룹들에 대해 신중한 태도를 견지했다. 그들의 불만은 너무나 커져서 항의하는 표시로 유니티파를 국제 신사상 동맹(INTA)에서 탈퇴시켜 버렸다.

　이것은 유니티 파가 성경적 정통에 도달했다고 말하려는 것은 아니다. 유니티 파 내부에 있는 영지주의적 영적 요새는 결코 무너지지 않았다. 성경이 하나님의 말씀으로 받아들여질 때 성경은 이단을 바로잡을 본래적인 능력을 갖게 된다. 필모어가 에디 여사의 우화적 성서 해석 방법을 따르지 않았다면, 유니티 파는 정통 교리로 완전히 돌아섰을 수도 있었다. 예를 들어, 제7일재림파가 시작은 사교적이었지만 정통 교회 속으로 방향전환을 한 것처럼 말이다.

뉴에이지로서의 형이상학적 운동

　세기 전환기의 신사상과 최근의 뉴에이지 운동을 명확히 구분할 필요가 있다. 뉴에이지 운동과 신사상 운동은 양자가 모두 영지주의적-악마적 구성요소를 지니고 시작되었다. 그렇지만 신사상은 성경과 기독교적 교리가 문화의 모든 면에 영향을 끼치던 시기에 시작되었다. 이와 같은 요인은 뉴에이지 운동이 꽃피는 오늘날의 사회에서는 사라졌다. 뉴에이지 운동을 지배하는 영지주의적-악마적 힘은 억제하는 손이 없기에 공공연하게 마술, 이교주의, 반 기독교적 신조들을 선언할 수 있게 되었다. 뉴에이지 운동의 어떤 분파도 성서적 계시와 예수님의 통치권에 집착하지는 않는다. 뉴에이지 운동은 마술, 강신술, 점술, 신비술 의식 등이 가장 극단적인 신사상 그룹에서와 같은 정도에까지 빠져있다.

　여기서 역사적 유추를 정돈해 볼 수 있다. 유럽 계몽운동(1688-1789)은 깊숙이 반기독교적이며 세속화된 운동이었다. 위대한 계몽운동 사상가들은 명목상 기독교인인 임마누엘 칸트(Kant)나 아니면 반(反)기독교적인 흄(Hume)이나 볼테르(Voltaire) 같은 인물이었다. 계몽운동으로부터 마르크스주의와 세속화된 인본주의 철학이 발달되어 우리의 도덕적이고 영적인 유산을 너무나 무력하게 만들어버렸다.

그러나 계몽운동은 1500년대의 인본주의 속에서 탄생되었다. 그 당시 토마스 무어(Thomas More)경과 로테르담의 에라스무스(Erasmus)와 같은 인본주의자들은 고전 문명을 모방한 합리주의와 미의 추구라는 처방을 가지고 기독교 문명을 부활시키려는 시도를 했다. 현대 기독교 사가들은 인본주의의 단계를 기독교를 위하여 필요하고 긍정적인 요소라고 보았다. 비록 인본주의가 약간의 반-기독교적 요소들을 지니고 있긴 했지만, 중세 카톨릭의 과격한 금욕적이고 반세속적인 태도에 반대했다. 그러나 인본주의에서 시작된 계몽운동은 다만 인본주의의 세속적이고 이교도적인 요소들만 발전시켰으며, 결국은 완전히 반기독교적이 되고 말았다.

이와 비슷하게 형이상학적 운동은 처음부터 이교도적이고 악마적인 요소를 가지고 있었다. 그러나 그들은 철학적 이상주의와 치유의 요소들을 수반하고 있었는데, 이 부분에서 유물론자들/기적종료론자들의 교회는 수정을 필요로 했다. 1950년대 이후에 신사상 속에 존재하던 기독교적 영향이 점점 줄어들었으며, 형이상학적 운동에 잔존한 것은 심령론적, 영지주의적, 이교도적 요소들로서, 이런 요소들이 오늘날의 뉴에이지 운동이 되었다.

형이상학적 운동의 평가

영지주의적-악마적 요소에도 불구하고, 유니티 크리스천이티(Unity Christianity, 용어해설 참조)와 에머트 폭스(Emmet Fox)와 같은 신사상 그룹들과 개인들은 형이상학적 운동으로부터 성경적 진리의 요소들을 건져내었다. 그들은 기적종료주의와 유물론적-현실주의 신학을 거부하고 이상주의적인 성서 이해를 추구하였다. 어떤 정통 기독교 그룹보다도 더욱, 이들 그룹들은 마음이 몸에 끼치는 영향을 인식하였으며, 이것은 오늘날 질병의 정신신체의학적 요인으로 규정되고 있다.

신사상이 교회 밖에서 번창했다는 사실을 보면 그 영향력이 얼마나 컸는지를 알 수 있다. 합의된(통설) 정통 신학자들은 컬리스 박사가 죽은 지 불과 몇 년 지나지 않아서 자신들의 권위와 영향력을 행사하여 신앙―치유 운동을 불신했다. 벅클리(Buckley)와 같은 신학자들은 형이상학 종파들을 이단이라고(사실 그랬다) 비난하였다. 그렇지만 마음―치유 운동과 신사상을 추종한 사람들은 주류교회의 규율을 따르려 하지 않았으며, 어떤 위협으로도 자신들의 주장을 포기하지 않았다. 그래서 정통 신앙―치유 운동보다도 더 원거리에서 더욱 효과적으로 이단적인 형이상학적 종파들은 교회로 하여금 치유와 기적종료주의의 문제에 정면 대응하도록 만들었다.

복음주의자가 처한 곤경

복음주의자들은 말과 생각의 힘이 자연 세계에 영향력을 미친다는 논점에 직면하여 어려운 시기를 겪게 되었다. 칼빈과 그 이후의 종교개혁자들에게 있어서 오관과 관련이 없는 마음의 힘이란 카톨릭 신비주의의 근원적인 문제점이었으므로 사악한 것이라고 여겨졌다. 혼(영혼)(soul)의 전적인 타락이라는 신학 이론은 당시 영향력 있던 중국 신학자 워치만 니(Watchman Nee)에 의해 새롭게 주장되었는데, 그는 1972년에 사망했다. 그의 저서 가운데서 특히 〈영혼의 잠재된 힘〉(The Latent Power of the Soul)이라는 책을 보면 칼빈의 의문점을 상세하게 설명하였으며, 인간의 타락은 혼(영혼)의 능력을 오직 악마적으로 이용하기 위한 도구로 전락하게 만들었다는 결론을 내렸다. 그러므로, 말과 생각은 자연 환경을 지배할 정당한 힘을 갖고 있지 못하다는 것이다.

이 이론에는 성서적이고 실제적인 예외들이 있는 것 같다. 성경을 보면 믿는 자들과 이방인들 양자가 모두 하나님의 지시를 받는 아주 정당한 "영혼"(soul)의 체험을 갖게 되는 것으로 보인다. 풍년과 기근을 예언하는 바로의 꿈이나, 예수님이 의로운 분임을 알려주는 빌라도의 아내가 꾼 꿈과 같은 것들은 단지 몇 가지 예에 불과하다. 인간의 정신적(soulish)인 능력들이 타락으로 인하여 손상되었다는 것이 사실일 지도 모르지만, 이러한 손상이 너무나 완전해서 하나님께서 그런 능력을 통해 인간에게 말씀하시지 않거나, 그런 능력들이 마술적인 것에만 사용될 뿐이라는 증거는 없다.

　초자연적인 능력에 대한 카톨릭의 전통적 이해가 어쩌면 복음주의자들보다 더욱 성서적 진리에 가깝게 접근하는 것인지도 모른다. 카톨릭 신학에서는, 정신(soulish)적인 능력은 자연적이며 중성적인 것이라고 말한다. 그런 능력들은 하나님이나 마귀나 양편에서 다 같이 사용될 수 있고 강화될 수도 있다. 지적한 바와 같이, 양자 물리학이 결정적으로 보여준 것은, 마음(mind)은 본래부터 어느 정도의 작은 힘을 가지고 있어서 빛을 입자처럼 행동하게 만들기에 충분하다는 것이다. 진정한 질문은 마음이 자연적으로 얼마나 더 많은 능력을 가지고 있느냐 하는 것이다.

　복음주의적인 연구자가 이 문제를 연구하는데는 불리한 조건에 처해 있다. 왜냐하면 말과 생각의 힘에 관한 개념이 유물론적-현실주의 철학과 칼빈의 전적인 타락의 교리에 양자에 모두 반대되는 것이기 때문이다. 여기서 게리 콜린즈(Gary Collins)의 〈당신의 위대한 마음〉(Your Magnificent Mind)은 훌륭한 예외를 보여주고 있다. 그는 카톨릭 신학이 믿는 것처럼 마음이 어떤 자연적인 능력을 지니고 있다고 믿는다. 그는 그러한 능력들을 정의하기는 어렵다는 것을 솔직히 시인한다. 진짜 마술에서 일어나듯이 악마가 방해하고 그 능력을 강화하는 문제를 고려하면 그러한 능력을 정의하기란 특히 더 어렵다고 했다.

확실히 말과 생각은 칼빈-워치만 니(유물론자-현실주의자) 신학을 이해하는 것보다 더욱 정당한 능력을 가지고 있다. 예를 들면, 과학적인 연구로 입증된 것은, 마음이 단련되면 육체의 면역 체계를 촉진하여 치유 과정에서 도움을 줄 수 있다는 것이다. 그러나 마음의 능력은 신(神)의 능력과 같은 것이기에 단지 수련만이 필요하다는 이상주의적 종파의 신앙은 지나친 과장이라는 것도 또한 분명하다. 이러한 과장이 사실인 것은 대중들이 신사상에 관련한 서적들을 수백만 권이나 사들인 후에야 신사상에 싫증을 느끼게 되었다는 사실에서도 알 수 있다. 미국은 적극적 사고에 의해서 지상 낙원으로 옮겨가지는 못했다. 플랭크(Planck)의 불변수(작은 영향력)와 과장된 형이상학적 가설 사이의 어느 지점에 진실이 놓여 있다.

그러나 예수님이 믿음에 관한 약속과 믿음으로 산을 옮긴다는 약속과 (마 21:21) 말씀의 명령으로 뽕나무를 뽑아 바다에 심어버리는(눅 17:6) 믿음의 능력에 대한 약속은 어떤 신사상의 신도가 사업을 성공했다는 주장보다 훨씬 놀라운 일이다. 여기에 핵심 논점이 놓여있다. 만약 마음의 능력(생각과 말의 고백을 통하여)이 단지 마음 자체로 인해 단지 아주 제한된다면, 마음의 진정한 능력은 믿음의 선택을 통해서 오게되는 것이다. 믿음으로 마음은 하나님의 권능 안에서 움직이며, 산도 옮길 수 있을 것이다.

그러므로 우리는 적극적 사고, 영상화, 확신 등과 같은 형이상학적 운동의 기술적 면들을 판단하는 데에 주의해야 한다(17장 참조). 분명히 이런 모든 행동은 악마로 쓰게 되거나 마술적인 것으로 되기 쉽다. 그러나 칼빈-워치만 니 신학이 주장하는 것처럼 그런 것들이 필연적으로 마술적인 것이 되지는 않는다. 그들은 모두 하나님께서 본래 의도하셨던 것처럼 말과 생각을 사용하는데 있어서 정당한 자리를 차지할지도 모른다. 이런 분야의 중심 문제는 성경적 분별력을 단련하는 일이다.

이단에서 믿음까지

〈월터 마틴의 사교 참고 경전〉(Walter Martin's Cult Reference Bible)을 보면 유니티파(Unity)의 문헌에 관한 흥미롭고 통찰력 있는 논평을 발견할 수 있다.

> 유니티파 작가들이 거듭난 기독교인들이었다면 그들이 장려하는 하나님의 계획에 대한 적극적인 믿음은 칭찬할 만하다. 그러나 그리스도의 구속하는 피의 능력을 믿지 않았기 때문에 그들은 하나님의 새로운 언약에 (히 9:13-15) 들어가지 못했다.…유니티파는 구원받은 자들에게 특별히 말씀하시는 성경을 마치 모든 사람을 위해 쓰여진 것처럼 해석한다.[3]

이 논평은 모든 형이상학적 사교종파의 영지주의적인 가설의 핵심을 찌르고 있기는 하지만, 그들 신학의 일부 구원의 가능성도 지적하고 있다. 만약 진정으로 보편구원에 대한 영지주의적 가설들을 포기한다면, 그리고 유니티파와 성서를 인정하는 다른 신사상파 작가들의 법칙, 약속, 주장 등이 다시 쓰여져 기독교인에게 제한적으로 적용된다면 어떻게 될 것인가? 그 대답은 그 문헌의 대부분은 믿는 자의 영적 권위에 대한 값진 서술이 될 것이고 그리고 기독교인의 믿음의 능력이 기적종료주의로부터 벗어나게 될 것이라는 것이다.

신사상이 발견한 사실들을 믿기 시작한 일부 개인들은 분별력을 사용하여 영지주의적이고 비성서적인 신앙을 거부하게 된다. 성경을 인정하는 신사상의 사람들이라고 잘 알려진 이들은 오순절과 카리스마적 운동에 직접적인 영향을 주었다.

신사상 신학의 성서적인 여파작용과 그 신학이 주류교회로 도입되는 과정에서 특히 중요한 역할을 한 네 사람이 있었다. 1) 글렌 클라크(Glenn Clark)는 전국적 여름 휴양지 프로그램인 '머나먼 캠프'(CFO=Camps Farthest out)의 창시자이며, 이 캠프는 1950년대에서 1960년대에 이르기까지 카리스마적 갱신 운동의 지도자를 위한 학교의 역할을 했다. 2) 루퍼스 모슬리(Rufus Moseley)는 1950년대에 CFO 캠프와 다른 교회들을 순회하면서 많은 사람들을 세례 받게 하고 성령의 은사를 받도록 도와주었다. 그리고 3) 아그네스 샌포드 여사(Mrs. Agnes Sanford)는 주류교회의 치유의 사도로 봉사했다. 아마도 가장 영향력 있는 인물은 4) E. W. 켄욘(Kenyon)인데, 그는 1940년대의 선구적인 라디오 복음 전도자였다. 안타깝지만, 제한된 지면으로 인해 켄욘의 삶과 사역만을 살펴보려고 한다(18장 참조). 보다 상세한 검토는 다음 기회로 미루어야 할 것 같다.

다음 장들에서는 형이상학적 운동에 의해 일어났던 일부 사상들에 관해 화제가 된 토론들을 살펴보겠다. 청교도식 직업 윤리와 함께, 19세기에까지 잊혀져 왔던 번영에 관한 가르침의 부활을 우선 먼저 다루고자 한다.

제15장
번영에 관한 가르침의 부흥

　신사상은 초기의 형이상학적 운동으로부터 행복과 성공을 강조하는 것으로 유명하다. 신사상 작가들은 이상주의적 원리들을 이런 주제에 적용하였으며, 그 과정에서 대중 문학 운동 중에서 가장 많이 읽혀진 것 중의 하나가 되었다. 신사상 작가인 오리슨 스웨트 마덴(Orison Swett Marden, 1850-1924)은 혼자서 사회와 사업의 성공에 관한 수십 권의 책을 썼는데 거의 2000만 부나 팔았다.

　치유 문학에서처럼 신사상의 성공적인 부분은 주류 교회 기독교 문학이 부족한 덕분이었다. 이 부족함은 비극적이며 무익한 것이었다. 종교개혁과 함께 시작된 프로테스탄트의 치유 신학이 표출한 절대적인 결함과는 다르게, 기독교적 동기유발과 번영을 추구하는 문학의 위대한 유산이 빅토리아시대(19세기 후반)에 이르기까지 이어지고 있었다. 1600년대부터 청교도 작가들은 직업과 성공, 그리고 그것들이 기독교인의 삶과의 관계에 대한 많은 책을 썼다. 이런 저서들이 미국과 유럽의 직업 윤리의 기초를 형성했다.

　이해할 수 없는 것은, 청교도가 하는 일은 개선되지 않았으며, 결과적으로 더 이상 빅토리아시대 주류 프로테스탄트의 한 부분이 될 수 없었다. 아마도 성직자들이 세속적 직업의 영적 차원의 가치를 평가절하 하는 교회 지도자들 사이의 경향에 휩쓸려 갔기 때문일 것이다. 의로운 삶의 한 부분으로서 일상적인 직업이 필요하다고 규정하는 성서적인 명령에도 불구하고 이러한 잘못은 전 교회사를 통하여 계속 되었다. 특별히 바울서신은 인간의 의로운 삶의 한 부분으로써 직업의 중요성을 강조하고 있다(살전,후).

이 장에서는 제 1세기의 기독교 교회에서부터 시작하여 번영의 영적인 차원을 다룬 문학을 개략해보고, 그리고 신사상 중에서 성경을 인정하는 분파에서 설교하는 번영에 관해 서술함으로써 이 장을 마무리지을 것이다.

초기 교회와 평신도 관리

초기 기독교 작가들은 세속적인 삶과 직업에 관해서는 거의 말하지 않았다. 아마도 그들은 구약이 이미 분명한 지침을 주었다고 생각했기 때문일 것이다. 아니면 독단주의적 신학의 기초를 세우려는 주요한 요구들에만 마음이 기울어져 있었기 때문일 것이다. 예외적인 경우가 기독교의 영성의 보석과도 같은 〈교육자로서의 그리스도〉(Christ the Educator)라는 책인데, 이 책은 190년경 알렉산드리아의 클레멘트(Clement, 대략 150-215)*가 쓴 것이다.

클레멘트는 새로 개종한 사람들에게 이교도의 세계에서 살아가는 방법을 가르쳐주려고 했다. 그는 대중목욕탕에서 예절바르고 축제에서 어떻게 행동해야 하는 지와 같은 문제들에 관심을 두었다. 그 이후의 작가들이 목욕이나 모든 오락과 유사한 놀이 같은 것들을 비난한 것과는 달리, 클레멘트는 성경에서 금지되지 않았거나 분명히 비도덕적이 아닌

---

* 희랍의 철학 사상은 기독교 교리에 적용한 희랍 신학자. 신학자 오리겐의 스승임.

것들에 대해 기독교적인 중용(中庸)의 토대를 찾으려 노력했다. 예를 들면, 그는 대중목욕탕에 가는 것은 괜찮지만 주의와 예절을 지켜야한다고 믿었다. 부자가 되는 주제에 관해, 클레멘트는 기독교인이 부자가 되는 것은 적절한 일이라고 주장했지만, 장려하기를 "우리는 부를 정당한 방법으로 소유해야 하며, 기계적으로나 혹은 가식적으로가 아닌 관대한 마음으로 그 부를 서로 나누어 가져야 한다"라고 했다.

수도원의 기독교와 (잃어버린) 평신도 영성 문학
제3세기에 교회는 잔인한 박해의 시기로 접어 들어가게 되었다. 그 시기에 기독교인들이 로마 세계에 원만하게 적응해 나갈 수 있는 타당성을 지니고 있지 못했다. 박해 이후에 기독교의 수도생활은 교회를 위해 선호하는 영웅적 모범이 되었다. 그 이후로 교회의 신학의 대부분은 수도사를 위하거나 수도사에 의해 쓰여졌다.

수도원의 전통은 일과 기도의 리듬에 강조를 두었으나, 그 생활 유형은 평신도들에게는 비현실적이었다. 어떤 농부나 상인도 한밤중에 일어나 찬송을 부르며 예배를 드리지는 못했다. 수도원의 경제적인 모범 또한 평신도들에게는 부적절했다. 이집트 사막의 최초의 수도사들은 갈대를 엮어 물통을 짠다든지, 밀가루를 판다든지, 글쓰고 공부하는 도구를 판다든지 하는 단순한 일들을 했다. 서구의 수도원도 다소간 수정은 했지만 이 형식을 따랐다. 일은 최소한의 필수품을 제공해주었다. 번영에 관한 성서적인 개념은 더 이상 토론되지 않았다.

구약이 믿는 자들에게 지시한 실질적인 경제적 충고와 격려(특히 잠언에서)가 경시된 것은 부자의 기만적 태도를 조심하라는 예수님의 경고를 더 중요시했기 때문이다. 카톨릭 교회는 부자인 젊은 관리에게 하신 예수님의 명령(눅 18:18-25)을 절대적인 것으로 이해했다. 청빈(淸

貧)을 추구하는 의식(儀式)이 나타났는데, 예를 들면 "청빈하신 성모님"을 칭송하고 온전히 가난한 삶의 방식을 따라 산 아씨시의 프란시스를 모범으로 삼았다.

경제적인 결과

수도원 중심의 신학이 팽배했기 때문에 중세 교회는 평신도들의 경제 활동에 대한 지침을 거의 마련해 주지 못했다. 기독교 문명은 로마제국의 폐허 위에서 발생했기 때문에 사회적 경제적 기능에 따라 계급이 철저하게 나뉘어지는 봉건주의 형태로 발달해 나갔다. 봉건주의에서는 땅을 가진 귀족계급은 농부들을 감독하고 지방 치안을 담당했으나, 수공이나 상업적인 일은 하지 않았다. 지방 귀족이 어느 순간 하나님의 부르심을 깨닫게 되면 교회는 그를 불러 완전한 수도자상의 모범이 되도록 했다. 그 어느 누구도 상상력이 풍부해야하는 기업이나 상업적 활동이 기독교인의 의무를 다하는 한 방법이 되리라고 암시하는 사람은 없었다. 예수님께서 말씀하신 달란트의 비유도 바로 이런 문제들과 연관이 있는데, 이 비유는 결코 경제적인 사업을 의미하는 것이 아니라, 영적으로 해석이 되어졌다(마 25:14-30).

스페인 문학의 고전인 〈돈 키호테〉 (Don Quixote)는 일에 대한 건전한 평신도 신학 없이 기독교인이 되려고 시도한 한 문명의 청사진을 보여주고 있다. 돈 키호테는 땅을 소유한 스페인의 하급 귀족 계급이었다. 그는 빈곤에 처해 있으나, 조금도 죄의식을 느끼지 않았으며, 일도 하지 않았다. 소설 속에 나오는 어느 사제나 수도사들도 그에게 정직한 축산업자나 상인이 되라고 충고하지 않았다. 대신에 돈 키호테는 기사작위를 회복하고 무력으로 정의를 수행함으로써 선을 행하고 하나님을 기쁘게 해 드릴 수 있다고 믿었다. 이 책은 좋은 소설이기는 하지만 전통적인 카톨릭 신학의 결함을 반영하고 있다.

지난 60년 동안 (카톨릭의) 라틴 아메리카의 여러 혁명적인 그룹들이 돈키호테처럼 신속하고 영웅적인 행동으로 사회 정의와 번영을 가져오게 하려고 노력했다. 쿠바에서 마르크스 혁명론자들이 득세했는데, 마르크스주의자들은 수공업을 찬양하고 상업적 직업을 경멸하는 직업 윤리를 가지고는 번영을 누릴 수 없다는 사실을 입증하는데 성공했다. 그 밖의 공산주의 세계에서와 마찬가지로, 상업 계급(부르조아)에 대한 집중적인 증오심을 나타냄으로써 사회를 안정시키고 동기를 유발하려는 시도를 했지만, 결국 빈곤, 자기 기만, 그리고 몰락으로 사회를 이끄는 결과를 가져왔다.

종교개혁과 성경적 직업 윤리

감사하게도 앵글로-아메리카 세계는 잘못된 마르크스주의 식의 해결책을 거부했다. 종교개혁자들은 수도원적 금욕생활을 기독교적 완전을 위한 이상적인 것이란 생각을 뒤엎어버림으로써 이것을 간접적으로 성취하게 되었다. 그러나 슬프게도 그 변화는 일부 비극적인 과격함을 동반하게 되었다. 예를 들어 영국에서 수도원의 붕괴는 수도원이 보관해오던 대부분의 예술품과 문헌들을 모조리 파괴시키는 결과를 초래하고 말았다. 그렇지만 수도원과 사막의 수도사들의 전통으로부터 벗어남으로써 평신도들에 의해 완성될 수 있는 하나의 새로운 신성운동의 형태를 추구하는 계기가 되었다. 헌신적인 기독교인이 된다는 것은 더 이상 독신, 청빈, 그리고 수도자적인 복종을 뜻하지 않게 되었다. 사막의 수사들로부터가 아니라 성경으로부터 유래된 영성의 유형이 확립될 수 있었다.

칼빈은 이 새로운 신학 분야에 중요한 기여를 했다. 그가 제네바에 세운 공동체의 모델은 결함을 가지고 있었지만 그가 상상치도 못했던 지역에서 성공을 거두게 되었다. 그 공동체의 직업에 관한 평신도 신학은 다가오는 번영하는 유럽에 필요한 유형을 확립했다. 사람들은 "완전함의 길", 즉 수도원 생활을 하지 못했다는 죄책감 없이 독실한 삶과 합법적인 직업 노동을 동시에 추구할 수 있게 되었다(다음에 서술한 막스 베버(Max Weber)에 관한 이야기 참조).

청교도 문학의 유산

기독교 평신도의 문학은 개혁된 신학의 영향을 받은 모든 나라에서 꽃을 피웠는데, 영국에서, 특히 영국 교회의 청교도 분파에서 더욱 꽃을 피웠다. 상인이었던 존 브라운(John Brown)의 작품을 예로 들 수 있는데, 그는 스페인과 무역을 전문으로 하는 사람이었다. 1591년에 그는 상인 지망생들을 위한 교과서를 출판했다. 그 책에는 외국 상인과 거래하는 법과 환율 등과 같은 것에 관한 실질적인 충고들을 다루었었는데, 성경적인 시각이 전 편에 걸쳐 나타나 있었다.

> 경건하고 근면한 사람은 여러 방면에서 반드시 번영을 누릴 것이다. 그러나 쾌락과 육체적 욕망만을 추구하는 사람은 죽을 때까지 고통을 받을 것이다.
> 만약 그대가 잘 번영하고 싶으면 기도하라. 만약 축복을 받고 싶으면 그대가 악으로 얻었던 죄의 값을 치려야 한다. 만일 그대가 노동의 즐거움을 누리고 싶으면 눈과 혀가 정직하여 거짓말을 하지 말아야 하며, 남을 기만하지 말아야 한다…….[4]

브라운의 책에서 특기할 것은, 그가 잠언의 내용을 문자 그대로 진지하게 받아들였다는 사실이다. 그는 성경의 교훈들이 주는 정확한 의미를 재발견하고 그 교훈들을 성공적인 사업의 원리로 사용할 것을 조언하였다. 브라운이 내세운 상인들을 위한 지침은 성서적인 경건을 실제의 삶과 결합시킨 많은 사례 중의 하나였다. 또 다른 평신도 작가인 존 노던(John Norden)은 〈명상하는 사람의 관습〉(A Pensive Man's Practice) 이란 책을 썼는데, 이 책은 기도서로서 안전한 항해나 유능한 삶을 원하는 그런 경우에 필요한 모범적인 기도문으로 가득 차 있었다. 이 책은 1584년부터 1640년 사이에 무려 40번이나 재판되었다. 의미심장하게도, 이 새로운 평신도 기도서와 안내서들에 대한 반대가 성직자들로부터 나오기 시작했는데, 이들은 이런 책들이 너무나 세속적이며 신학적 문제들과 충분히 조화를 이루지 못하고 있다고 믿었다.

다행히도, 영국교회내의 몇몇 청교도 성직자들은 그러한 평신도 경건의 유익함을 보고서 그 주제에 관한 보다 세련된 책들을 쓰게 되었다. 그들 가운데 영국 개혁 신학자인 윌리엄 퍼킨스(William Perkins, 1558-1602)라는 청교도 목사는 엘리자베스 시대(16세기 후반)의 신학자들 중에서 가장 영향력 있고 박학다식한 사람이었다. 그는 종교개혁의 영향으로 빈곤과 번영의 개념에 대한 태도에 변화를 분명하게 나타내는 수필을 썼다. 그의 저서 〈직업이냐 소명이냐에 관한 논문〉(Treatise of the Vocation or Calling of Men)은 1600년경에 쓰여졌는데, 이 책에는 선행은 하지만 일은 하지 않는 돈 키호테 같은 기독교 하급 귀족은 있을 수 없다는 것이다. 정직한 노동은 의로운 삶에 필수적이며, 게으름은 하나의 죄악이었다.

우리가 받은 소명의 의무를 수행하는 데 게으르고 무위도식하는 것은 하나님께서 인간 사회, 즉 교회와 국가 속에 설정해 놓으신 정당한 질서에 반하는 하나의 무질서이다. 그리고 게으름과 무위도식은 진실로 수많은

끔찍한 죄를 저지르는 원인이다. 게으른 몸과 게으른 두뇌는 악마의 상점이 된다.[5]

독신으로 종교적인 삶을 영위하는 것을 최고의 소명으로 여기며 교회의 직책을 계급적으로 분류하고 있는 카톨릭의 전통과는 다르게, 퍼킨스는 선포하기를 인간은 자신이 부름을 받은 어떤 정직한 직업이던지 믿음으로 삶으로써 하나님을 완전하게 기쁘게 해드릴 수 있다는 것이다.

그리고 양떼를 지키는 양치기가 자기 방식대로 일을 수행하는 행동은, 형을 선고하는 재판관이나, 통치하는 행정장관이나, 설교하는 목회자가 일을 수행하는 행동과 마찬가지로 하나님 앞에서는 선한 일이다.[6]

윌리엄 퍼킨스의 책들은 식민지의 목회 도서관이나 개인 도서관에 가장 자주 들어오는 도서 중의 하나가 되었다. 그의 책과 그와 유사한 여러 책들이 미국 식민지의 직업에 관한 신학을 확립시켰다(남부지역은 예외였는데, 그곳은 노예제도가 직업 윤리를 왜곡시켜서 노예를 최하층에 두는 계급 제도로 되돌아갔다). 청교도 목사이며 조나단 에드워즈와 동시대인인 코톤 메이더(Cotton Mather)는 1세기 후에 퍼킨스의 주제들을 〈두 개의 간단한 논문: 기독교인의 일반적인 소명과 개인적인 소명에 대한 지침〉 *(Two Brief Discourses, One Directing a Christian in His General Calling; another Directing Him in His Personal Calling)*에서 다시 다루었다.

메이더는 모든 기독교인은 주님을 경배하고 섬겨야하는 삶의 일반적 소명을 가지고 있지만, 인간은 그것에 더하여 특별하고 값있는 삶을 위한 하나님으로부터 받은 소명을 가지고 있다는 퍼킨스의 사상을 다시 다루었다. 그는 두 가지 소명을 다 하는 기독교인을 두 개의 노를 가지고 배를 저어 가는 사람에 비유했다.

만약 그가 오직 한 가지 소명에만 힘쓴다면, 그것은 그대로 이루어질 것이다. 배 한쪽에 있는 노만 젓는다면, 그는 영원한 축복의 해안에 빨리 도달하지 못할 것이다.[7]

메이더는 어떤 사업, 어떤 무역, 어떤 전문직업을 해야하냐 하는 문제를 두고 하나님께 특별한 길을 인도해 달라고 간구하는 것은 인간 개개인의 의무라고 믿었다. 기독교인이 하늘의 인도하심을 일단 분별하게 되면, 매일 기도를 통해 자신의 일을 하나님께 위탁함으로써 하나님께서 자신에게 성공을 주시리란 약속을 믿을 수 있을 것이다.

인간이 자신의 사업으로 출세할 수 있을까? 내가 말하노니, 자기 사업에 성공하게 되리라. 이 일은 이미 잠언 22:29에 예언되었던 것이다. "네가 자기 사업에 근실한 사람을 보았느냐 이러한 사람은 왕 앞에 설 것이요 천한 자 앞에 서지 아니하리라."[8]

세속의 유혹 : 벤 프랭클린

미국의 정치가, 과학자, 발명가인 벤 프랭클린(Ben Franklin, 1706-1790)은 자신의 유명한 〈자서전〉(*Autobiography*)에서 어떻게 메이더(Mather)의 다른 책 〈선행을 하기 위한 수필〉(*Essays to Do Good*)이 그에게 영향을 주었는가를 기술하고 있다. 프랭클린은 다른 계몽주의 지성인들처럼, 기독교의 핵심 교리는 거부하면서도 청교도의 윤리적 가르침은 받아들였다. 프랭클린은 이신론(理神論)자가 되었으나 청교도처럼 일을 했는데, 이것은 미국에서는 보편화된 근로 양상이었다. 프랭클린의 〈자서전〉은 조나단 에드워즈의 일기처럼 수시로 읽혀졌는데, 그 두 책은 자기 개선을 위해 해야할 많은 덕목을 실었기 때문이었다. 중요한 차이점을 말하자면 에드워즈는 자신의 덕목을 끝낼 때마다 항상 "하나님의 도

우심으로"라는 말을 했으나, 프랭클린은 자신의 의지력을 믿었다.

종교개혁 신학이론의 영향을 받은 국가에서는 혁신과 과학적 진보의 시대가 발전되었는데, 이 시대는 산업 혁명이라 불려졌다. 독일의 경제학자이며 사회학자인 막스 베버(Max Weber, 1864-1920)는 이 경제 혁명이 종교개혁의 신학 이론에 의해 실제로 발화되었다는 점을 이해한 최초의 인물이었다. 베버의 걸작인 〈프로테스탄트 윤리와 자본주의 정신〉(The Protestant Ethic and the Spirit of Capitalism)을 보면, 카톨릭의 부적절한 노동 윤리에 덧붙여, 카톨릭 신학의 다른 양상들이 유럽의 경제 확장을 지연시켰다고 주장하고 있다.

프랭클린의 생애에서 보듯이, 프로테스탄트의 윤리가 지닌 위험성은, 성서적 토대가 사라져 버릴 때, 순수한 유물론이 될 수 있다는 것이다. 성공을 한 남자나 여자는 자신의 동료들로부터 존경을 받을 수 있으며, 이것은 자기 존중을 위한 기본적인 인간적 필요를 충족시켜줄 수 있다. 그것은 또한 거짓된 종교로서 행동한다. 사람은 하나님을 기쁘시게 해 드리기 위해 일을 하는 대신에 사회를 기쁘게 하기 위해 일을 한다. 1960년대의 히피족 시대는 미국인의 노동 윤리와 그 윤리와 연관된 도덕적 절제를 철저하게 무너뜨려 버렸다. 그것은 프랭클린의 세속화된 청교도주의가 그 성서적 뿌리로부터 떨어져 나오면 무한히 지속할 수 없게 된다는 것을 단순히 나타내고 있다.

기독교 동기유발 문학에 있어서의 결함

주류교회 신교 신학은 19세기에 이르러 더욱 복잡해졌으며, 노동과 영성 문제에는 관심을 잃어버렸다. 목회자들과 학계의 신학자들이 받은 일관된 유혹은 그 당시 유행하는 신학적 문제들만이 진지하게 고려할 만한 유일한 가치가 있는 것으로 그것에 만 초점을 맞추는 것 같이 보였다. 평신도들의 직업 윤리나 동기에 관한 문제는 흥미 없는 것으로 염두에 두지 않았다. 그러나 공평하게 말하면, 19세기 신학자들은 많은 심각한 문제들에 몰두해야만 했다는 것이다. 즉, 노예제도, 노예제도 폐지론, 남북전쟁에 뒤이어 창세기의 창조론에 반대하여 진화론을 내세운 모던니스트(modernist)의 논쟁이었다.

지난 30년 동안 대부분의 신학자들은 파괴적인 반(反)사업(맑스주의자)적 편견을 가진 해방신학의 영향을 받아왔다. 작업장에서의 신성한 동기에 대한 그 당대의 정의를 내려 준 것은 몰몬 교도인 스티븐 코비(Stephen Covey)의 걸작품인 〈고도로 효율적인 사람들의 7가지 습성〉 (The Seven Habits of Highly Effective People)에서였다.

빅토리아 시대(1837-1901)에 믿음이 독실한 작가들만이 청교도 신앙의 번영에 관한 주제를 계속 다루었다. 예를 들면, 맥구피(McGuffey)의 저서는 성실하고 정직하면 번영이란 보상을 받을 것이란 청교도적 가설을 말하고 있었다. 인기 있는 기독교 소설들은 윤리적 행동을 하면 현세의 좋은 결과를 가져온다는 성서적 약속을 중심으로 자주 그 주제 구성을 했다. 이런 소설들은 일반 미국문학사에서는 인정을 받지 못했다. 왜냐하면 그 소설들은 곧 나타날 불가지론의 형식과 근대 세속 문학의 특징이 될 비기독교적 가치들과 일치하지 않았기 때문이었다.

신사상의 번영 문학

일부 신사상 작가들이 기독교의 핵심 교리를 포기하기는 했지만, 노동과 번영에 관한 청교도적 전통을 지닌 작품을 계속 써 왔다. 청교도 역사가 중의 한 사람은 청교도사상과 신사상 간에 존재하는 놀랄 만한 지속성을 발견했다.

신학적으로 그들은 양극으로 떨어져 있었다. 그러나 한가지 근본에 있어서는 서로 유사했다. 번영의 법칙은 청교도의 가르침에서와 마찬가지로 신사상의 책들에 있어서도 중요한 법칙이 되는 것이다.[9]

랄프 월도 에머슨(Emerson)과 다른 초절주의자들과 같은, 형이상학파 운동 배후에 있는 사상가들은 자기 문화(자기 개선, 자기 교육, 자기 긍정, 자기 훈련)를 주창했다. 이것은 본질적으로 벤 프랭클린의 자기 개선에다 최신의 어휘와 철학적 가설을 보탠 주장이다. 이미 살펴보았듯이, 신사상은 대체로 비-기독교적이거나 이신론적인 세속적인 정신력을 믿는 진영과, 기독교적이고 성서적인 바탕을 유지하려고 시도하는 진영으로 나뉘어졌다. 번영에 관한 신사상 문학도 같은 식으로 나뉘어졌다. 이신론적 진영은 번영과 성공의 열쇠는 개인적인 상황에 정신력을 어떻게 적용하느냐에 놓여있다고 믿었다. 그들은 또한 (스웨덴보리식의) 영적 법칙에 관심을 두었다(다음 장을 보라). 성경을 인정하는 진용은 종종 이런 요소들을 수용하기도 했지만, 초기 청교도 문학의 유산이었던 성서적 토대를 유지하였다.

성공의 주제에 중점을 두었던 가장 중요한 신사상 이신교 작가는 오리슨 스웨트 마르덴(Orison Swette Marden, 1850-1924)이었다. 마르덴의 책들은 빅토리아시대의 사업가와 사업가 지망생들에게 필독서였다. 마르덴은 철학적 경로를 통해 신사상으로 들어왔다. 그는 에머슨의 〈대표 인간〉(Representative Men)을 읽었는데, 이 책은 나폴레옹이나 링컨 같은 역사상의 위인들이 그들 생애에 영적 법칙을 구체화했다는 것을 제시했다. 마르덴은 이 사상을 그가 초기에 써서 굉장히 성공적이었던 책들에 상술했는데, 특히 1894년에 쓴 〈정면으로 전진하라: 혹은, 역경 하에서의 성공〉(Pushing to the Front: Or, Success Under Difficulties) 가운데 잘 나타나 있다. 점차로 그는 신사상의 다른 주제인 이상주의와 정신력에 관한 저술로 옮겨갔다. 그의 후기 작품중의 하나인 책의 제목은 그의 모든 사상을 다 말하고 있는데, 바로 〈모든 인간은 왕: 혹은 정신 지배력의 힘〉 *(Every Man a King: Or, Might in Mind-Mastery)* 이란 책이다.

신사상의 번영: 성경적 울림

신사상에서 성경을 인정하는 진영의 작가 가운데 가장 유명한 사람은 랄프 월도 트라인(Ralph Waldo Trine, 1866-1958)이다. 그는 일리노이주의 작은 마을에서 태어나서, 위스콘신대학교와 존스 홉킨즈 대학교에서 뛰어난 교육을 받았다. 〈무한과의 조화〉 *(In Tune with the Infinite)* 는 그의 가장 유명한 책으로서, 국제적으로 베스트 셀러가 되어 영어판으로 150만 부가 팔렸으며, 20개국어로 번역되었다. 그 책은 오늘날에도 종종 읽혀진다.

트라인은 계몽을 추구하는 사람에게 필요한 주된 영적 과제는 영적 법칙과 긴밀한 관계를 맺게 되는 것이라고 믿었다.

> 가난의 생각을 고수하는 사람은 가난하게 될 것이며, 항상 가난을 면치 못할 가능성이 크다. 그러나 현재의 상황이 어떻든지 간에, 계속 번영의 생각을 꿈꾸는 사람은 머지않아 그를 번영의 상태를 누리게 하는 약동하는 힘을 갖게 될 것이다. 끌어당기는 힘의 법칙은 우주를 통해서 어디에서나 끊임없이 작용한다. 그리고 그 법칙과 연관된 한가지 위대하고 결코 변치 않는 사실은, 이미 우리가 발견했듯이, 같은 것은 같은 것끼리 끌어당긴다는 것이다.[10]

하나의 실질적인 기교로서 트라인은 독자들에게 다음과 같이 조언했다.

여러분 자신이 번영의 상태에 있다고 생각하십시오. 여러분이 머지않아 번영을 누릴 것이라고 확신하십시오. 번영을 말없이 조용하게, 그러나 강력하고 확신에 찬 마음으로 받아들이십시오. 번영을 믿어십시오, 절대적으로 믿어십시오. 번영을 기대하십시오. 번영을 기대감으로 끊임없이 물을 주십시오.[11]

그러나 트라인은 하나님의 주심에 대한 청교도적인 믿음의 전통을 나타내고 있다.

하나님은 모든 만물을 당신의 손안에 쥐고 계신다. 하나님의 항구적인 말씀은 나의 아들아, 너의 모든 길에 나를 인정하라. 그리고 네가 나를 인정하는 만큼, 네가 생활 속에서 나를 인정하고 사는 만큼, 나의 것이 너의 것이 된다, 여호와 이레—주님께서 모든 것을 주시리라.[12]

트라인의 견해는 이상주의적이지만 무슨 신비스러운 것은 아니었다. 그는 믿음이란 실질적인 필요성과 마찬가지로 윤리적인 필요성도 지니고 있다고 이해하는 성서적 본보기를 따랐다.

언제나 충실하여라. 당신이 처해있는 상황에 절대적으로 충실하여라. 만약 당신이 처해있는 상황에 충실하지 못한다면, 현재의 상황은 보다 나은 상황으로의 디딤돌이 되지 못하고 더욱 좋지 않은 상황으로 떨어질 것이다.…두 손을 깍지끼고서 기도한다고 당시의 무릎 속으로 무언가가 떨어지기를 기대하지 말아라. 보다 높은 힘을 발휘하여, 당신에게로 오는 첫번째 것을 잡아라. 당신의 두 손으로 할 수 있는 일을 하라, 그리고 잘 하도록 하라.[13]

트라인의 번영 신학은, 비록 영지주의적인 가설들과 섞여있지만, 초기 청교도 문학을 반영하고 있었다. 그는 물질적인 축복에 관한 구약의 약속들이 오늘날에도 유효하다고 보았다. 트라인은 구약에서 하나님의 주된 계시 중의 하나는 하나님은 여호와 이레, 즉 제공해주시는 분으로서의 하나님이셨다고 이해했다. 트라인은 독자들에게 번영의 "중용"을 찾으라고 권했는데, 이 개념은 스웨덴보리(스웨덴의 종교적 신비 철학자, 1688-1772)에서 유래된 것이다(다음 장 참조). 이 경우에 그의 개념은 잠언 30:7-9 중의 "나로 가난하게도 마옵시고 부하게도 마옵시고 오직 필요한 양식으로 내게 먹이시옵소서"라는 성서적 계시와 완전한 조화를 이루고 있었다.

찰스 필모어(Charles Fillmore)

유니티파(20세기 미국의 종교 운동으로 건강과 번영을 지향한 일체파, 용어해설 참조)의 찰스 필모어는 단순히 〈번영〉(Prosperity)이란 제목으로 신사상에서 번영에 관한 아마도 결정적인 토론의 내용을 실었다. 트라인의 책처럼, 이 책도 신사상의 이상주의와 오랜 청교도의 유산이 혼합된 것이다. 책의 앞부분은 상당히 형이상학적이며 몇 가지 가상적인 이론들을 포함하고 있는데, 예를 들면 믿는 자들은 우주의 상층부 영역을 채운다고 믿어지는 정화된 요소인 영기(靈氣)를 통하여 하나님의 능력과 에너지를 끌어들일 수 있다는 사상 같은 것이었다. 이와 같은 것과 다른 비약된 공상(그리고 영지주의)에도 불구하고 그 책은 성경과 청교도적 유산과의 조화를 이루는 많은 내용을 지니고 있었다. 필모어의 번영에 관한 기본적인 이해는 균형을 이루고 있었다.

모든 것이 풍요로운 왕국이 있다. 그 왕국은 그 왕국을 추구하고 기꺼이 그 왕국의 법을 따르려고 하는 사람들에 의해 발견되어질 것이다. 예수님은 부자가 하늘나라로 들어가기는 어렵다고 말씀하셨다. 이 말씀의 뜻은 부자이기 때문에 어렵다는 것이 아니다. 왜냐하면 가난한 자라고 해서 더 빨리 더 쉽게 천국에 들어가는 것이 아니기 때문이다. 사람들을 왕국에 들어가지 못하게 하는 것은 돈 때문이 아니라, 사람들이 돈과 돈의 근원, 돈의 소유, 돈의 사용에 대해 가지고 있는 관념 때문이다.[14]

성경을 인정하는 다른 신사상 지도자들처럼, 필모어도 십일조를 구약성경이 명하는 이상의 것으로 이해했다. 그를 포함한 다른 사람들은 십일조에서 영적 법칙이 작용하는 것을 분별했다. 이 문제에 있어서 필모어는 완전히 정통 교리를 따랐고, 자신의 보다 색다른 이론들은 제쳐두었다. 그는 말라기 3장을 인용하여 다음과 같이 말했다.

> 말라기 3장은 분명히 모든 계급의 사람들을 위해 번영의 법칙을 설명하고 있다. 즉 서리, 가뭄, 홍수로부터 곡물을 보호하고자 하는 사람들을 위해, 전염병, 흑사병, 그리고 보급과 구호의 손길을 파괴하려는 잡다한 일들로부터 피하려는 사람들을 위해 번영의 법칙을 설명하고 있다. 단순히 십일조나, 처음 수확한 열매의 십분의 일이나, 그와 상응하는 것을 주님께 드리는 것은 단순한 법이지만 너무나 효과적이다. 인간이 하나님이 요청하시는 일을 성취하지 않으면 하나님은 보호하고 증식하는 문제에 있어서 인간의 모든 요청을 다 들어 주시리란 기대는 해서는 안 된다.[15]

이 마지막 언급은 필모어와 성경을 인정하는 다른 신사상 지도자들이 청교도적 유산과 함께 지니고 있던 지속성과 차이점을 지적하고 있다. 청교도들은 행동을 위한 안내 원리로서 하나님의 약속에 관해 말하고 있는 반면에, 신사상은 법칙에 관해 이야기했다. 그 차이점은 커다란 논쟁의 근원이 될 것인데, 이 문제는 다음 장들에서 다룰 것이다.

요약

비록 바울이 자신의 교회들에게 세상에서 정직하게 일하도록 간곡히 권했지만, 카톨릭 전통은 수도승의 고립된 삶을 기독교적 완전함을 위한 이상으로 칭송했다. 그래서 노동과 번영의 관계는 수세기 동안 경시되어졌다. 종교개혁이후, 평신도들은 다시금 정직한 노동을 통해 경건함을 추구하기 시작했으며, 그 결과 수세기 동안 번영을 누리게 되었다. 청교도들은 이 노동(직업) 윤리를 미국으로 가져왔으나, 번영 문학은 19세기에 이르러서는 기독교계로부터 사라져버렸다. 성경을 인정하는 신사상 작가들은 교회가 남겨둔 틈을 채웠고, 성경으로부터 번영의 영적 법칙을 이삭줍듯이 찾아내었다.

다음 장에서는 형이상학파 운동과 함께 출발한 영적 법칙의 부흥을 고찰함으로써 이 토론을 계속할 것이다.

제16장
영적 법칙의 부활

스베덴보리주의: 영적 법칙의 배경이 되는 이단

　형이상학적 운동을 형성하는 모든 요소 중에서, 약간의 진리는 이단 안에서도 종종 발견된다는 것을 가장 분명하게 예증해 주는 한 가지는 영적 법칙의 발견이었다. 영적 법칙을 정확하게 성경적으로 이해하게 된 것은 최근 수십 년에 이르러서였다. 하지만 그 유사한 개념들은 이미 신약시대 때부터 기독교 신학의 기초를 형성했다. 간단히 정의하자면, 영적 법칙은 인간의 윤리적 행동과 그 행동의 결과, 특히 현세에서 나타나는 결과간의 상호작용을 지배하는 성경적인 원리들이다.

　배경을 설명하려면, 우선 18세기에 일어난 사이비 종교 스베덴보리주의(Swedenborgism)를 조사해야 할 필요가 있다. 이 종파는 서양 최초의 유심론(唯心論 혹은 심령론)자 종파였다. 비록 스베덴보리파 교회가 수적으로는 결코 중요한 위치를 차지하진 못했지만, 그 교리는 18, 19세기의 많은 종교 지도자들에게 영향을 미쳤다. 스베덴보리주의는 많은 형이상학 종파의 기본 신학이 되었다.

　엠마누엘 스베덴보리(Emanuel Swedenborg, 1688-1772)는 스웨덴의 공학도이며 과학자로, 오랫동안 연속된 환상의 체험을 했는데, 그는 환상 속에서 예수님을 포함하여 천사들과, 오래 전에 죽은 사람들과 대화를 나누었던 것 같다. 이런 체험들로부터 그는 정신적 세계와 물리적 세계의 특성에 대해 새로운 계시를 제시한 여러 권의 책들을 썼다.

사실 그의 새로운 계시의 토대는 고대 영지주의였다. 고린도의 영지주의자들이나 3세기의 영지주의자들의 가르침에서와 마찬가지로, 스베덴보리가 생각한 예수님은 고도로 진화된 존재였으나, 하나님이나 구세주는 아니었다. 스베덴보리는 예수님의 역할을 과장한 것은 바울이었다고 주장했다. 스베덴보리의 중심 체계는 태양계의 다른 행성들을 포함하여 우주 속의 하나님 나라로 들어가는 길은 윤리적인 행동(회개나 예수님을 통한 구원이 아니라)을 통해서라는 반복된 주장이었다. 예를 들어, 화성의 생명체는 태양계에서 가장 완전한 존재인데, 그들은 하나님 나라가 선행과 깨끗한 삶과 채식주의에 의해 성취된다는 것이라고 알았다.

과학적 계시는 달이나 다른 행성들에 사는 사람들의 특성과 같은 정보들을 포함하고 있었다. 스베덴보리에 의하면, 달에 사는 사람들은 어린 아기의 크기만 하고, 엄청나게 큰 목소리를 지니고 있으며, 배에 입이 붙어있다고 했다. 그런 과학적인 웃기는 이야기는 그 시대의 시설로는 증명될 수 없는 것이었지만 동시대 사람들에게는 그럴 듯하게 보였다.

영적 법칙

계몽운동(18세기 유럽의 합리주의 운동)의 지성인들이 기독교와 성경에 대한 믿음을 경시하고 자연법을 비웃고 있었을 때에, 스베덴보리의 계시는 영성과 과학을 결부시키기를 주장하는 하나의 체계를 제공해 주었다. 모든 큰 이단과 악마적인 종교 체계가 그런 것처럼, 스베덴보리주의의 매력적인 부분은 합의된 정통 교리에 존재하는 약점들 위에 그 기반을 두고 있었다. 특히, 스베덴보리주의는 도덕적 행동은 현세에서 그 결과를 보게된다고 거듭 주장하였다(성경적 진리는 아래에 논의될 것이다). 이런 행동과 결과의 특별한 패턴이 영정 법칙이라고 불려졌다.

　스베덴보리의 영적 법칙은 형이상학적 운동의 초석 중의 하나가 되었으며, 영지주의파의 후예들을 통해 오늘의 뉴에이지 운동으로 이어졌다. 이 법은 영적 영역과 지상의 영역을 모두 지배한다고 추정한다. 그 법은 비슷한 것끼리 서로 끌어당긴다는 견인의 법칙과, 사람의 육체적 모습이 내면적 영적 상태를 반영한다는 일치(조화)의 법칙과 같은 보편적인 원리를 포함하고 있다.

　많은 사람들에게 스베덴보리적 법칙은 다소 진부하기도 하지만, 아주 순수한 것처럼 들린다. 그러나 모든 사람은 진정한 영적 생활에는 치명적인 손상을 입는다. 이 일치의 법칙으로부터 진짜 악마적인 의도를 찾아낼 수 있는데, 내적 회개와 기도와 하나님의 은총은 우리의 영적 상태에 중요하지 않다는 것이다. 그런 의도를 그 사람의 외면적 모습으로부터 판단할 수 있다는 것이다. 비슷한 것끼리 서로 끌어당긴다는 견인의 법칙은 똑같이 치명적이다. 필자는 많은 뉴에이지 그룹에게서 "비슷한 것끼리 서로 끌어당긴다"는 견인의 법칙이 오히려 확실히 반(反)분별력의 역할을 한다는 것을 관찰했다. 그 그룹가운데 있는 사람들은 모두 영적 진리의 추구 자이기 때문에, 이 법칙을 적용한다면, 악(惡)한 것은 아무 것도 이 그룹에게로 끌려들어오지 않을 것이다. 그들은 자신들이 체험한 현상에서나, 자신들이 수용한 교리에서 영적 분별력에 관심을 둘 필요가 없다고 생각한다. "비슷한 것끼리 서로 끌어당긴다"는 것은 자만심을 부추기고 분별력을 방해하는 하나의 거짓말일 뿐이다.

성경과 이곳—현세의 도덕적 질서

　실제로, 성경이 분명히 주장하는 것은, 도덕적인 행동은 현세에서 그 결과를 갖게 된다는 것이다. 그렇지만, 전통적인 기독교 신학은 도덕적 행동에 대한 이곳-세상에서의 결과를 배제하고 사후의 보상과 벌의 문제에 그 관심을 집중했다. 이러한 신학적인 결함이 사이비 영적 법칙의 발생을 가능케 했다. 전통 신학에서도 똑 같은 결함을 기독교 지도자들이 AIDS에 대한 반응하는 태도에서 발견할 수 있다. 다음에 인용한 로마서 1:21-27에서 지적하고 있는 것처럼, 많은 경우 질병은 죄에 대한 하나님의 분노의 표현이란 사실을 인정하려는 기독교 지도자들은 거의 없었다. [AIDS의 모든 경우가 개인적인 죄에 대한 형벌이라는 말은 아니다. 많은 경우에 바이러스에 노출되는 것은 우연적이다. 이런 범주에 속한 사람들은 그들의 개인적인 죄에 대해 형벌을 받은 것은 아니지만 그러나 그들은 다른 사람들의 죄의 결과로부터 고통을 받고 있다.]

하나님을 알되 하나님을 영화롭게도 아니하며 감사하지도 아니하고 오히려 그 생각이 허망하여지며 미련한 마음이 어두워졌나니…그러므로 하나님께서 그들을 마음의 정욕대로 더러움에 내버려두사 그들의 몸을 서로 욕되게 하게 하셨으니 이는 그들이 하나님의 진리를 거짓 것으로 바꾸어 피조물을 조물주보다 더 경배하고 섬김이라…이 때문에 하나님께서 그들을 부끄러운 욕심에 내버려두셨으니 곧 그들의 여자들도 순리대로 쓸 것을 바꾸어 역리로 쓰며 그와 같이 남자들도 순리대로 여자 쓰기를 버리고 서로 향하여 음욕이 불 일듯 하매 남자가 남자와 더불어 부끄러운 일을 행하여 그들의 그릇됨에 상당한 보응을 그들 자신이 받았느니라.

도덕적 행동과 그 결과의 연쇄성을 생각해보자. 하나님을 경시하는 비윤리적 행동(우상숭배)은 지성을 어둡게 하여 미혹으로 이끌며, 이 미혹은 성적 타락으로 이끌며, 성적 타락은 타락한 "그들 자신이" 형벌 즉 질병의 감염으로 이어진다. 비록 하나님의 법칙을 어기면 사후의 결과를 초래하는 것이 확실하긴 하지만, 이 과정은 현세에서 일어나는 순환

체계이지 사후의 협박이 아니다.

이 지상에서의 도덕적 질서와 적법한 행동은 성경적 계시에 중심이 된다. 잠언서는 실제로 도덕적 행동과 그 행동의 현세에서의 결과 사이의 관계에 대한 안내서이다. 예를 들면, 잠언 10:27은 의로운 생활과 현세의 장수(長壽)함 사이의 관계를 선포하고 있다.

여호와를 경외하면 장수하느니라 그러나 악인의 년세는 짧아지느니라.

솔로몬의 많은 잠언들은 도덕성과 부유함 사이의 관계를 역설하고 있는데, 예를 들면,

손을 게으르게 놀리는 자는 가난하게 되고 손이 부지런한 자는 부하게 되느니라(잠 10:4)

구제를 좋아하는 자는 풍족하여 질 것이요 남을 윤택하게 하는 자는 윤택하여지리라(잠 11:25)

불신 행위와 악한 행동도 또한 범죄자에게 되돌아간다.

함정을 파는 자는 그것에 빠질 것이요 돌을 굴리는 자는 도리어 그것에 치이리라(잠 26:27)

그리스도 시대 이전부터 근대에 이르기까지 랍비의 주석서(탈무드)는 도덕적 행동과 현세의 결과의 상호성에 대한 잠언에 있는 원리를 강조하고 있다. 이 원리는 "신성한 규칙의 기초가 되거나 혹은 그 규칙을 운용하는 원리 중에 가장 큰 원리"가 된다고 이해되었다. 이 원리는 보통 "같은 방법으로 보복하는 것"(tit-for-tat, 즉 눈에는 눈으로 이에는 이

로)으로 불려졌으며, 종종 성서해석의 수단으로 쓰이기도 했다. 예를 들면 요셉과 그의 형제들의 이야기에 관한 중세의 논평은 다음과 같이 설명하고 있다.

요셉의 형제들이 그의 잔을 훔친 죄로 체포되어 고발당했을 때, "그들은 그들의 옷을 찢었다"(창 44:13). 하나님께서 그들에게 말씀하시기를, "너희가 거짓말을 한 죄로 너희 아버지가 옷을 찢도록 했으므로, 이제 거짓말을 한 죄로 네가 너의 옷을 찢으리라"하셨다.[16]

성서학자 게르하르트 폰 라드(Gerhard Von Rad)는 이런 성경상의 연관성을 "같은 방법으로 보복하는 것"이라는 용어보다는 다소 보다 권위 있는 말로 "행동―결과의 관계"라고 말한다. 이와 같은 현세의 상호성은 상당히 모호하기는 하지만, 신약성경에서도 확인되어진다. 예를 들면, 예수님은 어떤 질병은 죄로 기인한다는 구약성경의 계시를 확증했다(막 2:1-12와 요 5:2-15). 그렇지만, 바울이 말한 "내 육체의 가시"는 아마도 잘 보이지 않는 눈병이었던 것 같은데, 그 병은 죄 때문에 생긴 것이 아니라 자만하지 않게 하려고 생긴 것이다(고후 12:7).

성서적 법과 갈마(업業:karma)

성경에 나타난 행동―결과의 관계(같은 방법으로 보복하는 것)는 동양 사상의 갈마(업)라는 개념과 같다고 믿는 사람들도 있을 것이다. 유사하기는 하지만, 그 둘 사이에는 핵심적인 차이점이 있다. 갈마는 하나님의 은총이나 자비와는 상관없이 일어나는 도덕적인 행동과 그 결과의 기계론적인 법칙이다. 사실 불교에서 갈마는 인격적인 신의 개념과 상관없이 작용한다. 동양의 갈마 사상은 사람이 한 생애 동안 행한 어떤 도덕적 행동도 다음 생애에서 반복되어질 것이라고 주장한다. 그러므로 갈마는 윤회사상과 밀접하게 연결되어있다. 반면에, 성서적인 행동-결과의 관계는 보통 도덕적 행동의 즉각적이고 현세적인 결과를 나타낸다. 그렇지만, 현세의 결과는 또한 가계(家系)를 통해 자손 대대로 축복이나 저주가 주어진다는 개념을 포함하고 있다(출 20:5).

성경이 형성된 초기시대에 성령은 행동—결과 관계의 계시가 갈마 개념으로 타락하지 못하도록 했다. 성경 중에 가장 초기에 쓰여진 것으로 여겨지는 욥기는 반(反)갈마 계통으로 볼 수 있다. 주된 교훈은, 욥의 비극이 그의 조언자들이 확인시켜주려고 시도한 것과 같이, 갈마적 잘못으로 기인된 것이 아니라 사탄의 손아귀에서 시련을 받아야 하는 결과였다는 것이다.

그래서 성경은 모자이크 그림 같은 계시를 나타내고 있다. 그 계시가운데 우주의 도덕적 질서는 법칙에 따라 움직이긴 하지만, 자비와 은총으로 인해 그리고 성화 과정에서 고난의 역할 같은 요인들에 의해 수정되어진다. 인간이 받는 보상이나 벌은 이 세상에서의 삶과 사후세계의 삶 사이에 구분되어 있다. 그 복합된 계시는 설명하기가 어렵고, 사후세계에서의 결과를 강조하고 싶은 유혹을 받는다. 왜냐하면 이것(사후세계의 보상)을 강조하면 모호성의 문제를 피할 수 있는 장점이 있기 때문이다(말하자면, 선한 사람이 가난하고 악한 사람이 부유한 현실에 관한 문제).

기독교 신학은 "같은 방법으로 보복하는 것"을 묵살한다.

초기 기독교 신학자들, 특히 사막의 기독교적 금욕주의에 영향을 받은 사람들은 성경에 나타나는 행동-결과의 많은 예들이 현세에서 번영과 행복의 축복을 약속한 사실에는 단순히 관심이 없었다. 사막의 기독교(수도자들)가 성경의 치유능력을 묵살해버린 것처럼, 지상의 "같은 방법으로 보복하는 것"을 기독교의 무가치한 것으로 경멸했다.

사막의 기독교의 가치는 성경을 영적으로 해석하려는 경향과 연결되어 있었다. 성경은 다른 신학자들(특히 오리겐)이 발전시킨 우화적 방법으로 해석되었다. 그러므로 성경 말씀이 너무 "속세적"으로 해석 될 때마다, 그 말씀에 영적 의미를 부여하였다. 말하자면, 솔로몬의 아가서는 낭만적인 사랑에 대한 것이 아니라 단지 교회를 향한 그리스도의 사랑을 나타내는 한 유형이었다. 이런 식의 해석 전통에서 보면, 잠언에서 말하는 경제적 풍요로움의 적극적인 축복도 영적으로 하늘나라에서의 보상을 의미하는 것이라고 이해되었다. 어거스틴 시대에 이르러서 이런 우화적-금욕적 성서해석방법은 거의 보편적인 방식이 되었다. 그것은 카톨릭 교회의 합의된 정통의 한 부분이 되었으며, 종교개혁에 이르기까지는 심각한 도전을 받지 않았다.

이 모든 것이 뜻하는 바는, 하나님의 율법에 순종하거나 불순종하면 현세에서 그 결과를 갖게된다는 성서적 계시는 조잡하고 영적이지 못한 것으로 기독교 신학 밖으로 배제되었다. 카톨릭 신학은 인간이 하나님의 율법을 순종하거나 혹은 율법을 어기는 것은 다만 사후세계(천국, 지옥, 혹은 연옥)에서만이 판가름되는 것이라고 주장했다. 이 주장은 주로 연옥 문제에 관해서 종교 개혁자들로부터 도전을 받았다. 칼빈도 역시 성서적인 약속 중 일부가 경제적인 활동과 관련되어 있다는 것을 파악하기 시작했다(15장 참조). 그러나 그는 행동-결과의 관계를 삶의 다른 면들과 연관지어 이해하지는 않았다.

헤겔 철학, 스베덴보리주의, 그리고 이 모두를 이어온 형이상학적 운동은 도덕적 공백감과 기독교 신학에서 보편화된 지상생활의 가치저하에 그 기반을 두고 있었다. 이러한 태도는 자연법과 자연신학에 대한 신앙을 포기했을 때 더욱 두드러지게 나타났다(7장 참조). 헤겔과는 다르게, 스베덴보리는 정치적 행동을 통해서 구원과 의미를 제공하지 않았다. 오히려 선행과 영적 법칙을 통해서 개인적 구원의 체계를 제시했다. 지상의 삶과 지상의 모든 것은 다시 인간의 영원한 영적 존재와 직접적으로 관계를 갖게 되었다.

스베덴보리의 영적 법칙은 파괴적이긴 하지만, 지상에서의 도덕적 행동이 직접적인 현세의 결과를 초래한다는 억제되었던 진리를 드러내게 되었다. 사탄이 기회를 잡은 것은, 약간의 진리를 드러냄으로써 매력적인 체계를 만들어내는 스베덴보리식의 계시 속에서였다. 사탄은 언제나 그렇게 하도록 되어진 존재다. 모든 이단은 사실상 약간의 숨겨진 진리 위에 기초를 두고 있는데, 왜냐하면 인간의 영은 오직 진리로 인해서만 끌릴 수 있기 때문이다. 사탄이 얻는 이익은, 드러난 진리가 너무나 악마에게 이용당하여 도덕적으로 영적으로 파괴적이 될 수 있다는 것이다.

스베덴보리의 체계는 종교적인 토론 속에 다루어지면서 "영적 법칙"이라는 새로운 용어를 생겨나게 했다. 이 말은 아주 강한 표현이다. 왜냐하면, 이 표현으로 정말로 도덕적 법칙의 모형들이 존재하는지 아닌지를 보기 위해, 나아가서 이런 모형들이 현세의 결과들을 잘 설명 해 주는지 아닌지를 질문하기 위해 성경에 의문을 제기할 수 있기 때문이다.

사실, 형이상학파 작가들은 영적 법칙 개념을 큰 기쁨으로 받아들였다. 실제로 모든 작가들은 이런 법칙들이 무엇인지, 언제 적용되는지에 관한 자신의 견해를 가지고 있었다. 대부분의 작가들은 스베덴보리를 따르면서, 그의 개념에 일정 분량의 성서적 설명을 소개하였다. 앞장에서 살펴보았듯이, 신사상 작가들은 종종 스베덴보리의 영적 법칙과 유효한 성서적인 가르침을 혼합하였다. 이러한 진짜와 사이비적인 것이 뒤섞인 혼합체는 신사상에 관한 글의 특성으로 남게 되었으며, 최근에 이르기까지 충분히 해결되지 못했다. 성서적 순수성을 지향하려는 주요 경계표 역할을 한 좋은 책은 로링 T. 스웨임(Loring T. Swaim)박사의 〈관절염, 약, 영적 법칙〉(Arthritis, Medicine and Spiritual Laws)이었다. 이 책에서, 스웨임 박사는 관절염의 주된 원인은 해소되지 않은 분노에 있음을 보여주었다(잠 12:4와 14:30을 보라). 스베덴보리주의의 마지막 흔적을 영적 법칙의 개념으로부터 제거해버린 최종적인 성서적 여과작용은 존과 폴라 샌드포드(John and Paula Sandford) 부부 팀의 상담과 문서 목회를 통해 이루어졌다.

존 샌드포드: 영적 법칙을 명백히 규정하다

존과 폴라 샌드포드(John Sandford)는 미국의 불황기에 태어났으며, 그들의 성격은 그 세대가 맞부딪쳐야 했던 역경에 의해 형성되었다. 존의 어머니는, 성경을 믿고 성경의 도덕적 법칙의 절대적인 실체를 확신하는 감리교의 풍요로운 오랜 전통 속에서 생장했었다. 그렇지만 그들은 자신들의 기독교를 자유주의적 프로테스탄티즘의 전통에서 정의를 내렸다. 그 반면에, 폴라의 가족들은 깊고 열렬한 복음주의적 기독교인들이었다.

17세가 되었을 때, 존은 목회자로의 부르심을 느꼈다. 그는 미주리 주의 스프링필드에 있는 드루리 대학에 다녔는데, 거기서 폴라를 만났다. 두 사람은 모두 주님을 섬기는 일에 쓰시려고 만나게 했다고 믿었다. 존은 유명한(그리고 자유주의적인) 시카고 신학교에 장학금을 받아 입학했으며, 거기서 그는 일리노이 주의 스트리토르에 있는 작은 교회(시카고에서 남서쪽으로 100마일 떨어진 곳)에서 목회를 하면서 신학 석사학위(M. Div.)를 받았다. 신학교 시절 내내, 그는 자유주의 신학의 메마른 가르침에 저항을 했으나, 그 대가로 지적인 체계에 접근하지 못했다. 그는 마지못하여 자유주의 신학을 공부한 후에 신학교를 졸업했다. 그는 평범하고, 사회적으로 활동적이며, 어정쩡한 믿음의 자유주의적 목사가 될 뻔했다.

1958년 7월에 안수를 받은 후 몇 달 안되어, 그는 자신의 자유주의 신학적 유산을 거부하고 복음을 참되고 문자그대로 수용하겠다는 의식적이고도 급진적인 결정을 하게 되었다. 그해 10월에 존은 기도하는 가운데 주님께서 그의 결정을 축복해주시는 체험을 하게 되었고, 그 기도가운데서 존은 성령세례를 받았다.

몇 달 지난 1959년에, 존은 미주리 주의 스프링필드에서 열린 아그네스 샌포드 (Agnes Sanford)여사의 목회양육학교(School of Pastoral Care)에 참가했다. 존은 등에 심각한 통증으로 고통을 겪고 있었는데, 아그네스가 치유를 하기 위해 존에게 안수를 했는데, 통증이 사라졌다. 아그네스는 존이 주님에 관한 일들을 알고자 하는 깊은 갈증과 동시에 그의 예리한 지성을 알아차렸다. 그 이후 둘 사이에 친밀한 우정이 싹트기 시작했다. 목회자 교인양육학교에서의 체험을 겪은 후, 그는 아그네스 샌포드의 저서들과 당시 등장하기 시작했던 카리스마적인 책들을 급속도로 통독하게 되었다. 몇 달이 지나지 않아서 존은 아그네스의 치유사역과 말씀사역의 보조자로서의 일을 맡게 되었다. 1959년에서 1970년에 이르기까지, 아그네스가 능동적인 말씀사역으로부터 은퇴했을 때 존은 아그네스의 순회 강의에 동반하여 전국을 여행하면서 그녀의 보조자요 기도 파트너의 한 사람으로 일하였다(다른 동반자들로는 토미 타이슨(Tommy Tyson)과 프란시스 맥넛트(Francis MacNutt) 등과 같은 사람들이 있었다).

그의 학문적인 교육과 목회자로서의 체험으로 그는 '목회양육학교'에서 돕는 자의 역할을 감당하는데 최고의 적임자가 되게 했다. 1961년부터 1970년까지 그는 목회양육 계열의 학교들에서 아그네스 밑에서 주도적인 목사의 역할을 했다. 더 중요한 사실은, 아그네스와 함께 일했던 그 몇 년 동안 존은 그들의 신학의 성서적 기초를 연구해야만 했던 것이다. 그들은 내적 치유와 영적 법칙의 문제에 관해 참가자들로부터 계속적으로 도전을 받았다. 이 도전이 존으로 하여금 부지런히 "성경을 연구하도록 하는" 촉진제가 되었다.

그와 폴라는 아그네스 샌포드로부터 배웠던 것을 실행하면서, 주님의 명령에 귀를 기울이면서 함께 목회사역을 하기 시작했다. 그들은 계속해서 카리스마적 갱신운동을 다룬 책들을 읽었으며, 특히 데렉 프린스(Derek Prince)와 워치만 니(Watchman Nee)의 저서에 영향을 받았다.

영적 법칙: 국가들과 결혼 상대자들 사이의 "같은 방법으로 보복하는 것"

샌드포드 신학의 중심사상은 영적 법칙의 개념이다. 그들의 저서에서 중심사상을 성서적 계시에 긴밀히 맞춤으로서 영적 법칙이 정화되고 세련되어졌음을 볼 수 있다. 샌드포드 부부는 영적 법칙의 성서적 개념을 그것과 사촌격인 신비학(occult) 즉 갈마 (karma)개념과 분리시키는 일에 매우 세심했다. 비록 그들이 갈마라는 용어를 수정되고 성서적으로 정의된 의미로 사용할 수도 있었겠지만, 대신에 좀 어색하기는 하지만 보다 건전한 성서적 구절인 "씨뿌려 거두는 법칙"을 사용하기로 했다. (그들은 분명히 15장에서 설명한 랍비적 "같은 방법으로 보복하는 것"이란 율법에 대한 지식이 없었으며, 기독교인들 사이에서 거의 알려지지 않았다.)

〈엘리야의 임무〉(The Elijah Task)라는 책에서 샌드포드 부부는 영적 법칙의 의미를 정의하는데 특별한 주의를 기울였다. 그들은 선지자 엘리야가 행한 일의 대부분을 영적 법칙의 작용을 이해하는 일이라고 보았다. 구약성경의 선지자들이 우상숭배 행동은 비참한 정치적 군사적 결과를 초래하게 될 것이라고 생각했던 것과 같이, 현대의 선지자(예언자)들도 자신의 공동체 안에서 영적 법칙의 작용에 세심한 주의를 기울여야만 한다. 근대의 선지자(그리고 영적 상담자)는 또한 자신의 형제들이나 상담을 받는 사람들의 윤리적 행동과 태도를 궁극적인 결과와 연관시켜 볼 수 있어야만 한다. 이러한 지식을 가지고 있어야, 다른 사람들에게 경고를 하고, 다른 사람들을 위해 중보기도를 하며, 용서의 기쁜 소식을 선포하거나, 영적 법칙에서 벗어나 비참한 일이 개인의 삶 속에서 발생하기 전에 사람들을 회개하게 할 수도 있을 것이다. 샌드포드 부부는 〈엘리야의 임무〉에서 영적 법칙의 의미와 그것이 예수님의 십자가 상의 희생과의 어떤 관계가 있는지를 다음과 같이 요약하고 있다.

> 법은 하나님의 본성에 그 근원을 두고 있다. 그것은 원리와 질서, 즉 온 우주의 바로 그 구조이며 규율이다. 십계명은, 진실로 인간에게 주어진 도덕법의 전부인데, 하나님께서 우리의 이해 능력을 훨씬 너머에 있는 당신의 전(全) 질서체계에 대한 것을 드러내시기로 작정하신 내용이다.…
>
> 그 법은 냉혹하다. 왜냐하면 그것을 바꿀 수 있는 것은 아무 것도 없기 때문이다. 하나님조차도 당신의 원칙들을 깨뜨리시지 않으신다. 만약 그렇게 하신다면, 하나님의 이름은 아버지가 아니라 혼란(Chaos)이라고 불려 질 수 있기 때문이다. 우리에게 기적과 신비스런 일로 보이는 것은 우리가 알고있는 원칙들 넘어 존재하는 원리들의 진정한 작용 안에서 일어나는 것이다.
>
> "사람이 무엇으로 심든지 그대로 거두리라"(갈 6:7). 그것은 하나님의 뜻이다. 하나님은 우주를 균형과 응보의 원리 위에서 작용하도록 창조하셨다. "모든 행동에는 그와 똑같은 그리고 정반대의 반응이 있다." 우리의 모든 과학과 기술은 하나님의 원리의 확실성 위에 기초를 두고 있다. 만일 하

나님의 법이 불변의 것이 아니라면, 어떤 건축가도 감히 초고층빌딩을 지을 수 없을 것이며, 어떤 우주비행사도 감히 지구 밖으로 탐험하려 하지 않을 것이며, 어떤 전기기술자도 집에 전선을 가설하려 하지도 않을 것이다.

우리는 웬일인지 삶의 기초적 원리, 즉 성경 속에 계시된 하나님의 선한 뜻을 지키지 못하고 있다. 사업이나 공학의 원리들을 위반하면 안 된다는 의식을 가진 사람들도 어쩐지 비난을 받지 않고 아무 남자나 여자와 침대로 뛰어들어갈 수 있다고 생각한다.…

이제 아마도 우리는 십자가의 효력을 이해할 준비가 되었을 것이다. 수많은 찬송가를 통해서 우리는 예수님께서 우리를 위해서 대가를 치렀다고 노래를 불러왔다. 우리는 우리가 부르는 찬송의 무게를 이해했는지? 이 온 우주에서 어떤 사람이든 죄를 지을 때마다, 그는 반드시 그 죄의 결과를 보아야 할 힘을 작동시키는 것이다. 이것은 피할 수 없는 공평한 법칙이다. 모든 일에는 완전하고 정확한 대가를 치른다. 하나님은, 인간이 무의식적으로 저지른 끔찍한 일들을 다 아시면서도, 의식적인 죄에 합당한 당연한 징벌을 개의치 않으시고 과분한 구원을 주셨고, 그리고 끊임없이 계속해 주실 것이다. 십자가 위의 예수님 안에서 율법은 폐한 것이 아니라 완성된 것이다(마 5:17).

그럼에도 불구하고, 그 자비는 자동적으로 주어지는 것이 아니다. 그것은 고백에 수반되는 것이다. 우리가 십자가 밖에서 산다면, 우리는 그에 따르는 수확을 거둘 것이다. 우리가 회개하고 고백하는 순간, 주님께서는 우리의 죄에 마땅한 결과를 십자가로 대신 져 주신다.[17]

마음의 "같은 방법으로 보복하는 것"

샌드포드 부부가 발견한 것은 영적 법칙의 가장 중요한 징후들 중의 하나는 스스로 가해한 정신적인 죄(mental sins)의 영역 가운데 있다는 것이다. 정신적인 죄는 바로 우리가 지니고 있는 태도이며 우리가 내리는 판단을 말하는데, 종종 어떤 분명한 행동으로 나타나지 않지만 그럼에도 불구하고 하나님의 법을 어기는 그러한 태도와 판단이다. 이러한 정신적인 죄는 파괴적인 힘을 작동시키는데, 원래의 태도나 판단이 십자가에 못 박혀지지 않으면 그 파괴적인 힘은 그 당사자에게로 되돌아오게 될 것이다. 신약성경이 우리에게 분명한 경고를 하고 있는 것은 마음가짐의 태도가 행동만큼이나 중요하다는 것이다. 이것은 마치 노하는 것과 음욕을 품는 것이 그 사람으로 하여금 살인이나 간음을 한 것과 같은 심판에 이르게 한다는 예수님의 경고 말씀과도 같은 것이다(마 5:21-28).

샌드포드 부부의 저서를 보면, 가장 보편적인 정신적 죄는 용서하지 않는 것인데, 이것은 많은 형태를 취할 수 있다. 〈속 사람의 변화〉(The Transformation of the Inner Man)라는 책의 많은 지면을 할애하여, 용서하지 않음의 다양하고 음흉한 징후들을 밝히고 있으며, 어떻게 상담자가 개인으로 하여금 용서하지 않음의 양상들을 십자가로 가져오도록 도와줄 수 있느냐는 것을 논의하고 있다. 용서하지 않음의 두 가지 형태는 쓴 뿌리의 판단과 내적(마음속에서 하는) 맹세인데, 이 두 형태가 대부분의 개인들에게 나타날 때 상담자의 특별한 관심거리가 된다. 이 두 형태는 영적 법칙이 외부로 나타나는 두 가지 징후이다.

내적 맹세는 아주 보편적으로 부정적인 형태로 표현되는 의도의 선언인데, 예를 들면, "나는 내 아이를 절대로, 아빠가 우릴 때리듯이, 그렇게 때리지는 않을 거야!" 라는 식이다. 때때로 내적 맹세는 잠재의식적이며 결코 의식적으로나 분명하게 표현되지는 않는다. 샌드포드 부부는 내적 맹세의 예로, 자기들에게 찾아온 한 30대 여인의 사례를 들었다. 그녀는 얼굴이 여전히 아이티를 벗지 못했고 가슴도 발달하지 못했으며 생리도 없었다. 그녀는 전쟁중의 체코슬로바키아에서 태어났는데, 그녀의 부모는 아기를 원치 않았으나, 임신 사실을 안 후에는 아들이기를 바랬었다. 결과적으로 그녀는 한번도 자신이 여성으로서 확인 받은 적이 없었다. 그 결과로서, 그 소녀는 무의식적으로 자신은 결코 여인으로 성장하지 않겠노라 맹세하게 되었던 것이다.

샌드포드 부부는 그녀의 내적 치유와, 그녀 안의 어린 소녀성을 긍정적으로 확인하기 위한 기도를 했으며, 용서와 회개의 기도를 통해 그녀를 인도했다. 그들은 그녀가 매일 기도하는 중에 긍정적인 기도를 드리도록 권유했다("주님, 삶의 모든 것에 대해 감사를 드립니다"와 같은). 2년이 못되어 그녀의 얼굴에선 아이티가 없어졌으며, 가슴도 발달하고, 생리도 시작되었으며, 아름다운 여인으로 성장하기 시작했다. 샌드포드 부부는 내적 맹세는 고백 하나만으로는 깨어질 수 없다고 믿는다. 그 맹세는 "매고 풀 수 있는"(마 18:18) 교회의 능력에 의해 깨어져야만 한다. 특히, 상담자는 "예수의 이름으로 이 맹세를 깨노니…"하는 것처럼 권위 있는 말로 명령해야만 한다.

쓴 뿌리의 판단은 내적 맹세와 아주 유사하다. 이것 역시 부정적인 가정 환경에 대한 반응으로 어린 시절에 생겨나는 경향이 있다. 내적 맹세와 마찬가지로 쓴 뿌리의 판단은 그 사람이 가장 중오하던 바로 그런 환경을 만든다. 가장 흔한 예는 술 주정에서 들 수 있다. 어린아이가 "나는 절대로 엄마처럼 안 될 거야! 나는 살아있는 동안 술은 한 방울도 마시지 않을 거야!"라고 말하는 경우가 있다. 그 엄마는 술 중독자였고 그래서 죄의식을 가졌다는 사실은 사실이었고 불행한 일이었다. 그렇지만, 어린이들이 부모님을 거스르는 일(판단하는 일)은 제 6계명에 의해 금지되어 있다. 그래서 하나의 자연스러운 판단과 고뇌에 찬 울부짖음이긴 하지만 이것들이 영적 힘을 작동시켜 그 힘이 훗날 삶 속에서 나타나게 될 것이다.

부모님을 술 중독자로 판단한 아들이나 딸은 운명적으로 종종 술 중독자가 되거나 술 중독자처럼(일 중독자에서 보듯이) 행동하는 배우자에게 매력을 느끼게 된다. 이 영적 법칙은 술 중독자의 가정에서 아주 일관되게 작용하기 때문에, 많은 의학전문가들은 술 중독이 유전적 질병이라고 믿게 되었다. 진실로 쓴 뿌리의 판단의 쇠사슬은 예수님의 보혈로 깨어지기까지는 영적으로 이 세대에서 저 세대로 계속 이어져 나간다.

쓴 뿌리의 판단은 단지 배우자의 선택뿐만이 아니라 삶의 모든 면에 영향을 줄 수 있다. 샌드포드 부부는 상담을 하기 위해 찾아온 한 사업가의 문제점들을 이야기했다. 그는 자신의 가장 가까운 동업자가 번번이 자신을 속이고 배신하는 일이 되풀이되는 문제점을 안고 있는 것처럼 보였다. 그의 쓴 뿌리의 판단은 그의 아버지가 정직하지 못하다고 판단한 때로 거슬러 올라갔다. 자신의 판단을 고백하고 용서받았을 때, 그는 파멸로 다시 떨어지지 않고 번영을 누릴 수 있었다.

미국 기독교의 피상적 속성

여러 해 동안의 목회 상담을 통해 샌드포드 부부는 기독교인의 삶의 얄팍함이 아마도 미국 교회가 안고 있는 가장 심각한 문제라고 간주하였다. 이 얄팍함은 대중적인 복음주의적 신학으로 인해 형성되었는데, 이 신학은 그 신학 자체 내에 두 가지 심각한 결함을 지니고 있다.

많은 미국 기독교인들이 비극적인 피상적 속성을 갖게 된 주요 원인은 율법의 개념을 포기하고 아울러 거듭난 신자들 사이에 율법의 역할을 포기했기 때문이다. 미국의 프로테스탄티즘이 종교 개혁자들의 은총에 의한 구원이란 핵심적인 이해를 수용하는 반면에, 율법(도덕법과 시민법)이 여전히 신도들의 역할 속에 중요한 부분을 차지하고 있다고 한 종교개혁가들의 주장을 대부분 포기했다.

미국 기독교인들은 도덕법이란 하나의 신화라는 계몽사상의 판단을 받아들였다. 그 반면에, 거듭나면 기독교인을 죄로부터 구원은 하지만,

그것이 그 교인을 도덕법이나 영적 법칙 위에 올려놓지는 않는다. 종교 개혁가들은 율법이란 믿는 자의 사랑을 효과적이고 경건한 사회적 행동으로 이어지게 하는데 절대 필요한 통로가 되는 것으로 이해했다. 루터와 칼빈은 하나님의 법이 거듭난 기독교인의 선행을 지시하고 구성하는 일에 필수 불가결하다고 믿었다. 사랑은 기독교인을 위해 동기를 제공하지만, 성경적 율법은 그 사랑을 실생활에 적용하도록 해준다.

두 번째 문제는 현대의 기독교인들(그리고 목회자들)은 성경적 용어인 "마음(heart)"을 이해하지 못한다는 것이다. 그래서 그들이 바울의 회심에 관한 정의를 나타내는 구절인 "네가 만일 네 입으로 예수를 주로 시인하며 또 하나님께서 그를 죽은자 가운데서 살리신 것을 네 마음에 믿으면 구원을 받으리라"(롬 10:9)는 말씀을 읽었 때, 그들은 마음이라는 단어를 "네 지성을 믿어라"는 의미로 해석한다. 이것은 칼빈주의 뿌리에서부터 복음주의적 신학에 이어진 기능심리학(faculties psychology, 용어해설 참조)의 유산이다. 이와는 반대로, 성서적 마음(가슴, heart)은 가장 깊은 부분을 포함한, 마음(mind)의 모든 영역을 의미한다.

그 혼동은 의미 심장한 뜻을 지닌다. 많은 기독교인들은 제단 앞으로의 부름과 거듭남의 확신을 이행하지만, 경건한 삶을 지속적으로 추구하는 일에는 철저하지 못하다. 그들은 다만 지성을 주님께 드리지만, 마음(mind, heart)의 보다 깊은 차원을 바꾸지는 않는다. 기독교인을 보다 위대한 성화의 영역으로 옮겨가지 못하게 막는 것은 마음(mind)의 회심하지 못한 영역, 즉 기억, 야망, 성욕, 치유되지 않은 감정 등의 영역이다. 지성과 마음(heart)사이의 혼동은 비극적 결과를 지니고 있으며, 비신자들간에 많은 의혹을 불러일으킨다. 특히 비신자들은, 거듭났다고 주장하면서도 기독교인답게 살지 않는 무수한 미국인들을 경멸한다.

얼마 전에 나와 내 아내는 〈머피의 로맨스〉(*Murphy's Romance*)라는 영화를 감상하였다. 샐리 필드는 이혼녀로 등장하여 자신과 아이를 위해 생계를 꾸려나가기 위해 노력한다. 그녀의 전남편은 이혼하기 이전처럼 집에 와서 계속해서 훔치고, 속이며, 방탕한 생활을 한다. 그는 가족들이 다시 결합하기를 원한다. 그는 "거듭난 기독교인"이며, 제단 앞으로의 부름에 응답하여 나갔다고 선언한다. 그 영화를 보던 관객들이 큰 소리로 조소하듯 웃었다. 그들은 아마도 "그래, 저런 사람들을 많이 만났지"라고 말했을 것이다. 그 영화 대본을 쓴 작가는, 그의 신학적 이해와는 상관없이, 미국 기독교의 중요한 결함을 파악했던 것이다.

샌드포드 부부가 내린 영적 법칙의 정의는 계몽시대 때 잃어버렸던 율법의 성서적 이해로 되돌아가는 길이 될 지도 모른다(7장 참조). 샌드포드 부부의 뉴스레터를 보면, 샌드포드 부부는 기독교인이 영적 법칙(그리고 도덕법)의 개념을 이해하고 받아들여서, 하나님 앞에서 무법한 행동을 회개하지 않고서는 진정한 부흥운동이 미국에서 일어날 수 없을 것이라고 경고하고 있다. 앞으로 일어날 어떠한 부흥운동도 기독교인이 올바르고 경건한 생활로 되돌아가게 하는 그런 부흥운동이어야만 한다.

이제 오늘날 교회 안에서 벌어지는 또 다른 논란의 문제를 가지고 토론해 보고자 한다. 즉 기도할 때 가시화의 사용에 관한 문제이다. 최근의 시끄러운 논쟁은 종교 개혁자들과 카톨릭 신학간의 팽팽한 긴장의 시대까지 되돌아 지난 자취를 추적해 볼 수 있다.

제17장
이미지(성상)구상화와 기독교인

현대의 논쟁

1985년에 데이브 헌트(Dave Hunt)의 폭탄과도 같은 책, 〈기독교의 유혹〉(The Seduction of Christianity)이 기독교계 서점에 등장하여 베스트셀러가 되기 시작하여 1980년대에 기독교 서적 중의 가장 영향력 있는 책이 되었다. 헌트는 기적종료주의자의 이론을 인용하여 카리스마적 운동이 이미지구상화(visualization)를 사용했기 때문에 의도적이 아니지만 마술(미신적 면)을 지녔다고 비난했다. 다음 장들에서 이 문제에 대한 것과 헌트 신학의 다른 측면들을 보다 상세하게 다룰 것이다. 현재로선 〈기독교의 유혹〉란 책이 기독교인들 사이에서 이미지가시화의 적절한 역할에 관하여, 만일 그런 일이 있었다고 하면, 영적 측면의 탐구와 분석을 했다는 면에서만 주시할 만한 중요성이 있다고 본다.

이미지구상화의 사용은 역사적인 문제, 신학적 주제들, 그리고 여러 가지 방법으로 해석될 수 있는 성서적 침묵과 밀접하게 관련되어 있다. 이 장에서는 문제가 되는 기본 논점들을 고찰할 것이다. 그러기 위해서는 우상숭배와 인간의 상상력에 관해 간단히 조사할 필요가 있는데, 그 이유는 이것들은 이미지구상화와 관련이 있기 때문이다. 우리는 전통적인 카톨릭교회가 어떻게 해서 조각상 숭배로 전락하게 되었으며, 그에 대한 반동으로, 종교개혁자들은 모든 마음에 그리는 상(像)을 금지함으로써 제2계명을 "방어"(과도하게 금지함으로써 죄를 방지하려는)하려고 노력했는지를 추적해보겠다. 종교개혁자들은 성경이 요구한 것보다도 지나치게 더 엄격하게 죄를 방지하려고 했다(고전 4:6). 이 모든 것을 연구한 후에, 몇몇 복음주의적인 자료를 참고하여, 기독교 이미지(성상) 구상화의 문제와 잠재력에 초점을 맞출 것이다.

성경과 우상 숭배

유일신 여호와 하나님의 계시가 잡다한 신들이 우상을 통해 출현하여 숭배를 받게된 배경 속에 나타났다. 십계명이 출애굽 동안에 주어지기 전까지는 우상숭배가 무거운 죄라는 것이 인식되지 못했다. 우상을 금하는 계명은 성경 속에 여러 번 반복되는데, 가장 눈에 띄는 내용은 출애굽기 20:4-5에서 볼 수 있다.

> 너를 위하여 새긴 우상을 만들지 말고 또 위로 하늘에 있는 것이나 아래로 땅에 있는 것이나 땅 아래 물 속에 있는 것의 아무 형상이든지 만들지 말며 그것들에게 절하지 말며 그것들을 섬기지 말라 나 여호와 너의 하나님은 질투하는 하나님인즉……

이 인용문은 금지 명령이 단순히 새겨진 이미지[즉, 조각이나 양각(陽刻)물]을 금하는 것만이 아니라 우상의 형태를 띤 표현물에도 적용이 된다는 것을 분명히 하고 있다. 금지하는 것은 경배의 대상이 되는 공예물이지, 일반적인 조각품이나 그림이 아니다. 이 예외는 하나님께서 계약의 궤를 조각물, 즉 금으로 된 그룹들(출 25:18)로 장식하도록 명령했다는 사실에 의해 증명된다. 마찬가지로, 솔로몬이 지은 성전의 청동 기둥 꼭대기는 청동 석류무늬를 새겼으며 성전의 물동이를 조각된 황소들이 떠받치고 있었다(왕상 7:13-45). 이런 조각과 장식용 미술을 허용한 것이 반드시 이해되는 것은 아니었다.

기독교는 우상숭배가 일반적이고 경건한 종교적 표현으로 여겨지던 희랍-로마 세계로 들어오게 되었다(행 17:16). 이런 배경에서 초기 교회는 극도로 진지하게 우상에 대한 모세의 금령을 채택했다. 종교적 우상을 사용하는 것을 절대적으로 금지함으로써 초기 기독교인들은 이교도의 세계에서 아주 뚜렷하게 구분되었다. 많은 사람들이 황제의 흉상 앞에서 향을 피우지 않았다는 죄로 죽음을 당했다.

그렇지만, 14세기에 이르러 기독교 평신도들이 대중예술을 만들어내기 시작했는데, 램프나 꽃병의 장식 같은 것이었다. 이들 예술품 중 어떤 것은 길 잃은 양 한 마리를 안고 계시는 목자로서, 그리스도를 나타내는 상징적 표현물이었다. 이런 초기의 사례들은 장식용 예술 작품들로 성서적 테두리 안에 있던 것들이었으며, 경배의 대상으로서 우상으로 만들어진 것은 아니었다.

교회와 조상(彫像)

기독교인들이 이교도의 조각물을 모방하기 시작했을 때 심각한 문제들이 발생했다. 성자들의 조각상이 만들어지기 시작했다. 이것은 종종 이교의 신으로부터 기독교 성자로 조각상의 이름이 바뀌는 조잡한 과정을 거치게 되었다. 이내, 조각상들은 꽃으로 장식되고 값비싼 옷으로 치장되기까지 했다. 16세기에 이르자 많은 교회들이 고의는 아니지만 정말로 우상 숭배적인 관행에 젖어들었다.

8세기에는 몇몇 비잔틴(동 로마, A. D. 476-1453) 제국의 황제들은 조각상 숭배의 성행을 억제함으로써, 그리고 수도원의 권력과 영향력을 제한함으로써 기독교 세계를 개혁하려는 시도를 했다. 그들은 일시적인 성공은 거두었으나 후대의 황제들에 이르러 반(反)조각상(성상파괴) 지지파가 성상과 조각상의 복구를 요구하는 대중적 소동에 굴복하게 되었다. 사실, 성상파괴주의자들은 성상의 사용을 신학적으로 정당화하는 일을 자극하는 데만 성공을 했을 뿐이다. 그 이론이란 성상에 관해 묵상을 함으로써 신도들의 경배심이 그 성상을 통해 하나님에게로 올라간다는 것이다. 이것은 이교 사상으로부터 수입한 것이었다. 훌륭한 이교 신학자라면 누구든지 자신의 우상에 관해 이와 똑같은 말을 했을 것이다.

그 반면에, 성상―찬성 신학자들은 신약성경 계시의 한 국면을 취급하고 있었는데, 그것은 하나님의 형상들을 만들지 못하게 한 절대 금지령을 완화시킨 것으로서, 즉 성육신(成肉身)에 관한 것이었다. 신이자 인간이신 예수님은 하나님의 완전한 형상이셨다(히 1:3). 예수님은 육신으로 나타나셨으며, 그분을 바라보는 사람들이 제2계명을 어긴 것은 아니었다. 더구나, 성경과 계속되는 교회사가 증거 하는 것은 예수님께서 계속해서 사람들에게 주권적인 은총의 행동으로 나타나셨다는 사실이었다. 신약성경이 보여주고 있는 것은, 예수님은 바울의 다메섹 체험에서와 모세와 엘리야와 함께 있을 때 변화하신 것처럼 완전히 영광된 모습으로 나타나셨으며, 보다 분별가능한 인간의 모습으로 나타나셨다는 사실이었다(행 9:3-7, 마 17:1-8, 눅 24:38-39, 행 23:11).(3)

동―비잔틴제국에서 성상 옹호 파의 승리로, 서구 기독교 세계는 완전히 조각상과 성상에 대해 인정하는 태도를 지니게 되었다. 토마스 아퀴나스(1225-1274) 시대에 이르기까지, 카톨릭 신학은 조각상을 통해 성자들을 존경하는 것을 허락하였는데, 그 존경심은 진정한 의미의 예배는 아니었기 때문이다. 라틴어를 보면 그 의미가 명확해진다. 하나님께는 예배(*latria*)를 드려야 했고, 성자들에게는 존경(*dulia*)을 표했다. 그리고 마리아에게는 최고의 존경(*hyperdulia*)을 드렸다. 그리스도, 마리아,

성자들의 조각상은 옷을 입히고, 꽃으로 장식되었으며, 행진도 받았으며, 그리고 모든 존경을 받았다.

조각상과 성상의 예찬은 동방 정교회와 로마 카톨릭 교회의 신학에서 가장 불행한 실패 중의 하나였다. 교회는 일반대중의 신앙심이 관행을 만들고 그리고 신학을 정의하도록 내버려두는 비극적 형태로 전락하게 되었다.

성상 타파주의로서의 종교 개혁

종교개혁은 많은 부분에 있어서 하나의 새로운 성상타파운동이었다. 많은 유럽 카톨릭 국가들은 종교개혁자들이 조각상의 숭배는 우상숭배라고 하는 주장을 쉽게 믿었다. [많은 친-종교개혁 마을과 도시에서 민중들이 궐기하여 관헌들 앞에서 교회로부터 조상들을 치웠다.] 칼빈은 몇몇 뛰어난 저서들에서 카톨릭의 조각상과 성상들을 비판했다. 칼빈은 자세한 학문적 지식과 시원시원한 논리로 중세 교회의 결함에 찬 신학적 체계를 파괴하고, 그 체계는 성경의 순수한 이해와 교회의 초기관행에 반대되는 것이라고 폭로했다. 그는 다음과 같이 경고했다.

> 그러므로, 당신이 하나님의 형상이나 혹은 하나의 피조물의 형상 앞에서 경외하는 마음을 가지고 부복할 때, 당신은 이미 어떤 미신적인 덫에 걸린 것이다. 이런 이유로, 주님께서는 자신을 나타내기 위해 조각상을 건립하는 것뿐만 아니라 숭배하는 마음을 불러일으킬 수 있는 어떤 비문이나 돌을 신성화하는 것을 금하셨다.[18]

칼빈은 보통 성서에서 '엎드려 절한다'로 나타나는 경의를 표하는 행동은, 비록 예배와 존경은 다르다고 마음속으로는 생각하고 있는 것과는 상관없이, 어쨌든 예배와는 불가분의 관계가 있다는 것을 정확하게 지적했다(레 26:1, 사 44:12-17).

제2계명의 옹호

비록 칼빈이 역사적이고 성서적인 장면의 그림들을 인정했지만, 종교 예술의 필요성을 진정으로 이해한 것은 결코 아니었다. 법궤 위의 그룹(cherubim)에 대해 "하찮은 작은 형상들"이라고 부르며 신경 과민하게 반응을 한 것을 보면 알 수 있다. 그 이후에 종교개혁 신학자들은 한층 더 나아가서, 실질적으로 신교 국가 내에서 중요한 종교 예술 작품들을 폐쇄하였으며, 훌륭한 예술작품들을 세속 사람들에게 넘겨주었다. 이런 행동은 다시 예기치 않았던 비극적 결과를 가져왔다. 서구의 예술은 그 예술의 영적인 뿌리로부터 분리되기 시작했으며, 결과적으로 의미 없는 예술과 궁극적으로 신이 없는 근대 예술의 유행으로 이어지게 되었다.

신교의 종교 예술을 폐쇄한 것은 우상숭배를 막는 하나의 방법이었으며, 그래서 카톨릭과 같은 오용이 결코 재발하지 않도록 하기 위함이었다. 종교개혁 신학은 또한 하나님을 나타내는 조상을 금지한 것을 수정하여 성육신 하신 예수님을 나타내려한다는 카톨릭의 인식도 부인했다. 따라서, 엄격한 칼빈 교도들에게는, 복음서의 내용을 배경으로 한 예수님의 그림까지도 어떤 것을 막론하고 불법적인 것이었다.

그러나 우상을 금하는 성서의 명령을 확대 적용하는 또 하나의 방법은 *상상 속에서 그리는 형상들*조차 금지하는 것이었다. 그 단계는 칼빈의 글들 속에 암시되었으나, 그의 사후에 완성되었다. 칼빈은 자신이 중세 신학을 통해 물려받은 기능심리학의 영향으로 오는 상상력에 관해서는 대수롭지 않게 여겼다. 그는 또한 마음(mind)이 "우상의 영원한 제조 공장"이라고 선포했다.

유명한 웨스트민스터 교리 문답서에 관여한 신학자들이 자신들의 신교 교리의 선언서를 작성할 때쯤에는, 조각물과 그림에서부터 마음속의 영상(images)에 이르기까지 우상에 대한 성서적 금지령을 확대하는 분명한 단계를 취하게 되었다. 보다 광범위한 교리문답서 중 109번 문항은 제2계명을 범하는 죄들을 설명하고 있는데, 그것은 "어떤 모양으로든 하나님을 나타내려는 것, 내적으로는 우리의 마음속에, 외적으론 어떤 종류의 영상물로든지 삼위일체 모두든지 혹은 삼위 중 한 분을 표현하려는 행동…"이라고 했다.

이것은 단순히 그리고 순수하게 바리새적인 방어수단이다. 따라서, 경건한 신교도들은 기도 중에 예수님을 상상하는 것조차 금지되었다. 물론, 당시 영향력 있던 기적종료주의는 예수님이 기독교인에게 나타나시는 문제에 대해선 어떤 고려조차도 하지 않았다. 왜냐하면 성경이 기록된 이후 시대에서는 단순히 그런 일이 일어나지도 않을 것이라 생각했기 때문이었다.

그러나 칼빈 교도들과 이후의 청교도 신학자들이 이치에 맞지 않는 것만은 아니었다. 그들은, 상상력은 하나님이 창조하신 것으로, 어느 정도의 긍정적인 기능을 가져야만 한다고 이해했다. 그러므로 딜레마는, 기도 중에 가끔 예수님에게 마음이 끌려 그리는 정신적(mental) 영상들이 어떻게 우상숭배가 되겠는가 하는 문제이다. 유명한 청교도 신앙 수양서 중의 하나는 아이작크 엔드류스(Isaac Andrews)가 쓴 〈예수를 들여다보며…혹은 영혼의 눈으로 예수를 바라보는 일〉(Looking Unto Jesus… or, The Soul's Eyeing of Jesus)이라는 책으로, 17세기 중반에 출판되었는데, 19세기에 이르기까지 계속 재판되었다. 이 책은 칼빈주의자의 신학임에도 불구하고 다음과 같은 구절을 포함하고 있다.

오, 그러나 나의 예수님은 가시관을 쓰셨고, 갈대의 왕홀(王笏)을 잡으시고, 그리고 그 갈대를 그분의 손에서 취하여 가시관을 씌운 그분의 머리를 때렸다. 그리고, 그 외에도, 나의 예수님은 밧줄로 된 끈과 회초리와 작은 쇠사슬로 채찍질을 당하셔서 그분의 어깨에서 발바닥까지 조금도 매맞지 않는 곳이 없었다. 이제 이런 곤경에 처하여, 그대는 "그 분을 보라"고 부름을 받는다. 그대는 그분을 보고 있는가? 그대의 상상력은 강력한가? 그대는 마치 그대가 바로 이분을 본 것처럼 현재 그분을 생각할 수 있는가?[19]

정신적 영상에 관한 조나단 에드워즈의 견해

기독교도의 삶에 있어서 정신적(mental) 우상숭배를 피하면서 상상력의 긍정적인 기능을 여전히 인정하려고 시도하는 이런 딜레마 속에서 대각성 운동의 신학자인 조나단 에드워즈(Jonathan Edwards)가 나타났다. 우리가 제1부에서 보았듯이, 그는 진정한 부흥운동에서 상상력의 역할을 잘 알고 있었으며, 청중들의 상상력을 의도적으로 자극하여, 공포의 씨를 뿌려서 확신의 은총을 준비하도록 했다. 그는 놀셈프톤 부흥운동의 초기 체험을 통하여 환상의 현상과 환상의 상상력과의 관계에 대한 목회차원의 체험을 갖게 되었다. 대각성운동이 도래했을 때, 그는 환상과 상상력의 관계를 예일대학교 졸업반 학생들에게 설명을 했는데, 그 내용은 그의 유명한 〈성령의 역사의 뚜렷한 표징들〉(Distinguishing Marks of a Work of the Spirit of God)에 담겨져 있다.

우리의 속성상, 어느 정도의 상상력 없이는 우리는 눈에 보이지 않는 것들을 생각할 수 없다. 가장 위대한 마음의 힘을 가진 사람이라 하더라도, 묵상할 때 상상의 생각 없이 그의 생각을 하나님이나, 그리스도나, 혹은 다른 세계의 일들에 집중시킬 수 있는지 누구에게나 물어보고 싶다.

하나님은 우리에게 상상력과 같은 기능을 주셨기 때문에, 우리는 이 능력을 발휘하지 않고 영적인 것과 보이지 않는 것들을 생각할 수 없다. 그러므로, 내가 생각하기에는, 그렇게 생긴 것이 우리의 상태이고 특성이기 때문에, 이 기능을 적절히 사용하면 이 기능은 마음의 다른 기능들에게 정말로 공헌하며 도움이 된다.…내가 경험한 많은 예들을 보면, 하나님께서는 이 기능을 진실로 거룩한 목적에 사용하고 계심이 분명하게 드러난다.…

어떤 사람들은 그런 것이 잘못된 것이라고 해석하기도 하고, 어떤 사람은 그런 것들에 너무 많은 비중을 두어, 예언적 환상이나, 하나님의 계시나, 때로는 앞으로 일어날 일을 하늘에서 통보해주는 것이라고 생각한다. 내가 알고 있는 어떤 사례들을 보면, 그 문제가 다르게 나타나기도 했다. 그렇지만, 그런 것들이 때로는 간접적이긴 해도 하나님의 성령으로부터 역사 하심이 분명한 것같이 보인다. 말하자면, 마음의 특이한 구조, 즉 성스러운 것에 관한 강력하고 생동감 있는 느낌을 갖는 바로 그런 경우는 성령으로부터 온 것이다. 비록 그 느낌에 동반하는 상상력이 우발적이고, 따라서 흔히 혼란스럽고 부적절하며 잘못된 것들도 일부 있기는 하지만 말이다.[20]

에드워즈는 복잡하면서도 중요한 무언가를 이야기한 것이다. 정신적 영상, 환상, 영적 체험(예수를 보는 환상 같은) 등에 관하여, 자세한 내용은 환상을 보는 사람의 개성에 따라 달라질 수도 있다. 그러나 환상(visions)이 단지 공상(fantasies)에 불과하다는 걸 의미하진 않는다. 오히려 환상은 성령이 권능으로 주신 개인적 영상이며, 따라서 가장 넓은 의미에서 유효한 것이다. 또한, 에드워즈는 예일대 졸업생들(그리고 그 시대 교육받은 사람들)이 친숙하게 알고 있는 오래된 교수들의 용어를 사용하여, 이 문제에 관한 자신의 분별력을 제시하고 있음을 알아야 한다. 그는 정신적 상상력의 중요성을 확인하는데 교수들의 용어를 사용했다. 그 반면에 전통적 견해는 그런 모든 현상을 경시했었던 것이다.

에드워즈의 〈뚜렷한 표징들〉(Distinguishing Marks)은 스코틀랜드의 종교개혁 목회자들간에 팜플렛 전쟁을 불러 일으켰다. 스코틀랜드는 대각성의 시기 동안에 그 자체의 부흥을 경험하고 있었기에, 식민지에서의 부흥운동의 진행상황을 조심스럽게 관찰했다. 예수님의 영상과 환상에 관한 문제가 식민지에서보다 스코틀랜드에서 더욱 주된 관심을 환기시켰다. 스코틀랜드의 부흥운동 반대자들은 찰스 초운시의 견해의 많은 부분을 되풀이했다(제3장 참조). 열띤 논쟁 속에서, 반(反)부흥운동자 측은 지구상에서 예수님이 육체를 지닌 모습으로 나타나신 것은 우상숭배의 대상이 될 위험이 있기 때문에, 진정한 믿음에 방해가 된다는 극단적인 주장까지 하게 되었다.

이러한 모호하지만 열띤 청교도적 논쟁은 몇 가지 중요한 문제를 시사하고 있다. 종교개혁 신학자들이 진짜 우상숭배의 죄를 정신적 우상숭배라는 상상의 죄로 막으려는 노력은 쓸데없는 혼란으로 끝나도록 운명 지워져 있었다. 그 논쟁은 예수님의 성육신은 하나님을 현상으로 나타내지 못하게 하는 금지령을 수정한 것이라는 본래의 중세적인 입장을 다시 표면화시켰다. 이 문제는, 특별히 영적 현상들이 더욱 보편화된 부흥운동의 기간 동안에, 기적종료주의 신학이 충분하게 취급할 수 없는 진지한 문제였다.

경건한 이미지구상화의 카톨릭 전통

이미지(성상)구상화(visualization)는 의도적으로 추리되거나 암시된 정신적 영상(imagery)이다. 이 이미지구상화는 노력 없이 마음속에서 일어날 수 있는 영상이나 환상과는 구분된다. 조나단 에드워즈가 행한 지옥의 유황불 설교나 에드워즈의 뒤를 이은 대부분의 부흥운동가들은 의도적으로 청중들의 상상력을 자극했다. 그래서 가장 넓은 의미에서 그들은 개인적인 이미지구상화를 회심과정의 일부로 장려하였다. 이것은 조나단 에드워즈나 아이작 앤드류즈(Isaac Andrews)나, 혹은 다른 청교도가 이미지구상화를 기독교적 관행 속에 도입한 최초의 사람들이라는 의미는 아니다. 카톨릭신자들이 몇 백 년 전에 이미 그것을 도입했던 것이다.

사실, 이미지구상화의 체계적인 사용은 기독교에서 상당히 오랜 역사를 지니고 있다. 일찌감치 13세기에 어느 무명의 수도자가 썼지만 이탈리아의 성 보나벤투라(Bonaventura, 1221-1274)의 업적으로 추정되는 한 책에서 이미지구상화를 기도와 성경연구의 한 형태로 장려했다. 〈그리스도의 삶에 관한 묵상〉(Meditations of the Life of Christ)이란 책의 작가는 형제들에게 성경의 일부분, 특히 복음서들을 읽기를 권하고서, 독창적으로 상상력을 사용하여 그 장면 속으로 들어가기를 장려했다. 예를 들어, 그는 독자들에게 베들레헴에서 새로 태어난 예수님을 방문한 목자들 중의 한 사람이 되기를 장려했다.

> 구유에 누워 계신 아기 예수님의 작고 아름다운 발에 키스를 하고, 그분의 어머니에게 잠시 그분을 안아볼 수 있게 해달라고 청하라. 그분을 잡고 너의 팔에 안아 보아라. 그분의 얼굴을 깊은 애정으로 바라보며, 경건하게 그분에게 키스를 하고, 그분 안에서 기뻐하라. 그대는 자유로이 이렇게 할 수 있을 것이다. 왜냐하면 그분은 죄인들을 구하기 위해 오셨고, 죄인들을 구원하시기 위해 겸손하게 죄인들과 대화를 나누시고, 그분 자신을 죄인들을 위한 양식으로 내어 놓으셨기 때문이다.[21]

이러한 형태의 성경에 관한 묵상은 많은 카톨릭신자들을 위한 일반적인 기도의 형식이 되었다. 아직도 많은 사람들이 그렇게 하지만, 묵상을 실천하는 사람들은 묵상이 항상 영적으로 새롭게 하는 것임을 발견했다. 묵상은 예수님의 보다 깊은 사랑의 좋은 열매를 맺게 하며, 복음서 속의 사건들을 기억할 수 있는 보다 좋은 능력을 갖게 한다. 중세시대에, 인쇄술이 나타나기 이전에, 개인적으로 성경을 가진 사람이 거의 없었기 때문에 성경 암송은 중요했다. 불행히도, 이런 형태의 기도는 종교개혁의 열기 속에서 프로테스탄티즘에 의해 사라지게 되었다.

또 다른 형태의 카톨릭적 이미지구상화가 종교개혁―대―반종교개혁이 최고조에 이르던 시기동안에 예수회 교단의 창립자인 로욜라의 성 이그나티우스(1491-1556)에 의해 개발되었다. 그가 사제들을 위해 개발한 실천훈련(1개월간의 퇴수회의 일부분으로)은 사제들의 결단과 결심을 강화시켜 성화된 기독교인의 삶으로 이끄는 데 그 목적이 있었다. 이후에 그 훈련은 일반 카톨릭 신자들 사이에 사용하도록 수정되었다.

그 훈련의 중심에는 개인적 이미지구상화의 과정이 있는데, 한 사람에게 하나의 일반적인 주제를 주고 자신의 상상력으로 특별한 내용을 창조하도록 장려했다. 한 가지 예를 들면, 퇴수회의 지도자가 지옥에 관해 묵상할 것을 제시하고, 비명소리와, 역한 냄새와, 고통받는 영혼들의 떠들썩한 장면들을 상상하도록 제시한다. 그 다음 과정에서, 참석자는 천국의 즐거움을 상상하면서 시간을 보내도록 한다. 훈련된 퇴수회 지도자는 각각의 참석자가 발전시킨 특별한 영상들에 관해 질문을 하고, 그 내용을 영적인 지도의 목적을 위해 사용하는 것이다.

이미지구상화와 치유

19세기 이전에는 치유를 위해 이미지구상화를 사용한 증거는 없다. 치유 목회가 당시에는 없었기 때문에 분명히 프로테스탄트들은 이미지구상화는 불가능하다고 생각했을 것이다. 카톨릭 신자들은 성자들을 통한 중보기도 형식에 익숙해져 있었기 때문에 이미지구상화는 하나의 가정이라고 생각했을 것이다.

아무도 언제 이미지구상화가 최초로 치유와 연관되어 사용되었는지 확실히 모른다. 그것은 아마도 신앙―치유 운동의 선구자였던 이산 앨런(Ethan O. Allen)에 의해 시작되었을 것이라는 증거가 있다. 치유 목회의 초기 여러 해에 관한 앨런의 책은 오늘날의 신앙―운동과 친숙한 하나의 형식을 보여주지만 치유 이미지구상화에 관한 암시는 없다. 신앙―치유 운동 역사학자 중 한 사람인 폴 차펠(Paul Chappell)은 어떤 전기(傳記)를 인용하여 앨런을 치유 이미지구상화를 사용한 사람으로 나타내고 있다. [불행하게도, 차펠 박사는 앨런의 전기를 어디서 읽었는지 기억하지 못한다. 광범위한 노력을 했는데도 그 책을 찾지 못했다.] 그 운동이 1890년대의 바리새인들에 의해 파괴되자(10장 참조), 앨런의 혁신적 신학은 치유를 계속 실천하는 비정통적인 마음―치유(Mind-Cure)와 형이상학 그룹에게로 전달되었을 가능성도 있다. (예를 들면, 1870년대에 크리스천 사이언스 실천자들이 완전한 건강의 확신과 함께 이미지구상화를 적용함으로써 치유 기도를 해주었다). 이 점에 있어서 보다 명확한 설명은 불가능하다.

형이상학적 운동과 이미지구상화

치유기도를 위해 이미지구상화를 사용하기 시작한 때가 언제였는지는 분명치 않으나, 구상화가 형이상학적 운동에 많은 다른 역할을 했다는 것은 분명하다. 신사상 그룹 중에서 성경―인정파는 이미지구상화의 사용에 조심스럽게 대응했다. 구상화는, 원하는 것이 이루어지리라는 걸 확인할 수 있는 하나의 방법이 되었다. 성경을 인정하는 신사상파 지도자들은 구상화가 단지 개인적인 행복을 위해서라기보다 다른 사람을 도울 필요가 있는 경우에 사용되어질 수 있다고 가르쳤다.

형이상학적 운동의 자연신교 계열 사람들에게는, 구상화는 불행히도 기도에 대신하는 것으로 기능을 나타내었다. 돈이나, 여행, 혹은 좋은 집을 원하는 사람들은 그런 것을 스스로 가지고 있다고 상상하면 그렇게 될 것이라고 가르쳤다. 이미지구상화의 힘은 마치도 하나님의 뜻의 속박에서 벗어나 독립된 것으로 묘사되었다.

형이상학적 운동의 이미지구상화 사용에서 얻는 교훈은, 만약 이미지구상화가 하나님의 뜻과 연결되지 않은 일종의 정신력의 형태라면, 그것은 기가 아니고, 갈망하는 생각이 되거나, 아니면 영지주의적인 허무와 어쩌면 주술에 빠져버리게 될 것이다.

복음주의적 분별력

이미지구상화의 논제는 최근에 유명한 복음주의적 반(反)사이비종파 연구 단체인 영적 위조 프로젝트(SCP=Spiritual Counterfeit Project)의 창설자인 브루크스 알렉산더(Brooks Alexander)가 쓴 노련한 논문에서 검토되었다. 이 프로젝트는 간단히 SCP로 알려졌는데, 1970년대에 신비주의 주술 운동이 최고조에 달하던 무렵에 캘리포니아 주의 버클리에서 창립되었다. 알렉산더와 다른 사람들이 모여 사이비 종파(cult)와 신비주의 주술종파(occult)에 관한 착실한 내용의 복음주의적 견해를 피력했다. 그들의 간행물 들, 특히 〈SCP 저널〉(SCP Journal)은 복음주의적 변증과 분별력의 최고의 표준에 도달하게 되었다.

1990년에 〈SCP 저널〉의 전체 주제는 이미지구상화에 관한 것이었다. 알렉산더가 그 중심 논문을 썼다. 그는 신비주의의 주술 구상화의 사용을 조심스럽게 예시했으며, 구상화가 샤머니즘의 중심 의식이라는 것을 나타내는 다양한 사회학적 문헌들을 인용했다. 알렉산더는 이미지구상화가 히틀러의 나치당이 세계정복을 꾀하는데 최고의 수준으로 사용된 증거들을 열거했다. 현재 미국에서 일상적으로 구상화를 사용하고 있는 곳은 뉴에이지(New Age) 부류인데, 영적 안내자와 접촉하기 위한 심령술로서 사용되고 있다.

알렉산더는 이미지구상화가 아그네스 샌포드(Agnes Sanford)의 목회 사역과 그녀의 신사상 신학(New Thought theology)을 통해서 기독교 주류교회로 도입된 것을 추적하고 있다. 알렉산더는 특히 대중적 기독교 작가인 리차드 포스터(Richard Foster)를 비판하고 있으며, 포스터가 구상화는 뜻하지 않게 심령술로 이어지게 될 수도 있다는 것을 암시한 데 대해 비난하고 있다.

그 논문은 그 시점에서 끝맺어 버리고, 데이브 헌트(Dave Hunt)의 지도를 따른 다른 복음주의적 작가들처럼, 이미지구상화는 언제나 죄악이며 단지 신비적인 주술의식일 뿐이라고 주장해 버릴 수도 있었다. 그렇지만, 알렉산더는 학자였다. 그래서 그의 논문은 조나단 에드워즈처럼 값진 한 걸음을 더 나아갔다. 에드워즈가 그랬던 것처럼, 그는 상상력을 하나님의 창조물로 본다. 그러므로, 이미지구상화는 좋고 적절한 기능을 가지고 있다는 것이다. 알렉산더는 반복해서 구상화를 위한 상상력과 상상력의 수용능력을 인간의 성적 기능과 비교했다. 그것은 오용되기 쉽지만, 하나님께서 주신 놀라운 선물이다. 확고한 복음주의자로서 놀랍게도, 알렉산더는 성경 이야기의 구상화에 관한 카톨릭적 실천을 합법적인 것으로 인정하며, 심지어 이그나시우스(Ignatius, 1491-1556)(예수회의 창설자)의 실천방식을 찬양하기까지 했다. 그 논문의 개요는 상세히 인용할 가치가 있다.

본질적으로 내적 이미지(영상)에는 아무런 잘못된 것이 없다. 우리의 상상력은 하나님의 선물이며, 사용하기 위해 주어진 것이다. 그러나 그 선물을 종교적이고 영적인 생활에 사용하기 위해서는 하나의 간단한 실용적인 방법이 있다.

이미지(영상)을 기도 중에 하나님과의 대화의 한 수단으로 사용하라. 당신 자신이 만들어낸 이미지를 하나님으로부터 온 대화의 출처로 사용하지 마라. 이미지를 당신이 언어를 사하듯이 당신의 예배와 간구를 표현하기 위해 사용하라. 이미지의 특성 때문에 이미지 그 자체 안에 능력을 갖기 때문에 이미지를 지배의 도구로 사용하지 말라.

그리고 당신은 누구에게 기도를 하고 있는지를 기억해야 한다. 천지의 창조자이신 전능하신 하나님은 원자의 중심부와 인간의 마음까지 알고 계신다. 그분은 당신이 구하기 전에 당신이 원하는 것이 무엇인가를 분명히 알고 계신다. 그리고 그분은 당신이 아는 것보다도 당신이 필요한 것이 무엇인가를 더 잘 알고 계신다. 하나님께서 기도를 들으실 때 눈에 보이는 자질구레한 것이 중요하지 않는 것과 마찬가지로 자질구레한 말이 중요하지 않는 것과 마찬가지다. 중요한 것은 당신의 마음의 의향, 즉 당신의 진정한 이유는 하나님과 단 둘이 있는 이 순간을 원하는 것이다.

우리가 하나님께 말하기 위해, 혹은 성경의 역사를 분명하게 하기 위해 우리의 상상력을 사용할 때, 우리는 자연스럽고도 의도한 바의 일을 하고 있는 것이다. 말하자면, 우리는 빛 가운데 걷고 있는 것이다. 우리가 우리의 타락한 상상력을 사용하여 하나님으로부터 말씀을 들으려하고 혹은 현실을 조종하려할 때는, 우리는 샤머니즘과 미신사이의 어두움 가운데 걷고 있는 것이다.[22]

이미지구상화는 형이상학파 운동에 의해 만들어진 것은 아니다. 비록 그것이 하나의 기도의 형식이나 마음의 힘의 표현으로서 형이상학파 문학 속에 보편적으로 묘사되긴 했어도 말이다. 반대로, 이미지구상화는 기독교 안에서 오래고 영광스러운 역사를 가지고 있다. 구상화는 또한 신비주의 주술(occult) 세계의 하나의 기술적인 면이기도 하다. 그러므로 알렉산더가 너무나 분명하게 보여주었듯이, 구상화는 양날의 칼과 같아서 선으로나 혹은 악으로도 사용되어질 수가 있는 것이다.

제18장
E. W. 켄욘(Kenyon)과 그의 신앙 신학

현대의 말씀—신앙(Word-Faith)운동의 선구자적 신학자이자 진정한 창시자는 E. W. 켄욘(1867-1948)이었다. 그렇기 때문에 그는 카리스마(은사) 운동에 주요한 영향을 끼쳤다. 그를 통하여 처음으로 현대의 일관되고 성서적으로 정통 이상주의적 성서해석학이 발전되었다. 성서해석학의 영감은 주로 신성운동과 고차원의 삶(Holiness and Higher Life) 문학과 신앙—치유(Faith-Cure) 운동으로부터 왔다. 이런 문학과 운동은 그의 청장년시절에 그 절정에 달하고 있었다. 그의 신학적인 발전은 또한 그가 신사상의 인물들과 그들의 문학과의 접촉으로 영향을 받았다. 이 모든 것은 전통적인 복음주의적 성서 이해와 잃은 자를 구원하려는 열정과 융합하게 되었다. 켄욘의 통합된 사상은 기적종료주의뿐 아니라 합의된 전통의 사실주의적 유물론적 가설에 도전한 최초의 창의적인 신학이었다.

켄욘은 다작을 한 작가이면서 자비로 출판하여 제한된 독자들, 주로 오순절 교인들 사이에 배부되었다. 1960년대 이후에 그의 신학은 케네스 헤이긴(Kenneth Hagin)의 목회 사역을 통해서 널리 방송되었다(일반적으로 별 영향력 없이). 켄욘의 신학에 대한 최근의 논쟁이 일기까지는 그는 그의 추종자들 외에는 실질적으로 알려지지 않았다. 그는 자서전을 쓰지 않았고, 그에 대한 전기도 쓰여지지 않았다. 감사하게도, 몇 사람의 연구가들이 최근에 켄욘에 관한 자료(새로 발견된 초기 자료를 포함해서)를 체계적으로 철저하게 달려 붙어 연구를 했다. 기독교 대중은 머지않아 몇몇 켄욘의 전기를 읽게 될 것인데, 이 전기들은 기독교 신학에서 그의 관한 보다 완전한 위치의 그림을 보여줄 것이다.

E. W. 켄욘(1867-1948)

에쎅 윌리엄 켄욘(Essek William Kenyon)은 1867년 뉴욕 사라토가에서 10명이나 되는 자녀들 중에 4번째로 태어났다. 그의 가족은 그가 10대 초기에 뉴욕의 암스테르담으로 이사를 했다. 그의 가정은 노동계급의 집안으로서, 아버지는 벌목꾼이었고, 어머니는 시골학교 선생이면서 독실한 감리교인이었다. 그는 15세 때 중등 교육을 받지 못하고 양탄자 공장에서 일했다. 그가 그 지방의 부흥집회에 참석하게 되었을 때 주님께서 자신을 부르시는 음성을 느꼈다. 그는 훗날 가족들의 첫번째 반응을 다음과 같이 기술했다.

> 3일째 되던 날 내가 예배에 참석하고 집에 돌아오니, 어머니께서 내가 어디에 다녀왔는지 물으셨다. 나는 사실대로 말했다. 기지가 있는 내 위의 형은 말하기를 "어머니, 저 바보는 다음엔 설교를 하고 올 거예요"라고 했다. 나는 형을 피하기 위해 2층으로 달려갔다. 왜냐하면 나는 형의 기지가 겁이 났기 때문이다. 그러나 나는 가서 말했다. "에디 형, 형의 말이 맞아. 나는 교육을 받을 거야. 그래서 설교를 하게 될 거야." 영원한 생명이 나의 영혼 속으로 들어 왔다. 그리고 나는 옛 생활로부터 떠나서 학생이 되었다.[23]

켄욘은 감리교 교인이 되었으며, 19세에 "권사"로 기름부음을 받아 첫 설교를 했다. 기독교인으로서 그의 초기 여러 해는 열성적이었고, 많은 사람들을 주님 앞으로 인도하는 효과적인 복음전도를 했다.

그는 몇 가지 직업을 갖고 자립을 했다. 그 중에 하나가 피아노 영업사원이었다. 그 직책을 수행하면서 배운 것은 어떤 일이든지 돈벌이의 목적을 위해 일하는 것보다 사람들에게 봉사를 원하는 생각으로 일하면 성공한다는 영적 원리였다. 몇 십 년이 지난 후 그는 영업 윤리에 대한 자신의 경험을 〈성공의 길 위의 표지판〉(Sign Posts on the Road to Success)란 소책자에 요약해 놓았다.

그렇지만, 켄욘은 많은 교인들이 위선자임을 알게 되고, 냉소적인 태도를 보이기 시작했다. 그는 회상하기를 "나는 신앙을 상실하고, 죄에 빠지기 시작했다. 나는 점점 더 깊이 빠져들어 마침내 영지주의 속으로 뒷걸음 쳤다." 그가 배우가 되려는 야심을 키우게 된 것은 "죄에 빠져드는" 이 기간 동안이었다. 그 욕망을 성취하기 위하여 그는 보스톤에 있는 에머슨 웅변학교에 입학했다(1892). 보스톤은 신앙-치유 운동과 크리스천 사이언스의 중심지였으며, 메리 베이커 에디(Mary Baker Eddy)의 본부가 있는 곳이었다.

에머슨 웅변대학

창설자인 찰즈 웨슬리 에머슨(Charles Wesley Emerson)의 이름을 딴 이 에머슨 웅변대학은 그 당시에 미국에서 웅변과 배우 수업을 위한 최고의 학교 중에 하나였다. 많은 목사 지망생들이 그들의 설교 기술 개선을 위해 이 학교에 다녔다. 그 곳은 또한 형이상학파와 신사상의 영향이 우세한 장소였다. 플라톤(고전 이상주의 철학자), 랄프 월도 에머슨(동양의 종교 사상을 애호한 초절주의자), 초기 신사상 작가들의 가르침이 대학의 중심 과정을 이루고 있었다. 켄욘이 떠난 후 몇 년 내에 에머슨 웅변대학은 신사상 가르침의 중심지가 되었다.

켄욘은 이 학교에 단지 1년 동안만 다녔고 학위는 받지 않았다. 켄욘이 이 학교에 다니는 동안 랄프 월도 트라인(Ralph Waldo Trine)은 학생이면서 강사였는데, 훗날 트라인은 신사상의 성경-인정파의 지도자로 유명하였다. 켄욘의 현대 비평가인 덴 멕코넬(Dan McConnell)은 주장하기를 켄욘이 에머슨 대학에 다니는 동안 신사상의 가르침을 철저히 받아드렸다고 했다. 이 주장은 온당한 가정이다. 비록 그 당시 많은 기독교인들이 그랬던 것처럼 그도 에머슨 대학에 오기 전에 크리스천 사이언스 문헌을 읽었을 가능성이 있긴 하지만 말이다.

그러나 그가 최초로 자신의 신학적 저서인 〈아버지와 그의 가족〉(*The Father and his Family*)을 출판하게 되었을 무렵(1916), 그는 형이상학적 철학의 영지주의적 핵심 사상을 깨닫고 이를 거부했다. 그의 저서들이 일관되게 나타내고 있는 것은 자신은 전체적인 형이상학적 운동에 강력하게 반대했다는 것이다. 그 운동이 크리스천 사이언스에서처럼 가장 극단적인 형태를 취하던, 혹은 유니티파(Unity: 20세기 미국의 종교운동으로 건강과 번영을 지향함, 용어해설 참조)에서처럼 온건한 종류의 형태를 취하던 상관없이 반대한다는 것이다. 켄욘은 형이상학 운동을 인간의 성품과, 예수님의 사역과, 하나님 아버지의 성품을 왜곡한 영적으로 죽은 종교라고 이해했다. 켄욘은 다음과 같이 쓰고 있다.

크리스천 사이언스, 유니티파, 그리고 오늘날의 다른 형이상학과 철학 선생들은 하나님이 인격체이심을 믿지 않는다.
그들은 말하기를 하나님은 완전한 마음이시나, 어떤 장소에 존재하는 것은 아니라고 할 것이다.
그것은 바로 하나의 거대한 우주적 마음이며, 그 마음은 모든 개인 속에 자리잡고 있다. 그분은 본부도 갖고 계시지 않는다.
그들은 바울이 받은 계시 가운데 죄를 가르치고 있는 것과 같은 죄를 믿지 않는다.
    그들은 예수께서 우리의 죄를 대신해 죽으셨음을 믿지 않고, 하나의 순교자로 죽으셨다고 믿는다.
    그들은 예수가 문자 그대로 부활하신 것, 즉 육체적인 부활을 하신 것을 믿지 않고, "형이상학적인 부활"이라고 표현한다(무엇을 뜻하는지 몰라도).
    만약 하나님께서 인격체가 아니고 예수께서 죄를 물리치지 않으셨다면, 그렇다면 예수는 누구이며, 그리고 그분을 믿는 우리의 신앙은 무슨 가치가 있단 말인가.[24]

형이상학파 운동에 대한 그러한 비판의 말은 캔욘의 글에 나타나는 것이 보통이다. 캔욘은 사이비(cult) 종파의 신도들과 대립하는 데서 즐거움을 누리는 것같이 보인다. 유니티파에 헌신하는 한 부인을 위해 치유 기도를 하고 그녀를 개종시켰을 때에도 즐거움을 누린 것처럼 말이다.

재(再)헌신과 복음주의적 목회

캔욘은 보스턴에 있는 에머슨 대학에 있는 동안 에바 스펄링(Evva Spurling)이라는 동료 여학생을 만났다. 그들이 1893년 5월에 결혼했을 때 아직 공언한 기독교인은 아니었다. 한달 후 그들은 클라렌돈 거리 침례교회에서 A. J. 골돈(Gordon, 1836-1895) 목사의 설교를 들었다. 예배 도중에 캔욘은 하나님의 일을 하라는 "하나님의 음성"을 들었다. 그는 자신의 죄를 회개하고 자신의 삶을 주님께 다시 헌신하기로 했다. 그의 부인도 곧 그 부름을 따랐다. 캔욘은 신앙—치유(Faith-Cure)와 보다 높은 삶(Higher Life, 용어해설 참조)의 문헌을 읽기 시작했다. 몇 년 후에 그는 컬리스(Cullis) 박사의 전기를 읽고 난 후 다음과 같은 반응을 보였다.

    내가 이 책을 읽기 시작했을 때 내 마음을 움직여 놓은 감동을 기술할 수가 없다. 나는 그 책 깊숙이 한 장 또 한 장을 읽으면서 마침내 몇몇 큰 전투에 직면하게 되었다. 나는 저자와 함께 전투에 임했다. 전투에 임한다는 것이 무슨 의미인가를 알았다. 그것은 마치 치열한 전투를 치르고 난 군인이 다른 전투 기지에서 온 야전 쪽지를 읽는 것과 같았다.[25]

켄욘 부부는 프리―윌(Free Will) 침례교회로부터 온 목사를 통해서 물 속에 푹 잠기게 하는 침례의 필요성을 확신하게 되었다. 그의 다른 배경의 가정교육에도 불구하고, 그들은 모두 침례교단에 가입했다. 1894년 1월에 프리-윌 침례교회에서 목사 안수를 받고 첫 임지를 부여 받았다. 켄욘은 뉴잉글랜드와 캐나다에 있는 몇몇 교회들에서 설교를 했다. 그는 특별히 부흥사로서의 기름부음을 받았고 상당히 성공적이었다. 비록 그는 영적 치유를 믿었지만 논쟁을 피하기 위하여 치유기도를 피했다. 그가 매사추세츠 주의 울체스터에 있는 프리―윌 침례교회에서 목회 하는 동안 조지 뮬러(George Muller)의 신앙 패턴을 따르려 했으며, 하나님께서 교회가 필요한 것을 주시리라 믿었다. 집사들이 목사의 신앙 수준에 이르지 못하여 그를 사임하게 했다.

그래서 그는 울체스타에서 테버나클 어샘블리(성막성회)라는 독립교회를 시작했다. 그는 부흥전도자의 목회를 계속했다. 그의 집회에서 사람들이 치유기도를 요청했을 때 주님께서는 그로 하여금 치유사역을 하도록 하셨다. 그는 또한 강한 축귀사역을 발전시켰는데, 축귀사역은 그 자체가 중요했다. 왜냐하면 축귀사역은 귀신들의 실체와 축귀의 필요성을 수용함으로써, 고지식한 신사상이 말하는 축귀는 "부정적"이며 불필요하다는 생각을 진짜 거부한다는 것을 보여 주었기 때문이다. 그의 축귀사역의 시작은 계획된 것은 아니었다. 켄욘은 다음과 같이 쓰고 있다.

나는 이웃 마을의 요청으로 한 정신이상자를 위해 기도하러 갔다. 그가 있는 방에 들어갔을 때, 그의 어머니가 나를 그에게 소개해 주었다. 그는 내게 등을 돌리더니 아무 말도 하지 않았다. 번개처럼, 나는 내가 바로 그리스도 안에서 하나님의 의로운 자라는 진리를 알게 되었다. 나는 어둠의 힘을 이기는 보다 강한 힘을 갖고 있었다. 나는 그에게로 다가가서 예수님의 이름으로 귀신들을 그로부터 나와서 다시는 돌아오지 말라고 명령했다.

일분도 안 되어 그가 내 손을 잡았다. 내가 거기 머무르는 동안 우리는 가장 좋은 우정을 나누었다. 그의 어머니가 얼마나 기뻐했는지! 예수님의 이름으로 그녀의 아들은 자유함을 누렸다.[26)]

정신 이상자에 대한 축귀사역은 그에게는 정규적인 목회사역이 되었다.

테버나클 어샘블리 교회의 목사로 있는 동안 젊은 사람들을 위한 성경학교를 시작했다. 1900년에 스펜서 지방에 큰 농장을 기증 받아 학교 부지로 삼고, 그 학교를 벧엘 성경학원(Bethel Bible Institute)이라고 이름을 바꾸고, 뮐러의 원리에 따라 학교를 운영했다. 선생들에게는 봉급을 지불하지 않았으며, 학생들에게는 공납금을 받지 않았다. 켄욘은 학장직을 맡아보면서도 강의는 다른 사람들에게 맡기고, 자신은 순회 부흥 집회와 목회자를 위한 강의를 계속했다. 부흥 집회에서 받은 사례비는 모두 배델 성서 학원 유지를 위해 쓰여졌다.

에바 켄욘은 1914년 2월에 오랜 투병 끝에 죽었다. 켄욘은 같은 해의 11월에 엘리스 모드 휘트니(Alice Maud Whitney)와 재혼했다. 그들 사이에 두 아이가 태어났는데, 에섹 휘트니(1916 출생)와 루스 엘리스(1919년 출생)였다.

벧엘 성경 학원은 성장했으나 쉬운 일은 아니었다. 왜냐하면 켄욘과 이사회의 마찰이 있었기 때문이다. 켄욘은 뮐러의 신앙 정책을 유지하기를 원했으나, 이사회는 선생들의 봉급을 지불하고 학생들은 공납금을 내도록 하자는 것이었다. 켄욘은 사표를 내고 그의 가족을 캘리포니아로 옮겼다. [그가 떠난 후에 이사횡서는 그를 명예 학장으로 추대했다. 벧엘 성경학원은 1923년에 벧엘대학으로 되었으며, 훗날 미국에서 복음주의 대학 중의 하나로 유명한 베링톤 대학(Barrington College)이 되었다. 이 학교는 A. J 고돈이 창설한 고돈 대학과 합치게 되었다.] 그들은 처음에 오오크렌드에 정착했으나, 다시 L.A.로 옮겼다. 그곳에서 독립 침례교회를 세웠다.

그가 라디오 방송 프로그램에 출연한 것은 L.A.에서였다. 그는 천부적인 설교가요, 기름부음 받은 성경해설자로 명성을 얻게 되고, 오순절 교단의 집회에서 말씀을 전하도록 자주 초청을 받았으나 자신은 오순절 계열이라고 생각지 않았다. 그는 또한 에이미 샘플 멕퍼슨의 유명한 엔젤러스 교회에서 말씀을 전하도록 초청을 받았다. 이 기간 동안 그는 또한 F. F. 보스워스(Bosworth)와 동역을 했는데, 보스워스는 전쟁 직전시대에 유명한 오순절 치유 부흥사였다. 보스워스의 책 〈치유자 그리스도〉(Christ the Healer)는 케네스 헤이긴(Kenneth Hagin)의 신학에 주요 영향을 끼쳤다. 보스워스의 책은 켄욘의 신앙—이상주의 신학으로부터의 본질적인 영향을 받았으며 그리고 그 신학에 유사성을 보였다.

1931년에 부인과 이혼한 후 켄욘은 말년을 보내기 위해 워싱턴 주 타코마(씨에틀 근방)로 이사하여, 새—언약 침례교회를 세웠다. 그곳에서 그는 또한 그 시절에는 처음으로 기독교 라디오 방송을 개척했는데, "켄욘의 교회 방송"이란 프로그램을 매일 방송했다. 타코마에서 그의 영향력 있는 〈삶의 선구자〉(Herald of Life)란 뉴스레터를 발간했다.

1942년 이후에 켄욘은 교회를 사임하고 글을 쓰며 다시 순회 부흥사와 가르치는 일을 했다. 켄욘은 2차대전 이후 몇 년밖에 살지 못했으나,

이 몇 해 동안은 그의 가장 영향력 있고 창의력 있는 해였다. 그는 신학적으로 가장 진보한 몇 권의 책을 완성했으며, 많은 다른 책을 위해 메모와 자료들을 수집했다. 아마도 가장 중요한 것은 그가 그 당시 진행되고 있던 오순절 치유 대부흥집회에 참석한 것이었다. 이러한 방식으로 그의 저서와 사상은 오랄 로버츠(Oral Roberts), 윌리엄 브랜함(William Branham, 1909-1965), T. L. 오스본(Osborn)과 그 당시 여러 사람들과 같은 오순절교회 부흥사들 사이에 배부되었다.

1948년 그가 죽기 전에 그는 딸에게 이렇게 말했다.

> 루스야, 나는 더 이상 너와 함께 있을 수 없을 것 같구나. 이 일은 계속되어야 한다. 이제 네 손에 달렸다. 너는 최근 수년 동안 줄곧 그 일을 추구해 왔잖니. 주님의 도움으로 네가 잘 해 내리라는 것을 안다.[27]

루스 켄욘은 아버지가 모아 놓은 자료들―책 메모, 설교, 편지, 라디오 대본, 그리고 〈삶의 선구자〉에 게재된 논문 등으로 계속 작업하여 대부분의 켄욘의 글을 사후에 많이 출판했다. 그녀는 켄욘 복음 출판회의 사장으로서 계속 일하여, 1993년 12월 그녀가 죽을 때까지 아버지의 자료들을 취급하여 서점에 내놓았다.

신앙 · 이상주의 신학

켄욘의 복음주의적 목회의 초기에 독일 고등비평(진보적인 비신화화)이 많은 미국 신학교에서 유행되었었다. 그 비평은 "예수에게로 돌아가자"는 슬로건을 걸고 기만적으로 추진되었다. 이 주장이 의미하는 바는, 예수님이 자신을 단순한 예언자요 메시야로 보았으나, 바울은 예수님의 인성과 사명을 하나님과 같은 상태로 과장을 했다는 것이다.

켄욘은 이 가설을 철저하게 성경 중심으로 연구한 후에 부정했다. 사실, 그가 내린 결론은, 바울 서신들은 상상력으로 만들어진 작품이라기 보다 성서적 계시의 최고의 단계라는 것이다. 켄욘은 그 서신들이 복음서들 보다 훨씬 낫다고 믿었다. 왜냐하면 바울의 신학은 바울에게 하나님 나라의 궁극적인 비밀을 알게 한 예수님으로부터 받은 직통 계시에 토대를 두었기 때문이다(엡 3:5). 다른 한편으로 복음서들은 단지 예수님의 삶 중의 공생애의 사건들만 기록했다는 것이다. 켄욘의 신학은 바울 신학이었다. 그것은 그의 열망이요 의도였다.

켄욘의 신앙—이상주의의 중심 사상을 보면, 지식은 감각 지식과 계시 지식의 두 가지 범주로 나뉘어질 수 있다는 것이다. 감각 지식은 오관을 통해서 오며 물리적 세계에 관한 정보를 주지만, 그 세계 뒤에 숨은 이유나 의도는 결코 알려주지 않는다. 그와는 달리 계시 지식은 왜 혹은 무슨 목적으로와 같은 질문에 답해준다. 계시 지식은 하나님으로부터 오는데, 개인적인 인도나 성서의 의미를 명백히 설명하는 일에서처럼, 성경을 통해서나 혹은 인간의 영과 교통하시는 성령을 통해서 온다.

감각 지식과 계시 지식간의 차이점에 관한 켄욘의 주장이 바로 그의 기독교적 이상주의를 알 수 있는 열쇠이다. 그러나 그것 또한 자연적 인간과 영적(기독교적)인간을 구분해 놓은 바울의 분류를 반영하고 있다.

> 우리가 세상의 영을 받지 아니하고 오직 하나님께로 온 영을 받았으니 이는 우리로 하여금 하나님께서 우리에게 은혜로 주신 것들을 알게 하려 하심이라 우리가 이것을 말하거니와 사람의 지혜가 가르친 말로 아니하고 오직 성령의 가르치신 것으로 하니 신령한 일은 신령한 것으로 분별하느니라 육에 속한 사람은 하나님의 성령의 일을 받지 아니하나니 저희에게는 미련하게 보임이요 또 깨닫지도 못하나니 이런 일은 영적으로라야 분별함이니라(고전 2:12-14)

켄욘은 현대 사회의 많은 문제점들이 발생하게 된 것은 인간이 계시 지식을 거부하고 감각 지식을 통해 그 의문점에 응답하려고 시도했기 때문이라고 믿었다. 다윈이 동물의 세계를 이해하려고 시도한 것이 그 적절한 예이다. 켄욘에 의하면, 형이상학과 운동이 대부분 실패한 것은 계시 지식(성경)을 거부했기 때문이라는 것이다. 그들의 종교적인 성찰은 감각 지식적인 것이었으나 그들은 계시로 위장을 했다.

켄욘은 예수님과 하나되는 바울의 교리에 주된 강조점을 두었다(갈 2:20, 엡 2:6). 즉, 바울이 인식한 것은 그리스도가 우리를 대신하여 죄를 짊어지심으로 우리가 그리스도 안에서 하나님의 의가 되게 하신 것이라는 것이다(고후 5:21). 이것은 순수한 은총의 역사이었다. 그리고 켄욘은 은총의 엄청난 결과를 강조했다. 그리스도와 하나됨을 통하여, 우리는 우리의 간구하는 기도로서 완전히 죄 없는 상태로 하나님의 보좌에 접근할 수 있다(엡 2:18). 나아가서, 그리스도와의 하나됨 때문에 우리는 예수님이 이 땅에서 지니신 권능과 똑같은 권능을 가지고 있다. 그리스도가 우리 믿는 자에게 하신 놀라운 약속, 즉 우리가 믿음으로 그리고 예수 그리스도의 이름으로 병을 고치고, 귀신을 내어쫓고, 예수님보다 더 큰 일을 하는 능력을 갖게 된 것은 모두 예수님이 우리와 하나되는 은총의 덕분이다.

실용적인 현실로서의 신앙

켄욘은 히브리서 11:1에 나타난 성서적인 정의에 기초하여 신앙을 이해하였다.

"믿음은 바라는 것들의 실상이요" 믿음은 희망하는 비현실성을 움켜잡아서 현실의 영역으로 가져오는 것이다.

믿음은 하나님의 말씀으로부터 자라난다.
>믿음은 보증하는 행동인데, 그대가 간절히 소망했던 것들이 마침내 그대의 것이 되는 것이다. 믿음은 "보지 못하는 것들의 증거다." 하나님의 말씀 가운데 진정한 믿음이란 "하나님이 사실이라고 하시면 그것은 사실이요. 하나님이 그가 '매를 맞음으로 내가 치유되었도다' 고 하신다면 나는 치유된 것이다. 하나님께서 내게 필요한 모든 것을 주실 것이라고 하신다면, 하나님은 주실 것이다.…
>나는 감각을 만족시켜줄 증거와는 상관없이 하나님의 말씀 위에서 아주 조용하게 인식하고 있다.[28]

켄욘에 의하면, 성서적인 신앙은 감각 지식의 영역 안에서 몇 가지 가짜가 있다. 이 가짜들 중에는 희망과 정신적 동의(mental assent) 등과 같은 것이 있는데, 이것들이 기적 종료주의 기독교인들의 믿음이다.

>정신적인 동의란, 성경은 계시라는 것과, 그 계시가 하나님에게로부터 왔다는 것과, 모든 말씀이 진리라는 사실에 동의를 하는 것인데, 그러나 위기가 닥치면, 이 이론은 작용을 하지 않는다. 이 이론은 단지 놀라운 성경의 진실성을 인정하지만 위기 상황에는 실제 [기적으로] 작용하지는 않는다.
>'희망'은 "나는 언젠가는 그것을 가질 거야."라고 말한다. '신앙'은 "나는 지금 그것을 가지고 있다."라고 말한다. '정신적 동의'는 "그것은 아름답다. 나는 그것을 가져야 한다는 것을 안다. 어떤 이유인지는 모르지만 나는 그것을 가지지 못한다. 나는 그것을 이해할 수가 없다."라고 말한다.[29]

신앙은 성경에 관해 묵상하며, 성경을 바탕으로 행동함으로써 성장한다.

>신앙은 하나님의 말씀 위에서 계속 양육되어지고, 그리고 그 말씀을 좇

아 행동을 해야 양육되어진다.

   단순히 성경을 읽고, 그 말씀에 대해 묵상하는 것은 신앙을 확립시키지 못할 것이다. 그런 일은 신앙을 수용할 능력을 키울 것이다. 그러나 신앙은 하나님의 말씀이 우리가 매일 사용하고, 매일 행동하고, 말하는 한 부분이 될 때 확립되는 것이다.[30]

   확신을 가지고 말하는 중요성은 신앙-치유 운동과 형이상학파 운동이 이미 이해했던 것이다. (피비 팔머가 1840년대에 벌서 성화에 대한 "축복의 고백"을 위한 필요성을 강조했음을 상기하라.) 신앙-치유 운동하는 다른 사람들처럼, 켄욘은 믿음으로 긍정적인 말을 하는 것은 하나님의 말씀의 약속 위에 기초를 두어야 한다고 조심스럽게 분명히 설명했다. 랄프 월도 트라인(Trine)과 다른 신사상 작가들과는 달리, 켄욘은 확언의 논제는 악마적 요소에 의해 복잡하게 뒤얽히게 되었고 영적 전쟁의 차원을 갖게 되었다고 인식했다.

   나는 "그분(예수)이 채찍을 맞음으로 치유되었다"고 고백한다. 질병과 그 질병의 징후들은 내 몸을 당장에 떠나지는 않을 수도 있지만, 나는 내 고백을 굳게 고수한다.
   나는 그분이 말씀한 것은 좋게 이루어 주실 것으로 알고 있다. 나는 그분이 치유되었다고 말씀하셨기 때문에 치유되는 것을 안다. 나는 내 몸 안에 무슨 징후가 남아 있을지 모르지만 상관하지 않는다. 나는 그 징후를 보고 비웃는다. 그리고 나는 예수님의 이름으로 질병을 일으킨 자를 내 몸에서 떠나라고 명령한다.
   사탄은 패배당하고, 나는 승리자다.
   내가 과감하게 고백하면, 그때, 바로 그때, 소망했던 것을 얻게 된다는 법칙을 나는 배웠다.[31]

나아가서, 사탄도 하나님께서 신자들의 믿음과 긍정적인 고백에 권능을 주시는 것과 유사한 방식으로 부정적인 믿음에 권능을 줄 것이다.

가난을 말해보라. 그러면 지지리도 가난해 질 것이다. 부족하다고, 항상 돈이 부족하다고 고백해 보라. 그러면 언제나 부족하게 될 것이다.… 부족함과 질병을 고백하면 하나님 아버지를 우리의 삶 밖으로 나가시게 하고, 사단을 안으로 불러들여, 그에게 통행권을 주게 될 것이다.[32]

믿음에 일치하는 행동

신앙—이상주의의 가장 특징적으로 이상적인 실천 행동은 믿음에 일치하는 행동이다. 이런 행동은, 믿음으로 한 기도가 외형적인 육체적 증거(감각 지식)로 나타나기도 전에 이루어졌다고 확신하는 것이다. 믿음에 일치하는 행동은 예수님의 몇몇 기적에서 찾아 볼 수 있다. 가장 분명한 것 중에 하나는 누가복음 17장에 묘사된 열 명의 나병환자들의 치유이다.

소리를 높여 가로되 예수 선생님이여 우리를 긍휼히 여기소서 하거늘 보시고 가라사대 가서 제사장들에게 너희 몸을 보이라 하셨더니 저희가 가다가 깨끗함을 받은지라(눅 17:13-14).

모세의 율법(레 14:1-3)이 명령했듯이, 그들은 치유되기도 전에 깨끗해진 것을 보이려고 제사장에게로 가고 있었던 것이다.

믿음과 일치하는 행동은 크리스천 사이언스의 치유 전략의 일부분이 되었고, 그들의 급진적인 이상주의와 쉽게 혼합하게 되었다. 신앙—치유와 초기 오순절 치유자들도 또한 믿음에 일치하는 행동을 사용했다.

스미드 위글스워스(Smith Wigglesworth)의 치유 예배를 직접 본 사람 중에 한 사람이 이렇게 기록했다.

> 그는 [위글스워스] 기도중에 모든 청중들로 하여금 그와 함께 기도하게 했다. 그리고는 중풍병자를 향해 "이제, 당신의 지팡이(목발)를 놓고 나와 함께 걸으시오."라고 했다. 그 남자는 한동안 우물쭈물하다가, 목발을 땅에 던지고는 발을 끌며 걷기 시작했다. 위글스워스 목사는 "걸어라, 걸어라!"하고 소리치니 그 남자가 발을 내딛었다. 위글스워스 목사는 "이제 달리시오." 라고 명령하자, 그 남자는 놀랍게도 달려갔다. 그 집회에 참석했던 모든 사람들은 그 광경을 보고 크게 기뻐했다.[33]

켄욘은 종종 자신의 치유 사역에서 있었던 믿음에 일치하는 행동의 사례들을 인용했다. 불행히도, 많은 신앙—치유 목회자들처럼, 켄욘도 신앙의 치유 기도를 한 후에 약물치료를 하면 기도의 효과가 없어진다고 믿었다. 신앙—치유 운동의 체험이 보여주었듯이, 이 실천 행위도 위험성을 내포하고 있다. 이 논점은 우리가 현대의 신앙 신학 이론을 둘러싼 논쟁들을 연구할 때 함께 논의될 것이다(19장 참조).

자신이 그리스도 안에(일체화) 있는 존재임을 인식하고, 믿음을 실천함으로써 성경의 약속대로 살아가는 기독교인은 "기독교적인 초인"이 될 것이라는 것을 켄욘은 믿었다. 이 말은 어쩌면 불행한 말이 될지도 모른다. 이 말의 뜻은 신앙심이 있고 영적으로 능력을 부여받은 기독교인과 기적종료주의자인 기독교인들을 대조하여 말한 것이다. 초인적인 기독교인은 병자를 정기적으로 치유하며 두려움 없이 귀신을 쫓아낼 것이다. 그는 일관된 기준 위에서 성령의 인도하심을 들을 것이며, 이웃에게 능력과 사랑과 치유에 대한 하나님의 말씀을 전할 것이다. 다시 말하면, 그 사람 안에 있는 그리스도의 삶이 이 땅위에서 예수님의 삶을 이론으로서만이 아니라, 실제로 재현해 낼 것이다.

켄욘과 오순절교회

켄욘이 성령에 관해서 굉장히 강조를 함에도 불구하고, 자기자신이 오순절교인이라고 생각하지 않았다. 그는 방언이나 예언의 은사와 같은 성령의 말씀의 은사에 거의 주의를 기울이지 않았다. 그의 성령 신학은 비(非)기적종료주의적 복음주의자라고 불려질 만한 것이다. 즉, 사람이 거듭나서 그리스도와 하나됨을 깨닫게 되자마자 치유와 축귀와 효과적인 기도의 목회를 시작할 수 있다고 그는 믿었다. 다른 한편, 신성 운동의 전통 위에 세워진 오순절 교회는, 성령의 은사가 2차적인 단계로 나타나게될 필요가 있다고 믿었다. 나아가서, 오순절교회는 2차적 체험이란 필연적으로 방언을 통해서 나타난다고 주장했다.

켄욘은 오순절교회와 그들의 방언 신학에 대해 의혹을 가지고 있었다. 그의 글을 보면, 그들과 부딪힘으로써 받게된 불쾌한 상처들을 보여주고 있다.

> '방언 운동' (Tongues Movement)이라고 불려지는 그 놀라운 운동에서, 그 놀라운 증거를 받아들인 미숙한 신자들은 자신과 똑같은 체험을 갖지 못한 사람들과는 더 이상 사귈 수 없다고 생각했다.[34]

그의 후기 목회활동에서, 그는 보다 성숙한 오순절교회 지도자들과 함께 일하고 그들 가운데서 목회활동을 함으로써, 자신의 신학이론을 수정했다. 그는 절대적으로 필요한 것은 아니지만, 성령의 은사를 나타나게 하기 위해서 안수하는 중요성을 인정하게 되었다. 말년에 이르러서, 그는 방언은 사소한 은사로 보고 오순절 교인들 사이에 종종 야기되는 만큼의 논쟁거리가 되지 못한다고 보았다.

평가와 영향

켄욘의 신앙—이상주의 체계는 이미 신앙—치유와 형이상학적 운동에 존재하는 이상주의적 요소를 명문화한 주 법전이었다. 신앙—치유 신학자나 작가들과는 다르게, 그 체계는 대범하게도 이상주의적인 것이었다. 형이상학파 작가들과는 달리, 그 체계는 성서적 테두리 위에 세워져 있었고 영지주의적 요소가 제거되어 있었다(16장 참조). 그의 신학은 그 체계에 대해 굉장히 풍부한 내용을 지니고 있다. 켄욘에게, 기독교인은 믿음으로 산을 옮길 수 있으나, 성경을 액면 그대로 받아드리지 않았기 때문에 그렇게 하지 못했다는 것이다. 그의 태도는 마치 그가 사도행전과 서신들을 읽고, 말씀을 문자그대로 받아들인 최초의 기독교인인 것만 같았다.

켄욘의 신앙—이상주의는 성서적 증거 밖의 원리들을 과장하지 않았다. 그런 과장은 현재의 일부 신앙 지도자들이 저지르는 보편적인 과오이다. 켄욘은 성경이 스스로 한계를 정하고 있으므로, 성경에 약속되지 않은 것을 믿음으로 요구할 수 없다고 이해했다. 인생에서의 성공은 하나님이 주신 은사를 분별하고, 그 은사에 적합한 영역에서 열심히 일하는 과정이다. 나아가서, 기독교인은, 바울처럼, 어려운 환경에서나 풍부한 환경에서도 만족해야만 한다. 진정으로 성숙한 기독교인은 역경을 이겨내는 인고와 인내에 의해 인정을 받게된다. 캔욘을 가장 신랄하게 비판한 D. R. 맥코넬(McConnel)조차도 그의 온건성을 인정했다.

켄욘의 신앙—이상주의는 창의적이고 독창적인 것이었지만, 켄네스 헤이긴 목사의 사역을 통해 다시 소개되는 1960년대까지는 기독교 일반 대중에게는 거의 영향을 주지 못했다. 헤이긴 목사를 통해 켄욘의 신앙-

이상주의는 카리스마적 갱신운동에 필요한 주요 신학적 자료 중의 하나가 되었다.

지금까지 카리스마적 갱신운동을 위한 무대를 마련한 사람들과 운동에 대해 논의하였으므로, 이제, 우리는 제5편으로 가서, 갓 시작한 운동을 비난하려고 노력한 사람들에 관한 이야기를 하려고 한다. 이런 사람들에는 오럴 로버츠 대학교의 교수인 찰즈 파라(Charles Farah), 파라의 제자였던 D. R. 맥코넬(McConnell), 베스트 셀러인 〈기독교의 유혹〉의 저자인 데이브 헌트(Dave Hunt), 〈카리스마적 혼돈〉의 저자인 존 멕아서(John MacArthur), 기독교연구원(Christian Research Institute)의 원장인 헹크 헤네그라프(Hank Hanegraaff) 등이 있다.

성·령·을·소·멸·하·는·자·들
Quenching the Spirit

제5부
비난으로부터
바리새주의에 이르기까지

제19장
카리스마적 갱신운동에 대한 비난: 찰즈 파라 2세

카리스마적(성령은사) 갱신운동에서의 극단주의

　카리스마적(성령의 은사) 갱신운동이 그 유래를 찾아보기 힘들 정도로 세력을 확장해 가면서, 극단주의로 흐르는 징조를 보이고 있었다. 켄욘의 신앙—이상주의 신학은 성경 말씀의 약속에 범위 안에 근거를 두고 있었으나, 이제는 단순화하여 독단적인 체계로 나아가고 있었다. 새로운 신앙운동을 대중화하려는 사람들은, 올바른 믿음을 가진 자는 어떤 역경도 극복할 수 있기 때문에, 하나님 나라를 위한 대가로서 더 이상 고난과 희생을 치를 필요가 없다는 식의 기독교를 제시했다.

　이러한 관점은 해롤드 힐(Harold Hill)의 〈하나님의 자녀로 사는 방법〉(How to Live Like a King's Kid)라는 유명한 책에서 그 예를 찾아 볼 수 있다. 미 항공우주국의 기술자인 힐은 개종하여 성령세례를 받았는데, 그의 책은 자신의 풍요롭고 성공적이고 안정된 삶을 기술하고 있다. 비록 이 책은 어떤 상황에서든지 하나님을 신뢰해야 된다는 것을 강조하고 있긴 하지만, 동시에 성령세례를 받은 기독교인이라면 기도로 해결되지 않을 어떠한 심각한 사고나 불치병으로 결코 해를 당하지 않을 거라고 은연중 말하고 있다. 기독교인들이 천사의 보호를 받고 있다는 것은 확실한 사실이지만, 이러한 식의 절대적인 태도는 그릇되었다고 할 수 있다.

 카리스마적 갱신운동에 참여하는 많은 사람들이 이러한 신학의 절대적 성향으로 인해 불편해 하고 있었다. 그러나 이러한 갱신운동에 조나단 에드워즈 같은 비평을 가하도록 운명 지워진 사람은 오랄 로버츠 대학의 교수이며, 툴사 지방에서 카리스마적 성향의 크리스천 팰로쉽 교회의 협동 목사인 찰스 파라 2세(Charles Farah Jr.)(1926년 생)이었다.

 파라는 경건한 기독교 선교 동맹 교단 가정에서 자라났다. 그 교단은 방언은 수용하지 않았으나 성령 치유는 믿었다. 파라는 어릴 때 부모들이 환자를 위해 기도하는 것을 보았다. 파라는 가능한 최고의 기독교 교육을 받았다. 그는 휘톤(복음주의적 열정으로 유명함)대학에서 학사와 석사 학위를, 풀러 신학교에서 신학사 학위를, 최종적으로 스코틀랜드의 에딘버러 대학에서 박사 학위를 취득했다. 파라는 에딘버러 대학을 그 교과 과정의 엄격함과 그 희소성을 들어 개신교 대학 중의 사관학교라 불렀다. 그는 석사와 박사 학위 과정 사이에 북부 뉴욕의 몇몇 장로교회에서 목회를 했다. 박사 학위를 받은 후에 그는 국제 복음주의 단체인 '네비게이트'를 위해 일했다.

 그는 에딘버러에서 처음으로 성령의 치유 능력을 경험했다. 동료 목회자 신학생은 그가 어떻게 치유의 은사의 축복을 받았으며, 교회에서 어떻게 치유사역을 행하였는가에 대하여 이야기했다. 파라는 이 동역자를 초청하여 자신의 약한 시력과 좋지 않는 등의 치유를 위해 기도해 달라고 했다. 그 친구 목사가 파라의 눈과 등의 치유를 위해 믿음으로 기도했다. 파라의 눈은 기적과 같이 회복되었으나, 등은 그대로였다. 이러한 체험은 치유에 관한 그의 어린 시절의 믿음을 재확인해주었으며, 보다 성숙한 신학 안에서 치유를 이해하는 기회가 되게 했다. 이 체험은 또한 그에게 치유사역에서 신비적인 요소와 함께 불완전한 요소가 있다는 것을 보여주었다.

미국으로 돌아온 파라는 미국 성공회의 카리스마(성령은사) 운동의 선구자인 데니스 베넷(Dennis Bennett)의 테이프를 듣게 되고, 이를 통해 성령세례를 체험하게 되었다. 그 자신도 인정했듯이, 파라는 1960년대의 열정적이고 때로는 무분별하기까지 했던 카리스마적 운동의 지지자가 되었다. 그는 새로운 신앙 운동의 책자를 읽었다. 그러나 그의 기독교 교리와 역사에 대한 탁월한 교육 때문에 그는 극단적인 행동에는 경계심을 보였다.

하나님의 섭리로, 파라는 신앙에 관한 신학을 연구할 기회를 갖게 되었고, 그 결과 이 신학이 사소한 일에 잘못하는 것을 보게 되었다. 파라에게는 민망할 정도의 머리에 비듬이 있었다. 전에는 약을 쓰면 가라앉곤 했다. 이제는 성령 충만한 신도로써 치료를 위해 "믿음"의 방법을 쓰기로 하고, 예수님께서 맞은 채찍으로 낫게 될 것을 확신했다. 그러나 비듬은 점점 더 악화되었다. 결국 약을 쓸 수밖에 없게 되었고, 그 약으로 치료가 되었다.

그와 동시에 파라는 강력한 기도 목회를 했다. 한번은 자신도 몹시 놀란 일이 일어났는데, 오랄 로버츠 대학의 한 교수의 부인이 심장 폐색증에서 회복될 것이라는 대담한 예언을 했다. 그리고서 파라 부부는 교수 부인의 치유를 위해 기도를 했는데, 예정된 수술시간 이전에 심장 폐색증이 기적적으로 사라져 버렸다.

파라는 신앙 신학이 많은 사람들에게 치유의 역사도 일어나게 하지만, 동시에 비극과 혼란도 가져온다는 것에 주목하게 되었다. 파라는 1967년 오랄 로버츠 대학에 교수로 부임하게 되었다. 그는 진행중인 카리스마적 갱신운동에 보조를 같이 했다. 남캘리포니아에서 온 부부가 12살 된 아들에게 인슐린 주사를 중단하고, 그 대신 주님께서 아들을 완전히 치유해주실 것을 믿고 있던 사실을 파라는 알게 되었다. 그 소년은 삼일 후에 죽었다. 파라는 그 진지하고 슬픔에 찬 부부가 법정에서 재판을 받고 유죄 판결을 받는 과정을 가까이서 지켜보았다. 그 소년의 죽음으로 파라는 이러한 비극의 신학적 뿌리를 찾아 나서게 되었다.

믿음 대 추정(推定)

파라는 신앙 운동에 있어서 문제의 핵심은 바로 추정(주제넘은 가정)의 죄임을 파악했다. 그는 성경을 샅샅이 뒤져 가정과 믿음의 관계를 찾아보았다. 믿음과 추정을 구별하는 명확한 경계를 찾을 수가 없었다. 오히려 "한 사람의 믿음이 다른 사람의 추정이 되는 것"이다. 즉, 믿음으로 가득한 사람이 하나님으로부터 어떠한 기적적인 행동을 하라고 지시를 받았다고 하자. 그가 하나님의 지시에 복종한 것은 믿음의 행동인 것이다. 영적으로 신앙적으로 덜 성숙한 사람이나 혹은 하나님의 지시 없이 똑같은 행동을 시도하다가 실패했다고 보자. 두 번째의 사람은 추정의 죄를 범한 것이다.

추정이란, 사탄이 예수님의 목회 초기에 (마 4:1-11) 예수님을 유혹했던 그 죄이다. 사탄이 예수님에게 주겠다고 했던 모든 것은 합법적으로 예수님의 것이었다. 빵, 천사들의 보호, 지상의 왕국까지도. 그러나 이런 것들을 사탄의 손에서 취하여 하나님이 정하신 시기 이전에(십자가의 수난 이전에) 받는다면 이는 믿음의 행위가 아니라 추정의 죄가 될 것이다.

파라의 통찰력은 초기 신앙·치료 운동과 오순절 운동의 비극에서 보았던 것을 선명하게 설명해준다. 이산 알렌(Ethan O. Allen)이나 스미스 위글스워스(Smith Wigglesworth)같은 분들은 여러 행 동안 믿음으로 주님께 헌신한 사람들이다. 켄욘이 훗날에 지적했듯이, 그들은 개인적으로 강도 높게 성경을 공부하고 말씀에 복종함으로써 신앙을 키워나갔다. 그들이 관심을 치유로 돌렸을 때는, 그들은 의학적인 태산을 움직이거나 그에 상응하는 행동을 안전하게 할 수 있는 믿음을 지니고 있었던 것이다.

그 후에 치유 목회에 가담한 많은 기독교인들의 경우는 그렇지가 못했다. 많은 사람들은 새로운 기독교인이 된 사람들이었거나, 깊은 치유의 바다에 뛰어들기 전에 자신들의 믿음을 실천하지 못한 이들이었다. 비극적인 것은 이런 모양으로 추정하는 일이 그들 스스로 대단한 믿음이 있다는 사람들에 의해 부주의한 탓으로 이루어지고 있다는 것이다. 이러한 지도자들 중에 많은 사람들은 신학적인 성숙도 갖지 못했으며, 또한 믿음의 성장에 대한 필요나 추종자들의 믿음의 수준을 분별할 수 있는 필요성을 이해하는 안목도 갖추지 못하였다. 파라가 신학적인 연구를 통해 터득한 것처럼, "잘못된 신학은 잔인하게 혹사하는 감독인 것이다."

파라가 또 발견한 것은, 추정의 죄는 일반성과 특수성을 혼돈 하는, 즉 '로고스'(logos)와 '레마'(rhema)를 혼돈 하는 성경 해석의 오류와 밀접하게 관계가 있다는 것이다. 로고스는 십계명에서처럼 인류 전체를 대상으로 한 하나님의 일반적인 말씀이다. 로고스는 모든 상황에서 모든 이에게 적용된다. *레마*는 하나님께서 특정한 사람에게 특정한 말씀을 하실 때 사용하는 것이다. 예를 들면, 예수님께서 베드로에게 믿음으로 물위를 걸으라고 말씀하신 경우이다. 분명히, 기독교인이라면 누구든지 베드로가 물위를 걸은 것을 배를 타지 말라는 명령으로 결코 이해하지는 않을 것이다.

비극적인 혼란이 오는 것은 기독교인들이 성경에 나오는 특정한 약속을 자기 자신들에게 적용할 수 있는 것으로 돌릴 때이다. 분명히 성령은 개인에게 레마의 말씀을 하시는 것은 사실이며, 종종 그 말씀은 성경을 통해서 하시지만, 그러나 여기에선 반드시 분별력을 사용해야만 한다. 그 말씀이 진정 하나님의 음성인가 아니면 추정인가? 신앙 운동 지도자들이 종종 이 분별의 단계를 거치지 않음으로써 추정에 빠지게 되고 개인적인 고난이나 재난을 초래하게 된다.

파라와 부인 조 앤(Jo Ann)은 오랄 로버츠 대학(ORU) 시절에 툴사 지방에 본부를 둔 치유의 복음 전도자이며 지도자인 케네스 헤이긴 목사의 목회를 관찰했다. 그는 1960년대 후반에는 켄욘의 신앙—이상주의의 선두 지지자로 떠올랐다. 그러나 파라 부부는 헤이긴이 새로 설립한 레마 성경학교의 권위적인 분위기를 불편해 하였다. 성경학교의 초기 몇 년 동안에는 학생들은 수업시간 중 질문하는 것이 허락되지 않았다(지금은 바뀌었지만). 파라가 느낀 것은, 이러한 분위기 뒤에는 헤이긴은 너무나 많은 계시적인 지식을 갖고 있음으로 주의 깊게 집중한다면 어떠한 질문에 관한 대답도 해결할 수 있으리라는 추정(사전의 이해)이 깔려있다는 것이다. 이른 것은 결코 노골적으로 나타내지는 않았지만, 반대되는 입장의 질문은 하지 않는 것이 분명히 좋다는 식이었다.

레마 성경학교나 그 밖의 곳에서 많은 카리스마적 사람들 사이에서, 켄욘의 계시적 지식에 대한 이해는 도를 지나쳐 진지한 신학적 연구 심지어는 성경공부까지도 우습게 여기는 추정의 지경에 이르게 되었다. 이러한 사실은 파라가 만났던 한 학생의 경우에서 예증되었는데, 그 학생은 하나님께서 그와 직통으로 대화하고 계시기 때문에 성경조차도 시간 낭비라고 주장했다. 분명히 계시적 지식이 영지주의적 망상의 형태로 빠지게 되었다.

파라 부부는 헤이긴의 정기 천막 부흥집회에 참석한 적이 있었다. 파라는 한 연사가 준비집회에서 한 설교에 대한 자신의 반응을 다음과 같이 기술했다.

"이 소책자를 들어 4쪽을 펴십시오. 거기에 나오는 사진의 두 눈을 들여다보십시오. 다른 곳은 아무 곳에도 쳐다보지 마시오. 케네스 헤이긴 목사님이 살아있는 가장 위대한 사람이라고 생각하지 않으십니까?"

헤이긴은 다행히도 영광을 하나님에게로 돌렸다. 그러나 나의 처는 두려운 미래를 들여다 본 것 같아 겁에 질렸다. 내 처는 창조주에게서 피조물에게로, 하나님의 아들에게서 인간에게로 영광을 돌려버리는 것이 얼마나 쉬운 것인가에 대한 생생한 실례를 본 것이다.[35]

신앙 운동에 대한 비난

파라는 일부 장로교의 카리스마적 갱신운동을 하는 목회자들에게 제출한 간단한 논문을 통해서 카리스마적 갱신운동과 그 운동의 신앙 신학에 대한 자신의 생각과 우려를 나타낸 적이 있었다. 갱신운동의 지도자 중 한 명인 제이미 버킹엄(Jamie Buckingham)은 그 논문을 책으로 보강하여 낼 것을 제안했다.

하나의 비극적인 사건이 파라로 하여금 이 책을 쓰기 시작하도록 재촉하게 되었다. 그 교회 목사의 사모인 마티 센더즈(Sanders)가 불치의 암으로 고통 당하고 있었다. 파라 부부와 온 교인들이 사모의 치유를 위한 끊임없는 기도 집회를 시작했다. 이러한 믿음에 찬 기도에도 불구하고 마티 사모는 죽었다. 모든 사람들이 모두 실망했다.

파라와 버킹엄은 다시 만나 그 책에 관해 의논을 하고 앞으로 출판될 그 책이 교회를 더 분열시키지 않고 축복해 주기를 기도했다. 1979년 그 책은 〈교회의 첨탑에서〉(From the Pinnacle of the Temple)라는 제목으로 카리스마적 갱신운동의 유수한 출판사인 '로고스 인터내셔널'을 통해 발간되었다. 연이어 기본 입장이 몇몇 형태로 재출판되었는데, 〈로고스 저널〉(Logos Journal)에는 논문으로 그리고 훗날에는 오순절 연구 학회지인 〈프뉴마〉(Pneuma)에 좀더 학술적인 형태로 재 발간되었다.

〈교회의 첨탑에서〉와 이후의 논문들은 초기 카리스마적 갱신운동에 대한 가장 효과적이며 중요한 비판을 가하고 있다. 그 이유는 그 비판이 갱신운동에 반대하거나 성령의 은사를 이해하지 못한 사람에게서가 아니라 갱신운동과 은사를 소중히 여기는 사람에게서 나왔기 때문이다. 파라는 신앙 운동의 이점(利點)들을 포기하고 신학교 시절의 기적(은사)종료주의로 돌아가고 싶은 생각이 전연 없었다. 오히려 조나단 에드워즈처럼, 파라는 갱신운동에 찬성하는 입장이었지만 갱신운동의 미성숙, 극단주의, 빈약한 신학적 설명 등의 요소를 염려하였으며, 그래서 갱신운동을 성경에 근거한 당위성에 맞추고 싶어했다.

파라는 믿음과 추정, 레마(rhema)와 로고스(logos)에 관한 자신의 원래의 통찰력을 상세히 설명하면서, 신앙 운동의 "모든 사람은 반드시 치유된다"라는 식의 일반화에 대한 지나친 강조의 움직임을 경고했다. 이것은 성경에 기록된 것을 부정하는 것이며, 하나님의 주권을 부정하는 것이었다. 심층적으로 파라는 신앙 운동이 인본주의의 형태로 가고있다고 비난했다. 신앙 운동은 하나님 중심으로 되어가기 보다는 인간 중심으로 되어가고 있었다. 이러한 오래된 영지주의적 오류가 새로운 갱신운동을 은연중 잠식하고 있었다.

물질적 번영을 과장되게 주장을 하는 것은 새로운 인본주의의 한 예이다. 어떤 신앙 운동 지도자들은 고급 저택이나 자동차 같은 물질적인 호화로움도 믿음을 통해 구할 수 있다고 가르치고 있었다. 실제로 그런 신앙 운동 지도자들이 주장하기를, 기독교인은 올바르게 실천한 믿음을 통해서 어떠한 고난과 재앙도 피할 수 있다는 것이다. 파라는 이에 대하여 최고로 강한 말로 비난했다.

이 새로운 복음은 신약성경의 복음과는 아무 상관이 없다는 것은 분명하다. 그것은 하나의 "개량된 것"이요 또 다른 복음이다. 그것은 십자가가 없는, 희생이 없는, 노력이 없는 복음이며, 이 복음은 십자가의 이름으로 십자가의 방법을 싫어한다. 그것은 신약 성경의 말씀의 대부분을 다시 쓰는 것이며, 예를 들어 누가복음 3:23을 다음과 같이 다시 쓰는 것이다. 그가 그들 모두에게 말하기를 누구든지 나를 따르려면 이렇게 구하라: 캐딜락 자동차, 다이아몬드와 모피코트를 주세요. 그러면 믿음에 따라 그에게 주실 것이다.[36]

파라는 〈프뉴마〉에 실은 논문 "비판적인 분석"에서 E. W. 켄욘을 신앙 신학의 창시자라고 지목하고서 "신앙 운동의 지도자들은 캔욘의 가르침의 많은 부분에 단순히 살을 붙여 대중 교육을 위해 급진적으로 변화시켰다"고 말했다. 파라는 캔욘을 선각자로 받아들였으며, 대부분의 교리에서 온건함을 유지하는 사람으로 그를 인정하였다. 그렇지만, 파라는 캔욘이 신자는 성경에 나오는 모든 약속을 개인에게 적용할 수 있다고 주장함으로써 성경의 레마와 로고스 약속간의 최초의 혼돈을 야기시켰다고 믿고 있다.

파라는 신앙 운동에 관한 뛰어난 분석을 한 반면, 캔욘의 신앙-이상주의에 나타난 철학적 변화의 중요성을 알아내지는 못했다. 그가 기독교계의 가장 현실주의적-유물주의적 신학에서 교육받은 신학적 배경을 고려해 본다면 이는 이해할 만하다. 파라의 이해 부족을 엿볼 수 있는 것은, 캔욘이 치유되기 전에 치유된 것처럼 행동하라는 '대응하는 믿음'의 행동을 주장한 것을 파라가 대수로이 여기지 않는 태도에서이다.

누가 예수님 앞에서 치유 받은 육체적 증거 없이 떠났단 말인가? 그 어느 누가 "나는 나았다! 나는 나았다! 단지 누워있는 증상만 남았다"라고 말

하면서 주님의 면전에서 기어갔단 말인가?³⁷⁾

분명히 마지막 두 문장은 일부 신앙 지도자들의 극단주의를 반영하고 있다. 그러나 파라는 자신의 인습적인 철학적 가정 때문에 적어도 몇 가지 경우에는 예수님은 대응하는 믿음의 행동으로 기적을 행하셨다는 사실을 보지 못하게 된 것이다. 예를 들어 10명의 나환자들을 치유하실 때 경우처럼.

파라의 카리스마적 신학과 실천을 위한 해결책은 전형적으로 장로교식이었다. 그것은 하나님의 주권에 대한 새로운 확인이었다. 이는 치유될 경우와 치유되지 못할 경우 모두를 설명해 줄 수 있었다. 그것은 믿음을 인간으로부터 떠나서 하나님중심으로 되돌려주고 있었다.

파라의 비판의 영향

〈교회의 첨탑에서〉란 책은 엄청난 베스트셀러는 되지 못했으나, 이 책과 파라의 다른 논문들이 회람되었는데, 그 진가가 갱신운동 지도자들 사이에서 가장 잘 발휘되었다. 불행하게도 케네스 헤이긴 목사를 비롯한 많은 신앙 운동 지도자들은 그 책의 예언적인 지혜를 분별하지 못했다. 실제로 어떤 지도자들은 그들의 학생들로 하여금 그 책을 읽지도 못하게 했다. 점차적으로 신앙 운동을 하는 헤이긴 목사와 다른 이들이 성숙하면서 파라의 말에 주의를 기울이기 시작했다. 그 반면에 어떤 이들은 파라의 말에 전연 관심을 기울이지 않았다.

비록 헤이긴은 파라의 비평에 대해 결코 구체적으로 해명하지 않았지만(자신을 해명하지 않는 것이 헤이긴의 정책이다), 자신의 신앙—이상주의를 나타내고 주장하는데 있어서 신중함을 갖기 시작했다. 예를 들어, 헤이긴은 1982년 〈기독교인은 고난을 받아야 하는가?〉 *(Must*

Christians Suffer?)란 책을 출판했는데, 그 책에서 기독교인의 생활에 있어서 고난의 중요성을 인정했다. 수십 년 전의 스미스 위글스워스가 그랬던 것처럼 헤이긴은 질병과 기독교인들의 고난 사이의 차이를 지적했다. 기독교인들은 순교나 박해에서처럼 그들의 선교사역에서 박해나 고난을 받는 것은 확실하지만, 질병은 구원을 위한 고통이 아니고 기도를 통해 항상 해결할 수 있다는 것이다. 이러한 주장에 대한 진위와는 상관없이, 이는 헤이긴이 켄욘의 좀 더 온건하고 성경에 근거를 둔 신앙—이상주의로 돌아오고 있다는 것을 보여준다.

최근에 헤이긴 목사는 자신과 다른 신앙 목회자들의 가르침에 기독교인의 삶에서 고난의 역할에 대한 충분한 가르침이 없었다는 것을 공적으로 인정했다. 한 논문에서 헤이긴은 순회 신앙-목사로서 초기 여러 해 동안의 빈곤과 몸부림 친 것을 솔직하게 기술하면서 다음과 같이 썼다.

> 믿음의 메시지를 전할 때 문제되는 것은, 우리는 좋은 일에 대해서만 이야기하지만, 그러나 긍정적인 면에 대해서만 이야기할 때 일부 사람들은 고난 당하는 면이 존재하는 것을 인식하지도 못한다. 분명히, 우리는 믿음의 길에서 긍정적인 면들을 강조하게 되어있다. 왜냐하면 예수님 안에서 승리가 있기 때문이다! 그러나 한번 아니 언젠가는 우리 모두는 우리를 시험하고 단련하는 박해, 모욕, 비판 등의 고난을 받게 된다.[38]

궁극적으로 위의 말은 헤이긴의 사역이 몸된 교회를 계속 섬기도록 했으며, 신앙—이상주의적 관점을 긍정적으로 성취함으로서 온 세계를 통해서 수백만의 신자들에게 영향을 주게 되었다.

파라의 예언적인 질책에 주의를 기울이지 않는 신앙 운동 목회자들은 보다 더 극단주의로 흘러들어 갔다. 1980년대 중반에서 1990년대 중반에 이르기까지 10여 년은 그들에 대한 심판의 기간이었다. 그들의 사역은 건전치 못한 삶의 스타일과 왜곡된 번영 신학의 가르침으로 대중에게 노출되었다. 성숙된 신앙 운동 지도자들까지도 파라의 예언적인 비판을 인식하지 못했기 때문에 그들 지도자들과 카리스마적인 갱신운동 전체가 바리새적인 공격의 새로운 물결의 대상이 되었다. 이런 공격은 초기 부흥운동에서 보여준 양상의 반복이었다. 만일 조나단 에드워즈가 관심을 끌지 못했다면, 많은 찰즈 초운시(Charles Chauncy) 같은 사람들이 일어나서 무절제한 비난을 퍼부었음에 틀림없을 것이다.

제20장
잘못된 비평: D. R. 맥코넬의 연구

파라의 비평은 비판과 확신 사이에 조심스럽게 균형을 이루고 있었다. 조나단 에드워즈가 그랬던 것처럼, 파라는 핵심적인 진리와 신학적 위치의 극단주의 사이의 차이를 규명하려 했다. 불행하게도, 신앙-신학에 공격을 가했던 다른 사람들은 그러한 균형 잡힌 접근 방법을 사용하지 못했다. 아이러니컬하게도 오랄 로버츠 대학에서 파라의 제자 중 하나였던 D. R. 맥코넬(MaConnell)이 E. W. 켄욘과 신앙 신학에 대해 영향력 있긴 하지만 균형 잃은 비판을 가했다. 맥코넬은 그 비판적인 책에 〈다른 복음: 현대 신앙 운동의 역사적 성서적 분석〉(*A Different Gospel: A Historical and Biblical Analysis of the Modern Faith Movement*)(1988)이라는 제목을 붙였다.

다니엘 알 맥코넬은 1957년에 태어났으며, 휴스턴의 그리스도의 사도 교단 가정에서 자랐다. 그는 17세에 개종하자마자 카리스마적 갱신운동에 개입했는데, 이는 자유주의적인 그의 성장 배경을 볼 때 극적인 변화였다. 그 후 오랄 로버츠 대학(ORU)에서 학부와 대학원 과정을 밟았다. 대학에서 맥코넬은 도시 교회 개척을 위한 청년 선교회(Youth With A Mission)와 함께 일을 했다.

대학에서 맥코넬은 찰즈 파라 밑에서 공부했다. 지금까지 보아왔듯이, 켄욘을 신앙 신학의 아버지로 지목하고 동시에 신앙 운동이 영지주의로 흐르고 있다고 제시한 사람은 다름 아닌 바로 파라였다. 맥코넬은 처음에는 파라의 시각을 취하였으나 이를 다른 방향으로 이끌어 나갔다. 맥코넬은 켄욘의 신학이란 단지 근본주의와 형이상학적 개념(공론적 사고)의 이단적인 뒤범벅(제설 혼합주의의 예)에 불과하다고 믿었다. 맥코넬은 이러한 개념을 신앙 운동(Faith movement)의 기원이라 보고, 신앙 운동의 교리는 이단적이며 따라서 복음주의와 카리스마적 공동체에서 축출되어야 한다고 결론을 내렸다. 맥코넬의 반복되는 중심적인 논쟁은 그 기원에 관한 논쟁이다. "그 운동(신앙 운동)의 사교적 근원 때문에 신앙 신학은 독립적인 카리스마적 운동의 신학적 정통성(orthodoxy, 바른 믿음)과 영적인 정통실천(orthopraxy, 바른 실천)에 심각한 위협으로 대두되고 있다."

맥코넬이 1982년에 쓴 석사 논문("켄욘 콘넥슌: 신앙 운동의 사교적 기원에 대한 신학적 역사적 분석")은 이러한 점을 증명하기 위한 것을 골격으로 하고 있다. 캔욘의 기원에 대한 이해와 이 논문에서 얻은 정보는 다음 장에서 다룰 데이브 헌드(Dave Hunt)의 베스트셀러인 〈기독교의 유혹〉(The Seduction of Christianity)(1985)과 〈유혹의 피안〉(Beyond Seduction)(1987)의 주요 소재 중의 하나가 되었다. 맥코넬의 논문은 〈다른 복음〉(A Different Gospel)이란 책으로 보강되어 출판되었다.

신학적 경향

파라와 맥코넬의 비판이 서로 다른 결론을 내린 것은 아마도 두 사람의 근본적으로 서로 다른 영적 체험으로부터 오게 되었다. 파라는 카리스마적 갱신운동과 접하기 전까지는 대부분의 장년기를 기적종료주의적 장로교에 몸담았었다. 그는 신학적인 변화가 그 위험성에도 불구하고 장점이 될 수 있다고 보았다. 맥코넬은 실질적으로 그의 신앙 생활의 전부를 카리스마적 사람들과 함께 보냈는데, 그 곳에서는 신앙 신학의 남용이 갈수록 명백하게 나타나게 되었다. 그런 점을 감안한다면, 맥코넬로서는 신학상의 변화가 위험과 이단을 의미하고 있다는 것을 쉽게 이해할 수 있다. 그는 쓰기를 "나는 나의 전날의 교수님이 한 말씀에 동의할 수밖에 없다. 그분은 '오래 된 것이 모두가 다 황금은 아니지만, 만약에 새로운 것이라면 그것은 진실일리가 없다'고 했다."라고 했다.

위의 말은 분명히 카톨릭이든 복음주의자이든 간에 많은 보수적인 기독교인들의 희망사항을 연상시킨다. 하지만 이것은 바리새주의 정신에 문을 열어주는 것뿐만 아니라 성서적으로도 터무니없는 발상이다. 예수님 자신도 "천국의 서기관(kingdom scribes)"이 새로운 통찰력을 얻을 수 있는 능력에 대해 예견하셨다: "그러므로 천국의 제자된 서기관마다 마치 새것과 옛것을 그 곳간에서 내오는 집주인과 같으니라"(마 13:52). 바울은 그의 서한문에서 그러한 "새것"을 시험하기 위한 분별력의 과정을 기술하고 있다(제1장 참조).

맥코넬 자신이 카리스마적 오순절 신도이면서, 새로운 신앙 신학이 전통적 신학보다 혁신적이라는 이유만으로 이를 비판한다는 것은 불합리하다. 일관성 있는 주장을 펴려고 한다면, 1900년대의 오순절 교회는 복음주의를 넘어 성령의 은사에 대한 개혁적인 통찰력을 갖게되었기 때문에 이단적이라고 말해야 할 것이다. 왜냐하면 "새로운 것이라면 그것은 진실일 리가 없다"고 말했기 때문이다.

맥코넬이 새로운 신학적 시각에 대해 갖고 있는 두려움의 뒷면에는 그가 이단인가 정통인가를 판단하는데 사용하고 있는 절대적인 기준이 있다. 그가 "이러한 기준은 성경이요 역사적 정통성이다"라고 쓴 것은 조금도 놀랄 만한 일이 아니다. 이 말은 그럴 듯 하게는 들리지만, 우리가 여태껏 구교와 신교 신학 모두를 통틀어 검토해 본 데서 알 수 있듯이, 역사적 정통성은 바로 그 시작부터 심각한 오류로 상처받아왔다. 대각성운동을 반대한 찰즈 초운시(Charles Chauncy)의 오류나, 신앙·치유 운동(Faith-Cure Movement)을 반대한 제임스 벅클리(James Buckley)의 오류는 모두 역사적 정통성을 보호한다는 똑같은 원리를 그 근거로 하고 있다. 오로지 성경 그 자체만이 이단을 구별하는 근거가 될 수 있다는 입장이 날로 분명해져 가고 있다. 반면에 역사적 정통성은 이단을 구별하는 잣대가 될 수 없다. 이러한 성서적인 기준이 종교 개혁자들이 원래 시도했던 것이다. 비록 그들 자신도 곧이어 역사적 정통성을 발전시켰지만 말이다.

맥코넬의 뿌리(기원)에 대한 논쟁

맥코넬의 켄욘에 대한 비판은 바리새인들의 뿌리에 대한 논쟁자료를 길게 면밀하게 전개한 것이다. 그의 논쟁의 구체적인 전개는 이러하다. 켄욘은 형이상학파 운동에서 사상과 철학적 입장을 빌려왔다. 그러나 형이상학파 운동은 영지주의적 이단이다. 따라서 켄욘의 혼합 신학은, 그 의도가 기독교를 크리스천 사이언스의 위협으로부터 구하고자 하는 선의에 있다고 하여도, 여전히 하나의 이단적 영지주의 이단이란 것이다.

맥코넬의 논리는 과거의 교회가 반쪽 진실을 담고 있는 이단적 운동에 대항하여 신학적 진실을 찾아내어 확정했다는 사실을 고려하지 않은 듯하다. 오랄 로버츠 대학(ORU)에서의 교육으로 그가 초기 교회사에서 그러한 과정을 알고 있었다는 것은 확실하다. 그러나 그에게는 그 과정은 먼 옛날에 있었던 일로 남아 있고, 현대에 적용할 수는 없었다. 맥코넬은 합의된 신학 해석만 있으면 새로운 어떤 것도 배울 필요가 없다고 생각했다. 따라서 성경의 필터를 통해서 그 가르침을 거른다 하더라도 형이상학파 운동으로부터 어떠한 진실도 찾아낼 수 없다는 것이다.

멕코넬의 논리 가운데 보다 중대한 오류는 신앙·치유 운동과 그 운동이 켄욘에 끼친 영향을 고려하지 아니한 사실에서 나타난다. 우리가 검토한데로 대부분의 켄욘의 신학은 신앙·치유 운동의 초기 개척자들로 추적해 갈 수 있다. 켄욘의 신학이 크리스천 사이언스와 신사상에 의지하고 있는 것같이 보이지만, 그것은 단지 신앙·치유 운동이 일반적인 이상주의적 견해를 다른 비기독교 그룹과 함께 하고 있기 때문이다. 멕코넬과 함께 오랄 로보츠 대학의 동료학생이면서 졸업 후 켄욘에 대한 연구를 수행한(제18장 참조) 대일 시몬즈(Dale Simmons)가 멕코넬에게 켄욘에 끼친 신앙·치유 운동의 영향에 대해 말해주었다. 불행하게도 멕코넬은 시몬즈의 발견을 거부하고, 켄욘의 신학에 대한 자신의 해석이 타당한 해석이라고 주장했다.

영지주의적 신학자로서의 켄욘

자신의 애매 모호한 이단의 기원에서 현재에 이르는 이단에 관한 가설을 입증하기 위해, 맥코넬은 켄욘의 신학은 근본적으로 영지주의적이라는 것을 보여주려고 노력한다. 그는 자신의 책의 제2부(6장-10장)에서 이를 시도하고 있다. 여기서 영지주의에 관한 모든 비난에 대해 논박할 수는 없고, 가장 심각한 비난에 대해서만 언급하기로 하겠다.

맥코넬은 켄욘을 두 가지 주된 이유로 영지주의자라고 비난하고 있는데, 계시적 지식에 대한 교리와 켄욘의 초인적 기독교인에 대한 개념이다. 두 가지 비난은 그럴 듯해 보이지만, 저명한 현대 부흥운동역사가인 리처드 엠 리스(Richard M. Riss)가 지적했듯이, 켄욘의 신학은 영지주의와 단지 표면상으로만 유사할 뿐이다.

맥코넬은 또한 계시적 지식의 교리는 켄욘으로 하여금 영지주의 뿐만 아니라 이원론에 빠지게 하고 있다고 믿고있다. 언뜻 보면 맥코넬의 가설은 설득력이 있어 보인다. 켄욘이 쓴 책 가운데 많은 책들은, 〈두 종류의 믿음〉(Two Kinds of Faith), 혹은 〈두 종류의 지식〉(Two Kinds of Knowledge)에서처럼, 겉으로 보기에 이원론적인 제목을 갖고있다.

여러 영지주의나 동양의 종교에서 볼 수 있듯이, 진정한 이원론은 인간의 육체를 포함하여 지상의 것과 물질은 악이며, 반면에 영은 선이라고 주장한다. 따라서 종교의 목적은 인간의 영이 물질과 육체를 벗어나 "순수한" 영으로 되돌아가는데 있다.

살펴 본바와 같이, 켄은 이원적이 아닌 변증법적인 바울의 견해를 따르고 있는데, 다시 말해서, 바울은 세상에서 하나님의 역사 하심을 이해하기 위한 방법으로서 상반되는 세력을 비교했는데, 켄욘은 바울의 이러한 입장을 따르고 있다. 바울의 변증법적 신학은 표면적으로는 진정한 이원론과 유사하다. 바울에게 있어서, 육체(flesh)와 영(spirit) 사이에는 긴장이 존재하고 있으나, 이 긴장은 선과 악의 궁극적인 세력을 대표하지는 않는다. 오히려, 물질도 선하게 창조되었으나, 인간의 타락 이후에 죄악의 수단으로 사용되어 왔다. 궁극적으로 인간의 육체는 부활된 육체로 영광스럽게 될 것이다. 단지 현시대에서만, 육신은 영에 대항하여 싸울 뿐이다.

> 내가 이르노니 너희는 성령을 좇아 행하라 그리하면 육체의 욕심을 이루지 아니하리라 육체의 소욕은 성령을 거스리고 성령의 소욕은 육체를 거스리니 이 둘이 서로 대적함으로 너희의 원하는 것을 하지 못하게 하려 함이니라(갈 5:16-17).

이와 같은 관점에서 보면, 켄욘의 분명히 이원적인 책제목과 언급은 실제로는 바울처럼 변증법적이라는 것을 알 수 있다. 켄욘은 부활과 인간의 영광된 육체를 믿었다. 그에게 있어서, 육체나 마음 심지어는 감각을 통한 지식까지도 악한 것이 아니라, 사탄에 이용당하여 영에 대항하여 싸움으로 죄가 되는 것이다.

계시적 지식: 성경적인가 영지주의적인가

맥코넬은 켄욘의 계시적 지식의 신학을 크리스천 사이언스의 영지주의적 지식의 교리와 동일시하려고 한다. 그는 메리 베이케 에디(Mary Baker Eddy)의 물질은 비실제적이며, 크리스천 사이언스 신도는 감각을 통해 얻은 지식을 부정해야만 한다는 말을 인용하고 있다. 그리고 이것은 켄욘의 감각 지식(sense knowledge)에 관한 견해와 본질적으로 동일하다고 결론짓고 있다.

앞에서 살펴보았듯이, 켄욘은 바울의 감각 지식에 관한 이해와 그 맥락을 같이하고 있다. 켄욘에게 있어서 감각 지식은 중요하며 실제이기는 하지만, 영적인 문제에 관해서는 어떠한 정보도 주고 있지 못하다(18장 참조). 켄욘의 신앙·이상주의는 바울의 신앙, 즉 "이는 우리가 믿음으로 행하고 보는 것으로 하지 아니함이로라" (고후 5:7)을 더 한층 상세히 설명한 것이며, 혹은 스미스 위글스워스의 신앙, 즉 "나는 내가 보고 들은 바에 의해 감동 받지 아니하고, 내가 믿는 바에 의해 감동 받는다"를 더 한층 상세히 설명 한 것이다. 아마도 맥코넬은 역사적 정통(즉, 유물론적 사실주의)에 대한 집착 때문에 물질의 실제성을 부정하는 것(영지주의의 오류)과 물질을 사실로 인식하지만 믿음이 물질을 변화시킬 수 있다는 것에 대한 확신(바울, 위글스워스, 켄욘 등의 신앙·이상주의)사이의 차이를 구별짓기를 싫어했다.

맥코넬과 그밖의 사람들을 괴롭혔던 계시 지식의 다른 면은 믿는 자는 신학적인 문제에 관하여 성령과 끊임없이 교류할 수 있다는 주장이다. 우리가 파라의 신앙 운동에 대한 비판에서 보았듯이, 이것은 분명히 영지주의적 입장이 될 수 있다.

켄욘과 루터

켄욘은 성경의 한계 안에서 계시적 지식을 사용하였고, 이는 마틴 루터가 원래 선포한 것과 상당히 유사하다.

> 여러분께 신학을 공부하는 올바른 방법을 보여드리겠습니다. 이 방법은 제 자신이 사용해오던 방법입니다. 그 방법을 사용하게 되면 여러분은 너무도 많은 지식을 갖게 되어, 필요하다면 교부들이나 교회 지도자들이 쓴 책만큼 훌륭한 책을 쓸 수 있을 정도가 될 것입니다. 거만함이나 거짓없이, 제 자신을 자랑스럽게 여길 정도로 제가 감히 하나님 앞에서 담대하게 말한다면, 책을 쓴다는 면에서는 일부 교부들에게 크게 뒤지지 않는다고 하겠습니다. 제 삶으로 본다면 교부들에게 한참 뒤지지만 말입니다. 이 방법은 경건한 다윗 왕이 시편 119편에서 가르친 방법이며, 물론 모든 믿음의 조상들과 선지자들이 사용했던 방법입니다. 시편 119편에서 여러분은 전 시편을 통해 반복해서 자세히 설명하고 있는 세 가지 규칙을 발견하게 될 것입니다. 그것들은 오라티오, 메디타티오, 텐타티오(*Oratio, Meditatio, Tentatio*)라 불립니다.[39]

루터는 라틴어 어원을 사용했는데, 경우에 따라서는 의미가 변화되었다. '오라티오'는 여전히 기도를 의미하며, 루터가 이 단어로 의미하는 것은 깊은 기도 생활 없이는 어떤 신학자도 감히 한 글자도 쓰지 말아야 한다는 것이다. '메디타티오'는 성경 말씀에 대한 명상, 연구, 집중, 재검토 등의 성서적 형태를 의미한다. 마지막으로, '텐타티오'는 문자그대로 직역하면 "유혹 혹은 시험"이 되지만, 루터는 이 말을 영적 생활에 실험적으로 참여한다는 뜻으로 사용하고 있다.

그러나 언어와 시간의 차이를 뛰어 넘어 본다면, 루터가 하고자 하는 말은 켄욘의 계시적 지식의 이론과 상당히 유사하다. 루터는 모든 기독교인은 성령으로 인해 교회의 교부들과 같은 수준으로 영감을 받을 수 있다고 믿었다. 한 세대가 지난 뒤, 종교개혁 신학자들은 일반 신자들에 대해서 훨씬 그렇지 못하다고 주장하고 있다. 그러한 변화는, 종교개혁의 계시적 지식을 농민 반란의 구실로 남용하고, 급진적 재세례파 교도들이 공산주의와 부녀자 체벌에 대한 계시적 지식을 받았다고 믿었던 그 이후에 오게 되었다.

성서적으로 보면, 루터와 켄욘이 바울을 해석한 방법이 옳았다. 모든 신자는 성령의 감동으로 인해서 어떤 계시적 지식에 이를 수 있다. 문제는 계시적 지식에 관한 어떠한 신학도 바울의 분별의 신학을 반드시 따라야 한다는 것이다. 기독교인들은 성령과 사악한 영이 공존하는 영적 세계에서 살고 있기 때문에, 계시적 지식이라고 여겨지는 생각은 반드시 성경과 대조해 보아야 할 뿐만 아니라 교회로 인해서 감정되고 분별되어야만 한다.

루터와 켄욘은 모두, 수세기 간의 차이에도 불구하고, 이 점에서 부주의하였다. 두 사람 모두 그들의 계시적 지식에 관한 이론을 영적 분별의 교리까지 겸비하여 완성시키는데 신경을 쓰지 않았다. 맥코넬은, 무분별한 계시적 지식의 잔해의 와중에 카리스마적 갱신운동과 접촉하게 되었기에, 켄욘의 오류는 바로 그 영지주의적 뿌리의 다른 표식일 뿐이라고 믿었다. 그러나, 루터와 나란히 놓고 보면, 오류는 분별력에 있는 것이지, 영지주의에 있는 것이 아니라는 것을 알 수 있다.

맥코넬은 켄욘이 초인적 기독교인의 출현을 선포한 데서 또 다른 영지주의의 표적을 보고있다. 원래의 영지주의자들은 구원에 이르는 길은 지식에 의함이요, 그리고 그들의 특별한 지식은 그들에게 우세한 위상을 준다고 믿은 것은 사실이다. 영지주의의 "조명된 자"와 켄욘의 초인적 기독교인 사이에는 피상적인 유사성은 있다. 그러나 우리가 앞서 살펴 본 바와 같이(18장), 켄욘은 단지 능력 충만한 기독교인과 치유나 축귀나 심지어는 기도에 대한 기적의 응답을 경험조차 하지 못한 보통의 기적종료주의 기독교인을 대조하고 있을 뿐이다.

켄욘의 초인적 기독교인은 워치만 니(Watchman Nee)의 "보통 기독교인"(normal Christian)에게서 더 나은 유사점을 찾을 수 있다. 저명한 중국인 기독교 지도자인 니 역시 기적종료주의 신학의 무능력함에 실망하고 있었다. 켄욘처럼 니도 보통 기독교인도 치유하고 귀신들린 자를 구원해야 된다고 믿었다. 니는 자신의 이러한 견해를 그러한 일을 행한 성경 속의 보통 기독교인을 지칭하면서, 그 기독교인을 주류교회 교단들의 무기력한 명목상의 기독교인과 비교하면서 간결하게 보여주었다.

지옥으로 내려감

맥코넬(McConnell)은 켄의 속죄 이론을 파괴적이고 이단적이라고 강력하게 비판한다. 켄욘은 예수님이 십자가에서 죽으신 후에 지옥으로 내려가셨고, 마귀들에 의해 고통을 받으시고, 하나님에 의해 부활되시기 바로 직전에 영적으로 "죽으셨다"고 가르쳤다. 켄욘은 메시야의 죽음을 예언하고 있는 이사야서 53:9를 문자 그대로 읽음으로써 자신의 이론을 정착시켰다.

> 그는 강포를 행치 아니하였고
> 그 입에 궤사가 없었으나

그 무덤이 악인과 함께 되었으며
그 묘실이 부자와 함께 되었도다

본래의 히브리어에서는 "죽음"이란 말이 복수형으로 되어있다. 켄욘은 이것을 가장 문자적 의미로 받아들여, 예수님께서 두 번 죽으셨는데, 한 번은 육체적으로 그리고 한 번은 영적으로 죽으신 것으로 해석했다. 맥코넬은 히브리 언어에서 복수형은 종종 강조의 의미로 쓰이기 때문에 그 진정한 의미는 메시야가 끔찍한 죽음을 당하실 것이라는 의미라고 지적하고 있다.

맥코넬은 켄욘의 "계시적 지식"이 분명히 잘못이고, 그의 모든 신학 체계도 믿을 만한 가치가 없다고 암시하고 있다. 맥코넬이 이 문제에 대해 그렇게 강력한 입장을 취하게 된 것은 부분적으로 켄욘의 지옥에서의 그리스도에 관한 이론이 케네스 코펄랜드(Kenneth Copeland)를 포함한 현대의 말씀·신앙지도자들에 의해 널리 받아들여져 왔기 때문이다. 만약 맥코넬이 켄욘의 이론을 이단적이고 파괴적이라는 것을 보여줄 수 있다면, 그것이 의미하는 바는, 말씀-신앙주의 목회자들이 오늘날도 이단 짓을 반복하고 있고 또한 이단을 설교하고 있다는 말일 것이다. 앞으로(22장에서) 우리는 영향력 있는 반(反)사교 성경 교사인 행크 헤네그라프(Hank Hanegraaff)가 자신의 책 〈위기에 처한 기독교〉(Christianity in Crisis)에서 맥코넬의 분석에 관해서 얼마나 상세히 쓰고 있는 가를 보게 될 것이다. 헤네그라프는 켄욘의 이론과 그것에 대한 맥코넬의 반박을 이용하여 현대의 말씀·신앙 목회자들에 대한 공격을 주안점으로 하고 있다.

이 단락에서 우리는 두 가지를 살펴볼 필요가 있다. 첫째로, 비록 켄욘의 이론이 추론적이고 어쩌면 잘못된 것이라 하더라도, 이단으로 평가될 수는 없다는 것이다. 그의 해석방법은, 비록 더 이상 대중적인 것은 아니지만, 속죄에 대한 성서적 정통 이론에 기초를 두고 있다. 두 번째로 켄욘의 지옥에서의 그리스도에 관한 해석은 종교개혁의 정통의 아버지인, 존 칼빈에 의해 암시되었던 것을 단지 확대하고 있는 것이다. 그러므로 맥코넬(그리고 하네그라프)은 교리상 흙 둔덕에 불과한 것을 이단적인 거대한 산으로 만들어왔던 것이다.

속죄론에 관한 역사적 이론들

켄욘은 속죄의 보상 이론을 가지고 시작하였다. 이것은 시대를 통해서 정통 기독교인들에 의해 줄곧 믿어져 왔던 세 가지의 일반적 속죄 이론중의 하나이다. 이 이론들 중의 어느 것도 다른 것과 모순되지 않는다. 오히려 각각의 이론은 각기 다른 면을 강조하고 있다(보완적으로). 보상 이론은 교회 신학자들에 의해 정교하게 만들어진 첫번째 이론이었다. 이 이론에서 그리스도의 고난은 인간을 죄와 파멸에서 자유롭게 만들기 위해서 *사탄에게 치러진 보상*(대속물)이었다. 그것은 마가복음 10:45의 예수님 자신의 말씀에 근거를 두고 있었다.

> 인자가 온 것은 섬김을 받으려 함이 아니라 도리어 섬기려 하고 자기 목숨을 많은 사람의 대속물로 주려 함이니라.

바울은 디모데에게 보낸 첫번째 편지에서 이렇게 되풀이하고 있다.

> 하나님은 한 분이시오 또 하나님과 사람 사이에 중보자도 한 분이시니 곧 사람이신 그리스도 예수라 그가 모든 사람을 위하여 대속물로 주셨으니 기약이 이르러 주신 증거니라(딤전 2:5-6).

훗날 교회사에서 다른 이론들이 그리스도 속죄의 위대한 신비를 이해하는 데 도움을 주기 위해 정교하게 형성되었다. 캔터베리의 대주교이며 스콜라 신학의 창시자인 안셀름(Anselm, 1033-1109)은 속죄란 죄를 범한 대가로 그리스도로 인해서 *하나님 아버지에게 치러진 빚 청산*임을 강조하는 새로운 생각을 발전시켰다. 안셀름의 이론은 그 근거를 로마서 5:9-11에서 찾을 수 있다.

그러면 이제 우리가 그의 피로 말미암아 의롭다 하심을 받았으니 더욱 그로 말미암아 진노하심에서 구원을 받을 것이니 곧 우리가 원수 되었을 때에 그의 아들이 죽으심으로 말미암아 하나님과 화목하게 되었은즉 화목하게 된 자로서는 더욱 그의 살아나심으로 말미암아 구원을 받을 것이니라 그뿐 아니라 이제 우리로 화목하게 하신 우리 주 예수 그리스도로 말미암아 하나님 안에서 또한 즐거워하느니라.

중세의 신학자요 철학자인 피터 아벨라드(Peter Abelard, 1079-1142)는 속죄는 하나님께 대한 그리스도의 완전한 복종을 반영하는 것이며, 인간을 자기 중심으로부터 끌어내기 위하여 도덕적 모범으로 작용하는 것이라는 이론을 전개했다. 칼빈은, 대부분의 근대 복음주의자들이 그랬던 것처럼, 안셀름의 인식을 따랐다. 그 반면에, 루터는 보다 초기의 보상 이론을 따랐다.

켄욘은 그리스도가 지옥으로 내려간 것을 속죄의 보상 이론의 일부로 설명하려고 시도했다. 불행하게도, 많은 종교 개혁자들과 마찬가지로, 그는 베드로의 첫 번째 서한문이 이 사건을 이해하는 데 열쇠가 된다는 것을 이해하지 못했다.

그리스도께서도 단번에 죄를 위하여 죽으사 의인으로서 불의한 자를 대신하셨으니 이는 우리를 하나님 앞으로 인도하려 하심이라 육체로는 죽임을 당하시고 영으로는 살리심을 받으셨으니 그가 또한 영으로 가서 옥에 있는 영들에게 선포하시니라 그들은 전에 노아의 날 방주를 준비할 동안 하나님이 오래 참고 기다리실 때에 복종하지 아니하던 자들이라(벧전 3:18-20)

이를 위하여 죽은 자들에게도 복음이 전파되었으니 이는 육체로는 사람으로 심판을 받으나 영으로는 하나님을 따라 살게 하려 함이라.(벧전 4:6)

초기 교회의 교부들은 베드로전서 3~4장을 문자 그대로 이해했는데—그리스도가 세올(Sheol)(지옥이란 서투른 번역이다)에 내려가서 거기에서 그분은 죽은 자들에게 설교를 하였으며, 나아가서 많은 자들이 그분을 영접하고 천국으로 인도함을 받았다(엡 4:8)는 것이었다. 초기의 전통은 이런 성경의 내용을 상세히 설명했다. 예를 들어, 알렉산드리아의 클레멘트(Clement)는 열두 사도가 죽은 후에 각각 예수님을 따라 세올로 전도 여행을 떠나서 더 많은 영혼을 구원했다고 가르쳤다.

중세에 거짓 복음서인 〈니코데모 복음〉(Gospel of Nichodemus)이 유포되었을 때 심각한 혼란이 시작되었다. 이 위조 복음서는 지옥에서 그리스도가 사탄을 압도했지만, 오직 구약시대의 족장들만을 풀어주었으나 분명히 베드로전서 3:20의 "복종하지 않은 영혼들"은 풀어주지 않았다는 것이다. 그것은 토마스 아퀴나스를 포함한 카톨릭 교의학자들에게 널리 받아들여졌으며, 궁극적으로 많은 신교 신학자들로 인해서도 받아들여졌다.

존 칼빈은 그의 위대한 조직신학서인 〈기독교 강요〉(The Institutes of Christian Religion)에서 카톨릭의 연옥에 대한 교리는 인정하지 않고, 그리스도가 지옥으로 내려갔다는 고대의 교리를 확정하기를 원했다. 그의 공로는, 그는 〈니코데모 복음〉의 증표를 거부하는 최초의 한 사람이었으며, 그래서 그에게 "쉬운" 해석이 먹혀들지 않았다. 대신에, 그는 예수님께서 영적으로 지옥에 내려갔다는 이론을 전개했는데, 그 이론은 비록 완벽하게 일관된 것은 아니지만, 많은 면으로 캔욘의 이론을 예상케 했다.

〈기독교 강요〉에서 보게되는 칼빈의 교리는 그의 유명한 〈제네바 교리 문답〉(Geneva Catechism)에서도 반복되었다. 그는 주장하기를 "만약 그 교리(예수가 지옥으로 내려간 교리)를 빼버린다면, 대부분의 그리스도의 죽음의 이로움은 상실될 것이다." 켄욘과 마찬가지로, 칼빈은 그리스도가 십자가 위에서 극도의 정신적 고통을 겪으심을 통하여 두 번째 죽음의 형태를 경험하게 되었다고 믿었다.

> 만일 그리스도가 단지 육체적으로만 죽으셨다면, 그것은 효과가 없었을지도 모를 것이었다. 효과가 없었지요—그것은 동시에 그가 하나님의 혹독한 복수를 견디어 내고, 그의 분노를 진정시키고, 그리고 그의 정당한 심판을 충족시키기 위한 하나의 방법이었다. 이런 이유 때문에, 그는 지옥의 군대들과 영원한 죽음의 공포와 백병전의 격투를 해야만 했다.[40]

또한 켄욘과 마찬가지로, 칼빈은 세올에서 그리스도와 사탄 사이에 벌어진 어떤 극적인 전투를 상상하였다.

> 그러므로, 악마의 힘과, 죽음의 공포와, 지옥의 고통과 백병전의 격투를 벌임으로써, 그리스도는 승리를 했으며, 그리고 그들을 이김으로써 죽음에 있어서 이제 우리는 우리의 왕께서 말끔히 처리해버리신 것들을 두려워하지 않아도 될 것이다.[41]

이 이론은 성서를 지나치게 영적 의미로 생각했다. 이 이론에서, 그리스도는 지옥에서 고통을 겪고 있으나, 지옥이 있는 장소는 그리스도 자신의 마음이다. 칼빈의 암시는 비록 그것이 중심 교리가 된 적은 없지만 가끔씩 종교개혁 신학자들간에 다시 등장했다. 존 달비(John Darby)는, 그리스도가 하나님의 완전한 분노의 대상이 된다는 루터의 가르침의 일부를 혼합하여 이 교리를 가르쳤다. 19세기말에 전국 침례교 전도단체의 간사였으며 유명한 작가였던 헨리 C. 매비(Henry C. Mabie)는 칼빈의 이론을 정비하여 몇 권의 책을 썼다. 켄욘은 그의 저서들을 읽고 영향을 받았다.

결점은 있으나 이단은 아니다

이 모든 것은 그리스도가 지옥에서 겪는 고통과 죽음에 대한 켄욘의 이론이 종교개혁 시기로부터 비롯된 복음주의적 가설에 근거를 두고 있다는 것을 말하고 있다. 켄욘이나 종교개혁자들 그 어느 누구도 베드로전서 3~4장의 성서적 설명에 기울여야할 당연한 주의를 기울이지 않았다. 그것은 그들의 모든 이론에 치명적인 결함이었으나, 맥코넬이나 헤네그라프도 그것을 알아내지 못했다. 켄욘의 이론을 이단적이고 위험하다고 말하는 것은 칼빈의 이론도 그와 똑같다고 말하는 것이다.

켄욘의 계시 지식의 이론을 무효로 만들려고 하는 맥코넬의 주된 의도는 중요한 핵심을 놓치고 있다. 사실, 어떤 계시 지식의 신학도 비판의 강력한 반대 이론과 설명이 필요하다. 그러나 모든 위대한 신학자들도 실수를 저질러왔다.

예를 들면, 루터는 카톨릭 교회의 오류가 드러나게 되면 유대인들이 기독교로 개종하리라고 기대했다. 그들이 그렇지 않자, 그는 분노에 차서 그들을 외면했으며, 그래서 많은 사람들이 루터를 근대의 반(反)유태주의의 창시자라고 부른다. 결국은 독일의 나치가 루터의 글들을 그들의 반유태주의를 정당화하는 데 사용했다. 그러나 신학 이론에 있어서 루터가 오류를 범했다 해도, 그것 때문에 성령에 의해 영감을 받는 그리스도인들의 능력을 그가 확고하게 성서적으로 이해한 것까지 무효라 할 수는 없다. 오히려 그런 경우는 한 종교개혁자가 다른 동료 종교개혁자들에 의해 비판(검증)받지 아니한 경우에 속한다.

켄욘과 헤이긴

여기서는 맥코넬이 켄욘과 케네스 헤이긴(Kenneth Hagin)의 관계에 대해 지적한 바를 살펴보기로 한다. 켄욘의 신학은 대부분 케네스 헤이긴의 글과 라디오 선교 활동을 통해 카리스마적(성령의 은사) 갱신운동에 영향을 주었다. 유감스럽게도, 헤이긴이 켄욘에게서 받은 혜택은 올바르게 인식되지 못했다. 맥코넬은 헤이긴의 글들을 순수하고 단순한 표절로 치부해 버렸다. 맥코넬은 분명하게 많은 헤이긴의 책자와 팜플렛이 켄욘의 초기 작품을 단어와 단어, 문장과 문장을 그대로 베끼고 있다는 것을 보여주었다.

다른 연구자들도 헤이긴의 광범위한 표절의 증거를 더 많이 발견했다. 헤이긴은 한결같이 표절의 비난을 부정하고 있다. 그는 아마도 하나님께서 켄욘과 자신에게 똑 같은 계시를 주셨을 것이라고 한다. 그건 불가능하다. 하나님께서 켄욘과 헤이긴 모두에게 똑같은 핵심적인 계시를 주셨다 하더라도, 헤이긴을 표절 시비로 난처하게 하실 정도로 그렇게까지 일치하는 단어와 체계로 주시지는 않는 것같이 보인다. 시몬즈(Simmons)와 라이(Lie)(켄욘에 관한 학자들, 제18장 참조)는 헤이긴의 표절은 의식적이며 체계적이라고 주장한다.

그 반면에 헤이긴은 한 점 거짓이 없는 인물이다. 그는 절제된 생활을 해왔으며, 목회 활동을 통해 개인적인 희생도 많이 감수하였다. 헤이긴이 이 문제에 관하여 거짓말을 하고 있다고 믿기는 어렵다. 헤이긴은

1950년대에 켄욘의 저술을 읽은 것을 널리 인정하고 있다. 헤이긴의 저술 활동은 1960년대에 시작하여 지금까지 계속되고 있다. 그간의 시간상의 거리는 저술의 출처를 희미하게 하는 데 충분하다. 그는 거의 사진과도 같은 완벽한 기억력을 갖고 있다. 하지만 그러한 재능을 지닌 많은 다른 사람들처럼 기억 속에 남아 있는 것은 그 글의 내용이지 반드시 출처인 것은 아니다.

헤이긴은 몇몇 경우에 켄욘을 직접 인용하기까지 했다. 예를 들면, 헤이긴은 자신의 〈예수님의 이름〉(The Name of Jesus)(1979) 서문에서 켄욘의 〈예수라는 멋진 이름〉(The Wonderful Name of Jesus)에서부터 자신의 책을 위한 영감을 얻었다고 쓰고 있다. 문제는 헤이긴이 켄욘의 공을 인정하고 있다 하더라도, 출판상의 도의나 법이 요구하는 최소한의 필요 조건을 충족하기에 충분할 만큼 조직적이지 못하다는 점이다. 오히려, 이는 그의 시대와 배경에서 일상 일어나고 있는 비공식적인 "인용"에 가깝다. 헤이긴은 목사들이 많은 정규 교육 없이도 임명되는 대공황 기간 동안에 동부 텍사스에서 자라났다. 헤이긴의 교육은 고등학교에서 끝났다.

말하자면, 매주일 전국을 통해 수많은 설교강단에서 유사한 표절이 널리 행해지고 있다는 것이다. 일반적으로 목사들은 설교를 시작할 때 이렇게 말하지는 않는다. "오늘의 설교 제목인 '다른 사람을 섬기기'란 내용은 30여분간 기도를 한 후에 다음과 같은 자료를 인용하여 짜깁기를 했습니다.

A) 1년 전에 읽었지만, 중간 부분은 끝내지 못한 찰스 스윈돌(Chares Swindoll)의 〈당신의 섬김을 개선하라〉(Improve Your Serve) 중 기억나는 것,

B) 저의 신학교 교수(그분의 이름은 기억나지 않습니다만)의 야고보

서에 관한 강의 중에 기억하고 있는 것,

C) 다른 사람을 돕는 일이라면 극구 피하기만 하다가 일생을 망친 삼촌 프레드의 생애를 관찰한 결과 등입니다."

출처를 밝히지 않은 것은 설교에서는 허용되고 있지만, 책을 내는 데에서는 그렇지가 않다. 어쨌든 헤이긴의 많은 설교는 기록되어 출판되었다. 헤이긴의 책과 팜플렛은 주로 라디오나 캠프 모임에서 설교한 것을 옮긴 것이다. 그래서 출처를 밝히지 않고 설교한 것을 그대로 출판으로 넘겨졌던 것이다.

헤이긴은 켄욘의 글을 읽기 전에 벌서 자기 자신의 신앙·이상주의 신학을 발전시켰는지 모른다. 우리가 앞에서 보았듯이 스미스 위글스워스와 이산 알렌(Ethan O. Allen)은 둘 다 정식 공부는 하지 못했지만 성경을 열심히 공부하고 그들의 개인적인 체험을 바탕으로 하여 어설프나마 신앙·이상주의의 체계를 세웠다. 이 책에서 우리의 논점은 신앙·이상주의 이론이 성경해석을 하는데 주류교회 신학의 유물론적·사실주의 전통보다 더 자연스러운 방법이란 것이다. 헤이긴은 기적종료주의적 경건한 가족 환경가운데서 치유를 위한 절망적인 탐구의 결과로부터 신앙·이상주의의 중요한 요소들을 개발했을 가능성이 크다. 그래서 헤이긴이 켄욘의 신학을 접했을 때는 아주 새로운 신학을 접했다기보다 자신의 신학을 분명히 하고 확인하는 것과 같은 것임에 틀림이 없었다.

맥코넬은 또한 헤이긴이 자신의 신학을 인간의 연구 결과에 영향을 받은 것이 아니라 순수한 "계시 지식"만으로 이루어진 것이라고 하는 점을 반박하고 있다. 지적한 바와 같이, 헤이긴은 물론 몇몇 사람들의 자료를 이용한 것을 인정했다. 그가 인용한 자료를 명시하는 일을 보다 잘 하고, 또한 다른 작가들의 글들을 명기하여 읽을 것을 장려했으면 좋을 번했다. 헤이긴은 주님께서 수 차례 장시간 찾아주셨다고 증언하고 있으며, 그 때에 악마들의 본질과 행위와 그 밖의 일에 대한 계시를 받았다고 하였다. 그는 이러한 체험에 대한 글을 썼으며, 그의 인기의 상당 부분은 그러한 계시로부터 오고있다.

헤이긴은 그의 모든 저술이 개인적인 계시에 바탕을 둔 것이라고 주장한 적은 결코 없었으나, 출처에 대한 그의 일반적인 침묵이 많은 사람들에게 그러한 인상을 주었을지도 모른다. 다시 말하지만, 그 당시에 근본주의 목사들 사이에 "책에서 배운 것"을 인용하지 않고 "말씀으로부터 직접" 설교하도록 기대하는 전통이 있었다. 아마도 헤이긴은 이러한 전통을 따르는 데 지나치게 신경을 썼든지, 아니면 자신의 출처를 충분히 밝히지 않는 것이 이롭다는 생각을 했을지도 모른다.

헤이긴의 가장 심각한 도덕적인 결함은 그의 표절을 인정하지 않은 것과 켄욘의 출판사에 보상을 지불하지 않는 것이다. 여기에 문제의 난점이 있다. 즉 목사가 하나님의 신실한 종이면서 주된 도덕적인 결함을 가질 수 있느냐 하는 것이다. 역사적인 대답은 진짜 '예스' 이다. 우리는 즉각적으로 루터의 천박한 반유대주의와 존 낙스(Knox)의 동료 목회자들에 대한 동정심의 부족을 생각할 수 있다. 하나님께서 사람을 쓰시는 것은 그가 성자 예수와 완전히 닮았기 때문이 아니라 부르심에 충실하기 때문이다. 헤이긴은 그의 치유 사역과 가르침의 사역을 통해서 교회를 충실하게 섬겼다. 그러나 그의 인격은 우리 모두의 인격이 그런 것처럼 아직도 성화 되지 못한 부분이 있는 것은 명백하다.

요약

말씀 · 신앙 운동에 대한 조나단 에드워즈식 책망을 가한 사람은 바로 다름 아닌 맥코넬의 교수였던 찰스 파라였다. 그러치만, 맥코넬은 헤이긴과 현대 신앙 운동은 영지주의적이고 이단적이라고 주장한다. 왜냐하면 헤이긴은 그의 가르침을 캔욘의 이론에서 끌어냈으며, 캔욘은 다시 형이상학파 운동과 관련되어 있기 때문이란 것이다. 사실 새로운 연구를 해본 결과 캔욘의 대부분의 신학은 성신파, 고차원의 삶과 신앙 · 치유 자료에서였고 형이상학파의 영향은 단지 소수에 지나지 않았다.

논리적으로 멕코넬의 추론은 원론적 오류를 범한다는 비난을 면치 못할 것이다. 말하자면, 어떤 사상을 논쟁점 자체를 비판하기보다 그 유래를 따져 거부한다는 것은 잘못이다. 신학에서, 이런 것은 그 뿌리(근원)를 따지는 바리새적인 반대라고 한다. 다음 장에서 극심하게 바리새적인 논쟁을 일삼은 또 한 사람의 작가인 데이브 헌트(Dave Hunt)에 관해 살펴보기로 하겠다.

제21장 카리스마적 갱신운동에 가한 한 바리새인의 공격:데이브 헌트(Dave Hunt)

헌트의 방법

데이브 헌트의 책 〈기독교의 유혹〉(The Seduction of Christianity)이 기독교 서점에서 판매되고 있을 때, 이 책은 1980년대 최대의 베스트셀러 중의 하나가 되었을 뿐 만 아니라, 최근 수십 년 동안 발간된 책 중 가장 영향력 있는 책 중에 하나가 되었다.

〈기독교의 유혹〉이 절찬 리에 팔리기 전까지, 데이브 헌트는 뛰어난 반(反)사교(anticult) 작가로 알려져 있었다. 〈기독교의 유혹〉은 헌트가 말세를 눈앞에 둔 이 시기를 위한 신학을 형성하고자 시도한 일련의 책 중 두 번 째의 책이다. 첫번째 책은 1983년에 발간한 〈평화, 번영, 다가오는 대학살〉(Peace, Prosperity, and the Coming Holocaust)이다. 이 책은 존 넬슨 달비(John Nelson Darby)의 말세의 견해를 차원 높은 비전으로 설명한 것이다. 적(敵)그리스도와 연합 세력을 펴고 있는 대규모의 가짜 교회와 참 그리스도인들의 소규모 교회가 출현할 것이라는 것이다. 그 이후로, 헌트는 다른 책들을 연달아 내었으며, 그 중 가장 주요한 책은 〈기독교의 유혹〉의 속편으로 출간된 〈유혹의 피안〉(Beyond Seduction)이다.

〈평화, 번영, 다가오는 대학살〉은 비평가나 일반 독자들 사이에 아무런 동요를 일으키지 못했다. 그러나 연이어 출판된 헌트의 두 권의 책은 논쟁의 돌풍을 불러일으켜 비판적인 잡지와 책들이 반대 이론을 전개했다.

헌트의 영적 계보

데이브 헌트는 독실한 플리머스 형제교단(Plymouth Brethren, 용어 해설 참조)의 집안에서 태어났으며, 그 가정은 그 교단의 교리와 가치를 조심스럽게 준수하였다. 자서전을 통해 헌트는 소년 시절 오순절교파는 "악마의" 집단이며, 그들의 예배는 퇴폐한 행동으로 가득 차 있다는 것을 배웠다고 회상하고 있다. 형제교단의 보다 공식적인 견해를 보면, 오늘날에도 성령의 은사가 있다고 믿는 오순절파 이단은 말세에 배교와 기만의 교회의 출현이 임박했다는 표적이라는 것이다.

대학에서 헌트는 수학을 전공했다. 군 복무 시절에 통신 대학 과정을 통해 회계학을 공부하고, 제대 후에는 공인 회계사가 되었다. 헌트는 형제교단의 여자와 결혼을 했으며, 헌트의 집은 주중 기도회를 위한 장소로 제공되었다. 이 당시에 헌트의 꿈은 검찰측 변호사가 되는 것이었다. 가정과 직장에서 오는 압박으로 목표를 포기하기까지 독학으로 법을 공부하였다.

헌트는 재정적으로 어려움에 처해 있던 목재와 부동산 회사의 회계사가 되었다. 회사가 몹시 힘든 시기에 총지배인이 되었다. 회사의 부채로 인하여 최고 간부 사원으로서 처벌까지도 받을 수 있는 상황으로 경영이 악화되었다. 감옥까지도 갈 수 있는 극한 상황에서, 헌트는 진지하게 주님께 기도하였다. 간절한 기도 중에 그는 모든 것이 괜찮아질 것이라는 주님의 음성을 듣는 체험을 했다. 그 후 수년간 경제적으로 위험한 고비가 계속되지만, 연이어 기적과 같은 상황이 일어나 회사는 회생하게 되었다.

이 때가 헌트에게 있어서는 주님께서 자신의 일상 생활에 기적으로 간섭하신다는 것을 전적으로 믿는다는 것을 알게 되는 영적으로 고양되는 시기였다. 사업상의 위기가 마침내 끝났을 때, 헌트는 더 이상 무미건조한 기적종료주의를 가르치는 형제교단으로 돌아가고 싶지 않았다.

멀리 떨어진 천국에 은둔해 계시면서, 인간이 죽은 후에야 구원해 주시려고 기다리시면서, 바로 여기(here) 지금(now)에는 아무런 실질적인 역할도 하시지 않는 하나님을 향해 아름다운 기도와 노래로 만족하고 있는 정통 "신앙" 의 공허함에 남아있어야 하는 것일까?[42]

이러한 시기에 헌트는 독감에 걸리게 되었고, 회복을 위해 혼자서 기도하였고, 응답을 받아 낫게 되었다. 갑작스러운 회복으로 마침내 헌트는 기적종료주의에 관한 확신을 잃고, 성령의 역사에 대하여 독자적인 성경 공부를 하게 되었다. 그는 성령의 권능이 사도시대와 마찬가지로 오늘날에도 역사하신다는 것을 확신하게 되었다.

다시 한 번 혼자서 기도하는 가운데(1963) 그는 성령의 내주 하시는 충만함을 경험하게 되고, 몇 시간에 걸쳐 방언으로 경배하게 되었다. 의미심장하게도, 그는 기도 생활에서 방언으로 기도하는 것을 계속하지 않았으며, 다른 오순절이나 카리스마적 교인들과 접촉하려 하지 않았다. 그는 계속 그가 사랑한 형제단 교회에 남아 있으면서 자신의 경험을 부인에게만 알렸다. 헌트의 부인은 남편의 성격상의 변화, 특히 새로 나타난 감정 조절상의 변화를 주목하였다. 헌트는 교회에서 주일 학교를 계속 가르쳤으나, 형제단의 교리를 지켜 나가는데는 부담감을 갖게 되었다.

몇 달이 지난 후, 헌트는 카리스마적 가정 모임에 참석하기 시작했으나, 경솔하게도 형제교단의 학생을 함께 데려왔다. 형제교단 교회의 장로들은 이 사실을 알게 되자, 헌트를 이단으로 규정하고 파문하려는 과정을 밟기 시작했다. 헌트는 파문 당하기 전에 주님의 지시를 따라 [장년]주일학교에서 반기적종료주의 설교를 했다.

헌트의 재판과 파문에 관한 이야기는 어떠한 증거나 심지어는 이성적인 논쟁조차도 받아들이려 하지 않는 기적종료주의 교인들의 사고방식에 대한 흥미로운 설명이기도 하다. 그 당시에 형제교단의 교리는 선교사들이 외국에서 성령의 은사를 사용하는 것을 인정하였으나, 미국 내에서는 똑같은 은사를 악마적이라 생각했다. 데이브 헌트는 자신의 교회를 깊이 사랑하였으므로, 파문을 당한 후에도 계속해서 형제교단의 주일 예배에 참석했다. 자신의 가족과 다른 사람들이 성찬식을 거행하는 동안, 그는 친구들에 의하여 공적으로 "외면당한" 채 뒷좌석에 남아있었다.

불행히도, 헌트를 외면당하게 한 그 기도 그룹 내에도 분열과 성숙하지 못한 일들이 있었다. 헌트는 카리스마적 교인들이 주님에 대한 헌신의 정도가 약한데도 불구하고 아무나 받아들이는 것을 보고서 특별히 괴로워했다. 구체적으로 말하자면 알코올 중독자인 대학생이 기도를 받고 몇 마디의 말을 중얼거리는 경우가 있었다. 그 젊은이는 성령세례를 받았다고 인정받게 되었다. 헌트가 그 학생을 조사해본 결과 그의 경험이 주님과의 만남이 아니라는 것을 분별해내었다. 그 젊은이는 기독교인으로서의 의무를 위해 아무 일도 하지 않았으며, 계속해서 알코올 중독자로 남아있었다. 이는 헌트가 주님과 개인적인 깊은 체험을 갈구하는 일과 분명하게 대조를 이루었다.

한 세기 전의 달비(Darby)처럼, 헌트도 기독교의 모든 종파는 초기 교회의 사랑과 일체감과는 너무나도 동떨어졌다고 불만을 갖게 되었다.

헌트는 한 대학교의 기독학생 모임에서 그들이 교내 급진적인 학생들이 공산주의에 충실한 만큼도 그리스도에게 충실하지 못하다고 비난하는 설교를 했다.

> 기독교 청년의 노른자위가 내 앞에 앉아 있었다. 나는 그들의 자기만족 함의 태도를 항변하고 꾸짖고 조롱했다. 나는 만일 그들이 병정이라고 한다면 장난감 병정이라고 했다. 그들의 조국과 자유와 신앙이 경각에 달려 있으나, 그들은 일상 그러하듯이 종교놀이를 계속할 것이다. 자아의 부정도 없고, 타오르는 불길 같은 열성도 없고, 그리스도의 왕국과 그의 뜻에 복종하려는 열정도 없고, 단지 헬로윈 절기의 파티나, 추수 감사절의 스키 여행이나 해변에서의 피크닉……[43]

신약성경을 자세히 읽어보면 초기 교회에서도 문제와 분열과 미지근함이 있었다. 카리스마적(성령의 은사) 기도 모임과 복음주의적 대학생들에 대한 판단을 내리면서, 헌트는 신화적으로 완벽한 일세기 교회의 기준으로 현대 교회를 평가하는 전형적인 함정에 빠지고 말았다. 바리새주의의 유혹이 헌트의 영적 시각을 흐리기 시작하고 있었다.

데이브 헌트는 신학적 "중도 노선"을 시도하다

헌트는 맨 처음으로 깊은 기도를 체험했을 때부터 신교 서적의 고전들을 광범위하게 읽었다. 그는 남아프리카의 복음전도자인 앤드류 머레이(Andrew Murray, 1828-1917)의 글들을 접하게 되었다. 머레이는 선구적인 오순절교단의 가르침과 설교로 남아프리카에 주요한 부흥의 불길을 일으켰다. 멀리는 윌리암 로(William Law)의 글을 읽고 성령의 중요성에 관하여 배웠으며, 로의 통찰력을 자신의 가르침과 부흥운동에서 실천으로 옮겼다. 멀리의 로에 관한 언급으로 헌트는 로의 글들을 읽기 시작하였으며, 그에 대한 전문가가 되었다. 1971년 헌트는 앤드류 머레이가 편집한 로의 〈목회자에게 보내는 미천하고 진지하며 애정 어린 글〉 (An Humble, Earnest and Affectionate Address to the Clergy)을 재편집하고 새롭게 손보았다. 멀리는 그 책을 〈성령의 권능〉(The Power of the Spirit)이라고 새로운 제목을 달았다.

헌트가 〈성령의 권능〉의 새편집판에 쓴 서문은 헌트의 영적 여정에 대한 지표이다. 그 서문에서 헌트는 로의 신학을 카리스마적 미성숙함과 복음주의적 기적종료주의 사이의 이상(ideal)으로 기술하고 있다.

> 그는(로) 양쪽 진영의 자만심과 사랑의 결여와 변덕스러움을 책할 것이며, 외관상 극단으로 달리는 어느 쪽의 편도 들지 않을 것이다. 그러나 그는 의심할 여지없이 신약성경의 기독교의 활력과 생생함이 현세에서도 충만하게 구현된다는 성서적 근거를 유지하려 할 것이다. 주류 교회 교단의 추종자에게 그는 오늘을 위해 성령의 주권과 권능의 필요성을 역설할 것이며, 오수절 교회에게는 성령의 권능은 본래 성스러운 생활을 증거하고 영위하라는 목적으로 허락된 것이라는 사실을 강조할 것이다.[44]

형제교단 신학으로의 복귀

불행히도, 헌트가 복음주의와 반(反)카리스마적 운동 사이에서 취하려던 중도적 입장은 이상한 신학 체계로 빠져들게 되어 본질적으로는 기적종료주의와 형제교단의 신학을 주장하면서 성령의 은사에 관해서는 말뿐인 인정만을 하게 되었다. 헌트가 자신의 기도 모임의 미성숙함에 대하여 품고 있던 의심이 일반화되어 카리스마적 갱신운동의 근본적인 억설들을 공격하게 되었다. 헌터가 〈유혹의 피안〉을 쓰던 때에는, 그는 이미 기적종료주의자의 주장으로 돌아가서, 하나님은 철저하게 성경을 통해서만 말씀하시며, 예언이나 방언의 해석 같은 성령의 은사를 통해서는 말씀하지 않는다고 주장했다.

헌트는 형제교단의 근본주의와 그 교단의 반오순절적, 반카리스마적 유산으로 돌아갔다. 그는 카리스마적 운동이 성공적이고 반면에 복음주의 교회가 쇠퇴하는데 대해 고통스러워하면서 말하기를 "주님의 가장 신실한 종들 중의 몇몇은 수년 전만 하더라도 복음주의자들이 절대로 받아들이지 않았을 사고 방식을 받아들이고 있고" 근본주의자들은 "점점 더 고립된 구석으로 몰리고 있다"라고 했다.

헌트의 글은 미국에서의 기독교 텔레비전 방송이 카리스마적 설교자들에 의하여 주도되고 있다는 사실에 특히 비판적이었던 것 같다. 기독교 방송 중 가장 인기 있었던 두 프로그램은 팻 로버트슨(Pat Robertson)의 "700 클럽"(The 700 Club)과 케네스 코플렌드(Kenneth Copeland)의 "믿는 자의 승리의 목소리"(Believer's Voice of Victory)였다. 이들 두 사람은 반카리스마적인 사람들로 하여금 교회에서 오늘날 실제로 일어나고 있는 기적과 치유의 능력을 목격하게 함으로써 그들을 효과적으로 수세에 몰리게 했다. 헌트는 다음과 같이 한탄했다.

> 성경은 오늘날 절실하게 필요한 것은 기적의 사역이라고 가르치고 있지 않다. 대부분의 기독교 방송에서 너무나 강하게 강조하고 있는 것처럼 말이다. 오히려, 성경은 우리에게 하나님에게서 온 것과 사탄에게서 온 것과의 다른 점을 알기 위한 분별력의 필요성에 대해 경고하고 있다.[45]

분별력과 치유나 기적의 은사가 서로 대립하고 있다고 암시하는 것은 언어적 말장난의 착각이다. 오늘날에 있어서 "절실한 필요"는 다른 모든 시대와 마찬가지로 성령의 모든 은사를 나타내는 것이다. 헌트는 〈유혹의 피안〉에서 기적이란 예수님에게 자기를 포기하는 미덕과 반대되는 것이라고 말함으로써 잘못된 갈등관계의 오류를 또다시 범하고 있다. 기적이나, 영적 능력이나, 그 밖의 유사한 것들은 겸허함, 자기 희생, 사랑 등과 대립관계에 있는 것이 아니라, 서로를 보완하는 관계에 있는 것이다. 성령의 은사는, 올바르게 이해된다면, 기독교인에게 성령의 능력을 덧입혀 증거하게 하고, 궁극적으로 성령의 열매를 맺게 하는 데 도움을 준다.

헌트의 신학은 많은 면에서 스페인의 신비주의자인 십자가의 성 요한(St. John of the Cross)의 신학과 닮았는데, 성 요한에 의하면 성령의 은사가 있으면 겸손하지 못하게 되는 위험한 영향 때문에 성령의 은사를 피할 것을 피력했다(제4장 참조). 모든 기적종료론자들과 마찬가지로, 헌트는, 성령의 권능을 통해 예수님 자신이 하신 것보다 더 큰 것도 할 수 있다고 하신 예수님의 위탁의 말씀을 고려하지 않거나, 단순히 무시해 버리고 있다: "내가 진실로 진실로 너희에게 이르노니 나를 믿는 자는 나의 하는 일을 저도 할 것이요 또한 이보다 더 큰 것도 하리니 이는 내가 아버지께로 감이로라" (요 14:12).

헌트와 반대되는 능력전도(Power Evangelism)

헌트의 기적종료주의에로의 복귀의 맥락에서 보면, 존 윔버(John Wimber) 목사에 가한 그의 공격은 이해할 만하다. 윔버는 풀러 신학교가 전통적인 기적종료론적 견해로부터 성령의 은사를 인정하고 그리고 성령의 은사가 복음전도에 미치는 역할을 인정하는 학교로 전환하는데 크게 기여하게 되었다. 더 나아가서, 윔버는 세계 도처에서의 세미나를 통해서 복음주의적 신도들이 성령의 은사를 이해하는 카리스마적 운동으로 이끌어 내는데 성공하였다. 윔버가 조직한 국제 빈야드(포도원) 선교단체(Vineyard Ministries International)는, 미국과 외국의 선교사들에게 성령의 은사를 통한 능력전도는(고전 2:4) 말씀만으로 전도하는 기적종료주의적 전통보다 훨씬 효과적이라고 가르치고 있다. 윔버가 복음전도에 카리스마적 은사를 사용하는데 적용한 용어는 "능력전도"(power evangelism)이다.

윔버의 입장을 지지하는 최근의 증거는 압도적이다. 이런 증거는 특히 제3세계에서 더욱 명확하다. 제3세계에서 기적종료주의적 교회들은 상대적으로 느린 속도로 성장하고 있는 반면에, 성령의 은사를 실천하는 교회들은 폭발적인 성장을 하고 있다. [능력전도는 제3세계를 위한 것뿐 아니다. 미국의 카리스마적 교회와 오순절 교회는 주류교회의 기적종료주의적 교회에 비교해서 훨씬 더 빨리 성장하고 있다.] 헌트는 윔버의 능력전도 개념을 비판하고 있으며, 동시에 복음전도에 전통적인 원리(즉 성령의 은사가 없는)로 돌아가자면서 향수에 젖은 애원을 하고 있다.

> "능력전도"가 기적을 필요로 한다는 생각은 과거에는 교회에서 이해하지도 강조하지도 않았다. 바울은 "능력"은 십자가를 설교하는데 있다고 선포했다. 사도행전에서조차 어떠한 기적도 행하지 않고서 강력한 복음을 설교함으로써 많은 이교도들을 개종시킨 예들을 찾아 볼 수 있다(바울이 "그리하여 수많은 이들에게 말하였고…믿게 되었다"—행14:1).[46]

이것은 완벽한 기적종료론적 논리이지만, 성서적 해석으로는 너무나 부실하여, 거짓에 근접하고 있다. 헌트는 사도행전 14:1을 자신의 "말씀만으로"의 주장을 뒷받침하기 위해 인용하고 있다. 이 구절은 바울과 바나바가 이고니온에서의 전도활동을 기술하고 있다. 그러나 전체적인 이해를 위해서는 3절까지 읽어야만 하는데, 그 내용은 다음과 같다. "두 사도가 오래 있어 주를 힘입어 담대히 말하니 주께서 저희 손으로 표적과 기사를 행하게 하여 주사 자기 은혜의 말씀을 증거하시니"라고 기로하고 있다. 이 구절은 분명하게 능력전도를 묘사하고 있다.

복음 전도자로서 헌트가 라인하트 본케(Reinhard Bonnke)의 사역에서 보듯이, 능력전도를 통해 수백만의 사람들이 하나님의 나라로 오게 된 것을 보고 큰 기쁨을 느낄 수 없다는 것은 정말 믿기 어려운 일이다. 헌트의 비판은 달비의 억설에 비추어 보면 말이 되는데, 달비는 주장하기를 진정한 예수 그리스도의 교회는 작고, 보잘것없고, 무력해야만 하기 때문에, 대규모의 카리스마적 교회들은 "참된" 기독교 교회가 아니라는 것이다.

데이브 헌트: 열매 없는 신학

헌트가 기적종료론적 형제교단 신학을 재확인한 것은 그가 열매를 판단 기준으로 하는 분별력을 버리고 교리와 전통을 통해 분별을 추구한다는 것을 의미한다. 이러한 면은 헌트가 예수님께서 말세에 행해지는 예언에 대하여 경고하신 바를 되풀이하여 인용하는 데서 찾아 볼 수 있다.

> 거짓 그리스도들과 거짓 선지자들이 일어나 큰 표적과 기사를 보이어 할 수만 있으면 택하신 자들도 미혹하게 하리라 보라 내가 너희에게 미리 말하였노라(마 24:24-25)

헌트는 또한 예수님께서 거짓 선지자들을 분별하는 방법에 대하여 하신 말씀도 인용했어야만 했다.

> 거짓 선지자들을 삼가라 양의 옷을 입고 너희에게 나아오나 속에는 노략질하는 이리라 그의 열매로 그들을 알지니 가시나무에서 포도를 또는 엉겅퀴에서 무화과를 따겠느냐(마 7:15).

그 열매로 영적인 현상을 분별하는 것이 합의된 정통을 참고하여 분별을 가장하는 것보다 더 필요하다. 조나단 에드워즈도 이와 똑같은 문제에 직면한 것을 기억해야만 한다. 그는 부흥운동은 혼란스러운 현상도 초래하지만 전체적인 열매로써 판단되어야 할 것이라고 보았다(제2장 참조).

열매를 보고 구별한다는 것은 심령술(spiritualism)이 개입된 상태에서는 특히 더 어렵다. 이 점에서 우리는 헌트에게 동정심을 보내는데, 왜냐하면 그는 반(反)사교 활동에 깊이 관여하였고 그리고 악마적 기적도 목격하였기 때문이다. 그러나 사교를 판단함에 있어서까지도, 성서적 열매의 기준은 여전히 유효하다. 치료나 축귀와 같은 악마적 열매는 피상적(겉 핥기 식)이며 종종 일시적이어서, 환자를 악마적 존재에게 영적으로 묶여있게 한다. 심령술사의 기적은 절대로 예수님이나 하나님에게 영광을 돌리지 않지만, 기독교인의 기적은 항상 예수님과 하나님에게 영광을 돌린다. 기독교의 기적의 열매는 그 개인에게 새롭고 보다 깊은 자유와 그리고 기쁨, 평화, 오래 참음과 같은 성령의 열매(갈 5:23)를 개발하는 능력을 남겨준다.

헌트는 열매를 보고 판단하는 기준을 거부함으로써, 대각성운동의 좋은 열매를 볼 수 없었던 찰스 초운시(Charles Chauncy)나, 신앙·치유운동과 크리스찬 사이언스나 심령술과의 차이를 분별할 수 없었던 제임스 벅클리(James Buckley)의 영적 체계를 물려받고 있다.

신앙 운동(Faith Movement)에 대한 공격

믿음은 바라는 것들의 실상이요 보지 못하는 것들의 증거니라(히 11:1)
사랑하는 자들아 내가 우리의 일반으로 얻은 구원을 들어 너희에게 편지하려는 뜻이 간절하던 차에 성도에게 단번에 주신 믿음의 도를 위하여 힘써 싸우라는 편지로 너희를 권하여야 할 필요를 느꼈느니(유 3).

신앙 신학의 과실(過失)뿐만 아니라 업적까지도 인정한 파라(Farah)의 비평과는 달리, 헌트가 신앙 신학 지도자들에게 가한 비난은 완전한 유죄 판결이었다. 그 정죄는 달비(Darby)식 공격으로서 바리새인들의 뿌리(기원)의 논쟁에 근거를 두었으며, 성경적으로 정의된 신앙을 편협하게 해석한 것이다. 그의 저서 〈기독교의 유혹〉에서 책장을 넘기다 보면, 유다서 3절(신앙-교리)이 신앙의 완벽한 척도로서 수차례 인용된다. 헌트 자신의 신앙의 정의는 그의 〈유혹의 피안〉에서도 또한 나타나 있다. 헌트는 19세기말의 기적종료주의 신학자 그리피스 토마스(W. H. Griffith Thomas)의 글들을 종합하여 단적으로 말하고 있다: "신앙은 (1) 자아의 포기와 (2) 하나님께 의존이란 두 가지를 포함하는 것으로 분석되어질 수 있다. 이 두 국면이 신앙의 의미를 요약하고 있다."

위의 설명은 신앙 · 기대(faith-expectancy)라는 성서적 개념에 대한 공정한 해석이 되지 못한다. 왜냐하면 그 설명은 히브리서 11:1의 "믿음은 바라는 것들의 실상이요 보지 못하는 것들의 증거니"란 내용과 일치하지 않기 때문이다. 헌트는 히브리서 11:1을 〈유혹의 너머에〉에서 다루고 있지만, 그 설명은 순전히 부정적인 내용뿐으로써 이 성경 구절은 이미지가시화를 정당화하는 데 사용할 수 없다고 독자에게 경고하고 있다. 가장 의미심장하게 주목해야 할 것은, 〈기독교의 유혹〉에서 유다서 3절이 신앙 지도자들의 성서적 타당성을 판단하는 *절대적 신앙의 정의*로써 사용되고 있다는 점이다. 히브리서 11:1의 관점으로는 어떤 목회자의 신앙 · 교리를 판단하는 것이 불가능한 것처럼, 유다서 3절의 관점에서 신앙 지도자들의 기대 · 신앙을 판단한다는 것은 한마디로 불가능하며 부적절한 일이다.

이 문제에 관해서 헌트는 바리새주의의 패턴(양식)을 가장 분명하게 재연하고 있다. 바리새인들은 예수님의 사역이 그들의 신앙-교리의 순수성에 대한 진지한 관심을 모욕하고 있다고 보았다. 그러한 예는 그들이 안식일 준수에 대해 시비를 걸어온 것과 예수님께서 신앙 · 기대를 강조하시는 데에 보여준 그들의 불편함에서 찾아볼 수 있다(제1장 참조). 기독교 신앙이 신앙 · 기대와 신앙 · 교리 모두를 필요로 하고 있는 것은, 그 두 요소가 하나님의 약속을 믿는다는 우리의 고백이면서 동시에 복음의 진리를 확신하는 고백이기 때문이다. 신앙의 이러한 두 요소는 갈등의 관계가 아닌 상호 보완의 관계로 보아야 할 필요가 있다.

헌트의 신앙 목회자들을 향한 공격은 맥코넬(D. R. McConnell)의 석사 논문인 "켄욘과의 관계"(The Kenyon Connection)에 근거를 두고 있으며(제20장에서 다루었음), 켄욘과 헤이긴(Hagin) 그리고 신앙 신학의 기원 비판을 반복하고 있다. 헌트는 켄욘이 주장한 바가 성서적으로 올바른 것인지, 따라서 케네스 헤이긴에게 긍정적이며 유용한 영향을 주었는지에 대하여서는 조금도 염두에 두려고 하지 않았다. 헌트는 단지 켄욘은 신사고(New Thought)의 작가이며, 따라서 켄욘이 주장하는 바는 무엇이든 간에 이단임에 틀림없다는 것만을 보여주고 있을 뿐이다.

헌트는 부정확하게 주석을 달아서(그의 저술은 그런 실수로 유명함) 헤이긴을 공격하는 데 사용하는 경향은 일찍이는 1983년부터였다. 헌트는 그의 〈평화, 번영, 다가오는 대학살〉에서 주장하기를, 헤이긴이 추종자들에게 조금도 하나님을 믿지 않더라도 효과적인 기도의 능력을 가질 수 있다고 가르쳤다고 했다. 다른 말로 하자면, 주술을 통하여 효력을 얻을 수 있다는 것이다. 그 증거로서 헌트는 케네스 헤이긴의 월간지 "당신의 믿음에 믿음을 갖는 것"(Having Faith in Your Faith)에 나오는 기사를 인용하였다. 그 논문의 제목은 헌트의 주장을 뒷받침하는 듯이 보였다. 그러나 그 기사를 실제로 읽어 본 사람이라면, 그 글은 거듭난 신자들을 상대로 쓴 것이며, 그들의 하나님에 대한 믿음을 인정하고 격려하는 글임을 알았을 것이다. 그 글의 주제는 개인적인 어려움에 직면하여서도, 특별히 기도 후에 치유가 즉시 되지 않은 경우에도 실망하지 말고, 믿음에 대한 기대(신앙―기대)를 꾸준히 가지라는 것이다.

헌터는 〈기독교의 유혹〉에서 빈정거리면서 말하기를, 다른 신앙 목회자들과 마찬가지로 헤이긴은 우리가 하나님에게 우리의 필요에 응답하여 행동하라고 명령할 수 있다고 믿고 있다고 했다. 이것은 헤이긴의 입장을 왜곡하여 근본적으로 잘못 알고 있는 것이다. 사실은 켄욘과 마찬가지로 헤이긴은 기독교인은 예수님의 이름으로 귀신을 지배하는 권세를 갖고 있으며 질병을 명하여 치유케 하는 능력을 갖고 있다고 믿고 있다.

하나님과의 관계에서 믿는 자는 협상할 수 있는 권리를 갖고 있다. 다시 말하면, 기독교인은 모세가 이스라엘 백성들이 금송아지를 만든 후에 그들의 구원을 간청한 것과 같은, 아브라함이 소돔을 구원해 달라고 간청한 것과 같은, 혹은 바울이 "육체의 가시"를 제거해 달라고 간청한 것과 같은(출 33:12-17, 창 18:22-32, 고후 12:7) 방법으로 하나님께 간구할 수 있다는 것이다. 헤이긴은, 다시 한 번 켄욘의 입장을 따르며, 일반 신도들에게 이와 같은 협상하고-간청하는 기도 형태를 확인해 주고 있다. 성경 계시를 보면 주님께서는 때때로 우리의 요구가 거부된다 할지라도 우리가 주님께 중재하고 간청하는 것을 배우기를 원하시는 것을 보여주고 있다.

기독교인의 "성가시게 간청하며 중재하는"(눅 18:2-8) 권리는 하나님은 우리에게 "아바 아버지"가 되신다는 신약성경의 중요한 말씀 중의 하나인 것이다. 헌트가 켄욘-헤이긴 신학을 평가하는데 혼란을 빚게된 것은 아마도 칼빈식 하나님의 이미지를 전적으로 수용했기 때문인데, 칼빈은 하나님의 불변의 뜻과 주권을 강조함으로써 우리에게 중재의 여지를 조금도 남겨놓지 않았다.

영적 법칙의 뿌리(기원) 비평

헌트는 또한 몇 가지 이유를 들어 기독교인에게는 어떤 영적 법칙의 개념도 수용될 수 없다고 보고있다. 그 주된 이유는 영적 법칙의 개념이 비정통적 출처, 특히 신사고(New Thought)파 저자들로부터 수용되었기 때문이다. 따라서 그 개념은 미신적이며, 올바를 수 없다는 것이다. 이런 생각은 바리새적 뿌리(기원) 논쟁으로서, 올바른 신학 전개는 오로지 정통 집단을 통해서만 나올 수 있다는 주장이다.

헌트가 영적 법칙에 반대하는 또 하나의 명분은 영적 법칙이 하나님의 주권을 침해하고 있다는 것이다. 헌트는 그릇된 이것이냐 아니면 저것이냐 하는 흑백 논리를 내세우고 있다. 우리가 하나님의 통치권을 인정하든지, 아니면 힌두교의 업보와 환생의 개념에서처럼 인격적(개인적)인 하나님을 배제하는 영적 법칙을 인정하든지, 양자 택일해야 한다는 것이다. 이런 주장은 과장하여 증명하려는 비논리적 논쟁의 한 예이다. 힌두식 영적 법칙의 개념(업보)이 인격적인 하나님을 받아들일 여지가 거의 없다는 것은 사실이다. 그러나 성경에서 정의된 영적 법칙은 수학 법칙을 부정하지 않는 것과 마찬가지로 인격적인 하나님을 부정하지 않는다. 하나님은 창조의 순간부터 적법한 우주를 주권적으로 운행하셨다. 영적 법칙은 하나님의 통치(주권)를 부정하는 것이 아니라, 오히려 하나님의 사랑이 넘치는 창조력을 나타내려는 하나의 표현인 것이다. 하나님은 우주를 미리 규칙으로 가득 채움으로써, 피조물들이 그 규칙들을 관찰하고 그 규칙들에 순응할 수 있도록 하셨다. 과학이나 수학이 가능한 유일한 이유도 여기에 있는 것이다.

　이것은 또 하나의 상호 보완의 경우를 보여주는 것이다. 말하자면 하나님께서 성경에 계시하신 것은 인격적이며 동시에 합법적인 것이다. 헌트의 하나님에 대한 견해는, 칼빈의 견해와 매우 흡사하여, 성경에서 계시된 하나님의 모습보다는 코란에서 언급된 하나님의 개념에 더욱 근접하고 있다. 코란의 하나님은 모든 주권을 갖고 있으면서 우주를 변덕스럽게 지배하고 있다고 하기 때문이다. [17세기에 루터교 신학자들이 칼빈주의자들을 이슬람교적인 경향을 나타내고 있다고 비판한 것은 의미심장하다.]

　헌트는 영적 법칙에 반대하는 논쟁을 마무리지으면서, 의도하지 않게, 논리상의 모순을 나타내고 있다. 헌터는 주장하기를, 비록 하나님의 주권적 성격 때문에 영적 법칙이 존재하는 것을 금하고 있기는 하지만, "우리는 하나님의 온전하심과 사랑 때문에―하나님이 '과학적인 법칙'에 의해 구속(拘束)받기 때문이 아니라―하나님의 약속을 틀림없이 믿을 수 있다"라고 했다.

　하나님의 약속을 믿을 수 있다고 생각하는 것은 오랫동안 복음주의적 신학의 한 요소였다. 우리는 그 의견에 전적으로 동의하고 있다. 그러나, 하나님의 약속을 하나님의 성격 때문에 믿어도 된다고 하면, 인간이 약속의 조건만 충족시킬 경우에는 그 약속은 언제든지 이루어질 수 있다는 것이다. 만약 이것이 사실이라고 한다면, 하나님의 약속과 영적 법칙 사이에는 표현하는 단어의 차이만 있는 셈이다. 그렇다면, 전자는 후자의 용어로 정의될 수 있게 된다. 주 요점은 하나님은 너무나 정의로우시고, 하나님의 능력은 너무도 엄청나기에, *하나님의 약속은 법으로 작용한다는 것이다.*

　실제로, 영적 법칙이 하나님의 주권에 위배된다는 헌트의 주장은 그 자신의 약속의 개념을 부정하는 입장으로 사용될 수 있다. 만일 하나님께서 법의 한계를 그 분의 주권에 대한 모독이기 때문에 용인할 수 없다면, 그렇다면 하나님의 약속을 신뢰한다는 것도 똑같이 그 분의 주권에 대한 용납할 수 없는 일이 된다. 하나님은 자신의 약속에까지도 주권을 행사해야만 한다.

이미지 구상화(가시화): 기도인가 마술인가?

〈기독교의 유혹〉에서 헌트는 기독교인이 기도할 때 마음에 이미지를 구상화하는 것은 주술(呪術)이라고 주장하고 있다. 전형적인 율법주의적인 형태로 헌트는 가시화에 반대하여 직접 관계된 자료와 참고 자료 등 총망라하여 온갖 논쟁을 펼치고 있다. 헌트는 구 스코틀랜드 칼빈주의자들의 전례를 따라(17장 참조), 기도 중 예수님의 이미지를 마음에 그려보는 사람은 우상 숭배와 주술을 행하는 자로써, 악마가 "영적 인도"를 하도록 문을 열어줄 수도 있다고 믿었다. 헌트의 논쟁은 주로 내적 치유에 관계된 것이지만, 어떠한 형태의 시각화에도 반대하고 있다.

헌트의 주장에 있어서 주된 쟁점은 마음에 연상하는 것만으로도 죄가 된다고 선언하지만 입증된 것은 아무 것도 없다. 그러나 그의 논쟁은 논리의 착각을 나타내고 있다. 그 착각은 다음과 같은 것이다. 이미지가시화의 기술은 성경에 특별히 명시되어 있지도 않고, 아그네스 샌포드(Agnes Sanford)가 가시화를 소개하기 이전에는 기독교 문헌에서도 찾아 볼 수 없었다. 더군다나, 가시화는 마술의 기술로서 주술 문헌에 자주 등장한다. 그러므로 가시화는 언제나 본질적으로 주술의 행위이다.

사실 헌트는 아그네스 샌포드의 역할에 대해선 부분적으로 옳다. 그녀는 시각화 기도의 전통을 신사고파의 성경—확인(성경에서 그 내용을 확인하는) 계열로부터 배워서 주류교회 기독교 문헌에 소개하였다.

이미지구상화가 성경에는 언급되어 있지 않기 때문에 기독교적이 아니라는 주장은 바리새인들의 사고 방식을 반영하고 있다. 바리새적 사고 방식은 예수님과 바울이 피력한 것처럼 무엇인가를 평가할 때 그 열매를 보고하는 것이 아니라 성경에서 구체적으로 언급하고 있는지 없는지의 여부로써 판단하는 것을 말한다. 이와 똑같은 기준을 적용한다면, 주일 학교나 교회의 뾰족탑도 성서적이 아니라는 놀랄 만한 결론에 도달하게 된다. 똑같은 논리를 사용하여 일부 사람들이 결론짓기를, 악기의 사용도 신약에는 언급되고 있지 않기에 금해야 한다는 것이다. 기독교인들은, 주일 학교가 미국에 소개되었을 때 이러한 형태의 논쟁이 100년 전에 있었다는 것을 잊고 있는 것 같다. 사실, 헌트식 논쟁을 펼쳐 본다면, 주일 학교는 성경에 언급되어 있지 않지만, 주술적 지식을 가르치는 학교는 예전부터 이교도 종교에 존재하여 왔다. 그럼으로, 주일 학교는 주술적이다 라고 하겠다.

이미지구상화는 성경에서 금기시하지도 않았지만, 특별히 언급되지도 않았다는 사실에 주목해야 한다. 헌트의 이미지구상화에 반대하는 논쟁은 모두 유추에 근거하였으며, 그 결과 죄를 지을 가능성을 피하기 위하여 과도하게 제한적인 규칙들을 만들면서 방어용 울타리를 치고 있다. 바울은 이러한 형태의 논쟁에 대하여 구체적으로 경고하였는데, 그 이유는 바울은 이러한 논쟁이 얼마나 빠르게 그가 바리새인으로서 알고 있었던 율법적인 함정에 빠질 수 있는 지 알고 있었기 때문이다.

헌트는 한국의 서울에 있는 세계 최대의 교회의 목회자인 조용기 목사가 이미지가시화를 사용하고 있는 것에 대하여 크게 좋지 않게 생각하고 있다. 조 목사는 자신의 교회를 실제보다 큰 모습으로 생생하게 상상하여 그려봄으로서 교회 성장을 위해 기도하였다. 그가 목회를 시작하였을 때는, 아주 소수의 가난에 쪼들린 교인들만 있었으나, 그의 상상

가운데서 그는 자신이 3000명의 교인들이 있는 교회에서 설교하고 있는 모습을 보았다. 그의 교회는 실제로 그가 본 크기로 성장하였으며, 결국은 기독교 국가에서 가장 큰 단일 교회가 되었다. 헌트에 의하면, 조 목사가 한 행동은 주술의 행동이라는 것이다.

조 목사의 경우에 있어서, 부룩스 알렉산더(Brooks Alexander)는 (17장에서 다루었음) 헌트와 같은 입장을 취하여, 조 목사의 가시화의 사용을 위험한 것으로 간주하였다. 알렉산더는 조 목사가 자신의 기도 생활을 통해 가시화를 너무나 자주 사용하고 있으며, 아마도 이것은 한국의 샤머니즘(미신적)적인 문화 배경에서 배운 것일지도 모른다고 믿고 있다. 그렇지만 여기에서 알렉산더는 자기 자신의 기준을 어기고 있는 것처럼 보인다. 조 목사의 기도 형태는 (아마도 80%의 시각화와 20%의 구술적, 정신적 형태) 문화적으로 이해될 수 있을지도 모르지만, 그렇다고 해서 그 기도 형태는 샤머니즘적(미신적)이 되는 것은 아니다. 만일 한 번의 이미지가시화의 기도가 신성한 성격을 갖는다면, 이를 10번 반복하였다고 해서 주술적이 되는 것은 아니다. 오히려 조 목사는 목소리 대신에 상상력의 기능을 사용한 끈질긴 기도를 하라는 예수님의 명령에 합당한 기도를 한 것이다(눅 18:1-8). 가시화가 신성하냐 주술적이냐 하는 점을 결정하는 비판적인 요소는 그 기도 뒤에 있는 태도와 믿음인 것이다. 만일 그 기도가 하나님의 보좌에 드려진 것이라면, 그 기도는 분명히 한 형태의 기도가 되는 것이요, 이미지가시화 자체가 능력의 원천이라고 믿는다면, 그 기도는 마술적인 행위를 시도한 것이다.

헌트의 번복

헌트의 이미지가시화에 대한 절대적인 정죄가 비실제적이라는 확실한 증거는 그가 예술에서의 상상력을 잘 이해하지 못하는 데서 나타난다. 예를 들면, 헌트는 건축가가 새로운 건물을 구상할 때 그 건축물이 완성된 것을 상상해 볼 필요가 있다는 것을 인정한다. 유사하게, 예술가도 일을 시작할 때 자주 완성된 작품을 상상해 본다. 헌트에 의하면, 이것은 상상력의 올바른 역할이지 이미지가시화는 아니라는 것이다. 그러나 풀기 어려운 율법주의가 이러한 예외를 두는 데에서 발생한다. 상상과 가시화의 사이를 결정짓는 것은 시간의 기능인가 아니면 강도의 가능인가? 예를 들면, 만일 건축가가 자신의 새 건물에 대하여 5분간 막연하게 상상한다면, 그것은 좋은 것인가? 그러나 만일 그가 자신의 건물을 생생하게 10분간 가시화해 본다면, 그렇다면 그것은 마술이 되는 것인가?

이런 문제점들은 〈유혹의 피안〉에서 가시화를 분별하는 문제에 대한 성숙한 토론을 시작했어야 할—오히려 끝내기보다는—부분에서 위기에 봉착하게 되었다. 헌트는 기도할 때 어떤 특정한 상황에서는 상상력을 사용할 수 있다고 인정하고 있다. 기도할 때 상상력의 사용을 수용할 수 있는 일례로서, 헌트는 복음 전도의 한 경우를 들고 있는데, 여기에 그 전문을 인용할 필요가 있다.

> 목회자가 두 무릎을 꿇고 앉아, 가슴 가득한 열정이 있기에, 그의 마음속에 자신의 교회가 성도들로 넘쳐나고 그리고 사람들이 줄이어 회개하려 강단 앞으로 나오는 것을 보고서, 이러한 모습이 현실로 이루어지게 해 달라고 기도 중에 하나님께 부르짖는 것은 틀린 것이 아니다. 그렇지만, 이러한 상상의 장면이 마음속에 생생하게 떠오를 때까지 그 장면에 집중함으로써 목사가 그 장면이 실재로 일어나기를 돕는다고 생각한다면, 그리고 목사가 자신이 가시화한 것을 실현시키기 위해 이러한 기교를 사용한다면, 그것은 잘못된 것이다. 정신적 상상(mental imagery)은 인간의 마음의 정상적인 기능이다. 마음에 그림을 그려보는(mental picture) 것은 외우기, 계획하기, 상기하기, 통찰력을 갖기, 복잡한 개념을 설명하는데 돕기 등의 영역에

유용하게 사용될 수도 있다. 그러나 하나님이나 예수님을 가시화 하고자 한다던가 가시화를 통해 현실을 변화시키거나 창조하려는 것은 주술의 영역에 발을 딛는 것이다.[47]

복음전도에 관한 어휘를 바꾼 것을 제외하고는, 이것은 조 목사가 자신의 교회를 위해 기도하면서 한 행동과 정확하게 일치하고 있다. 헌트는 조 목사의 이미지가시화 기도는 주술적인 행위로 보고 있으나, 자신이 예로 든 경우에 나오는 목회자는 수용할 수 있는 기도를 드리고 있다고 보고 있다. 헌트는 기도에 있어서 주술적·가시화와 수용할 수 있는 상상 간의 차이를 명백히 하는 데 잘못을 저지르고 있다. 마지막 문장에서 그는 주술적·가시화의 표시는 현실을 바꾸거나 창조하려는 시도에 있다고 주장하고 있다. 이는 설득력 있는 논쟁이 되지 못한다. 대부분의 기도는 하나님의 능력을 통해서 현실을 변화시키려는 시도인 것이다. 만약에 나의 처가 병들었다면(현실), 나는 그녀의 치유를 위해 기도할 것이다(현실 상황의 변화).

만일 일부 형태의 이미지구상화가 합법적이라면, 그것은 부룩크스 알렉산더(Brooks Alexander)의 글에서처럼, 공개적으로 토론되어야 할 것이다. 그런데도 헌트는 모든 이미지가시화는 주술적이라고 치부하기를 계속한 채, 알렉산더가 발견한 것을 인정하려 들지 않는다. 헌트는 다시 한 번 비논리적인 논쟁을 사용하고 있는 것이다. 그는 보편적인 원리(모든 가시화는 잘못이다)를 설정하고, 이에 승복하지 않는 사람들을 정죄하였다. 그리고는 사람들이 구원받는 것을 가시화 하는 것은 좋다라고 말함으로써, 재고나 반성이나 사과도 하지 않고 보편적인 법칙에 예외를 두고 있다. 이러한 식의 비논리적 논쟁의 태도는 가식적인 보편성이라 이름 붙일 수 있을 것이다. 이런 논리는 1970년대의 많은 반전 저항

운동가들에 의해 사용되었는데, 그들은 평화주의자("전쟁이 아니라 애정행위를 하자!")를 자처하지만, 실은 니카라과의 산디니스타(공산주의) 게릴라들이 한 것처럼, 그들과 같은 공산주의 전쟁을 지지하던 자들이다.

헌트(Hunt)와 달비(Darby)

헌트의 저술에서는 존 달비(John Darby)의 신학적 가설과 형식을 많이 찾아 볼 수 있다. 달비는 교회가 변절하는 원인을 신학적 자유주의자들의 음모로 보았다. 달비는 자신과 신학적으로 반대 입장에 있는 사람들이 사탄의 영향하에 있다고 믿었기 때문에, 그들의 반대입장을 이해하려 한다던가 그들의 저술을 공정하게 요약해 보려는 진지한 노력을 한다는 것은 아무 소용도 없는 일이었다. 어쨌든 모든 것이 악마적일 뿐일 따름이었다. 달비에게 있어서 중요한 점은 이단과 과오를 가려내어 남아 있는 교회나마 구하는 것이었다.

헌트도 이러한 경향을 지니고 있었다. 그에게 있어서는 기독교인들에 대한 사탄의 공격과 기만의 근원은 뉴에이지 운동(New Age Movement)과 그와 유대관계를 갖고 있는 주술적이고 유사—주술적 단체들이다. 그가 기독교 심리학을 풍자화 한 것에서나 그의 반대자들의 생각을 요약한 것에서 보여 준 것처럼 그의 광범위한 일반화는 유익한 비판의 바탕을 형성하는 지식(분별)보다는 풍자의 성격을 띠고 있다. 헌트는 아마도 고의적으로 이런 식으로 그의 적대자들에게 불공평 하려는 의도는 없었을 것이다. 그의 신학 공부는 대부분 달비와 칼빈에 관한 것이었는데, 그 두 사람은 격렬한 형태의 논쟁 방법을 선호하였기에, 아마도 달비는 이런 식의 논쟁 기술은 *정상적인* 것이라고 여겼을지도 모른다.

다른 방법으로 헌트의 신학을 설명해 보자면, 그는 자신이 자라난 가

정의 종교적 배경인 프리머스 형제(Plymouth Brethren) 교파 가운데 존재하는 바리새주의의 원형에서 벗어날 수 없었는지도 모른다. 여기서 말하고 있는 *원형*이란 칼 융(Carl Jung, 1875-1961)식의 의미가 아니라, 위대한 복음주의 신학자인 프란시스 셰퍼(Francis Schaeffer)가 제안한 의미에서이다. 융의 유사—심령론자의 원형과는 달리, 셰이프는 실지로 원형이 존재한다고 믿었다. 그러나 그 원형은 언어로 전달된 힘을 말한다. 말하자면, 한 단체 가 어떤 방식으로 자신들을 표현하고 어떤 단어들을 사용하느냐가 그 단체에 속해 있는 개개인의 사고에 강한 영향력을 행사한다는 것이다. 따라서 헌트는 카리스마적 갱신운동을 거부하면서, 형제교단 내부에서 사용하는 언어적 원형에 빠지게 된 것이다. 이로 인하여, 헌트의 그 이후의 저술들은 달비의 초기의 신학에서 나타난 것과 유사한 과장, 온건함의 결여, 정죄, 편집병의 운명에 빠져들게 되었다.

최후의 아이로니: 헌트, 윌리엄 로우, 제이콥 뵘

헌트는 우리가 이 책에서 다루었던 이단에서 정통에 이르는 과정을 잘 알고 있다. 말하자면, 헌트는 이런 과정으로 인해 성령께서 여러 가지 혼합된 운동들이나 이단적인 사람들과 글들을 통해서 교회에 진실을 알리고 계신다는 것을 잘 알고 있다. 헌트가 일찍이 윌리엄 로우(Law)의 저술을 공부했을 때, 헌트는 로우가 독일의 신비주의자이자 준—주술적인 제이콥 뵘(Jakob Bohme, 1575-1626)의 영향을 많이 받고 있다는 것을 알았다. 그 당시에, 헌트는 로우의 책이 얼마나 가치 있는 것인 가를 지적하고자 하였지, 뿌리(기원) 논쟁이 중요하다고 보지는 않았다.

뵘은 기독교 신비주의자 가운데 가장 특이하고, 가장 영향력 있는 사람 중의 하나였다. 그는 신교가 어떤 형태의 신비주의에 대해서도 이미

의심을 갖고 있었으며, 환상을 분별하는 전통을 상실해버린 시절에 독일의 루터파 공동체에서 태어났다. 이런 이유 때문에, 그는 생애의 중요한 시기에 적절한 영적인 지도를 받지 못했다.

뵘은 가정적인 사람이었으며 구두제조업에 종사했으나, 강도 높은 환상과 계시를 받았는데, 그는 이것을 글로 남겨 놓았다. 그의 글은 성령과 그 외의 부정한 영들로부터 받은 계시와 통찰력이 섞여 있다. 그가 전하려고 하는 메시지의 요점은 성령은 교회에게 끊임없이 알리고 영감을 주기를 원한다는 것과 모든 사람들이 성령의 소리를 들을 수 있는 능력이 있다는 것이다. 이러한 생각은 그 당시에는 기이한 것이었다. 이러한 생각은 윌리엄 로우에게 영감을 주어 성령의 역할에 대해 생각하게 했으며, 앤드류 멀리에게도 영감을 주었다.

그러나 뵘은 명백하게 성경에 위배되는 계시도 받았다. 예를 들면, 뵘은 아담이 양성을 한 몸에 지니고 있도록 창조되었으나, 전락한 이후에 남성(아담)과 여성(이브)으로 나누어졌다는 것이다. 그는 또한 그리스도가 하늘의 몸으로 천국에 승천했으나 땅에 속한 육체는 땅위에 남아 있다고 주장했다. 이는 분명히 영지주의적인 사고이다.

이러한 성서적 탈선에도 불구하고, 윌리엄 로우는 뵘의 체계에 따라 그의 신학적 이해를 구성했다. 로우는 성경을 샅샅이 알고 있었으며, 심도 있는 기도 생활을 하였기 때문에 뵘이 가지고 있는 타당한 지식은 받아들이면서, 뵘의 대부분의 이단적인 계시들은 걸러 낼 수 있었다. 그렇지만, 로우의 성서적 여과지는, 2세기 후의 켄욘(E. W. Kenyon)과 마찬가지로, 완벽하게 작동하지는 않았다. 로우의 〈하나님의 사랑에 관해서〉 (On the Love of God)는 하나님의 분노는 존재하지 않는다는 뵘의 사상을 수용하고 있다. 어떤 경우에든, 처음부터 뒤섞이고 오염된 계시로부터 (전반적으로) 건전하고 통찰력으로 가득 찬 성령신학이 나왔는데, 이 성령신학은 그 시대보다 2세기를 앞선 것이다.

로우의 〈성령의 권능〉(The Power of the Spirit)이란 책의 서문과 로우에 대한 최근의 논문에서 헌트는 뵘이 로우에게 영향을 주었다고 분명하게 밝히고 있다. 그렇지만, 로우의 책을 평가절하하기 위해서 뿌리(기원) 논쟁을 사용하지는 않고 있다. 반대로, 헌트는 로우의 책에 상식적인 접근 방법을 사용하고 있다. 그는 책의 신학적 기원을 평가하고 고찰하는 것이 아니라, 전반적인 성서와의 일치성, 성경의 이해에 대한 기여도, 기독교인들에게 영감을 주어 거룩한 삶에 이르게 하는 능력 등을 평가한 것이다. 이상하리 만큼, 헌트는 뵘의 이단적 사상 중의 하나도, 또한 로우가 종종 뵘을 "축복 받은 뵘"으로 불렀다는 사실까지도 언급하지 않고 있다.

만일 헌트가 E. W. 켄욘과 신앙 운동에 적용한 것과 똑 같은 뿌리(기원) 방법론을 사용했다면, 그는 다음과 같은 논쟁을 펼쳤을 것이다: 뵘은 신비주의자이며 이단이다. 그의 글들은 악마에게 영감을 받은 영지주의적 사고들로 벌집처럼 되어 있다. 윌리엄 로우는 뵘의 영지주의적 글에 영향 받은 중요한 기독교 학자이다. 그러므로, 로우의 글들은 (그리고 앤드류 멀리의 책과 함께) 이단적이며, 정상적인 기독교 독자들을 유혹하여 영지주의적 이단이 되게 할 것이다.

우리는 지금 헌신적인 기독교 교인이요 훌륭한 반(反)사교 작가인 데이비드 헌트와 같은 사람이 어떻게 바리새주의 정신으로 빠져들어 갔는지를 보았다. 우리는 이제 어떻게 특정의 기독교 기관들이 유사한 바리새적 방법으로 기능하고 있는가를 연구할 것이다.

제22장
행크 헤네그라프와 기독교연구원(CRI)의 비극

    전국적으로 알려진 4명의 기독교 목회자들이 반(反)사교 조직체들의 비기독교적인 과도한 열성에 의해 공격을 받아왔다. 각각의 경우에 박해받은 목사들은 약간의 교정과 비난을 받을 필요는 있었다. 이런 공격은 제임스 스펜서(James Spencer)가 최근에 연구한 〈이단 사냥꾼들: 교회 내에서의 인격 암살〉 *(Heresy Hunters: Character Assassination in the Church)*란 책에서 연구되어 있다. 스펜서 자신도 존경받는 반(反)사교 연구 목사이다. 오랫동안 몰몬교도였던 그는 하나님의 은총으로 그 속박으로부터 해방되었으며, 그 후 몰몬교도들에게 고도로 성공적인 전도 사역을 확립했다.

    스펜서를 괴롭힌 것은 (그리고 그가 상담했던 다른 반(反)사교 목사들을 괴롭힌 것은) 위에서 4명에게 가한 그런 공격이 성서적인 비판을 넘어서서 인격 암살의 영역으로 들어가게 되었다는 것이다. 그 목표는 목회를 바르게 교정하려는 것이 아니라 *파괴시켜버리려는* 것처럼 보였다.

    이런 현상은 전혀 놀라운 일은 아니다. 왜냐하면 반(反)사교 사역이란, 어휘의 뜻이 시사하는 그대로, 특별히—성경적인 것이기 때문이다. 다른 말로 하면, 그 사역은 성경에 설명되어 있는 것도 아니며, 금지되어 있는 것도 아니다. 이런 사역들은 주교(감독)의 직책이 무력하게 약화되어왔던 주류 교회 안의 비극적 상황에 대한 대응에서 발생하였다.

바울의 서한문을 읽어보면, 우리는 감독이 자기 책임 하에 있는 교회들을 격려하거나 교정하는 사람임을 알 수 있다. 바울의 자기 교회들에 대한 목회는 하나의 완전한 모범을 보여 주고 있다. 그는 자신의 교회들이 믿음이나 관대함을 실천할 때 기뻐하고 격려해 주었다(예를 들면, 빌립보서 1:3-7). 그러나 그들이 도덕률을 어기거나 예배 중에 무질서할 때는 그들을 힐책했다(고린도전서). 더구나, 잘못된 교리가 생겨날 때 바울은 신속히 그것을 교정하였다(갈라디아 1장과 고린도전서). 이것은 감독의 성경적 패턴(모형)으로 격려와 징계를 하는 일이었다.

이 패턴은 초기 교회에서도 계속되었다. 초기 교회에서 가장 뛰어난 반(反)이단적 작품은 리용의 감독이던 이레네우스(Irenaeus, 130-200)가 쓴 〈이단에 대항하여〉(Against Heresies)라는 책이었다. 바울과 마찬가지로, 이레네우스는 그의 집사들을 감독하고 격려하였다. 그의 이단에 관해 쓴 대표적인 글 외에도, 그는 이교도들을 전도하기 위하여 변증법적인 글을 썼다. 이레네우스는 자신이 걱정해야 할 교회 재산도 없었고, 많은 서류나 합법적 건물도 없었고, 관리해야할 퇴직금도 없었기 때문에, 박해 시대에 살면서도 유리한 점들을 갖고 있었다. 그는 자신의 목회의 영적인 면, 즉 교회를 세우고 돌보면서 기도에 중점을 두었다.

대조적으로, 근대의 감독들은 교회의 재산을 감독해야하는 관료도 되어야 하고 동시에 교회내의 다양한 파벌들을 조정해야하는 정치가적인 역할도 담당하도록 강요된다. 더욱 비극적인 것은 자유 신학이론이 주류 신학교들을 너무나 사로잡아서 오늘날 많은 감독들이 그것에 대항해 싸우려하기 보다는 이단을 격려하는 경향이 있는 것 같다. 예를 들면, 성공회 교회에서, 미국 뉴아크의 존 스퐁(John Spong) 감독은 개방이란 이름으로 모든 종류의 이단과 비(非)성서적인 관습을 옹호하는 데 악명 높은 명성을 얻었다. 스퐁은 시끄럽게 떠드는 극단론자일 수도 있지만, 그러나 그의 이단적인 신학이론은 수십 년 동안 주류 신학교에서 가르쳐 온 것을 반영하고 있다.

이런 영적인 진공상태 속으로 반(反)사교 사역자들이 들어왔다. 그들은 이제 근대 주교와 감독들이 포기했던 책망과 변증적인 사역을 하고 있다. 이런 기능들이 감독의 권위로부터 분리되어진다면 그건 성경적 패턴이 아니다. 오히려, 그것은 비극적 필연성이다.

1960년대는 결정적인 시기였다. 미국은 문화적 대 변동을 겪게 되었고, 대중적인 반문화가 일어나서 비기독교적 가치와 때때로 영성의 기괴한 형태들을 찬양했다. "성경이 인간에게 응답한다"(Bible answer Man)의 라디오방송 책임자 월터 말틴(Walter Martin)과 "영적인 가짜 계획"(Spiritual Counterfeits Project)의 탈 브루크(Tal Brooke) 같은 사람들은 하나님의 부르심을 받아 교회 밖에 있는 사교들과 교회 내부에 있는 비판받지 않는 이단의 이중적인 위협에 대응하고 있다. 이러한 사역에 부르심을 받은 많은 사람들은 기독교 정통의 본질을 그들 스스로가 배워야 했다. 일반적으로 이런 일을 한다는 것은 옛날의 신교사상의 창시자들, 특히 19세기 복음주의적 신학으로 되돌아가는 것을 의미하는데, 그 신학은 자유주의 이전시대와 불행하게도 기적종료주의로 되돌아가는 것을 의미한다.

이것이 의미하는 바는, 종종 반(反)사교 전문가들, 특히 보다 소규모의 목회 경험을 한 반(反)사교 전문가들은 기독교 역사를 통해 유유히 흘러내려온 기독교 정통의 다양한 형태와 믿음이 충만한 공동체들의 다양한 형태를 잘 알지 못한다는 것이다. 최근의 두드러진 예외는 이전에 기독교 연구원(Christian Research Institute)에서 종사한 로버트 바우만(Robert Bowman)으로, 그의 뛰어난 저서인 〈정통과 이단〉 *(Orthodoxy* and Heresy)은 교단을 초월한 정통적 개요를 탁월하고 읽기 쉽게 설명하고 있다.

불행하게도 많은 반사교 작가들은 바우만과 같은 교육과 세련됨에 훨씬 미치지 못하고 있다. 일부 독학으로 공부한 반사교 목사들은 종교개혁과 복음주의적 신교사상에 대한 신화적인(가공의) 견해를 가지고 그들의 사역에 임하고 있다. 그것은 주일학교 역사로부터 유래된 견해요, 종교개혁자들의 최고의 저서들만을 읽고 얻은 견해이다. 그런 신화적인 그림은 종교개혁자들을 도덕적으로나 영적으로 완전한 사람으로 묘사하는 것이다. 사실, 프로테스탄트 종교개혁은, 교회 위에 하시는 하나님의 모든 역사에서 그런 것처럼, "뒤범벅인 것"(messy)이었다. 종교개혁자들은 온전한 예의란 전연 갖추지 않고 서로 논쟁했으며, 심지어는 서로를 박해하기까지도 서슴지 않았다. 급진적인 종파들이 일어나 이단을 확산시켰다. 몇몇의 주요 종교개혁자들은 심각한 도덕적인 결함을 갖고 있었다. 예를 들어, 성경을 라틴어(블게이트 성경, 70인 역 성경)로 번역한 성 제롬(St. Jerome)은 글을 쓸 때 무자비하였다. 루터는 신학에 외설을 혼합하였으며, 존 낙스(John Knox)는 계속 근친상간에 관계되어 있었는지도 모르는 일이었다. 교회의 주요 종교개혁자들 가운데서 성 프란시스나 존 웨슬리와 찰스 웨슬리 형제와 같은 수준의 성화에 도달한 사람은 거의 없었다.

이러한 난제(難題)에 대한 해답은 하나님은 종종 하나님 나라의 일을 위해서 완전하지 못한 사람들을 사용하신다는 것이다. 반사교 작가들은 종종 자신과의 동시대의 목사들을 완전무결하다고 가상하는 종교개혁가들의 신화와 비교한다. 자연적으로 동시대의 목사는 자질이 부족하고, 그래서 가짜이고, 이단적이고, 위험스러운 존재가 될 수밖에 없는 것이다.

세계 2차 대전 이후 반사교 활동의 기록은 각양각색이었다. 많은 기록은 이단을 평가하는데 훌륭한 업적을 이루었으며, 몇몇 기록은 눈에 띄는 연구 장서들을 만들어서 건전한 학자들의 관심을 이끌었다. 다른 기록은 소박한 수준에 머물러 있었는데, 그 기록에 보면 그들 자신들의 복음주의적 전통에 친숙하지 않은 것은 어떤 것이라도 이단으로 분류해 버렸다.

일부 사역 자들은 1970년대에 오순절―카리스마적 시각은 사교적이거나 비정상적이 아니라는 것을 받아들이는데 어려움이 있었다. 다른 사역 자들은 어려움 없이 그 변화를 수용할 수 있었다. 월터 말틴(Walter Martin)이, 여러 해 동안 복음주의적 기적종료론자적 입장을 견지 해 온 이후에, 오순절주의를 받아드리고 또한 성령의 은사의 계속성을 받아드린 것은 다른 반사교사역자들을 위해서도 결정적인 긍정적 모델이었다. 그렇지만, 그들 중 가장 훌륭한 목회자조차도 본질적으로 불안정한 목회사역에서 비롯되는 유혹에 쉽게 지배받게 된다―이것은 끊임없이 비판적인 시각을 갖는 것이다. 제임스 스펜서(James R. Spencer)는 〈피투성이의 가슴과 선전: 교회에서의 이성의 몰락〉에서 반사교 사역에 대한 관찰 기록 중의 하나가 여기에 꼭 들어맞는다. 많은 목회자들은, 의도한 것은 아니지만, 연구관련 언론계의 세상적인 (타락한) 자세를 받아들이는데, 그 언론에는 조롱하고 파괴할 정도까지 폭로하는 것이 정당하다고 생각하고 있다.

기독교 연구원(Christian Research Institute)

아마도 뛰어난 반사교 사역을 하는 곳은 기독교 연구원(CRI)일 것이다. 이 연구원은 최고의 교육을 받은 반사교 연구가들 중의 한 사람인 월터 말틴 박사가[뉴욕 대학과 캘리포니아 웨스턴 대학에서 박사학위

받음] 창립한 것이다. 말틴이 1989년 암으로 세상을 떠났을 때, 행크 헤네그라프 (Hank Hanegraaff)가 CRI의 원장으로 취임하게 되었다. 헤네그라프는 자신을 카리스마적 (은사주의적) 사람이라고 했으며, 그는 초기 몇 해 동안은 애틀랜타에서 훌륭한 카리스마적 교회의 목회자들을 도왔다. 현재 그는 스스로 카리스마 운동의 많은 측면으로부터 거리를 두고 있다. 게다가, 헤네그라프는 말틴이 받은 것과 같은 학력을 갖고 있지 않다. 그러나 그는 자신의 가장 중요한 스승들은 찰스 스펄전(19세기 부흥사), 조나단 에드워즈와 C.S. 루이스 등이라고 설명한다.

헤네그라프의 지도력아래 CRI는 많은 훌륭한 일을 계속해 왔다. 〈기독교 연구 저널〉(Christian Research Journal)이 확장되어 뛰어난 논문들을 실었는데, 이 논문들은 사교들을 폭로할 뿐 아니라 복음주의적 독자들을 교육하고 성숙하게 하는 데 도움을 주어왔다. 매일 "성경은 인간에게 응답한다"란 라디오 프로그램을 듣고, 〈기독교 연구 저널〉을 구독하는 많은 사람들은 복음주의적 근본주의자들이다. 그렇기 때문에, 이들 많은 사람들은 학문적인 모든 것에 깊은 의심을 갖고 있다. 헤네그라프는 그들의 편견에 영합할 수도 있었다. 그러나 그렇게 하지 않았다. 예를 들어, 〈기독교 연구 저널〉은 로마 카톨릭교회에 관해 다섯 편의 훌륭한 시리즈를 실었는데, 카톨릭주의를 이단적이거나 사교적이라고 규정하기를 거부했다. 이것 때문에 보다 보수적인 많은 독자들을 화나게 했다.

비슷한 경우로, 〈기독교 연구 저널〉의 1995년 겨울호에 기독교 상담에 있어서 심리학의 역할에 대한 3부분의 연구 중 제 1편을 실었다. 또 한번 CRI는 모든 세속적인 심리학을 희망 없는 이교 정신으로 쉽게 써내려갈 수도 있었을 것이다. 사실상, 밥(Bob)과 그레첸 파산티노(Gretchen Passantino)에 의해 쓰여진 그 논문들은 심리학이 교회에 가치 있는 공헌을 할 수 있다고 인식하는 중간적 입장을 취했지만, 심리학을 과도하게 사용하는 것을 경고하였다.

헤네그라프는, "성경이 인간에게 응답한다"란 토크쇼의 사회자로서, 〈킹 제임스 성경 유일한 논쟁〉(The King James Only Controversy)의 저자인 존 화이트(John White) 박사와 대담하는데 세 개의 프로그램을 사용하였다. 이 책은 많은 근본주의자들이 킹 제임스 성경만이 유일하게 믿을만하고 영감을 받은 근대 성경이라고 생각한다고 지적하고, 그런 생각은 유해한 신화라고 폭로했다. 몇몇 격노한 근본주의적 청취자들이 킹 제임스 성경을 대신하여 헤네그라프와 화이트와 논쟁을 벌였다. 이 모든 것이 뜻하는 것은 헤네그라프가, 대중적인 근본주의자적 편견을 고려하지 않고, 건전한 복음주의적 학문을 대중의 관심사로 등장시킨 말틴 박사의 전통을 수행한다는 것을 의미한다.

더구나, 헤네그라프는 하나님의 세계 교회(Worldwide Church of God)(Herbert W. Armstrong)를 그 교단의 지도자들과 여러 해 동안의 끈기 있는 대화를 통해 성서적인 정통교회로 되돌려 놓는데 중요한 역할을 해왔다. 이러한 감동적인 이야기 자체로도 헤네그라프를 20세기 기독교계의 중요한 인물이 되게 하기에 충분했다.

비극적인 것은, 어떤 특정한 주요 주제에 있어서 헤네그라프는 보잘 것없는 분별력을 행사했으며, 파괴적인 이단사냥꾼(바리새주의)의 양태로 빠져들어 갔다. 사건 하나 하나의 경우를 보면, 그에게 폭 넓은 기독교 역사적 시각이 부족했기 때문에 그로 하여금 잘못된 판단을 하게 했던 것같이 보인다.

앞에서 설명했듯이(제19장), 파라의 말씀—신앙 운동(Word-Faith Movement)에 대한 비난은 많은 신앙 목회자들의 주의를 끌지 못했다. 일부 사람들은, 케네스 헤이긴(Kenneth Hagin)처럼, 성숙해지고 온건하게 되었지만, "계시 지식"에 대한 한계를 정의하는데는 아무런 진전도 이루지 못했다. 그래서 일부 보다 성숙한 목회자들조차도 명상적인 생각과 아이디어를 하나님으로부터 온 계시로 계속 잘못 인식하게 되었다. 새로운 말씀―신앙(New Word-Faith) 목회자들은 세력이 증대하여 치유와 번영을 계속 과도하게 설교했다.

그렇지만, 헤네그라프가 파라의 접근 방법보다는 헌트와 맥아스(MacArthur)의 "전적으로 잘못된" 견해를 받아드린 것은(21장과 24장 참조) 실망스러운 일이다. 이런 일이 어떻게 일어났는지를 이해하는 것도 또한 쉬운 일이다. CRI 의 존경받는 창시자인 월터 말틴 박사는 말씀―신앙(Word-Faith) 사역이 진정한 기독교에 심각한 위협이 된다고 느꼈다. 그가 쓴 마지막 글들 중의 하나는 일부 신앙 목회자들의 "작은 신들"(little gods) 신학을 비판한 것이었다.

헤네그라프는 1993년에 출판한 〈위기에 처한 기독교〉(Christianity in Crisis)에서 말틴의 비평을 계속 발표했고 (그리고 과장했다). 이 책은 CRI의 최고 경영자로서의 권위와 특권에 힘입어 놀라운 베스트 셀러가 되었다. 그는 자신의 책을 종종 "성경이 인간에게 응답한다"는 라디오 프로그램에 자료로 인용하고 있다. 헌트의 〈기독교의 유혹〉(Seduction of Christianity)이란 책과 마찬가지로, 헤네그라프의 책은 그 엄청난 양의 각주와 잦은 인용문들 때문에 훌륭한 학문적 작품인 것처럼 보인다. 헌트와 다르게, 헤네그라프는 각주가 정확한지를 확인하는데 많은 주의를 기울였으며, 그의 책은 어떤 기술적 오류가 거의 없다. 일반 기독교 독자들은 그 책이 말씀―신앙 운동의 진실된 평가서라고 변함 없이 결론을 내린다.

선택하여 수집한 자료의 기만성

그러나, 수많은 인용문들 뒤에는 심오한 방법론적 오류가 숨어있다― 한 단체의 부흥(선교)운동 중의 가장 나쁜 오류들을 열거함으로써 그 운동 전체를 사실대로 폭로하는 것으로 보이게 하는 것이다. 이런 것은 〈때에 알맞은 사색〉(*Seasonable Thought*)에서 보여준 찰스 초운시(Chauncy)의 오류이며, 〈크리스천 사이언스와 다른 미신들〉(*Christian Science and Other Superstitions*)에서 보여준 제임스 벅클리(Buckley)의 오류였다(3장과 10장의 분석 참조). 그것은 쉽게 만들어지는 오류이지만, 그런 것은 분석이 아니라 만화 같은 풍자이며, 성서적인 비판이 아니라 파괴성을 초래하는 것이다.

가상의 예를 들어 이것을 증명하겠다. 열렬하고 편협된 카톨릭교도였던 청년기로 돌아간다고 가정해 보자. 또한 최초의 종교개혁자인 마틴 루터가 촌스럽고 편견에 가득 찬 얼간이이며, 그래서 하나님의 운동을 이끌 수 없었다는 것을 보여줌으로써 프로테스탄트의 기원을 폭로하기를 원한다고 가정해 보자. 이것은 그의 전집(50권이 넘는)을 뒤져보고, 그의 가장 무례한 글들을 골라냄으로써 쉽게 해낼 수 있을 것이다. 나는 그의 폭력적이고 반유대적인 설교와 소책자들을 모두 모을 수 있을 것이다. 나는 농민 봉기 기간동안 그가 쓴 글들을 동원하여 폭동에 참가한 농민들을 잔인하게 죽이라고 명령했을 때 한 그의 연설문을 골라낼 수 있을 것이다. 마지막으로 나는 루터가 더러운(세속적인)언어로 신학적 이론을 표현한 어떤 설교문과 '탁상 토론' 을 첨가할 것이다. 또한, 나는 루터의 대표적 고전으로서 수세기에 걸쳐서 기독교인들을 깨우치게 한 〈로마서 주석〉(*Commentary on Romans*)과 같은 훌륭한 저서들은 피할 것이다. 나의 루터에 관한 선집은 완전하게 진실일 것이며, 내가 관심을 가지고 잘 연구했다고 가정해 본다면, 모든 각주와 인용문들은 정확할 것이다. 그러나 더 깊은 차원에서 그 선집은 진실이 아니며 공평하지 못하다.

여기서 핵심적인 과제는 "수집"과 역사 사이의 차이점을 인식하는 일이며, 또한 오류에 찬 스크랩북을 모으는 일과 다른 사람의 신학 이론을 공정하게 기록하는 일의 차이점을 인식하는 것이다. 훌륭한 역사학자는 한 개인과 그의 저서를 전체적으로 측정하여 그를 그 시대 안에서 평가하려고 시도한다. 예를 들면, 루터의 반유태주의는 실제적으로 루터 시대의 모든 기독교인들에게는 일상적인 것이었다.

"산만한"(messy) 종교 운동들을 평가하는 방법론은 물론 조나단 에드워즈(Jonathan Edwards)에 의해 최초로 제시되었다. 그러나 그것은 1세기 반 후에 유명한 철학자이자 심리학자인 윌리엄 제임스(William James)에 의해 정교하게 다듬어졌다. 그의 고전적 저서인 〈종교적 체험의 다양성〉(Varieties of Religious Experience)에서 보면, 제임스는 (에드워즈처럼) 어떤 종교 운동이나 어떤 종류의 체험도 외형으로 나타나는 극단적인 징후만 가지고 판단되어서는 안 된다는 것을 보여주었다.

제임스의 방법론에 대한 분명한 논증은 기독교인의 독신생활(금욕생활)의 관습에 대한 분석에서 발견된다. 제임스는 3세기의 사막교부들에게서 비롯되어, 카톨릭 전통 속에 산재하고 있는, 독신생활에서 나타나는 기괴하고 파괴적인 행동들을 보여주었다. 이 극단적 형식 안에서 독신생활은 기독교인의 최고의 미덕으로 잘못 알려져, 여인들과의 모든 접촉을 피함으로써 지켜진다고 믿었다. 제임스는, 기교 있는 말솜씨로, 이 행동을 "신인융합적"(theopathic)이라고 불렀다. 이 시점에서, 제임스는 그의 시대의 동료들이 갖는 유물론적 세속주의적 관점에 동의하여 모든 형태의 독신생활을 노이로제적(신경증적)이라고 할 수도 있었을 것이다. 그는 어쩌면 그에게 동의하는 일부 신교도들을 자기편에 확보

할 수 있었을 것이다. 그러나 제임스는 한 단계 더 나아갔다. 그는 정상적인 사회 속에서 살면서도 주님을 보다 깊이 섬기기 위해 성생활을 포기하고, 품위 있고 효과적인 방법으로 삶을 계승해 내려 온 기독교 성자들을 연구했다. 제임스는 심리학자이자 철학자로서 그의 주장을 확인하기 위해 성경을 인용하지 않았다. 그는 바울을 인용하여(고전 7:32-35) 실제로 어떤 사람들은 하나님 나라를 위하여 특별히 생각을 집중하여 독신생활을 하도록 부름을 받았다는 것을 보여줄 수 있었다.

헤네그라프가 말씀—신앙운동 목회자들과 신학을 공격한 것은, 공정하게 기술하도록 위임된 역사가의 권한을 위반한 행위이며, 종교 운동은 극단적인 예와 동시에 온건한 예들도 만든다는 제임스(그리고 에드워즈)의 이해를 교란하는 행위이다. 내가 허구적으로 구성한 루터의 선집을 가지고 예를 든 것처럼, 헤네그라프의 〈위기에 처한 기독교〉는 말씀—신앙 운동의 가장 극단적인 표현들만을 선택하여 그 운동 전체를 대표하는 것처럼 말하고 있다. 비판은 만화 같은 조롱하는 풍자 속에서 상실되어 버렸다. 사실, 헤네그라프는 〈위기에 처한 기독교〉를 시작할 때 말씀-신앙 신학을 어린이의 요정 이야기 형식으로 묘사함으로써 시작한다. 여기에는 예수님과 사도들이 부자였다고 믿는 것부터 지옥에서 받는 예수님의 고통에 대한 추측에 이르기까지 이 신학의 모든 극단적인 내용들이 제시되어 있다. 모든 것들이 지극히 우스꽝스럽게 만들어졌다. 헤네그라프의 그 우스꽝스러운 선집에 들어있는 몇 가지 항목은 특히 불공평하다.

우리는 지옥의 그리스도라는 켄욘의 신학에 관한 맥코넬(McConnell)의 악평이 잘못된 것이라는 점을 앞에서 살펴보았다. 사실상 켄욘은 단지 지난 반세기의 풍조로부터(20장) 나와서 오랫동안 유지되어 온 복음주의 전통 위에서 정밀하게 구성해 놓았다. 헤네그라프는 그의 책의 "속죄의 잔학 행위"라는 한 주요 부분에서, 맥코넬의 반대의견들을 치켜올림으로써, 그 반대 이론과 연관된 지옥의-그리스도 이론에 교묘하게 연타를 가하고 있다. 헤네그라프의 논쟁의 밑바닥에는 잘못 전해들은 견해가 깔려 있는데, 그 견해는 켄욘과 많은 말씀-신앙 지도자들에 의해 주장된 속죄의 보상 이론은 이단적이라는 것이다. 베니 힌(Benny Hinn)의 책 〈기름부음〉(The Anointing)의 비평에서, 헤네그라프는 이렇게 썼다.

> 베니 힌은 의롭다함(justification, 稱義)(엡 2:8-10)을 성화(롬 8:26-30)로 혼동함으로써, 그리고 이단적인 구속의 "보상" 이론을 반복함으로써 구속신학에 대한 자신의 무지를 나타내고 있다. 이 구속의 보상 이론은 예수님이 사악한 사탄으로부터 순수한 인간성을 "다시 사 와야" 만 했다는 이론이며, 이 이론은 로마서 5:9-21에 의해 반박되어졌다.[101]

속죄 이론을 이단이라고 규정함으로써, 헤네그라프는 많은 정통적 신자들에게 심각한 불법 행위를 하고 있으며, 한 형태의 복음주의적인 편협성을 표현하고 있다(20장 참조). 마찬가지로, 절대적인 기초 위에서, 그는 예수님께서 결코 "지옥(세올)으로 내려가시지 않았다"고 주장하고 그리고 예수님이 지옥에 내려갔다는 것을 믿는 것은 이단이라고 주장했을 때, 헤네그라프는 자신의 전통보다 더 광범위한 정통적 통설을 인식하기를 거부하고 있는 것이다. 그런 주장들은 그 자신의 독특한 신학에 도움이 되지 않은 성경 구절들을 피하려는 경향을 보여주고 있다(특히 벧전 3-4장).

아담을 가끔 높이는 것은 말씀—신앙 운동의 또 다른 교리인데, 헤네그라프는 이 교리를 참을 수 없을 정도로 이단이라고 생각한다. 헤네그라프는 아담은 전락하기 이전에 너무나 완벽하고 능력이 부여된 존재이기 때문에 날 수도 있었을 것이라고 가르치는 베니 힌(Benny Hinn)을 인용한다. 베니 힌은 창세기 1:26을 증거로 인용하여 아담이 새를 지배하도록 하나님이 주신 권한을 갖고 있었다는 것을 말한다. 힌은 아담이 원하기만 하면 달에도 갈 수 있었을 것이라고 믿기까지 했다.

비록 아담의 권능에 대한 이 억지스런 이론이 비난(그리고 웃음)을 자아낼 만하다 하더라도 헤네그라프가 생각한 만큼 심각한 이단은 아니다. 아담을 찬양하는 것은 유대인의 바빌론 유배시대의 종교적 교사들(최초의 랍비들)에게서부터 비롯된 통속적인 전통이었다. 신약시대에 이르러 많은 랍비들이 아담에 대한 유사한 환상적인 교리들을 가르쳤다. 예를 들어, 어떤 사람들은 그가 체구가 거대했다고 믿었으며, 심지어 인간의 타락 이후에도 1백 야드나 되었다고 믿었다. 또 다른 사람들은 아담의 얼굴과 신체가 태양보다도 더 밝은 빛을 발산했다고 가르쳤다. 바울은 이 문헌에 크게 영향을 받아 이런 랍비들의 가정으로부터 그리스도를 "제2의 아담"이라고 하는 교리를 채택했다(롬 5:15-18, 고전 15:20-23). 확실한 것은 바울이 아담을 초인간으로 여기지 않았다면, 바울이 주창하는 아담과 그리스도를 비교하는 것은 그리스도의 위상을 떨어뜨리는 것이 되었을 것이다. 헤네그라프는 또다시 추론적인 흙 둔덕을 가지고 이단적인 큰산을 만들고 있는 것이다.

불행히도 〈위기에 처한 기독교〉에서 헤네그라프는 말씀-신앙 운동에 대한 자신의 혐오감으로 인하여 기독교인이 가서는 안 되는 자리, 즉 분명한 왜곡의 자리까지 가고 있다. 이 왜곡은 그가 캐네스 코프렌드(Kenneth Copeland)를 "거짓된 교사 중에 가장 나쁜 사람"이라고 평가한데서 잘 나타난다. 헤네그라프는 코프렌드가 그리스도의 신성을 믿지도 않는다는 사실을 입증하려고 시도한다. 그는 그 증거로 구속에 대해 설교한 녹음 테이프 중의 일부를 인용하고 있다.

> 하나님께서는 이것을 위한 대가(죄의 대가)로 무엇을(왜) 지불하셔야만 합니까? 그분은 최초의 인간을 닮은 사람이 있어야만 했습니다. 그것은 완전한 인간이어야만 됩니다. 그는 완전한 인간이어야만 됩니다. 그는 신이 될 수 없으며, 인간들이 공통적으로 갖지 않은 속성과 위엄을 지니고 폭풍처럼 오실 수는 없습니다.[102]

코프렌드의 말은 결정적인 것처럼 들린다. 그는 진짜 이단이다! 그러나 녹음된 설교의 나머지 부분에 주의를 기울여보면, 인용된 부분에서 코프렌드는 그리스도의 *인성(人性)*을 강조하고 있다는 것이 분명해진다. 그는 아주 빠르게 예수님의 *신성(神性)*을 다음과 같이 말하고 있다.

> 인간이 되어야 했지만, 그러나 최초의 사람(아담)과 같은 순수한 인간이 되어야만 했습니다. 그리고 하나님 외에는 아무도 그런 사람은 없었습니다. 이제 어떻게든지 하나의 인카네이션(성육신)이 있어야 했으며, 하나님으로 충만한 인간이 있어야만 했습니다. 하나님이자―인간이신 분이 이 땅에 오셔야만 했습니다.[103]

그의 설교의 맥락에서, 코프렌드는 이 문제에 있어서 완전히 정통이다.

요약하면, 현재 말씀―신앙 운동의 가르침의 실제 내용은 헤네그라프가 풍자한 내용과는 어느 정도만 연관되지 별로 관계되는 것이 없다. 예를 들면, 내가 헤이긴(Hagin)의 〈믿음의 말씀〉 (*Word of Faith*) 잡지를 지난 7년간 검토해 보았는데, 놀랍게도 온건한 어조와 내용을 나타내고 있었다. (헤이긴은 파라의 많은 비평을 받아들인 것처럼 보인다. 비록 정책상 결코 그 비평에 대응하지 않긴 했지만.) 분명히 일부 말씀-신앙 지도자들은 지나치게 상상적인 사색을 해왔으며, 그들의 번영과 치유 교리에는 종종 비판이 필요하다. 그러나 그들의 이론에 대한 헤네그라프의 해석은 과장하여 강조한 것임으로 단순히 거짓된 것에 불과하다. 몇 주일 동안 헤이긴과 코프렌드 또는 마리린 힉키(Marilyn Hickey)의 말을 들어보고, 말씀―신앙 지도자들이 지금 무슨 말을 하고 있는지 보기를 바란다.

헤네그라프 대 거룩한 웃음(토론토 축복)

1993년, 교회의 새로운 부흥운동이 북 아메리카에서 일어났다. 정서적이고 영적인 치유와 새로운 기쁨의 느낌이 가장 분명한 효과로 나타났다. 1994년에 이르자 부흥운동은 확산되었다. 부흥운동이 가장 큰 영향을 주었던 빈야드(포도원) 교회의 창설자이며 지도자인 존 윔버(John Wimber)는 이러한 하나님의 일을 교회의 "회복"(refreshment)이라고 불렀다. 그의 견해는 이러한 최근의 회복운동은 대체로 이미 기독교인이 된 사람들 사이에서 일어나고 있다는 것이다. 대조적으로, 전통적인 부흥운동에서는 많은 수의 비기독교인들이 교회에 새로 등록하는 것이 특징이다. 그렇지만, 최근 몇 달 동안을 보면 불신자들이 이 새로운 부흥운동에 진정으로 관심을 갖게되고 개종한다는 것이 더욱 분명해지고 있다.

하나님의 다른 역사와 마찬가지로, 이 최근의 역사도 하나의 형성기간이 있으며 그리고 많은 돌발사건들이 나타났다. 그것은 "토론토 축복(Toronto Blessing)"이라고 불렸다. 왜냐하면 그 부흥운동의 가장 공개된 중심 관심사가 존 아놋트 목사의 토론토 에어포트 크리스천 팰로우쉽 교회(이전에는 토론토 공항 빈야드 교회로 알려졌음)에서 일어난 여러 가지 역사들이었기 때문이다. 묘하게도, 아놋트(Arnott) 목사는 1993년에 아르헨티나에서 부흥사인 클로디오 프레이드존(Claudio Freidzon)에게서 안수를 받고 부흥운동을 위한 기름부음을 받았었다. 아놋트 목사와 그의 사모는 아르헨티나로 가서 거기에서 일어나고 있는 부흥운동을 보았다. 참석한 모든 회중들을 통해 확산되어 나가는 계속되는 웃음은 아르헨티나 부흥 집회의 특이한 현상이었다. 그래서, 이 최근의 하나님의 역사는 또한 "웃는 부흥운동(Laughing Revival)"이라 말하기도 한다. 이런 이름이 부흥운동의 가장 대중화된 *나타난 현상(manifestation)* 에 초점을 맞추어 붙여진 것은 불행한 일이다. 그 부흥운동의 현저한 열매가 즐거움으로 나타났기 때문에 "즐거움에 찬 부흥운동"으로 부르든지, 아니면 그 부흥 집회가 진행되는 동안 종종 들었든 "새 술 부흥 운동"이라고 했더라면 훨씬 더 좋았을 것이다.

북아메리카에서 부흥운동은 남아프리카 부흥사 로드니 하워드 브라운(Rodney Howard-Browne) 박사와 밀접한 관련이 있다. 하워드 브라운은 1987년에 순회 전도자로 미국에 왔다. 2년 후에, 뉴욕주에서 선교 활동을 하는 중에, 그의 집회에서 쓰러지는 현상과 웃는 현상을 포함하여 많은 현상들이 나타났다. 그때부터 그의 집회는 급속히 확장되어 나갔다. 그의 가장 중요한 대형집회는 플로리다 주의 레이크랜드에 있는 카펜터의 가정 교회와 툴사에 있는 레마 바이블 학교와 오럴 로버츠 대학에서의 집회였다(1993).

레마 집회에서, 세인트 루이스에서 온 빈야드 교회 목사인 랜디 클라크(Randy Clark)는 네 번이나 기도 받는 줄에 되돌아 와서 하워드 브라운으로부터 계속적인 안수 기도를 받았다. 클라크가 세인트루이스로 돌아갔을 때, 부흥운동은 그의 교회에서도 터지기 시작했다. 그 직후, 존 아놋트 목사는 클라크 목사를 초청하여 그 당시 토론토 포도원 교회에서 1994년 1월에 4일 동안의 밤 집회를 인도하게 했다. 클라크는 하나님의 특별한 임재하심이 토론토 교회에 나타남으로 수주일 동안 머물렀다. 곧 전 세계로부터 목사들을 포함하여 방문객들이 이 "창고" 교회로 오기 시작했다.

이 하나님의 방문은 이제 전세계에 확산되어, 거의 모든 대륙에 영향을 미쳤다. 하나님의 방문은 특이나 금세기 동안 부흥운동에 저항적이던 유럽의 교회들까지도 부흥시키고 있다. 그 상황은 특히 영국에서 감동적인데 그곳은 5500개 이상의 교회에서 교인들의 참석률이 극적인 증가하게 되고 교인들의 헌신도 더해갔다. [역자 주: 2000년 통계에 의하면 12000 교회가 영향을 받고 있음.] 한 영국 목사는 그 자신의 교인들 사이에 일어난 갱신운동을 다음과 같이 기술했다.

우리가 (사람들을 위하여) 기도할 때, 그들은 웃거나 운다. 그 다음 날부터 그들은 하나님의 임재하심에 대한 감지, 그들의 결혼의 변화, 그리고 그들의 삶에서의 윤리적인 변화에 대해 이야기한다. (우리 교회는) 삶에 대한 새로운 계약을 발견했으며, 우리의 기도모임은 4배가 되었다.[104]

영국 국교회의 부흥운동은 존 웜버와 그의 빈야드 교회 직원들과 몇 명의 영향력 있는 영국 국교회의 목사들간의 밀접한 관계로부터 비롯된다. 토론토 에어포트 크리스천 팰로쉽 교회는 그 전에 빈야드 교회와 관계가 있었기 때문에 캐나다와 영국으로부터 영국 국교회 목사들을 오게 할 수 있었을 것이다. 아마도 미국의 어떤 교회도 이렇게 할 수 없었을 것이다. 빈야드 교회와 영국 국교회의 관계는 정말로 신성한 "오묘한 커플"이다. 빈야드 교회는 가장 "미국적"이며, 현대 교단들 중에서 최소의 예배의식을 갖춘 교회이다(청바지와 스웨터가 목회자의 옷차림새이고,

팝 송 밴드와 그들의 찬양대). 그러나 그들의 지도자들은 종종 전 대영제국을 통해 영국의 고대 교회들과 아름다운 대성당에서 사람들을 가르치고 격려하는 모습을 볼 수 있다.

비록 현재의 부흥운동이 수많은 육체적 치유가 일어난 기록을 보도했지만, 빈야드 부흥운동에서 가장 두드러진 것은 엄청난 영적이고 정서적인 치유이다. 캐나다 침례교 목사인 로랜스 버버 목사는 토론토 교회에서의 그의 경험을 이렇게 기록하고 있다.

내가 기도를 받기 위해 서서 있었을 때, 나는 다른 사람들이 쓰러진 것처럼 쓰러지지 않을 결심을 했다. 나는 내 방법대로 예수님을 경배하고 그분의 임재하심을 초대하리라고 생각했다. 그러나 그때 내 다리가 힘없이 녹아 내렸으며, 나는 카페트 위에 뒤로 넘어져서 몇 분 동안 누워 있었다. 내 정신은 여전히 말짱했으며 놀라워하고 있었다. 그러자 내 배속에서 경련이 시작되더니, 나는 내 존재의 심연으로부터 흐느낌이 시작되었다. 울음 뒤에 평화의 느낌이 왔는데, 나는 하나님의 임재하심을 깊이 알게 되었고, 용서를 받았으며, 그분을 사랑을 받았다.[105]

"웃는 부흥운동"에 대한 헤네그라프

그런 긍정적인 증언과 부흥운동이 영국과 기타 다른 곳의 혁명적인 복음선교의 영향력에 직면하여, 행크 헤네그라프는 여전히 웃는 부흥운동은 하나님의 역사가 아니라고 믿고 있다. 오히려 그는 그것을 심리학적인 조종이나 그보다 더 나쁜 것에 의해 능력을 받은 망상이라고 부른다. 그는 그것을 "가짜 부흥운동"이라고 부른다. 헤네그라프와 CRI의 직원들은 그들의 간행물에서 일관되게 웃는 부흥운동과 그 지도자들을 공격했으며, 1994년 8월 이래로 "성경이 인간에게 답한다"라는 방송 프로그램에서 일주일에 몇 번씩 공격을 가했다.

헤네그라프가 웃는 부흥운동을 반대한 것은 놀랄 만한 일도 아니고, 특히 그가 처음도 아니다. 그 반대 의견은 찰스 초운시(Charles Chauncy)가 미국 대각성운동에 대해 불평을 한 것과 비슷하다. 1994년 9월에 헤네그라프는 그 부흥운동이 "품위 있는 질서(decent order)"를 위해 바울이 확립한 성서적 기준에 일치하지 않는다고 주장했다. 그는 자신의 요점을 요약하기를 "하나님은 통제하지 못하는 행동에는 자신을 나타내시지 않으신다"라고 말한다. 그는 고린도전서 14:29-33을 인용하고 있는데, 그것은 바울이 그리스도 교회의 예배를 위해 기대했던 규율과 질서를 설명하고 있는 부분이다.

예언하는 자는 둘이나 셋이나 말하고 다른 이들은 분별할 것이요 만일 곁에 앉아 있는 다른 이에게 계시가 있으면 먼저 하던 자는 잠잠할 지니라 너희는 다 모든 사람으로 배우게 하고 모든 사람으로 권면을 받게 하기 위하여 하나씩 하나씩 예언할 수 있느니라 예언하는 자들의 영은 예언하는 자들에게 제재를 받나니 하나님은 무질서의 하나님이 아니시오 오직 화평의 하나님이시니라

이 성경 구절은 정상적인 교회 예배의 규정을 정하려는 의도로 쓰여진 것이지, 부흥운동의 특별한 환경에 적용하기 위한 것이 아니다. 우리의 문제는 우리가 종종 *부흥*이란 단어를 빌리 그래함 부흥 집회와 같은 정상적인 부흥 활동을 포함하여 사용한다는 데 있다. 부흥 집회는 아주 좋고 필요한 것이지만, 그러나 그것들은 *계획된* 선교이다. 성경을 보면, 우리가 알 수 있는 것은, 진정한 부흥은 하나님께서 주권적으로 임재하여 *관여(침입)*하셔서, 자기 백성 속에 활력을 불어넣어 주신다는 것이다. 그 결과는 인간에 의해 질서를 이루거나 조절되지 않는다는 것이다.

구약성경은 이것을 암시해주고 있으나, *단순한* 암시에 불과하다. 왜

냐하면 성령은 그리스도의 승천 후에야 충만하게 부어주셨기 때문이다. 역대하 5:13-14에 기술되어 있는 솔로몬의 성전에 대한 봉헌 의식은 이런 재미있는 구절이 담겨있다.

나팔 부는 자와 노래하는 자가 일제히 소리를 발하여 여호와를 찬송하며 감사하는데 나팔불고 제금치고 모든 악기를 울리며 소리를 높여 여호와를 찬송하며 가로되 선하시도다 그 자비하심이 영원히 있도다 하매 그 때에 여호와의 전에 구름이 가득한지라 제사장이 그 구름으로 인하여 능히 서서 섬기지 못하였으니 이는 여호와의 영광이 하나님의 전에 가득함이었더라.

예배의 정상적인 질서가 하나님의 권능에 의해 혼란에 빠지게 되었다는 것을 주시해 보라. 그 결과는 계획된 것도 아니고 질서 있는 것도 아니었다.

본래의 오순절에 관한(사도행전 2장) 신약성경의 설명을 보면, 이와 유사한, 아니, 이보다 훨씬 더 강력한 하나님의 *임재하심(침투하심)*이 모여 기도하는 무리 속에 나타나셨다.

오순절 날이 이미 이르매 그들이 다같이 한곳에 모였더니 홀연히 하늘로부터 급하고 강한 바람 같은 소리가 있어 그들이 앉은 온 집에 가득하며 마치 불의 혀처럼 갈라지는 것들이 그들에게 보여 각 사람 위에 하나씩 이마여 있더니 그들이 다 성령의 충만함을 받고 성령이 말하게 하심을 따라 다른 언어들로 말하기를 시작하니라(1-4절)

다 놀라며 당황하여 [모인 군중들이] 서로 이르되 이 어찌된 일이냐 하며 또 어떤 이들은 조롱하여 이르되 그들이 새 술에 취하였다 다더라

베드로가 열 한 사도와 함께 서서 소리를 높여 이르되 유대인들과 예루살렘에 사는 모든 사람들아 이 일을 너희로 알게 할 것이니 내 말에 귀를

기울이랴 때가 제 삼시니[역자 주: 아침 9시] 너희 생각과 같이 이 사람들이 취한 것이 아니라!(12-15절)

위의 말씀의 내용의 패턴에 다시 주목하라. 그 패턴은 정상적인 기도 모임으로 시작되었는데, 그 기도회는 하나님의 임재하심으로 방해를 받아, 이상한 현상이 나타났으며, 그 결과 전통적 질서에 상관없는 행동으로 이어졌다.

웃는 부흥운동을 지지하는 사람들은, 15절이 증명하고 있는 것은, 본래의 오순절 때 나타난 한 가지 현상은 일부 제자들 사이에 술 취한 듯한 행동이었다고 믿고 있다. 그들은 성직을 받은 후에 술 취한 듯한 상태를 겪은 자신들의 체험을 제자들이 경험한 것과 유사한 증거로 인용한다. 헤네그라프는 이런 해석을 비웃으면서, 베드로가 문제로 제기된 방언의 현상을 변호하려고 한 것이지 술 취한 것 같은 행동을 변호하려고 한 것은 아니라고 말하고, 베드로 자신은 술 취한 표시가 없었다고 말한다.

사도 이후 시대에서 부흥운동들은 다양한 초자연적인 힘의 작용과 "무질서한" 현상이 나타났다. 그 현상은 쓰러짐, 움칠거리기, 신음, 그리고 웃음 등이었다. 이런 현상들은 여러 시대를 통해서 많은 다른 부흥운동과 갱신운동 동안에서와 마찬가지로 조나단 에드워즈의 부흥운동, 조지 휫필드의 부흥운동, 존 웨슬리의 부흥운동 등에서도 나타났다. 존 아놋트가 토론토교회에서 일상적으로 갖게 되는 집회의 유형이 표준이 될 것이라고 주장하는 말에 헤네그라프는 모욕을 당했다고 느꼈다. 헤네그라프는 자신의 "성경이 인간에게 응답한다"는 라디오 프로그램에서 토론토 에어포트 크리스천 펠로쉽 교회에서 녹음된 것을 들려주면서 신랄한 비판의 코멘트를 가했다. 그 녹음을 통해 존 아놋트가 "우리는 과거의 교회로 결코 돌아갈 수 없습니다"라고 말하는 동안 사람들이 웃는 소리가 배경의 소음으로 들을 수 있게 했다.

아마도 그들 두 사람 다 틀렸을 것이다. 일부 현대 부흥 사역자들이 현재 일어나고 있는 감동적인 "열린 예배 형태"를 제도화하기를 바라긴 하지만, 유서 깊은 부흥운동의 패턴을 보면, 시간이 흐른 후에는 하나님의 특별한 임재하심과 은총은 거두어지는 것으로 나타난다. 그 때는 교인들은 보다 정상적인 예배의 형태로 빠져 들어갈 것이다. 그러나 부흥운동 이전에 정상적이었던 것보다 더욱 생생한 예배가 될 것이다.

헤네그라프와 기타 다른 반사교 목회자들이 웃는 부흥운동에 대해 비판하고 훼방하는 근원은 대부분 그들의 근본적인 신학이 기적종료주의에 깊숙이 잠겨 있기 때문이다. 예를 들면, 헤네그라프는 최근의 부흥운동가들이 "사교적"이며, 또한 성령을 하나의 에너지 장(場)으로 보는 잘못된 견해를 갖고 있다고 강력하게 비판하고 있다. 헤네그라프는 아놋트가 관찰한 것을 그 증거로 인용하는데, 아놋트는 하나님의 권능은 한 사람에서 다른 사람에게로 옮겨갈 수도 있다는 것이다. 치유를 위한 기도 줄에 서 있을 때 하나님의 권능이 기도 받는 사람에게서 뒤에 서 있는 켓처(잡아주기 위해 서 있는 사람)에게로 옮겨 갈 수도 있다는 것이다. 또한, 헤네그라프는 하워드 브라운의 집회에서 기름부음을 위해 줄을 서 있는 것에 대해 고도로 반대하고 있다. 하워드 브라운이 빠르게 수백 명에게 안수하면서 "충만하라, 충만하라" 하고 말하면 그들이 쓰러진다. 헤네그라프는 이것을 신성모독으로 보고 있다. 헤네그라프에게 그것은 성령은 하나의 '힘'(force)이고 심지어 '잘못 인도된 미사일'이라고 말한다. 잘못은 아놋트의 생각이나, 하워드 브라운의 안수에 있는 것이 아니라, 전체적으로 정말 중요한 논점인 하나님의 *에너지*(energies)에 대해서 거의 말하지 않는 데 있다(5장 참조).

성경에는 하나님의 *에너지*(그분의 인격이 아니라)가 실제로 기계적이고 그리고 완전히 제어되지 않는 방식으로 역사하는 것을 보여주는 몇 개의 구절들이 있다. 선지자 에스겔은 미래의 복구된 성전에서의 성직자들에 대하여 썼다.

그들이 안 뜰 문에 들어올 때에나 안 뜰 문과 전 안에서 수종들 때에는 양털 옷을 입지 말고 가는 베옷을 입을 것이니 가는 베 관을 머리에 쓰며 가는 베 바지를 입고 땀나게 하는 것으로 허리를 동이지 말 것이며 그들이 바깥 뜰 백성에게로 나갈 때에는 수종드는 옷을 벗어 거룩한 방에 두고 다른 옷을 입을 찌니 이는 그 옷으로 백성을 거룩케 할까 함이니라(겔 44:17-19).

이에 열두 해를 혈루증으로 앓는 중에 아무에게도 고침을 받지 못하던 여자가 예수의 뒤로 와서 그의 옷 가에 손을 대니 혈루증이 즉시 그쳤더라 예수께서 이르시되 내게 손을 댄 자가 있도다 이는 내게서 능력이 나간 줄 앎이로다 하신대(눅 8:43-44, 46).

하나님이 바울의 손으로 놀라운 능력을 행하게 하시니 심지어 사람들이 바울의 몸에서 손수건이나 앞치마를 가져다가 병든 사람에게 얹으면 그 병이 떠나고 악귀도 나가더라(행 19:11-12).

헤네그라프와 CRI(기독교연구원)의 다른 사람들은 부흥운동 하는 사람들의 주장을 잘못 이해하고 왔다. 그들은 아놋트와 또 다른 사람들이 웃는 것을 그 부흥운동의 "열매"로 생각한다고 믿고 있으며, 또한 그들은 웃는 것 그 자체가 성령의 열매가 아니라는 것을 입증하는 것은 쉽다고 주장하고 있다. 헤네그라프는 하워드 브라운이 줄을 지어 서서 안수 받는 사람들에게 하는 것과 같이 동양의 요가 하는 사람들이 그들의 제자들에게 웃음을 전이할 수 있다는 것을 지적하고 있다. 사실 아놋트와 부흥운동을 하는 다른 사람들이 지속적으로 이해하고 온 것은, 웃음, 쓰러짐, 술 취한 행동, 간헐적인 신음소리 등은 하나님의 성령과 상호작용하는 인간의 육체의 반응 즉 외형적으로 나타나는 현상이지 열매는 아니라는 것이다. 조나단 에드워즈는 이런 것들을 "운동"(exercises)이라고 불렀다. 열매—즉, 인간 내부에서 일어나는 변화들—는 외형적으로 일어나는 현상들 *다음*에 온다. 이 부흥운동의 하나의 결과인 열매는 육체적이고 정서적인 치유, 새롭게 된 영적인 열정, 하나님께로 더욱 가까이 감, 그리고 하나님의 사랑을 새롭게 인식하는 것들을 포함하고 있다.

이러한 혼돈은 최근에 한 젊은 부인이 "성경은 인간에게 답한다"의 라디오 프로그램에 전화를 걸어, 엘리어트 밀러(Elliot Miller, "크리스천 연구 저널"의 편집자이며 그 날의 사회자)에게 이야기함으로써 야기되었다. 그녀는 우선 그 라디오 프로그램이 그녀의 기독교적 생활에 도움을 준 것을 밀러에게 감사드렸다. 그런 다음 그녀는 며칠 전에 일어났던 한 사건을 이야기했다. 그녀는 지방 빈야드 교회에 나가고 있는데, 그 교회에서 그녀는 성령의 권능으로 쓰러져서 억제할 수 없는 웃음을 웃기 시작했다는 것이다. 다음날 그녀는 자신이 오랫동안 앓고있는 우울증에서 완전히 치유된 것을 발견했다는 것이다.

밀러는 그녀에게 외형적으로 나타나는 현상들은 심리적인 암시나 귀신의 짓일 수도 있기 때문에 기독교인들은 이런 것들을 주의해야만 한다고 충고했다. 밀러는 열매 즉 그녀의 우울증의 치유에 관한 문제를 다루기를 피하는 반면에, 그녀에게 영적인 체험의 위험성에 대해 강의를 했다. 사회자인 밀러를 분명히 존경했던 그 젊은 부인은 밀러에게 그녀 자신의 치유에 관해 진지하게 묻기를 "하지만 이 일은 굉장한 일이죠!"라고 했다.

밀러는 그녀의 질문에 대답하지 않았다.

웃는 부흥운동에 대한 두 가지 견해들:

CRI 와 〈크리스천이티 투데이〉 *(Christianity Today)*

헤네그라프와 CRI(기독교연구원)의 직원들은 "웃는 부흥운동"을 사사건건 모든 가능한 이유를 들어서 끊임없이 공격했다. 그들이 제기한 문제점들 중의 일부는 심각한 것이기에 언급할 필요가 있다. 즉 과도한 예언사역의 문제이다. 그러나 다른 문제들은 사소한 것들이다. 방송 프로그램에 출연한 헤네그라프는 아노트가 제단에로의 부름을 할 때 배경 음악을 사용함으로써 청중들을 조종한다고 비난했다(아이러니컬하게도, 이것은 금세기의 전환기 이래로 사용되어 온 하나의 표준적인 복음 주의적 방법이다). 다른 경우에, 아놋트가 강단에서 방언 하는 소리를 "성경이 인간에게 응답한다"는 방송 프로그램에서 그대로 방송되게 했다(1994년 7월). 그리고 아놋트는 불합리한 사람으로 조롱을 받았다(방언 하는 사람은 *누구라도* 불합리하게 들린다.) 그러므로 CRI의 방법론은 데이브 헌트의 방법처럼, 미 검찰이 하는 방식이 되었는데, 모든 가능한 논쟁을 던지며, 모든 잘못을 찾아내고, 부흥운동에 대한 것은 좋은 것이 하나도 없으며, 부흥운동의 지도자들은 어느 것을 하든지 잘 한 것은 아무 것도 없다는 식이었다. 이것은 법정의 방법론이지, 진정한 기독교적 변증론은 아니다.

이러한 "웃는 부흥운동"에 관한 쉴 세 없는 공격은 또 다른 복음주의적 간행물인, 〈오늘날의 기독교〉*(Christianity Today)*의 견해와는 날카로운 대조를 이룬다. (이 잡지는 〈기독교 역사〉*(Christian History)*를 포함한 몇 가지 자매 잡지들을 갖고 있다). 〈오늘날의 기독교〉의 직원들과 편집자들은 복음주의적 관점에서 기독교 세계의 최근의 사건들을 다루고 있다. 그들은 자신들의 간행물에 비판과 긍정 둘 다를 혼합하고 있는데, 부흥운동을 비판하는 것보다도 칭찬을 더 자주 하고 있다. 비록 그들의 초점이 현재에 있지만, 최근의 사건과 논점들은 기독교 역사의 맥락 안에서 토론되어지고 있다.

웃는 부흥운동이 확산됨에 따라, 〈기독교 역사〉의 편집자들은 "천막 집회와 순회 마상 전도자들"이란 주제를 다룬 훌륭한 특호를 출판했는데, 그 호의 하이라이트는 캐인 리지 부흥운동과 제2대각성운동에 관한 것이었다. 그 논문들을 보면 셰이커교도(Shakerism)*의 교리 쪽으로 표류하는 것을 포함한 그 부흥운동의 극단주의자들의 위험성과 마찬가지로 제2대각성운동의 긍정적인 효과도 보여주고 있다. 그것은 제2대각성운동에서의 하나님의 임재하심과 그리고 그 부흥운동의 미국 기독교를 위한 그 놀라운 열매를 긍정적으로 받아 드리면서 동시에 골치 아픈 문제들도 가볍게 다루지 않는 균형 있는 접근이었다.

그 잡지는 잡지판매대에서 빠르게 팔려나갔다. 분명히 CRI의 지지자인 한 사람이 "성경은 인간에게 답한다"의 방송 프로그램에 전화를 걸어서, 헤네그라프에게 〈기독교 역사〉지(誌)의 주제에 대해 질문을 던지고 "토론토 축복"에서 일어나고 있는 외적 현상들이 이와 같은 종류의 것인지 아닌지를 물었다. 헤네그라프는 그 질문에 대답은 하지 않고 즉시 그런 현상과 체험에 대한 위험성을 규탄했다.

감사하게도, 〈오늘날의 기독교〉는 최근에 토론토 축복을 직접적으로 다루었는데, 2개의 주요 논문과 2개의 측면 기사를 커버 스토리로 실었다. 항상 그러하듯이 편집자들은 최고의 복음주의적인 학자들에게 청탁하여 그 논문들을 쓰게 했다.

처음의 주요 기사는 제임스 비벌리(James Beverly) 박사가 썼는데, 그는 종교개혁의 전통을 지키는 복음주의적 학자이며 또한 빈야드 교회의 오랜 학생이었다. 그는 〈거룩한 웃음과 토론토 축복〉이란 이름으로 웃는 부흥운동에 대한 책 한 권 분량의 분석원고를 막 끝낸 참이었다. 비벌리의 논문은 그 책의 내용을 요약하였고 조나단 에드워즈의 전통에 대해서도 공정하게 요약했다. 비벌리는 그 부흥운동에 대한 많은 비판적이 아닌 변증자들과 거친 비평가들을 모두 예리하게 분석하는 글을 썼다. 비벌리는 말하기를 "진정한 분별력은 인간과 관계되는 모든 하나님의 역사에서 수반되는 진정한 축복과 동시에 진짜 위험성을 철저하게 탐구할 것을 요구한다."라고 했다.

비벌리는 토론토 에어포트 크리스천 팰로쉽 교회에서 일어나고 있는 것이 하나님으로부터 오는 것이 분명하다는 것이다. 그 증거들은, 수천 명에게 일어난 진정한 영적인 갱신과 회복이 입증된 기록, 사회적이고 복음주의자적인 충동, 기쁨에 찬 예배와 축제, 그리고 정통 신앙의 유지 등을 포함한다. 그는 말하기를 "만약 웃음이 최선의 약이라면, 거룩한 웃음을 단순히 사기행위라고 서둘러 매도하려는 것은 잘못되었다"고 했다.

비벌리는, 부정적인 측면으로, 교회의 지도자가 종종 비판에 둔감하고 방어적이며, 예언의 말들을 해놓고 설명하지 못하고, 그리고 비판자들에게 하나님의 진노라는 공격적인 경고를 주는 방식으로 조종하려는 경향이 있음을 지적한다. 비벌리는 "토론토 축복 운동"이 전체적으로 종종 설교가 빈약하며 반(反)지성적인 편견이 있다는 것이다. 끝으로, 그는 일부 지도자들이 엘리트주의적 관점에 빠져들었다고 지적하면서, 오늘날의 성령은 토론토 축복의 모임들 안에서만 강력하게 역사 하신다고 우긴다는 것이다.

두 번째의 주요 논문은 고돈―코넬 신학 대학의 교회사 교수인 리차드 러브리스 (Richard Lovelace)박사가 쓴 "하나님의 놀라운 역사들"이란 논문이다. (부흥운동의 세계적인 특성에 대한 그의 근원적 연구는 2장에서 인용되었음) 러브리스는 조나단 에드워즈라면 최근의 부흥운동에 어떻게 대응했을까 하는 색다르고 재미있는 문제를 다루고 있다. 에드워즈라면 쓰러짐이나 웃음의 현상에 대해선 조금도 걱정하지 않았을 것이라고 믿고 있다. 그런 현상들이 그의 시대에도 일어났기 때문이다. 그렇지만, 대각성운동의 기록된 역사를 보면 토론토에서 나타난 "예언적 소리지름" 같은 것은 없었기 때문에, 에드워즈가 이 현사에 대해서는 우려를 나타냈을 것이라고 러브리스는 말한다. 러브리스는 주장하기를, 에드워즈는 어쩌면 토론토 부흥운동의 지도자들이 영적인 자만심과 엘리트 의식을 갖게되는 유혹에 빠질 것을 우려했을 것이라는 것이다.

이런 비판에도 불구하고, 비벌리 박사도 러브리스 박사도 토론토 축복이 가짜라고 암시하지는 않는다. 그 두 사람 모두 다 그 운동이 진정으로 하나님의 참된 역사임을 확신한다(그 나타난 열매 때문에). 러브리스는 자신의 논문을 현명한 관찰로 끝맺고 있다.

어떤 경우든, 에드워즈는 현대 복음주의 교회의 많은 부분들이 빈야드 교회보다 훨씬 더 이상한 점들이 많다는 것을 발견할 것이다. 즉 신학적 취약점으로 가득 차 있고, 문화적 획일성을 고지바고, 볼품없는 영적 자만심의 영향 등…에드워즈의 대각성운동에 대한 마지막 접근 방법은 한편으로는 그 운동이 가장 격렬한 비판을 받도록 하고, 다른 한편으로는 그 운동의 발전을 위해 특별한 기도를 요청하는 것이리라. 이 두 가지가 오늘날 우리가 따라야할 필요가 있는 전략들이다.[106]

성·령·을·소·멸·하·는·자·들
Quenching the Spirit

제6부

결 론

제23장
"뒤범벅이 된" 부흥운동으로서의 성령의 갱신운동

조나단 에드워즈와 카리스마적 갱신운동

"프라임 타임 라이브(Prime Time Live)"(1991년 11월 21일) 방송을 통한 카리스마적 TV 부흥사들에 대한 추문 폭로는 카리스마적 공동체의 신뢰성에 다시 한번 일격을 가하였다. 베이커(Bakker) 목사 부부와 지미 스웨가트(Jimmy Swaggart) 목사 등 TV 부흥사들의 성적비위 사실이 주요 텔레비전을 통해 폭로된 이후 3년 만에, 그 방송은 교회 공동체에게 카리스마적 목회자들 사이에 보다 책임 있는 신뢰성이 구축되어야 할 필요성이 있다고 말했다. 많은 성령 충만한 기독교인들은 새로운 차원의 심한 모욕과 혼란을 겪고 있다고 느꼈다. 아주 최근에 세속적/종교적 언론매체 모두에 빈야드 부흥운동과 "토론토 축복"에서 일어나는 이상한 현상들에 관해 많은 보도가 있었다.

현재의 상황은 대각성운동이 몇몇 무책임하고 혼란에 빠진 순회 부흥사들 때문에 그 신뢰성을 상실할 위기에 처하였던 1742년의 혼란과 흡사하다. 조나단 에드워즈는 대각성운동을 분석한 결과 부흥운동의 다양한 현상들을 두 가지 범주로 나누게 되었다. 일부 현상들은 부흥이 하나님에게서 비롯된 것인지 아닌지를 구별하기에 애매하기도 하고 믿을 수 없는 표적이라 생각되는 것이 그 하나이고, 다른 표적들은 하나님의 임재하심을 분명히 보여주고 있다고 에드워즈는 보았다. 에드워즈는 불분명한 표적 아래 사람들의 이목을 집중시키는 대부분의 외적인 현상들, 즉 군중들의 감정주의, 육체적인 혼절, 환상 등을 지목하였다. 분명히 하나님은 당신의 교회를 부흥시키기 위하여 이러한 새로운 방법들을 사용할 전권을 갖고 계신다고 생각되어진다. 왜냐하면 성경이 이러한 방법들을 금지하고 있는 것도 아니기 때문이다. 그러나, 사탄이나 인간 자신들이 이러한 현상들을 가장할 수도 있다.

더 나아가서, 에드워즈는 대각성운동 내부의 일부 지도자들은 "대단히 경솔하고 불규칙한 행동을 하는 죄를 범하고 있으며," 그리고 다른 일부는 "큰 과오를 범하고 수치스러운 행동을 했다"고 말하고 있다. 이 두 가지를 보고 애매모호함을 알 수 있었다. 그렇다고 해서, 대각성운동의 비판자들이 주장하는 것처럼 부흥운동이 하나님으로부터 비롯된 것이 *아님*을 증명해 주지는 않는다. 에드워즈는 이러한 지도력이 잘못된 것은 바울의 시끄러운 고린도 교인들에게서 뿐만 아니라 예루살렘 기독교 공동체의 기둥이라는 베드로에게서도 찾아 볼 수 있음을 지적하고 있다. 베드로는 예루살렘의 유대 기독교 교인들을 만족시키기 위하여 안디옥에 있는 이방인 형제들과 식탁을 같이하는 것을 거절함으로써 바울의 비난을 들어야만 했다(갈 2:11-13). 성령의 역할은 인간을 그리스도와 닮게 하는 것인데, 이는 순간적으로 성취되는 것이 아니라 하나의 과정을 거쳐서 되는 것이다. 따라서 어느 부흥 운동에도, 초기 교회처럼, 불완전한 지도력 때문에 죄에 빠질 수 있는 가능성이 있기 마련이다.

오히려, 에드워즈가 강조한 것은, "확실하고, 뚜렷하고, 성경의 증거가 있는" 현상들이 나타난다는 것은 갱신운동이 진실로 하나님에게서 비롯되었다는 표식이란 것이다. 사탄은 이러한 현상들을 가짜로 모방하게도 할 수도 없는 것이다. 대각성운동에서 이러한 현상들이 나타난 것

자체가 부흥운동이 진실로 성령의 영감으로 되어진 것임을 말하고 있다. 에드워즈가 제시한 "증거들"을 토대로 다음의 카리스마적 갱신운동의 논평을 읽어보면, 오늘날의 갱신운동이 비록 결점은 있다 할지라도 진실로 성령으로 인한 것임을 분명히 알게 될 것이다.

　1) 진정한 부흥운동은 공동체 안에서 예수님의 존엄성을 높이며, 성경에서 묘사하고 있는 것처럼 예수님을 하나님의 아들이시며 구세주로 선포한다.[107]

　대각성운동에서 위의 말은 새롭게 부흥된 공동체는 이신론(理神論)과 이신론이 예수님을 단순히 한 분의 영감을 받은 스승으로 보려는 경향을 거부한다는 것을 의미한다. 오늘날의 시대에 이신론과 같은 것은 탈(脫)신화화의 오류를 말하는데, 이것은 성경에서 기적들이 실제로 일어났다는 것을 부정하는 것을 의미한다. 이런 관점에서 카리스마주의자들(은사주의자들)의 예수님을 선포하는 영성과 자유주의적 주류 교단들의 신학적 애매함 사이에는 특별하게 큰 대조를 이룬다. 에드워즈라면 카리스마적 공동체가 예수님을 마음껏 찬양하고 경배하는 모습을 보고 기뻐했을 것이다.

　2) 진정한 부흥운동은 죄와 세속적인 탐욕을 조장하는 사탄의 왕국과 대항하여 일한다.

　이 점에 있어서 최근의 갱신운동에 대한 기록을 보면 몇 가지 면에서는 극적으로 긍정적인 면이 있지만, 다른 면에서는 모호한 면이 있다. 긍정적인 면을 보면, 교회가 대체로 축사(逐邪)사역을 회복한 것은 오순절 부흥운동을 통해서, 특히 카리스마적 부흥운동을 통해서 먼저 일어났다. 이로 인하여 사단의 왕국은 분명히 치명타를 받았다. 이 문제에 관해서 기독교계의 진보적이거나 복음주의적인 세력과 비교해보면 아주 선명하게 차이가 난다. 주류교회의 진보주의자들은 축사사역을 거부하고, 악령이 나타나는 것을 단순히 비정상적인 심리의 발현정도로 잘못 해석하고 있다. 많은 복음주의자들이 지금은 어느 정도의 축사사역을 위한 필요성을 일반적으로 받아들이고 있지만, 처음에는 마치 치유사역을 저항한 것처럼 고집스럽게 축사사역을 저항했다.

물론 카리스마주의자들의 축사사역은 1960년대와 1970년대 초기에는 미성숙하고 과장된 시기였는데, 그때는 많은 영적인 문제를 악령의 탓으로 돌렸다. 다행히도 이런 현상은 없어졌다. 지금은 카리스마적 교회는 축사사역에 경험 있는 많은 목사들 있고, 뿐만 아니라 축사에 대한 균형 잡히고 잘 개발된 문헌을 갖추고 있다.

에드워즈의 자료들 중 다른 면, 즉 세속적인 욕정의 문제를 놓고 보면, 카리스마적 갱신운동은 적극적인 기록을 별로 갖고 있지 못한다. 어울리지 않는 번영 교리의 유혹이 사실상 카리스마적 갱신운동의 아킬레스의 건(취약점)이었다. 단지 지난 수년간에 걸쳐서야, 주요 카리스마적 저자들이 강력하게 이러한 실패에 대하여 언급했다. 리차드 포스터(Richard Foster)는 아그네스 샌포드(Agnes Sanford)의 영향을 강하게 받아, 자신의 유명한 저서 〈돈, 섹스와 권력〉 (Money, Sex and Power)에서 균형 잡힌 해결책을 찾고자 시도하고 있다. 이 책은 성경적인 접근 방법으로 기독교인들을 "이 세상적인" 관심들로 안내하고 있다. 뚜렷하게 신앙의 자리로부터 접근하는 또 다른 방법은 번영의 교리를 인정하되 그 번영의 목적을 강조하는 것이다. 종종 신앙 운동(Faith movement)의 극단주의자로 비난받는 케네스 코프랜드(Kenneth Copeland)는 여기서 다시 한 번 성경에 나타난 증거를 강조하고 있다. 신명기 8:18과 에베소서 4:28을 인용하면서, 코프랜드는 번영의 성서적 의도는 비록 개개인에게로까지 확대될 수도 잇지만 공동체적 목적을 갖고 있다고 말하고 있다. 번영의 목적은 이 땅에서 하나님의 약속을 실현하기 위한 것이며, 어려운 자를 돕는 데 있다고 보았다.

3) 진정한 부흥운동은 "성경을 매우 중요하게 여기며, 성경의 진리와 신성을 확립하는 데"에 기여할 것이다.

이러한 "확실하고, 뛰어난, 성서적 증거들" 중에 이런 기여야말로 현재의 부흥운동에 특별히 분명하게 나타나 있다. 다시 한번 탈신화화로 성경에 관한 믿음이 희박해진 주류 교단들과 비교해 볼 때, 카리스마적 기록은 특별히 좋다. 카리스마적인 사람에게 기적이란 불가능하며, 예수님에 관한 이야기들은 과장된 이야기라고 말해보라. 아마도 그는 자신이 기적적으로 치유 받은 개인적인 체험으로 반응을 할 것이다. 주류 교회와 신학자들은 성도덕에 있어서 성경적 표준을 폐기해버린 반면에, 카리스마주의자들과 복음주의자들은 성경의 기준을 고수해 왔다.

위의 사항보다는 덜 명백하지만, 카리스마적 갱신운동은 ('신사상'의 영향으로) 기독교 공동체에게 새로워진 히브리적인 관점에서 성경을 보도록 영향을 주었다. 이러한 관점이란 하나님께서 인간에게 이 땅과 거기에 속한 모든 것을 즐길 수 있는 좋은 선물로 주셨다고 보는 것이다. 이스라엘에게 있어서, 여호와 하나님은 내세뿐만 아니라 지금(now) 여기(here)에서의 하나님이셨다. 기도도 (시편에서 볼 수 있듯이) 대부분 "이 세상적인"(this-worldly) 문제와 욕망과 필요에 관한 것이었다. 이런 것은 기독교 생활의 "다른 세상적인"(other-worldly) 목적을 강조한 신학적 전통으로 인해 교회에서 애매하게 되어 있었다. 예를 들면, 카톨릭의 교부들은 기도와 수도 생활에서 완벽함을 추구하여 하나님과 일체가 되기를 바랐다. 복음주의적인 영성은 영혼 구원에 초점을 맞추었다. 이들 목표들은 "다른 세상적"이고, 어떤 것들은 상당히 중요하지만, 성경적 영성의 특징인 삶의 온전함을 반영하지는 않는다.

최근 수십 년간 많은 기독교 학자들이 초기 교회가 그리스 철학과 로마 문화를 받아들이느라고 너무 쉽게 유대의 뿌리를 저버린 것이 아닌가 의구심을 갖게 되었다. 학자들은 본래의 히브리적 관점에는 본질적으로 가치 있고 영적인 그 무엇인가가 있다는 것을 제시하고 있다. 이와 관련된 문제들은 복잡하다. 교회는 항상 구약성경 중에서 어느 정도가 기독교인에게 합당한 것인가 논란을 벌여왔다. 분명히 바울은 모세의 율법을 통해 구원을 얻는다는 것이 무익한 일이며, 그 율법으로부터 새로운 자유를 누릴 것을 강조하였다. 그러나 기독교인들은 적어도 모세의 율법 중의 일부분이라도, 최소한 도덕법만큼은 기독교인들과 관계가 있다는 것을 항상 알았다. 이 문제에서 영적 법칙은 하나의 주요한 신학적 발견이었다. 왜냐하면 영적 법칙이 유대인의 도덕법에 관한 이해를 소생시켰기 때문이다. 이제 우리는 시편 119의 저자가 율법을 찬양할 때, 그 작가의 기쁨을 이해할 수 있다. 그의 열광은 반드시 돼지고기나 낙타 고기를 금하는데 있는 것은 아니었다. 오히려 그는 하나님의 도덕법과 계약적 약속을 이해하고서, 인생의 장애물을 헤쳐 나갈 수 있을 때, 인생이 얼마나 즐거운 삶을 누릴 수 있는 지에 대하여 찬양하고 있는 것이다.

동시에 많은 회중들은 성금요일에 유대교 유월절의 첫날 밤 축제의 식사를 하는 것과 같은 구약의 의식과 성만찬에서 오는 축복을 발견하고 있다. 이런 것들로 구원을 받는 것은 아니지만, 주목할 만한 축복을 가져다주고 있다. 이러한 모든 것을 볼 때, 성령은 교회 전체가 히브리적 뿌리로 되돌아가기를 장려하고 있다는 것을 나타내고 있다. 이러한 관점에서 볼 때, 성경을—확신하는 신사상(New Thought)과 카리스마적 갱신운동의 "이 세상적인" 견해는 진실로 예언적이다.

4) 진정한 부흥운동은 진리의 영(정신)으로 두드러지게 나타난다.

에드워즈는 생각하기를, 참된 부흥운동의 영향아래서 기독교 공동체는 이단적이고 잘못된 사고에서 돌아서서 성경적 진리로 돌아온다는 것이다(이 점은 앞에서 언급한 증거와 유사하다). 여기에서 카리스마적 기록은 긍정적이고 일관성이 있는데, 특별히 구태의연한 주류 교회와 비교해 보면 더욱 그러하다. 오순절 교회는 항상 진보적인 신학에 저항해 왔다. 최근 수십 년간, 오순절 교회와 카리스마적 교회는 마르크스주의와 기독교를 통합시키려 하는 해방신학을 반대해왔다. 공산주의의 붕괴와 함께 해방신학의 부당함은 그 지지자들에게서조차 점차 분명해지고 있다. 만일 마르크스주의 게릴라와 그들의 기독교인 동조자들이 엘살바도르와 그 외의 남미 지역에서 승리했더라면, 그 곳 사람들은 공산주의의 지배 경제 하에서의 빈곤과 일당 독재의 공포에서 수십 년간 벗어나지 못했을 것이다.

5) 진정한 부흥운동은 하나님과 인간의 새로워진 사랑을 나타낼 것이다.

만일 하나님에 대한 사랑을 공적인 예배로 측정해본다면, 분명히 카리스마적 갱신운동이 비길 데 없는 기록을 세울 것이다. 만일 인간에 대한 사랑을 사회적인 행동으로 정의한다면, 그 기록은 그다지 빼어나지 않을 것이다. 주류교회 교단들은 처음에는 카리스마적 교회들을 너무나 예배에만 생각이 사로잡힌 나머지, 사회적 관심을 위한 시간을 내지 못했다고 비난하였다. 분명히 오순절과 카리스마적 갱신운동은 모두 예배의 폭발로 시작했다. 비록 두 운동이 모두 사회적 활동과 관심의 요소를 갖고 있긴 하지만, 사회적 요소는 두 운동 어느 쪽에서도 중심적인 과제가 되지 못했다.

저명한 복음주의 학자 리차드 러브레이스(Richard Lovelace)의 관점에서 본다면, 부흥운동은 하나님의 주권적인 역사로 *시작*하지만, 최초의 경건과 예배의 요소들이 구체적인 사회적 행동으로 보완되어야만 계속되어진다고 하였다. 혹자는 카리스마적 갱신운동이 사회 활동의 저조로 인하여 1980년도 이후에 미국에서 그 극적인 성장을 멈추었다고 주장하기도 한다. 그렇지만 이것은 지극히 판단하기 어려운 문제이다. 가끔 카리스마적 갱신운동을 사회참여 문제와 결부시켜 비난해온 비판자들은 해방신학을 지지하는 것과 같은 특정한 좌파적인 의제를 마음에 두고 말해왔다.

마찬가지로, 카리스마적 교회들이 사회활동을 할 때는, 그들의 사회활동은 종종 대중 매체로 인해 묵살 당하고 있다. 왜냐하면 이들 중 많은 교회들이 진보적 의제를 의중에 두고 있지 않기 때문이다. 예를 들면, 펫 로버트슨(Pat Robertson)이 계속하고 있는 "축복 작전"은 지방의 재난이나 긴급상황에 음식과 다른 물자로 지원하고 있는데도, 일반 대중 매체는 이러한 주요한 노력에는 거의 관심을 주지 않고 있다. 사실은 많은 카리스마적 교인들은 그들이 속한 공동체의 사회적 영적 변화를 위해 중요한 기여를 하고 있다. 카리스마적 갱신운동 내에서, 조지아 주의 애틀랜타에 있는 얼 폴크(Earl Paulk) 목사의 교회가 명확하게 표명한 "왕국-지금 신학"(the kingdom-now theology)은 성령의 영감으로 비롯된 기독교 사회 활동에 특별한 강조를 하고 있다.

성경적 중도 노선으로서의 카리스마적 갱신운동

따라서, 몇몇 취약점이 있는 분야를 제외하고는 카리스마적 갱신운동은 에드워즈가 정립한 부흥운동의 명백한 증거를 충분히 만족시키고 있다. 이러한 증거를 넘어서서, 성령 충만한 기독교인들은 자신들의 기본적인 신학적 입장이 성경의 중심부 안에 자리잡고 있으며, 극단주의가 아니라는 것을 확인 받을 필요가 있다. 이와는 대조적으로, 성령의 은사는 작용하지 않으며, 그리고 하나님은 기적을 행하신다 하더라도, 현 시대에는, 거의 기적을 행하시지 않는다고 주장하는 신학이야말로 성서적으로 극단적이며, 균형을 잃고 있는 것이다.

더 나아가서, 오순절적/카리스마적 전통은 바리새주의와 영지주의 사이에 성서적 중간 지역을 차지하고 있다. 바리새인들은 종교에 있어서 교리와 전통의 역할을 인식하고 있으나, 그러나 영적 체험이나 능력을 "건전한 교리"에 위험한 것으로 싫어한다. 영지주의자들은 체험을 좋아하지만 전통은 싫어하며, 현재의 체험이나 계시가 성경을 능가할 수 있다고 믿고 있다. 성령 충만한 기독교인은 분별력과 성경으로 검증받은 영적 체험을 받아들이면서, 또한 동시에 교회의 신학적 유산을 존중한다. 이러한 카리스마적 중도적 입지는 합의된 정통 신학이 오랜 세월 동안 바리새주의 쪽으로 기울어져 있기 때문에 거의 인정을 받지 못하고 있다. 보스톤의 찰스 초운시처럼, 많은 주류교회 목사들은 영적 오용(誤用)에 대한 오랜 기억을 간직하고 있으며, 영적 은사를 경험해 보는데는 거의 관심을 갖고 있지 않았다.

성령 충만한 기독교인들은 또한 자신들의 해석학과 신학과 실천에 본래적으로 내재해 있는 신앙―이상주의(faith idealism)는 극단주의가 아니라, 성서적으로 정상이라는 것을 이해해야 할 것이다. 극단주의는 급진적인 현실주의와 기독교 신학을 혼합한 것이다.

권능과 신성운동의 통합

오순절과 카리스마적 신학자들이 기적종료주의를 반박하고 히브리적 관점을 반영하고 있는 새로운 신학을 창조한 업적에도 불구하고, 그 체계는 결코 완전하다는 것은 아니다. 이렇게 말하면 이상하게 들릴 지도 모르겠지만, 카리스마 계열과 복음주의 사이에 중간노선을 창출하려고 했던 데이비드 헌트의 처음의 시도는 칭찬할만하다. 전통적인 카톨릭 신학과 신교 신학(복음주의를 포함하여)이 실패한 것은 그들이 영적 능력의 유지함 없이 경건(신앙심)만을 강조했기 때문이라고 한다면, 카리스마적 신학의 문제점은 영적인 능력은 다시 회복했지만 경건은 약화시켰다는 것이다. 성경적 기독교는 두 가지 중 그 어느 것도 경시하지 않는다. 성령의 열매인 신성운동(용어해설 참조)과 성령의 은사인 영적인 권능은 상호 보완하는 것이다. 빛이 입자와 파장으로 나타나듯이, 기독교인이라면 성스러우면서 동시에 영적으로 능력을 받아야 한다.

지난 수 년 동안 번영과 치유에 관한 교리가 성숙하였을 뿐만 아니라 성스러움에 관한 새로운 올바른 이해가 있었다. 성스러움에 대한 주의 깊은 관심과 함께, 어떠한 삶의 불균형도 쉽게 지적 받을 수 있었다. 성스러움에 대한 새로워진 인식으로 인해 복음주의자들과 카리스마 계열의 사람들 사이의 현재의 논쟁은 종식되어야만 한다.

기독교인들이 삶의 목적이 그리스도와 같은 성스러움에 있다고 합의한다면, 다른 것들은 저절로 적절한 균형이 잡히게 될 것이다. 감사하는 마음이 크게 부각되면 이런 적절한 균형은 발전되게 된다. 구체적으로 카리스마 계열과 오순절 계열은 복음주의자들의 거룩함에 대한 전통적인 관심을 이해할 것이고, 그들의 풍부한 경건한 글들을 이용하게 될 것이다. 중국 내륙 선교의 허드슨 테일러(Hudson Taylor)와 같은 복음주의 선교사역에 노력한 위대한 영웅들은 성스러움의 모델로 추앙을 받게 되었다. [신교도 카톨릭처럼 성인품(聖人品)에 올리는 의식을 갖추어서, 뛰어나게 성스러운 분을 추앙했으면 좋을 것을]. 역으로 말하자면, 만일 복음주의자들도 또한 그리스도와 닮은 성스러움에 초점을 맞출 때, 그들은 성령의 은사를 회복하는 것을 감사하게 될 것이다. 왜냐하면, 올바르게 사용된 은사는 거룩함에 능력을 부여하고 선교 사역과 전도활동을 활성화하기 때문이다.

카리스마적 갱신운동이 주류교회에 일어났다는 사실은 기독교 국가 전체에 축복이 되어왔다. 그러나 그것은 부정적인 요소도 갖고있었다. 말하자면 새로운 카리스마적 계열들은 '신성운동과 보다 높은 삶'(Holiness and Higher Life)에 관한 문헌에 대한, 그리고 보다 오랜 오순절주의를 형성한 성격들에 대한, 역사적 기억이나 이해도 없었다. 이 책의 수정판을 내면서, 피비 팔머(Phoebe Palmer)의 글들을 연구하게 되고 그리고 몇 년에 걸친 케리 주드 몽고메리(Carrie Judd Montgomery)의 잡지 〈믿음의 승리〉(Triumphs of Faith)에 실린 글들을 보게 되었다. 그 세대가 얼마나 열정적으로 거룩함과 그리스도를 닮은 성품을 추구했는가를 보는 것은 충격이었으며 영감을 주는 일이었다. 이들과 비교해서 현대의 기독교인들은 창백하기 짝이 없다. 그들의 글을 찾아내어 다시 보급하는 것이 최근의 카리스마적 지도력의 우선적인 과제가 되어야 한다.

영적 전쟁이 성숙함을 가져온다

어떤 의미에서 보면, 복음주의자와 오순절/카리스마 계열은 영적 전쟁의 상황아래서 그들의 힘을 합치기 시작했다. 이러한 예는 범—도시적 기도 운동에서 유례 없는 공조 체제에서 찾아 볼 수 있다. 오순절/카리스마 계열은 그들이 한 가지 형태의 기도에 관심을 집중했을 때 성숙한 모습을 보였는데, 이 기도는 기도의 전사들을 위해 직접적인 물질적 이익은 없지만 하나님 나라의 권능과 사랑의 행동이었다. 복음주의자들은 또한 그들 중 가장 전통적인 사람들에게까지도 거부감을 느끼게 하지 않을 정도로 성령의 은사를 온건하고 신중하게 사용하는 체험을 하게 되었다. 존 도우손(John Dawson)의 〈하나님을 위해 우리의 도시를 취하라〉 (Taking Our Cities for God)와 조지 오티스(George Otis)의 〈거인들의 최후〉 (The Last of the Giants)와 같은 책들은 카리스마적 지도자들이 쓴 것이지만, 복음주의와 오순절/카리스마적 신자들이 읽고 기도의 모델로 삼고 있다.

복음주의자들과 오순절/카리스마 계열이 국가와 부흥운동을 위해 기도 계획을 함께 하는 연합은 복음주의자들과 카리스마적 계열 사이의 마찰을 종식하는 시점에 이른 것을 의미한다. 1992년의 빌리 그래함의 뉴욕 부흥집회가 좋은 예가 된다. 그 집회는 주류교회 복음주의적 배경과 오순절/카리스마 계열의 배경을 갖고있는 목회자들과 교회들로 인해 광범위하게 지지를 받았다. 뉴욕과 같이 영적으로 황폐한 곳에서는 신학적 논쟁을 위한 시간적 여유가 없었다. 오직 간절한 기도를 위한 시간만이 있을 뿐이었다—이러한 극적인 표현은 오늘날 미국 전역에 걸친 교회의 필요를 묘사하는 말이기도 하다.

제24장 현대 바리새주의에 대한 평가

바리새주의의 영구 불변의 속성

이 책을 통하여 우리는 미국 교회의 몇 가지 바리새적 사례들만을 조심스럽게 살펴보았다. 여기에서는 각각의 시대를 대표하는 바리새인들을 다루는 데에 초점을 맞추었다. 이것은 바리새주의 이단이 드문 경우에만 소수에게 국한되어서 나타나고 있다는 것을 의미하지는 않는다. 오히려 우리가 사용한 방법은 사회학자들이 이상적인 유형으로 그 정체를 밝히는 방법을 취한 것이다. 이 방법은 주어진 한 운동(사조)의 특징을 단순화하여 살펴 볼 수 있게 한 것이다. 예를 들면, 별로 이름 없는 수십 명의 목사들이 대각성운동을 "악마적인" 것으로 정죄하였다. 하지만 그들은 찰스 초운시만큼 대중적이지도 영향력이 있지도 아니하였다. 빅토리아 시대의 수백 명의 목사들과 평신도들이 '신앙 · 치유 운동'을 주술이라고 규탄했으며, 그 운동을 악마적이라고 하거나 아니면 단순히 망상이라 불렀다. 그러나 그 중에서도 버클리(Buckley)가 가장 공적이며 영향력이 있었던 것이다. 이와 유사하게, 우리는 데이브 헌트를 지난 십 년간의 가장 극단적이거나 유일한 바리새인으로 보는 것은 아니다. 그렇지만, 그는 가장 영향력 있는 자 중의 하나인 것이다.

밥과 그레첸 패산티노(Bob and Gretchen Passantino) 부부는 〈마녀

사냥〉 *(Witch Hunt)*에서 기독교 주술 · 감시자들(cult-watchers)이 다른 기독교인들에 대해 공격하고 비방한 문제를 검토하고 있다. 이 책한 나의 감사한 마음은 말로 표현하기 어렵다. 이 책을 오늘날의 분별력의 문제에 관한 필독 도서로 모든 기독교인에게 추천하는 바이다.

제임스 스펜서처럼(제 22장), 패산티노 부부는 자신들이 복음주의적인 주술 · 감시자들이다. 그들은 월터 마틴(Walter Martin)의 지도아래 공부했으며, 〈마녀 사냥〉의 마틴의 서문은 그가 세상을 떠나기 전에 쓴 마지막 글들 중의 하나이다. 파산티노 부부는 데이브 헌트를 비롯한 다른 이들이 다른 기도교인들을 "건전한 교리"(합의된 정통)를 지키지 않았다고 얼마나 무차별하게 공격하고 있는 것을 보고 슬퍼하였다. 비록 헌트가 마녀—사냥꾼의 한 분명한 예로서 인용되고 있지만, 그가 결코 마녀—사냥꾼 그룹의 유일한 인물이거나 가장 극단적인 인물은 아니었다. 예를 들면, 반(反)주술 작가인 콘스탄스 컴비(Constance Cumbey)는 헌트보다 훨씬 무분별하고 편집병적인 글을 쓰고 있다. 그녀는 한번은 팻 로버슨(Pat Robertson(700 클럽의)을 뉴에이지 운동과 같은 계열이라고 비난하기도 하였으며, 심지어는 (아이러니 중의 아이러니) 데이브 헌트가 영적인 안내를 받고 있으며, "뉴에이지의 앞잡이"라고 주장하기까지 했다.

파산티노 부부는 바리새인이나 바리새주의라는 용어를 사용하지는 않았지만, 그들의 마녀 사냥에 관한 묘사를 살펴보면 바리새주의의 전문화된 면을 다루고 있는 것을 분명히 알 수 있다. 흥미있게도, 우리가 연구하면서 발견한 것은 벅클리나 헌트는 모두 주술 분야에 전문가였다는 것이다. 비록 찰스 초운시에 관해서는 똑같은 말을 할 수는 없지만, 그도 기독교 광신자들의 역사에 관해서 해박한 지식을 갖고 있었다. 비록 주술 · 감시는 그리스도의 몸된 교회 내에서 필요한 기능이기는 하지만, 그것은 단지 복음주의적 열정으로만 되는 것이 아니라, 분별과 자비의 은총을 필요로 한다.

존 맥아더 2세와 신 초과격—기적종료주의

〈성령을 소멸하는 자〉의 저술이 편집의 막바지 단계에 이르렀을 무렵, 갱신운동에 대한 새로운 공격을 가하는 〈카리스마적 혼돈〉(Charismatic Chaos)이란 책이 서점에 등장하였다. 그 책의 저자는 오랫동안 갱신운동을 비판해 온 존 F 맥아더 2세(John F. MacArthur Jr)였다. 〈카리스마적 혼돈〉은 그 전에 나온 〈카리스마적 사람들: 교리직인 관점〉(The Charismatics: A Doctrinal Perspective)(1978)을 보강하여 개정한 것이다. 이 두 책에서, 맥아더는 주장하기를, 오순절/카리스마 운동은 한 일은 없으면서, 기독교 교회들 사이에 혼돈과 혼란만을 야기시켰을 뿐이며, 그 운동은 망상과 그릇된 신학에 근거하고 있다는 것이다.

맥아더는 캘리포니아의 썬 밸리에 위치하고 있는 그레이스 커뮤니티 교회의 목사이며 성경 교사이다. 그의 근본주의적 설교를 듣기 위해 주일 예배에 1만 명 이상의 신도가 모이고 있다. 그의 많은 저서 중 몇 권은 대단한 통찰력을 지닌 책들이다. 그렇지만, 그는 복음주의자들 사이에 카리스마적 교리에 반대하여 도전하는 것뿐만 아니라 동료 복음주의자들에 대해서도 무분별한 공격을 가하는 것으로 유명하다. 그는 구원과 제자의 도(道) 사이의 관계의 문제로 같은 세대주의자들과 신학적인 논쟁의 최전선에 나와 있다.

맥아더는 *유효한* 구원의 체험을 하면 반드시 제자됨의 과정으로 나아가게 된다고 믿고 있다. 그는 구원의 체험만으로 영생을 보장받는 데에 충분하다는 보다 전통적인 견해를 갖고 있는 사람들을 반대하고 있다. 공정한 복음주의 학자들은, 자신의 견해를 이성적으로 교환(약 3:17)해야 할 토론이 각 자 다른 편을 "이단"이라고 몰아 세우는 시장판의 대소동이 되어 가는 것을 통탄해 하고 있다. 다른 학자들은 맥아더가 반대편을 공격하기에 앞서서 상대편의 입장을 오도하거나 과장하는 경향이 있다고 말한다.

복음주의 비평가이며 베델 신학교(미네소타의 성바울)의 학장인 밀라드 에릭손(Millard Erickson)은 맥아더의 신학의 결함은 그리스도인이 "그리스도 안에" 있다는 것이 무엇을 의미하는지 이해하지 못하는 데에 있다고 했다. 이러한 지적은 맥아더가 오순절/카리스마 산학을 비평했을 때 특별히 적절한 지적임이 드러났다. 왜냐하면, 오순절/카리스마 신학이 정확하게 바울의 "그리스도 안에" 있는 교리이기 때문이며, 그 교리는 성령 충만한 삶과 성령의 은사를 사용하는 확신을 정의하고 있기 때문이다.

초과격—기적종료주의: 「카리스마적 혼돈」의 신학

대부분의 근본주의자처럼, 스코트랜드 풍의 사실주의의 억설이 맥아더의 영적 이해의 기초가 되어 있다. (또한 기초를 침식하고 있다). 이것은 그가 내린 신비주의의 정의에서 볼 수 있는데, 그에게는 신비주의는 부정적인 의미만을 지니며, 신비주의를 카리스마적 믿음과 동일시하여 다음과 같이 인용하고 있다.

> 신비주의란 객관적이고 입증할 수 있는 사실과 동떨어진 영적 실체를 인식하고자 시도하는 믿음의 체계이다. 신비주의는 감정, 직감, 그리고 다른 내적 감각을 통해 진리를 추구하는 것이다. 객관적인 자료는 보통 무시되기에, 신비주의는 그 권위를 내부로부터 끌어낸다.[105]

신비주의와는 대조적으로, 맥아더는 기독교인이 "진정한 영적 체험"을 갖는 것은 인정하고 있다. 이들 구체적인 체험이란 회개, 고민, 기쁨, 그리고 잃은 자를 향한 동정 같은 그러한 경건한 감정 등에서 보는 것처럼 구원의 과정의 감정을 포함하고 있다. 맥아더에 의하면, 그 외의 모든 것은 신비적—카리스마적이요, 이교도적인 신비주의와 동일한 것이다.

예상하는 바와 같이, 맥아더는 객관적인 진리의 근거로서 성경과 그리고 개혁 신학을 들고 있다: "객관적으로 역사상 중요한 신학은 개혁신학이다. 그것은 역사적인 복음주의이다. 그것은 역사적인 정통이다." 맥아더의 논리는 간단하다: 오순절/카리스마 신학은 개혁 신학의 요구에 충분히 응하지 못한다. 그래서 잘못된 것이다.

맥아더의 카리스마적 갱신운동에 대한 공격은 성령의 은사에 대한 기적종료론자의 눈으로 보는 데에서 시작되고 있다. 그는 B. B. 워필드(Warfield)(10 장에서 다루었음)의 글을 주로 인용하고 있다. 그러나, 그는 워필드나 제임즈 벅클리(10장에서 또한 다루었음)를 넘어서 17세기 칼빈주의 이래로 거의 보지 못했던 극단적인 형태의 기적종료주의에 이르고 있다. 맥아더에 의하면, 성경 역사를 보면 기적이나 성령의 은사가 나타났던 시기는 오로지 세 시기밖에 없었는데, 출애굽의 시기, 엘리야와 엘리사의 시기, 그리고 예수님과 신약 교회의 시기라는 것이다.

성경 역사의 다른 시대에서는 기적은 전연 일어나지 않았다는 것이다. 비록 하나님은 주권적으로 기도에 응답하셨고(그리고 지금도 응답하시지만), 분명한 것은 오늘날 치유, 축사, 성령의 은사와 같은 사역은 분명히 일어나지 않는다는 것이다. 비록 간절한 기도로 어떤 개개인이 치료될 수도 있지만. 그래서, 축사(逐邪)사역을 할 때, "예수의 이름으로 나가라!"와 같은 명령은, 맥아더의 견해에서 보면, 헛된 시도라는 것이다.

이 이론에 대한 "증거"로서, 맥아더는 몇몇 주요 복음주의자들이 주장하는 치유의 경우를 조사해 보았으나, 진정한 비정신과적인 신체가 치료된 증거는 찾지 못했다는 것이다. 진정한 치유가 오늘날의 교회에서는 전연 일어나지 않는다는 황당한 주장은 그의 조사가 얼마나 겉핥기였나를 나타내고 있다. 일세기 전 제임스 벅클리는 '신앙·치유 운동'에 대하여 똑 같은 결론을 내리고 싶어, 주의 깊게 치유 부흥운동을 연구한 결과, 실제 병든 사람이 진짜 치유 받은 일이, 드물기는 하지만, 있었다는 것을 인정하지 않을 수 없었다. 버클리는 치유 사실은 인정하였으나, 자신의 신학을 수정하기는 거부했다.

문제는 치유 기적에 관한 증거의 부족에 있는 것이 아니라, *믿지 않으려는 의지를 갖고 있다*는 데 있다. 기적적인 치료에 관하여 의학적으로 확인된 경우들은 기독교 치유에 관한 서적을 통해 얼마든지 찾아볼 수 있다. 그렇지만, 어떤 증거도 부정하고자 마음먹은 자를 만족시켜주지 못한다. 기적치유에 관하여 상세히 기록하고 있는 초기의 책으로는 도로시 컨(Dorothy Kern)의 1914년 판 고전인 〈살아있는 만짐〉*(The Living Touch)*이 있다. 최근에 나온 기록으로는 영국에서 개최된 존 윔버의 치유 집회를 조심스럽게 기록한 데이비드 루이스의(David Lewis)의 〈치유: 허구, 환상, 진실?〉 *(Healing: Fiction, Fantasy or Fact?)*(1989)이 있다. 기독교 방송 네트워크에서도 광범위한 기록을 갖고 있는데, 치유를 극화하여 방송하고 있다(예를 들어 *700 클럽*).

벅클리(Buckley)가 '신앙·치유 운동'에 반대하며 펼쳤던 논쟁에서처럼, 맥아더는 현대의 치유사역은 그 사역의 극단적인 부분을 부각시킴으로서 유해하다는 것을 증명하고자 한다. 벅클리는 존 알렉산더 도위(John Alexander Dowie)의 극단적인 신학을 기독교 치유의 대표자로 인용하며 조롱하였다. 이와 유사하게, 맥아더는 과격한 반(反)의학 입장을 장려한 호버트 프리만(Hobert Freeman)의 치유 주술을 카리스마적 치유의 예로써 인용하고 있다. 예언과 방언과 같은 성령의 언사도 오늘날에는 정당한 은사의 현상으로 나타나지 않는 다고 판단해 버린다.

데이브 헌트와 마찬가지로, 맥아더도 바울이 말씀만을 설교하였으며 기적적인 것과 "신비한 것"을 경멸했다고 하면서, 기적종료주의 신학과 영적 무기력 신학을 합리화하고 있다. 그 증거로써, 맥아더는 바울의 편지에는 기적에 관한 언급이 거의 없다는 것을 들고 있다. 그는 바울마저도 "카리스마적"이 아니었다고 결론을 내리고 있다. 내가 보기에는 만일 바울의 서간문이 맥아더에게 기적을 행하는 것을 보여주지 않고 있다면, 그것은 바을의 서간문은 자신의 자서전을 쓴 것이 아니라 신학을 쓴 것이기에 때문이다. 사도 행전을 보면, 우리는 바울의 말씀 사역이 종종 치유나 부활 등과 같은 기적을 통해서 증거 되는 것을 보게 된다. 심지어는 서간문에서도 바울은 자신의 복음이 거짓 선생처럼 단순한 빈 말이 아니라, 능력의 역사로 증거된다는 것을 독자에게 상기시키고 있다(살전 1:5). 바울은 또한 독자에게 "내가 너희 모든 사람들보다 방언을 더 말하므로 하나님께 감사하노라"(고전 14:18)라고 전하고 있다.

존 윔버에게 가한 공격

헌트와 마찬가지로, 맥아더는 존 윔버의 목회사역을 비판하는데 상당한 노력을 기울였다. 윔버의 사역은 1990년대의 새로운 부흥의 파도를 경험하기도 전에 수천 명의 복음주의자들을 카리스마적 관점에 주의를 기울이게 했다. 더욱이, 맥아더의 오랜 친구이자 달라스 신학교의 저명한 기적종료론자인 잭 디어(Jack Deere)가 카리스마적 입장으로 돌아서서 윔버 진영에 가담했다. 맥아더가 윔버 교회의 예배를 묘사한 것은 찰스 초운시가 대각성운동을 경시하며 왜곡되게 기술한 것을 연상하게 한다.

우리 교회 직원들 중 몇 남자가 최근 에나하임에 있는 윔버의 빈야드 교회를 방문했다. 그들이 도착한 날 저녁에 그들은 사실 그대로의 수라장을 목격했다. 윔버는 모든 사람들이 동시에 방언을 하도록 하려고 애썼다. 여인들은 마루 바닥에서 몸을 뒤틀었으며, 한 남자는 등을 마루에 대고 뻣뻣한 상태로 누워 있었다. 그 주위에는 온통 수백 명의 사람들이 춤추고, 뛰어다니고, 소리치며, 의자 위에 서있었다.[109]

놀라운 일이 아닌 것은, 찰스 초운시는, 250년간의 개신교 신학에 그런 기록이 없기 때문에, "성령에 안식하는 현상"(쓰러지는 현상)을 인정하지 않는다는 것이다. 어떻게 맥아더 같은 사람이 그런 현상에 대하여 너무나 모르기 때문에 그러한 품격을 떨어뜨리는 심리학적 속어를 사용하는지 이해하기 어렵다.

맥아더가 동료 복음주의자들의 사상에 관하여 균형을 잃은 요약을 하고 있는 것처럼, 그는 윔버의 신학을 자신의 날조된 의견을 가지고 하찮은 것으로 풍자화하고 있다. 맥아더는 윔버가 근본적인 십자가의 복음을 무시하고, 그들 자신만을 위한 "표적과 기사"를 제시한다고 말하고 있다. 비록 윔버는 다른 복음주의자들(이미 구원받은 자들)에게 성령의 권능으로 나타나는 외형적인 현상으로 복음을 강화하는 중요성을 가르치긴 해도, 실제로 그는 구원받지 못한 사람들에게 선교할 때는 주의 깊게 십자가를 그 중심에 두고 있다. 윔버가 강조하는 것은, 능력 전도의 목적은 치유나 예언에서처럼 사람들로 하여금 하나님의 만지심을 체험하게 함으로써, 그들이 더 나아가서 제자의 길을 걷도록 격려하려는 것이다. 이론적으로 보면, 이것은 제자의 도에 관심이 많은 맥아더의 관심을 끄는 것은 틀림없을 것이다. 그러나 불행히도, 맥아더가 가지고 있는 신학적인 장벽은 능력 전도의 이러한 긍정적인 면을 인정하지 못하게 했다.

맥아더의 기능 심리학

한번은 맥아더가 심한 우울증으로 고통받고 있는 한 젊은 신학생을 대면한 적이 있었다. 아마도 이 청년은 축사 기도를 필요로 했다. 맥아더는 자신의 신학의 테두리 안에서, 그 청년의 회복을 위하여 자신과 자신의 교회가 교회 안에서 상담 및 전문 심리치료사의 치료를 받게 하는 등 할 수 있는 모든 것을 다 하였다. 그 젊은이가 받은 상담의 결과는, 그가 죄에 가득한 생각을 품고 있으니, 그러한 생각을 버려야만 한다는 것이다.

불행히도, 맥아더가 그 문제에 접근한 방법은 중세에 시작되어 칼빈이 사용한 기능 심리학에 근거를 두고 있었다. 그것의 논리를 빌자면, 의지가 마음의 가장 높은 기능이기에 낮은 위치에 있는 감정이나 생각 등을 지배 할 수 있는 힘이 있다는 것이다(2장 참조). 따라서 그 청년은 단순히 우울한 생각을 멈출 스스로의 의지만이 필요했다는 것이다. 이 경우는 비극으로 결말을 보고 말았다. 몇 개월 후에 이 청년은 자살을 했으며, 교회 직원은 미국에서 목회자 부정치료 배임행위로 고발된 첫 경우가 되었다(그 고발은 결국 기각되었다).

오만의 신학

맥아더의 〈카리스마적 혼돈〉을 읽어보면, 그가 일반 교회에 관한 저서를 참고하는 데에 얼마나 인색하였나를 보게 되어 놀라게 된다. 그는 고전적인 개혁 신학 이외의 다른 기독교 국가의 전통이나 교부들에게로부터 온 어떠한 유익한 정보도 얻고 있지 못하고 있는 것 같다. 예를 들면, A. J. 고돈(Gordon)이 제시한 초기 종교 개혁 교회에서 행해졌던 치유에 관한 증거는 무시되고 있다(9장 참조). 맥아더에게는 개혁신학 이외의 것은 아무 의미도 없는 것이다. 그의 가르침은 마치 교회가 기원후 90년 이후에는 사라져 버렸다가, 1500년이 지난 후 종교개혁 시대에 다시 나타난 것처럼 취급하고 있다.

아마도 맥아더의 신학에 있어서 가장 비극적인 요소는 그가 성령을 반대하는 문제와 성령을 거슬리는 죄악에 관한 문제를 정의하고 무시해 버리는 방법에 있다. 맥아더에게 있어서, 성령을 거슬리는 죄악이란 *예수님이 지상에 계시던 때* 예수님의 신성을 나타내는 성령의 증거를 거부하는 것을 의미한다. 따라서 이러한 죄는 오늘날의 기독교인에게는 불가능하다는 것이다. 이런 놀랄 만한 형식의 신학적 전개는 열성적인 세대주의가 갖는 또 다른 하나의 위험한 예이다. 이런 신학적 전개는 성령을 거스르는 죄는 더 이상 가능하지 않다고 선언함으로써, 성경을 읽는 독자를 확실한 성령의 은총으로부터 분리시켜버리는 것이다. 비록 "조용하고 작은 목소리"가 사람들에게 성령의 역사를 반대하는 임박한 위험을 경고하기 시작한다 하여도, 지성은 쉽게 그 목소리를 정통 신학(합의된 정통)에 합치되지 않는다고 무시해 버릴 것이다.

이런 의미에서 맥아더의 신학은 완벽한 바리새인의 신학의 모습을 갖추게 되었다. 말하자면 *내가 속한 교단의 신학은 완벽하며*, 따라서 어느 것이든 색다르거나 새로운 것은 하나님에게서 비롯된 것이 아니라는 것이다. 만일 다른 동료 기독교인이 나의 의견에 동의하지 않는다면 그는 이단과 함께 하는 것이다. 나의 신학에 도전하는 환상이나 꿈은 하나님에게서 비롯된 것일 수 없다. 왜냐하면 하나님은 더 이상 이 세대에는 인간에게 직접 말씀하지 않으시기 때문이다.

그렇기 때문에 바리새인들의 전통을 따르는 기적종료주의자들은 인간이나 하나님으로부터 오는 신학적 질책을 받아들이지 않을 것이다.

의미심장하게도, 데이브 헌트는 자신의 바리새주의에 대한 정의을 내리면서 이와 유사한 자기 기만적이고 파괴적인 견해에 집착하고 있다. 헌트는 바리새인들을 정의하기를 "성경을 자신의 목적을 위하여 이용하며, 진리를 무시하는 자들"이라고 한다. 다시 말하자면, 그들은 성경을 잘못 해석하고 있다는 것이다. 물론 이 의견도 최소한도의 진실은 담고 있으나, 이 정의는 기독교인으로 하여금 바리새주의의 핵심적인 죄를 생각하지 못하도록 덮어버리는 일을 하고 있는데, 그 핵심적인 죄는 성령의 역사를 반대하고 있는 것이다.

분별력에 실패한 바리새주의

비록 바리새주의가 분명한 역사적 패턴(유형)을 갖고 있기는 하지만, 역사의 어느 주어진 시대에 이 이단의 정체를 밝히는 것은 쉽지 않다. 감사하게도 바리새주의의 정체를 밝혀내며, 그리고 잘못을 질책하며 새로운 교리의 바람이 불 때마다 그 교리를 따라가지 않도록 하는(엡 4:14) 진정한 기독교의 가르침으로부터 바리새주의를 구별하는 몇 가지 방법들이 있다.

먼저, 바리새주의 정신에 영향을 받은 사람들은 합의된 정통을 중심으로 하여 비판을 할 것이고, 문제된 교리가 그들 자신의 신학적 전통의 취약점을 반영하고 있는지 아닌지를 알기 위해 성경에서 증거를 찾으려고 하지 않을 것이다.

바리새주의의 또 다른 주요 특징은 열매를 기준으로 문제를 다루기를 꺼려한다는 점이다. 기독교 내에서 바리새주의의 전철을 따르고 있다고 지목된 인물들—초운시, 벅클리, 헤네그라프, 맥아더 및 헌트—중 어느 누구도 그들이 공격의 대상으로 삼은 부흥운동의 전반적인 영적 열매에 관해서는 진지한 관심을 기울이지 않았다. 이 점에서 조나단 에드워즈는 위대한 분명한 분석가이다. 그는 부흥운동의 변두리에 극단주의와 혼란을 야기시키는 측면이 있는 한 "뒤섞인 열매"를 갖는 것을 보았다. 그러나 부흥운동 그 자체는 그 운동의 전반적인 효과(결과)로 판단되어야 한다고 보았다. 우리가 검토해본 바리새인들은, 한 부흥운동 내에서 좋은 열매와 나쁜 열매를 분별해 내기보다는, 오히려 그 부흥운동에 대한 결론을 미리 내려놓고, 자신들의 입장을 증명하기 위하여 그 운동에서 나타난 극단적인 형태로부터 증거들을 찾아내었다.

바리새인들의 논쟁과 미국의 법률체계와는 흥미로운 유사점들이 있다. 미국의 기독교인들은 법정 과정의 오류와 논쟁에 있어서 법률체계에 특별히 민감함에 틀림없다. 수십 년 동안, 텔레비전에 나오는 영웅들은 피고측 변호사이거나 검찰측 검사였다. 법적 변론의 특징적인 방법은 상대편의 과실을 강조하고 자기 측의 약점은 감추는 것이다. 이러한 형식은 법정에서는 유효할지 모르나, 영적인 진실에 대해서는 파괴적이다. 이 방법은 문제가 되고 있는 개인이나 단체에게 진실의 요소가 있다는 것을 인정할 수 없게 한다. 기독교의 선교회나 개인의 실수만을 나열하고, 그들의 통찰력이나 장점을 인정하지 않고 공격만을 가하는 것은 바리새주의 정신으로 논쟁을 악으로 물들게 하는 것이다.

우리는 진정한 기독교적 비판과 바리새주의 사이의 차이를 주시해야만 한다. 전자는 슬픔과 자비의 성향을 갖고 있는 반면, 후자는 자기 의(義)에 찬 비웃음과 "내가 너에게 그렇게 말했잖아"하는 정신으로 가득 차 있다. 파라(Farah)의 고전(古典) 〈성전 꼭대기에서부터〉 *(From the Pinnacle of the Temple)*는 작가가 그 일을 떠맡고 싶지 않다는 것을 보여주는 슬픔과 온건함의 성향을 갖고 있다. 더욱이 이 책에는 후편이 없다. 반면에 수많은 지도자들은 동료 기독교인을 비판하는 것을 업으로 삼은

듯이 보인다. 기독교 공동체는 특별히 그러한 사람들을 조심할 필요가 있다. 진정한 기독교의 질책은 회개, 교정, 그리고 회복을 바라고 있을 뿐만 아니라 비판받은 부흥운동이나 개인들의 긍정적인 요소들을 기꺼이 인정하기도 한다. 바리새인들은 이러한 일에는 전혀 관심이 없고, 유일한 관심은 실책을 지적하여 그 경우에 자기들이 이기는 것뿐이다.

기독교의 비극으로서의 바리새주의

모든 바리새주의는 기회 상실이라는 비극적인 요소가 담겨있다. 초운시가 길버트 테넌트의 도전을 자신에 대한 공격이라고 받아들이지 않았다면, 대각성운동의 처형자가 아니라 효과적인 비평가가 되었을 것이다. 아마도 조지 휫필드의 1744년의 순회 부흥운동은 보다 위대한 성령의 역사를 나타내게 되었을 것이다.

제임스 벅클리가 자신이 그토록 잘 알고 있었던 조나단 에드워즈의 통찰력을 자신의 '신앙 · 치유 운동'의 분석에 반영했더라면, 아마도 그 운동은 최고 지도자들이 세상을 떠난 후에도 계속 이어졌을 것이고, 그리고 직통으로 주류 교회의 오순절 갱신운동으로 이끌어졌을 것이다.

헌트의 목회사역 역시 엄청난 비극을 보여주고 있다. 〈기독교의 유혹〉과 〈유혹을 넘어서〉를 통에서 헌트는 교회가 주목해야 할 중요한 문제들을 제기하고 있다. 우리가 그의 영적인 여행을 통해 볼 수 있는 것은, 윌리암 로(William Law)가 영국의 기독교 교계에게 책임을 물은 것과 같은 방법으로, 그도 그리스도의 몸 된 교회가 세속 문화와 타협하지 않고 기독교 본연의 성스러움을 되찾기를 원했다는 것이다. 의미심장하게도, 헌트는 또한 현대 신학의 모델로서 A. S. 토우저(Tozer)를 인용하고 있다. 복음주의적 목회자인 토우저는 결국에는 성령의 은사에 관하여 오순절적 입장을 받아 들였다. 토우저는 또한 카리스마적 갱신운동이 갖는 신학적인 천박함에 대해서도 유보적인 태도를 보이면서, 자신의 복음주의적 유산을 오순절적 체험에 접합시키는 중간 지점을 구축하고자 시도했다.

그렇지만, 헌트는 계속된 기적종료주의와 달비주의의 파벌적인 정신 위에 그의 중간 지점에 대한 바탕을 세우려 했다. 대조적으로, 로(Law)와 토우즈는 그들 자신의 것이 아닌 기독교 신학의 전통에 대한 깊은 존경과 사랑을 갖고 있었다. 이러한 에큐메니컬(세계 교회적) 정신은 선지자적 비판 사역을 성공적으로 이끈 사람들의 특징으로 나타난다. 왜냐하면 비판은 이러한 보편성 없이는 파벌적인 논쟁으로 전락하기 때문이다. 헌트의 글들은 개혁 교회 이외의 전통이나 의견을 용납하지 못하는 것같이 보인다. 따라서, 헌트는 다른 사람의 사역을 성경보다는 오히려 칼빈주의나 형제교단의 신학에 비추어 평가하고 있는 것 같다.

교회의 우선적인 과제는 이러한 최근의 바리새주의의 파도로부터 입는 재해를 빨리 없게 하도록 기도하는 것이다. 하나님의 섭리의 개입으로, 현재의 바리새인들과 마녀—사냥꾼들로 인해 야기된 혼돈, 분열, 공포, 그리고 편집병 등은 좋은 결과로 바뀌어 질 수도 있을 것이다. 만일 교회가 바리새주의는 진짜 교회의 끈질긴 이단이란 것을 총체적으로 배울 수 있다면, 그리고 만일 바리새주의가 나타내는 그대로 바리새주의를 총체적으로 인식할 수 있다면, 오늘날의 위기는 보다 높은 수준의 분별력과 보다 높은 수준의 영적 성숙으로 가는 길을 따라 놓여진 고통스럽지만 필요한 이정표가 될 것이다.

용어 해설(Glossary)

재침례교 운동(Anabaptist movement). 종교개혁 운동의 하나다. 그 당시로서는 급진적 운동으로서, 성인 세례와 교회와 국가의 분리를 주장했다. 일부 재세례파 신도들은 공산주의식 공동체를 조직하여 부도덕한 성생활에 빠져들었다.

유추적 증거, 유추법(Analogous evidence, Analogy). 하나의 사상을 이미 알려진 사상이나 경험과 비교함으로써 익히게 되는 학습 태도.

아르미니아니즘(Arminianism). 아르미니우스파의 교리. 칼빈의 예정론에 반기를 들고 인간은 구원의 은총을 "도출할 수 있다"고 주장한 신교 신학의 한 형태. 제이코부스 아르미니우스(Jacobus Arminius, 1560-1609)는 네덜란드의 신교 신학자.

금욕주의(Asceticism). 청빈(淸貧)을 강조하고 육체적 욕망을 부정 혹은 제한하는 것을 성스러움에 이르는 길이라고 주장하는 생활 방식.

성서적 정통(Biblical Orthodoxy). 성서적 교리를 정확하게 반영하는 교리들 (이들 교리들은 하늘나라 이쪽에서는 완전하게 알려지지 않을 수도 있음).

볼란디스트(Bollandists). 성자의 생애에서 사실과 전설을 구별하고자 시도하였던 카톨릭교(예수회) 사제들 및 학자들의 한 무리.

형제단(Brethren). 프리머스 형제단 볼 것

칼빈주의(Calvinism). 종교개혁의 가장 위대한 조직신학자인 존 칼빈(칼뱅)

(1505-1564)에 의해 발전된 신학적 체계. 그의 신학은 인간의 예정론과 믿음만에 의한 구원, 즉 이신칭의(以信稱義)를 강조함.

기적종료주의/기적종료론(Cessastionism). 기적은 다만 성서 시대에만 일어났으며, 마지막 사도의 죽음 이후에는 치유와 기적을 위한 하나님의 특별한 은총은 사라졌다는 믿음.

카리스마적(성령은사의) 갱신운동(Charismatic renewal). 1960년부터 일어난 성령 운동의 하나로서, 카톨릭 교회를 포함하여 주류교회의 많은 신도들이 성령의 은사를 나타내기 시작한 부흥운동.

크리스천 사이언스(Christian Science). 주요 영지주의적(Gnostic) 급진적 이상주의자들의 사교 종파. 1870년대에 메리 베이커 에디(Mary Baker Eddy)가 창시함. 그 교리에는 물질은 하나의 환상이라는 믿음이 포함되어 있다.

상보성(相補性) 이론(Complementarity). 한 가지 현상이 어떻게 여러 가지 형태로 다르게 나타나는 가를 기술하는데 사용된 물리학에서 쓰는 개념으로, 마치 빛이 파장으로나 입자로 나타나듯이.

회중 교회(Congregational church) 이들 교회는 미국 뉴잉글랜드(동북부의 6개 주) 지방에서 신학(칼빈주의)과 교회를 위한 통치 유형을 확립했다. 회중 교회에서는 목사를 임명하고 해고하는 권한은 개개의 회중들(교인들)에게 있었다.

합의된 정통(Consensus orthodoxy) 어떤 특정된 시기동안에 대다수의 신자들이 수용한 신학적 해석을 언급하는데 사용된 용어.

상응 행동(Corresponding action) 직접적인 기적의 증거가 있기 전에 치유나 기적의 사건이 일어났다는 것을 나타내는 믿음으로 취한 행동.

이신론(理神論)(Deism) 하나님이 우주를 창조하시고 이를 운행케 하셨지만, 우주의 계속되는 운행에는 직접적으로 개입하지 않는다고 말하는 종교적 믿음.

악마화, 귀신들림(Demonization) 개인이나 그룹에 나타나는 귀신의 직접적인 활동(귀신들리는 경우처럼)과, 그리고 원래의 선한 의도에도 불구하고 극단으로 치우쳐 해를 끼치게 되는 사고(思考)나 제도의 성향 모두를 포괄하는 용어.

비(非)/탈(脫)신화화(Demythologizing). 철학적 유물론에 근거를 둔 성경해석의 한 형태로써, 성서 시대나 현 시대에서 기적의 가능성을 부정하는 견해.

분별력(영적)(Discernment, spiritual). 한 사상이나 현상을 하나님 나라나 악마의 영역과의 관계에서 이해할 수 있는 은총 받은 능력.

세대주의(Dispensationalism). 인간의 역사를 특정한 시기로 나누는 성서적 해석의 한 체계. 이 체계는 "현 세대"에서 기적의 가능성을 부정하기 위하여 가장 많이 사용되어 왔다.

도케티시즘(Doceticism). 초기 영지주의의 한 형태로서 예수가 지상에 환영으로 나타났다고 주장한다. 그래서, 예수의 피의 구속은 꿈과 같은 환상이라는 것이다.

이원론(Dualism). 우주는 선과 악으로 양분되어 있으며 물질은 본래 악이라고 믿는 철학적 종교적 견해.

계몽주의(Enlightenment). "미신"과 "계시 종교"에 반대하여 이성과 과학을 추구한 철학적 운동(1688-1789). 계몽주의 철학자들은 소위 오늘날의 "세속적 인본주의"라는 목표를 설정하였다.

복음주의자(Evangelicals). 복음 전파의 중요성을 강조하고 구원을 선택할 기회로 사람들을 인도하는 것을 강조하는 기독교인들.

기능 심리학(Faculties psychology). 중세 시대에 발달한 심리학의 체계로서, 마음을 조종하고 지시하는 데에 있어서 의지의 막강한 지배력을 강조했다.

신앙 · 치유 운동(Faith-cure movememt). 19세기 후반에 미국의 복음주의자들 사이에서 일어난 근대 기독교계 최초로 인정받은 치유 부흥운동. 신앙 · 치유 운동의 창시자는 찰스 컬리스 박사로서, 보스톤 출신의 동종요법(同種療法) 의사이다.

신앙—교리(Faith-doctrine). 예수 그리스도의 부활과도 같은 성서적 진리의 근본 교리에 초점을 맞춘 성서적 믿음의 구성요소.

신앙 기대(Faith-expectancy). 특히 기도에 대한 응답으로, 믿는 자의 특정한 필요를 충족시켜주시는 하나님의 권능에 초점을 맞춘 성서적 신앙의 구성요소.

신앙-이상주의(Faith-idealism). 믿는 자가 오관을 통한 아무런 증거가 없음에도 불구하고, 하나님의 약속의 성취를 기대할 수 있다고 성경을 이해하는 태도.

울타리 치기(Fencing). 범죄의 가능성으로부터 사람들을 격리시키기 위하여 지나치게 제한적인 규칙을 고안하여 실천하는 것.

근본주의(Fundamentalism). 개신교 복음주의의 한 형태로, 성경의 진실에 대한 다양한 형태의 회의주의에 대항하기 위해 일어난 교리. 현재는 성경의 문자적 해석과 관련되어 있다.

갈라디아인의 꾀임(Galatian bewitchment). 성령의 은사가 고행의 실천이나 특별한 성스러운 의식에 의해 얻어진다고 믿는 반복되는 그릇된 믿음.

영지주의(Gnosticism). 성경에 나타난 최초의 이단 중의 하나. 많은 형태가 있으나 성경의 진리 이상으로 직통 계시와 개인적 체험의 중요성을 항상 주장하고, 특별한 지식이 구원의 열쇠가 된다고 주장하기도 한다.

성서해석학(Hermeneutic). 자체의 규칙과 철학적 가설을 갖고 있는 성서 해석의 체계.

보다 높은 삶 운동(Higher Christian Life). 19세기 후반 신교 운동으로서 영적 신성운동을 분명한 은총의 역사라고 강조하며 칭의(稱義, justification)와는 구별된다. 고도의 영성에 대한 사모는 교회사에서 다양한 운동으로 이어졌다. 영국의 케스윅 운동, 찰즈 피니의 완전주의, 피비 팔머의 회심이후에 제2의 영적 체험을 말하는 "제2의 축복"의 체험 신학, 존 웨슬리의 완전주의와 전적인 성화와 그 맥락을 같이 한다.

신성운동(Holiness movement). 1860년대에 신교도들 가운데서 시작된 운동으로, 성령의 은사의 폭발이 일어났으며 엄격한 도덕률을 강조하였다. 초기 오순절교단의 지도자들 대부분이 이 전통으로부터 나왔다.

위그노교도(Huguenots). 위그노는 16세기와 17세기의 프랑스 신교도들로서 이 두 세기의 종교전쟁 동안에 피비린내 나는 박해를 받았다. 1572년 8월 24일성 바돌로매 축제일에 파리의 신교도 약 2,000명이 구교도로 인해 대학살을 당할 때 많은 위그노들이 살해되었다. 대부분의 위그노들은 영국, 독일, 네덜란드, 스위스, 남아프리카, 북미식민지로 이주했다.

성상파괴[주의]자(Iconoclast). 구약시대에 형상을 금지한 명령에 따라 그림, 조상(彫像), 혹은 우상 등을 숭배하는 것을 반대하는 사람.

이상주의(Idealism). 마음(mind)과 물질이 상호 작용을 하고, 마음이 어느 정도 물질에 영향을 미친다고 생각하는 철학적 입장. 이것은 철학적 사실주의와 반대되는 입장이다.

어빙파(Irvingites). 어빙파는 스코트랜드의 목회자인 에드워드 어빙(Edward Irving, 1792-1834)의 지도 하에 이루어진 카톨릭 사도교회로서 방언의 은사의 회복을 믿었으며, 고도로 계급적인 조직과 의례적인 예배형태를 가졌다. 원래 1830년경에 영국 장로교회에서 작은 기독교 단체 중 하나로 시작되었다. 어빙이 죽은 후 1836년에 조직화되었다. 1830년대에 창설된 오순절 교파로. 정식으로는 카톨릭 사도교회로 더 잘 알려짐. 이들은 고린도전서 12장에 기록된 온 갖 형태의 은사를 사용했는데, 그 즉시 당대 영국의 기독교인들로부터 광신도라는 낙인이 찍히게 되었으며, 이단으로 매도되었다.

갈마(羯磨), 업보(Karma). 동양의 (힌두교, 불교의) 사상이 서양의 신비학으로 수입되어서, 전생(前生)의 도덕적 행동이 내생(來生)으로 환생되어 돌아온다는 윤회설을 주장하는 교리.

케스윅 운동(Keswick movement). 영국 신성운동의 중심지이며, 매년 영국 케스윅에서 집회를 갖기 때문이 붙여진 이름이다. 개인적인 신성을 강조하는 복음주의적 운동으로서 미국에선 윌리엄 보드맨과 한나 휘톨/로버트 스미스 부부 등 3목회자의 글과 설교를 통해서 주로 하기수련회와 성경 학교를 통해서 전파되었다. 믿는 자는 한순간에 의롭게 될 수 있으나 성화의 과정은 내적 갈등과 투쟁으로 일어난다는 전통적인 복음주의적 가르침을 거부하고 승리자 그리스도를 믿는 믿음을 통해 죄의 힘으로부터 구원을 받는다고 가르쳤다.

마르시온주의(Marcionism). 3세기의 악명 높은 영지주의 이단으로 구약 성경을 윤리지침서로 평가절하 함. 마르시온주의는 2세기 마르시온에 의해 창시되었으며 3세기 후반에 마니교에 의해 수용되었다. 구약 성경의 하나님은 율법의 하나님으로서의 악의에 찬 조물주라고 거부하고, 예수 그리스도는 이 조물주를 정복하는 사명을 가진 사랑의 하나님으로 예배한다. 하지만 그리스도의 유체성(有體性)과 인간성은 부정한다.

유물론(Materialism). 오관에 의해 보여지는 물질 세계가 우주의 전부이며 영적인 영역은 존재하지도 않고 중요한 의미도 없다는 철학.

형이상학적 운동(Metaphysical movement). 19세기에 시작된 철학적 종교적 운동으로, 철학적 이상주의와 동양과 성서적 신앙의 교리를 결합시킨 것.

마음—치유 운동(Mind-Cure movement). 형이상학적 운동의 한 부분으로써, 마음-치유는 치유를 위해 마음의 힘을 사용하는 것을 중심으로 하고 있다. 메리 베이커 에디(Mary Baker Eddy)가 창설한 크리스천 사이언스 종파가 마음-치유 종파 중에서 제일 잘 알려져 있다.

자연 신학(Natural theology). 대부분의 사람들이 성서적 계시의 도움 없이도 하나님과 도덕적 질서를 발견할 수 있다는 사상.

신사고(New Thought). 형이상학적 운동이 발전된 형태로써, 번영과 치유의 교리를 강조하고 그리고 크리스천 사이언스의 권위주의적인 독단론으로부터 갈라져 나온 운동.

근원적 오류(Origins fallacy). 사상의 근원이 비정통적이면 그 사상을 불신할 수 있다는 생각.

정통 교리(Orthodoxy). 대부분의 기독교인들에 의해서 성서적 계시의 표준적이고도 올바른 해석이라고 받아들여진 교리. "성서적 정통"과 "합의된(통설) 정통"을 참조할 것.

오순절주의(Pentecostalism). 1900년부터 시작된 기독교의 부흥운동으로, 오늘날에도 성령의 은사가 나타나는 것이 기독교인에게 표준적인 것으로 확신한다.

완전주의자 운동(Perfectionist movement). 신성(거룩함)이나 완전한 사랑은 믿음을 통해서 하나님의 은총으로 갖게 된다는 교리. 찰스 피니의 가르침에 기반을 두고 있는 이 운동은 복음주의자들이 평소 익숙해 있던 것 보다 더욱 깊은 이해와 더욱 높은 기독교인의 기준을 추구했다. 이 운동은 그 시대의 가장 정교한 성령 신학을 만들어 냈다.

바리새주의(Pharisaism). 전통의 역할을 너무나 고수한 나머지 새로운 성령의 역사는 종종 마귀적인 것과 동일시하는 종교적인 태도를 견지하는 이단.

프리머스 형제단(Plymouth Brethren). 프리머스 형제단은 근본주의적 신교 종파로서 존 달비에 의해 1827년 드브린에서 창설되었다. 그들은 신앙의 극단적인 단순화를 주장하여 안수 받아 임명된 목회자가 없으며 만인 제사장을 주장했다. 기도회와 성경 공부는 교회가 아닌 교인들의 집에서 가졌다. 1848년에 형제단은 "열린" 형제단과 "닫힌" 형제단으로 분리되었다.

전천년설(Premillenialism). 그리스도의 재림은 그리스도의 천년왕국 이전에 일어나며, 교회의 휴거는 대환난 이전에 일어난다는 학설.

신교주의(Protestantism). 종교개혁으로부터 신학적 유산을 파생해 낸 기독교인들. 역사적으로, 신교도들은 로마 카톨릭의 성찬예식의 체계와 권위주의적 구조를 배격했다.

현실주의/사실주의(Realism). 이상주의의 반대. 현실주의는 마음(mind)이 물질(matter)에 직접적인 영향을 주지 않는다는 철학적 견해. 현실주의는 유물론과 연관되는 경우가 종종 있다.

스코틀랜드식 상식 현실주의(Scottish common sense realism). 스코틀랜드에서 시작된 현실주의 철학의 한 형태이며, 결국 복음주의 신학의 철학적 토대가 되었다.

영적 법칙(Spiritual law). 도덕적 행동과 태도가 이 세상에서 갖는 결과와의 사이의 관계를 지칭하는 용어.

스토아 철학/견인주의(Stoicism). 신약시대 이교도들 가운데 유행하던 종교철학으로, 하나님의 부성을 강조하고 운명을 관대하게 수용하는 태도를 강조했다.

스베덴보리의 신비 사상(Swedenborgism). 스웨덴의 과학자 엠마뉴엘 스베덴보리(1688-1772)에 의해 창시된 종교. 황홀경(비몽사몽간)의 상태에서 계시에 기반을 두고 있는데, 그것은 태양계에서의 생명, 천국과 지옥의 견해, 귀신 들린 다양한 영적 법칙 등에 대한 상세한 "계시"를 전하고 있었다.

제설 혼합주의(Syncretism). 양립할 수 없는 요소들로 이루어진 철학적 혹은 종교적 체계를 나타내는데 사용한 용어.

탈무드(Talmud). 경건한 유대인들 사이에 특별한 권위를 인정받은 랍비(유대 율법학자) 성경주석 모음집.

팃—포—탯(Tit-for-tat). (맞받아 쏘아주기, 같은 방법으로 보복하는 것): 개인의 도덕적 행동은 사후 세계에서와 마찬가지로 이 세상에서도 그 응보가 있다는 성경적 원리. 이 용어는 랍비 주석에서 처음 사용되었다.

토라(Torah). 구약의 율법이 계시된 성경의 첫 다섯 권에 붙여진 이름. 이 단어는 또한 성경에 계시된 그대로의 하나님의 율법을 의미하고 있다.

초절주의(Transcendentalism). 19세기 철학 운동으로, 철학적 이상주의와 개념을 동양 종교들로부터 미국으로 도입했다.

유니테어리언파/유일신교(Unitarianism). 미국에서 발달된 이신론적(자연신교적, deism) 사교 집단. 삼위일체 설을 부인하고, 예수님의 신성과 성령을 부인하고, 보편(만인)구원 설과 기타 신학적 자유주의 형태로 빠르게 빠져들었다. 이신론의 한 형태로서 기독교의 특징인 기적과 초자연적인 현상을 거부한다.

통일 기독교(Unity Christianity). 세기의 전환기에 찰즈 필모어(Charles Fillmore)가 창설한 신사상 그룹으로 몇 가지 비성서적인 교리가 있지만 약간의 진리도 포함하고 있다. 실천적 기독교의 연구와 가르침에 헌신했다. 원래 치유와 출판 목회를 확립했다. 신사상은 (1)하나님의 절대 선과 악의 비-실제성, (2)인간의 타고난 신성, (3)의식의 창의성, (4)신앙에 관한 개인의 자유, (5)영적으로 해석된 기독교 교리의 수용을 규범으로 삼았다.

이미지 구상화(가시화)(Visualization). 사람이 갈망하는 사물이나 사건들의 정신적 이미지를 형성하는 데에 상상력을 사용하는 것.

후 주

제1부, 제2부, 제3부

1) Stephen Nissenbaum, ed., *The Great Awakening at Yale College* (Belmont, Calif.: Wadsworth Publishing Co., 1972), pp. 57-58.

2) Samuel Hopkins, *The Life and Character of the Late Reverend Mr. Jonathan Edwards in Jonathan Edwards: A Profile*, ed. David Levin (new York: Hill & Wang, 1969), p. 6.

3) Jonathan Edwards, "Personal Narrative, I, 13," Iain H. Murry, *Jonathan Edwards: A New Biography* (Edinburgh, Scotland: The Banner of Truth Trust, 1987), pp. 36-37.에서 인용함.

4) Jonathan Edwards, "The Terror of the Law," in David S. Lovejoy, *Religious Enthusiasm and the Great Awakening* (Englewood Cliffs, N.J.: Prentice-Hall, 1969, p. 41.

5) Jonathan Edwards, "Faithful Narrative," in *The Great Awakening*, C. C. Goen (New Haven, Conn.: Yale University Press, 1972), p. 194.

6) Francis MacNutt, *The Power to Heal* (Notre Dame, Ind.: Ave Maria Press, 1977.의 제5장 "Resting in the Spirit." MacNutt는 *Overcome by the Spirit* (Old Tappan, N.J.: Fleming H. Revell, 1990)에서도 이 문제를 취급함. 이 책은 예영수 번역의 〈성령의 권능이 임할 때〉이란 제목으로 출판되었음.

7) Edwards, *Faithful Narrative*, p. 207.

8) Lovejoy, "Benjamin Franklin Describes George Whitefield," in *Religious Enthusiasm*, p. 35.

9) Edwards가 보스톤에 있는 Thomas Prince에게 보낸 편지. Goen 편집의 *The Great Awakening*.

10) Ibid., p. 550.

11) George Whitefield, "The Grand Itinerant," in Lovejoy, *Religious Enthusiasm and the great Awakening*, p. 26.

12) Jonathan Edwards, *The Distinguishing Marks*, in *The Great Awakening*, ed Goen, pp. 249-253.

13) Ibid., pp. 275-276.

14) David Harlan, *The Clergy and the Great Awakening* (Ann Arbor, Mich.: UMI Research Press, 1980), p. 54.

15) David S. Lovejoy, *Religious Enthusiasm and the Great Awakening*, (Englewood Cliffs, N.J.: Prentice Halll, 1969) pp. 62-63.

16) Ibid., p. 65.

17) Edward M. Griffin, *"Old Brick": Charles Chauncy of Boston, 1705-1787* (Minneapolis: University of Minnesota Press, 1980), p. 68.

18) Charles Chauncy, *The Heat and Fervour of Their Passions*, in Lovejoy, *Religious Enthusiasm and the Great Awakening*, p. 76.

19) Jonathan Edwards, "Some Thoughts," in Goen, C. C. ed. *The Great Awakening*, (New Haven, Conn.: Yale University Press, 1987, p. 324.

20) Arnold A. Dallimore, *George Whitefield* (Wheaton, Ill.: Crossway Books, 1990, p. 116.

21) Paul Conkin, *Cane Ridge: America's Pentecost* (Madison: University of Wisconsin Press, 1990, p. 94.

22) Irenaeus, *Against Heresies,* in Evelyn Frost, *Christian Healing* (London: Bradford & Dickens, 1940, 104

23) John Wimber and Kevin N. Springer, *Power Evangelism* (San Francisco: Harper & Row, 1986.

24) Justin Martyr, "Dialogue With Trypho," sect. 39 in Ronald Kydd, *Charismatic Gifts in the Early Church* (Peabody, Mass.: Hendrickson, 1984), p. 26.

25) Augustine, *On the True Religion* 25.47.

26) Augustine, *The Advantage of Believing the Fathers of the Church,* trans. Luanne Meagher (New York: Cima Publishing, 1947), p. 437.

27) Frederick E. Greenspahn, "Why Prophecy Ceased," *Journal of Biblical Literature* 108, no. 1 (1989), pp. 37-49.

28) Augustine, *The Retractions,* trans. sister Mary Inez in *The Fathers of the Church,* vol. 60 (Washington, D. C.: Catholic University of America Press, 1968), book I, sect. 11. 7.

29) Augustine, *The City of God,* trans. Gerald G. Walsh in *The Fathers of the Church,* vol. 24 (Washington, D. C..: Catholic University of America Press, 19600, b. 22, sect. 8.

30) Paul Tillich, *My Search for Absolutes* (new York: Simon and Schuster, 1967), pp. 132-133.

31) John Calvin, *Institutes of the Christian Religion,* b. 5, chap. 19, sect. 18.

32) Ibid., sects. 19와 21.

33) Ibid., sect. 6.

34) David Hume, "On Miracles," *An Enquiry Concerning Human Understanding.*

35) Hilaire Belloc, *The Great Heresies* (London: The Catholic Book Club, n.d.) 참조

36) Norman C. Kraus, *Dispensationalism in America,* (Richmond, Va.: John Knox Press, 1958), p. 135.

37) Phoebe Palmer, *Selective Writings of Phoebe Palmer,* ed. by Thomas C. Oden (New York: Paulist Press, 1988, pp. 114-115.

38) Ibid., pp. 118-121.

39) Charles E. White, *The Beauty of Holiness: Phoebe Palmer as Theologian, Revivalise, Feminist, and Humanitarian* (Grand Rapids, Mich.: Francis Asbury Press, 1986), p. 158.

40) Ethan O. Allen, *Faith Healing: Or, What I Have Witnessed of the Fulfilling of James 5:14, 15, 16* (Philadelphia: G. W. McCall, 1881), pp. 3-4.

41) Carrie F. Judd, *The Prayer of Faith* (Buffalo, N.Y.: H. H. Otis, 1882), pp. 14-15.

42) Ibid., pp. 42-43.

43) Ibid., pp. 97-98.

44) "Faith Without Works," *Triumphs of Faith,* 1881년 10월호, p. 145.

45) A. B. Simpson, *The Gospel of Healing,* rev. ed. (New York: Christian Alliance Publishing Co., 1920), p. 64.

46) Donald W. Dayton, "Rise," in *Theological Roots of Pentecostalism,* Metuchen, N. J.: The Scarecrow Press, 1987, p. 13.

47) Marvin R. Vincent, "Modern Miracles," *The Presbyterian Review* 4 (July 1884), p. 497.

48) George Preston Mains, *James Monroe Buckley* (New York: The Methodist Book Concern, 1917), p. 172.

49) Benjamin B. Warfield, *Counterfeit Miracles* (New York: Charles Scribner's Sons, 1918), pp. 238-239, n. 21.

50) Ibid., p. 172.

51) Calvin, *Institutes,* b. 4, 19장 6항 참조.

52) Paul Chappell, *Divine Healing,* p. 358.

제4부, 제5부

1) Walter Martin, *The Kingdom of the Cults,* rev. ed. (Minneapolis: Bethany Fellowship, 1968), p. 17.

2) W. F Evans, *Mental Medicine: A Theoretical and Practical Treatise* (Boston: Carter and Pettee, 1874), p. iv.

3) Eliot Miller, "Unity School of Christianity," in *Cults Reference Bible,* ed. Walter Martin (Santa Ana, Calif.: Vision House, 1981), p. 69.

4) Loius B. Wright, "The Whole Duty of the Citizen," part 2 in *Middle-Class Culture in Elizabethan England* (Chapel Hill, N.C.: University of North Carolina Press, 1935), pp. 161-162.

5) William Perkins, *A Treatise of the Vocations or Callings of Man,* in *The Work of William Perkins,* ed. Ian Breward (Appleford, England: The Sutton Courteney Press, 1970), p. 450.

6) Ibid., p. 458.

7) Whitney A. Griswold, "Three Puritans on Prosperity," *The New England Quarterly* 7 (September 1934), p. 479.에서 인용함.

8) Ibid., p. 480.

9) Whitney A. Griswold, "New Thought: A Cult of Success," *The American Journal of Sociology* 60 (November 1934): 312.

10) Ralph Waldo Trine, *In Tune with the Infinite* (Indianapolis: Bobbs-Merrill Co., 1897), p. 176.

11) Ibid., p. 181.

12) Ibid., p. 177.

13) Ibid., p. 180, 183.

14) Charles Fillmore, *Prosperity* (Kansas City, Mo: Unity School of Christianity, 1938), p. 16.

15) Ibid., pp. 137-138. 제9장의 "십일조, 번영에로의 길"(Tithing, the Road to Prosperity)는 성경적으로 건전하다.

16) C. G. Montefiore and H. Lowe, *A Rabbinic Anthology* (Cleveland: The World Publishing Co., 1963), p. 222. (유대교의 탈무드에서 이 가르침을 찾으려면, Tanh. B., Mikkez 99b를 참조할 것).

17) John Sandford and Paula Sandford, *The Transformation of the Inner Man* (South Plainfield, N.J.: Bridge, 1982), pp. 4-5.

18) Calvin, *Institutes*, b. 1, chap. 11, sect. 9.

19) John K. La Shell, "Imagination and Idol: A Puritan Tension." *Westminster Theological Journal* 49 (1987), p. 316.

20) Edwards, *The Distinguishing Marks,* in La Shell, ":Imagination and Idol," p. 317.

21) Saint Bonaventura, *Meditation on the Life of Christ,* trans. Isa Ragura and Rosalie B. Green (Princeton, N. J.: Princeton University Press, 1961), p. 38.

22) Brooks Alexander, "Mind Power and the Mind's Eye," *SCP Journal* 9, no. 3 (1990), p. 20.

23) E. W. Kenyon, *The Hidden Man* (lynnwood, Wash.: Kenyon's Gospel Publishing Society, 1970), p. 144.

24) E. W. Kenyon, *Two Kinds of Faith* (Lynnwood, Wash.: Kenyon's Gospel Publisning Society, 1969), p. 17.

25) E. W. Kenyon, "The Walk of Faith," *Reality* (January 1907), p. 163.

26) E. W. Kenyon, *The Hidden Man* (Lynnwood, Wash.: Kenyon' s Gospel Publishing Society, 1970, p. 182.

27) Ruth A. Kenyon, "He Is at Rest," *Herald of Life* (April 1948).

28) Kenyon, *Two Kinds of Faith*, pp. 7-8.

29) Ibid., p. 7.

30) Kenyon, *The Hidden Man*, p. 96.

31) Ibid., p. 99.

32) Ibid., p. 108.

33) Stanley Howard Frodsham, *Smith Wigglesworth, Apostle of Faith* (Springfield, Mo.: Gospel Publishing house, 1990), p. 63.

34) Kenyon, *The Hidden Man*, p. 91.

35) Charles Farah Jr., *From the Pinnacle of the Temple* (Plainfield, N.J.: Logos International, 1979), p. 10.

36) Charles Farah Jr., "A Critical Analysis: The, 'Roots and Fruits' of the Faith-formula Theology," *Pneuma* 3 (spring 1981), p. 12.

37) Ibid., p. 10.

38) Kenneth E. Hagin, "Suffering Unto Perfection: Part 3," *Word of Faith* (November 1995), p.16.

39) John Warwick Montgomery, *The Suicide of Christian Theology* (Minneapolis: Bethany Fellowship, 1970), p. 289.에서 인용함.

40) Calvin, *Institutes*, sect. 10.

41) Ibid., sect. 11.

42) Dave Hunt, *On the Brink* (Plainfield, N. J.: Logos International, 1972), p. 59.

43) Ibid., p. 223.

44) William Law, *The Power of the Spirit*, ed. Dave Hunt (Fort Washington, Pa.: Christian Literature Crusade, 1971), pp. 11-12.

45) Dave Hunt and T. A. McMahon, *The Seduction of Christianity: Spiritual discernment in the Last Days,* Eugene, Oregon: Harvest House, 1985, p. 43.

46) Dave Hunt, *Beyond Seduction* (Eugene, Oregon.: Harvest house, 1987), p. 78.

47) Hunt, Beyond Seduction, p. 223.

101) Hank Hanegraaff, "A Summary Critique," *Christian Research Journal* (fall 1992), p. 38.

102) 1992년 10월 6일 설교. Spencer, *Bleeding Hearts,* chapter 11.에 상세히 분석한대서 인용함.

103) Kenneth Copeland, The Incarnation (Fort Worth: Kenneth Copeland Ministries, n. d.), 카세트테이프 #01-0402. Spencer, *Bleeding Hearts,* p. 180.

104) James Beverley, "Toronto's Mixed Blessing," *Christianity Today* (11 September 1995), p. 24.

105) Lawrence J. Berber, "How I Was Blessed," *Christianity Today* (11 September 1995), p. 26.

106) Richard Lovelace, "The Surprising Works of God," *Christianity Today* (11 September 1995), pp. 28-32.

107) 에드워즈가 제시한 5가지 진정한 운동의 증거는 다음을 참조할 것. Jonathan Edwards, *The Distinguishing Marks, in The Great Awakening,* ed. by C. C. Goen (New Haven, Conn.: Yale University Press, 1972), pp. 249-253.

108) John F. MacArthur Jr, *Charismatic Chaos* (Grand Rapids, mich.: Zondervan Publishing House, 1992), p. 31.

109) Ibid., p. 130.

또 하나의 선민 알이랑 민족

유석근 지음

겨레의 노래 아리랑의 비밀 및 한국인의 정체성과 구원사적 사명이 무엇인지를 성경을 중심으로 역사적 자료들과 함께 상세히 설명한 책. 본서의 독자들은 우리나라를 향한 여호와 하나님의 크고 놀라운 계획을 깨닫게 될 것이다. 한국교회 성도들은 누구나 읽어야 할 필독서.

알이랑 고개를 넘어 예루살렘으로

유석근 지음

알이랑 민족 한국인의 구원사적 사명이 무엇인지 성경을 근거로 밝혔다. 계시록 7장 1~8절이 진정으로 무엇을 계시하고 있는 말씀인지를 명확히 깨닫게 해줄 것이다. 또한 시님의 군대라고 칭하는 오류를 바로 해석하여 설명하였고 동방박사가 누구인가에 대해 알아본다. 미래를 꿈꾸고 사명을 발견하게 되는 놀라운 일이 벌어질 것이다.